中国社会科学院　学者文选

熊德基集

中国社会科学院科研局组织编选

中国社会科学出版社

图书在版编目（CIP）数据

熊德基集／中国社会科学院科研局组织编选. —北京：中国社会
科学出版社，2008.5（2018.8 重印）
（中国社会科学院学者文选）
ISBN 978 - 7 - 5004 - 6867 - 7

Ⅰ.①熊… Ⅱ.①中… Ⅲ.①史学—文集 Ⅳ.①K0 - 53

中国版本图书馆 CIP 数据核字（2008）第 048510 号

出 版 人	赵剑英
责任编辑	丁玉灵
责任校对	修广平
责任印制	戴 宽

出　　版	中国社会科学出版社
社　　址	北京鼓楼西大街甲 158 号
邮　　编	100720
网　　址	http：//www.csspw.cn
发 行 部	010 - 84083685
门 市 部	010 - 84029450
经　　销	新华书店及其他书店

印刷装订	北京市十月印刷有限公司
版　　次	2008 年 5 月第 1 版
印　　次	2018 年 8 月第 2 次印刷

开　　本	880 × 1230　1/32
印　　张	15
字　　数	360 千字
定　　价	89.00 元

出 版 说 明

一、《中国社会科学院学者文选》是根据李铁映院长的倡议和院务会议的决定，由科研局组织编选的大型学术性丛书。它的出版，旨在积累本院学者的重要学术成果，展示他们具有代表性的学术成就。

二、《文选》的作者都是中国社会科学院具有正高级专业技术职称的资深专家、学者。他们在长期的学术生涯中，对于人文社会科学的发展作出了贡献。

三、《文选》中所收学术论文，以作者在社科院工作期间的作品为主，同时也兼顾了作者在院外工作期间的代表作；对少数在建国前成名的学者，文章选收的时间范围更宽。

中国社会科学院

科研局

1999 年 11 月 14 日

目　　录

编 者 的 话

按照一般惯例，应该请年高德劭的长者或作者的同辈友好作序，作为晚辈，是绝对不敢也不该将自己的文字置于先生文集之前的。但因熊先生辞世已十有八年，那一代人基本上也是风流云散，即使目前还有一些先生健在，亦已步入耄耋之年，实在不好意思再去请他们费神写序。可在文集中，又确实需要有一篇介绍，以便让读者对先生的生平、为人和写作背景能有所了解，既不便求人，则只有反求诸己。尽管此举有似佛头著粪，但为人弟子，亦只能"义不容辞"，内中无奈，尚希读者见谅。

一 艰苦奋斗的曲折经历

熊德基先生是江西省新建县人，1913 年 7 月 23 日生于江西省南昌市，年轻时撰文、写诗曾署名鉴堂。他自幼家境贫寒，小时因营养不良而体弱多病。他父亲是编织女鞋花边的手工工人，母亲则在家纺织以贴补家用。尽管父亲未上过学，但却每天请人代写几个字，自小教他识字。当他 8 岁上私塾后，已经能勉强看章回小说了。在私塾的两年半中，除一些启蒙书外，还念了《鉴略要注》、《龙文鞭影》及许多唐诗，培养起他对历史及诗词的兴趣。

1924年，他插班进入一个市立小学，读三年级，初小毕业后考入第一师范附属小学。毕业考试时，获全校第一名，但因家境困难，几乎辍学。在赏识他的张劼老师劝说下，父亲才勉强供他上了初中。上初一时，经人介绍到一家私人报馆当校对，因工作十分繁重，报酬又低，只干不长时间就辞职了。不过在此期间，接触到一些新文学作品，遂开始学习创作新诗与小说。上初二时，所撰小说在报纸上发表，并得到稿费，从此即靠撰写新小说来自筹学费与伙食费，不再依靠家里。直到初中毕业后进入供给膳宿的师范科，他的学习与生活才得到保障。

1934年，他自师范科毕业后，曾就任一个市立小学教师，并兼教务主任。但他教育救国的理想，不久就在教育界到处贪污与相互倾轧的现状下破灭了，故只教一个学期就辞职离开江西，先到南京，后又转至北平，走上继续求学之路。

在北平他住在前门外的江西会馆，恰碰到邹文轩（原名恩洵，邹韬奋幼弟）等几个中学同学和旧友，经常一起纵谈国家大事，民族兴亡，并借到《共产党宣言》及一些论述马克思主义的书籍，开始较多地接触到马克思主义理论，深为之吸引。1935年夏，参加北京大学历史系的入学考试，因数学、英语成绩不合格而落选（由于师范科这两门课程安排较少），后考入中国大学文史系，开始系统的学习生活。

1936年初，熊先生因参加学生抗日运动而被捕，在狱中的两个月中，他认识到个人前途与国家前途是密不可分的，原来设想的作学者专家的道路在当时是很难走通了，只有大家都投身革命队伍，国家才有希望。这次被捕，成为他生活中的一个重要转折点。被校方保释出狱后，他更积极地参加各种救亡活动，并与邹文轩、刘春等集资合办文艺月刊《忘川》，揭露国民党的腐败及其对爱国学生的镇压等。1937年中，他经一位江西同乡的介绍，加入中国共产党。这时，他才知道原来邹文轩等都是党员，以前自己所参加的一些活动也是在党领导下进行的。

七七事变爆发后，因他留在城中十分危险，党组织决定要他回乡去从事抗日救亡运动。他变卖东西筹得旅费，匆匆离开北平，几经周折，才返回江西，与组织也失去联系。1938年夏，他于南昌新四军办事处主任黄道的寝室里再次宣誓入党。在南昌期间，他筹办《大众日报》，宣传抗日，报道新四军的抗敌战绩。虽然不久报纸为国民党所接管，但他仍继续从事其他地下工作。

1939年南昌陷落，同时他的身份也有些暴露，无法继续留在江西工作，组织上决定让他去昆明复学。到昆明后进入西南联大，插班在师范学院史地系三年级。在校期间，他师从陈寅恪、向达、汤用彤等著名史学家，不仅开阔了学术眼界，还掌握了进行研究工作的方法。由于他年龄较大，同学们多尊称为老学长。选择毕业论文题目时，他听从向达先生的劝告，利用当地的史料，撰写了《南诏之种族与宗教》一文，颇得好评。

在刻苦学习的同时，他仍坚持进行革命工作。组织关系自江西转到后，即担任联大师范学院支部书记，接受南方局的领导。"皖南事变"后，许多同志被迫撤离，他留下来继续坚持工作，调任联大总支书记。1941年5月，改任昆明环湖十县教职员部门委员会书记。

1942年他毕业于联大，系主任雷海宗因他历年成绩优秀，向校方推荐他留校任助教，但此前有一个变节分子的供词中牵涉到他，故为校方所拒绝。经云南省工委同意，他离开昆明，到设于湖南蓝田的国立师范学院任史地系讲师。由于当地党组织在"皖南事变"后遭到严重破坏，尽管云南省工委将他的组织关系转到湖南，却仍与组织失去联系。他在这一时期写下的《李园感怀》："偶因避祸欲埋名，何意真成世外人。夜读每缘灯可恋，山居渐觉鸟堪亲。岂期黉舍能修史，幸得名园容卧薪。任是蓝田丘壑美，黄昏独步总伤神。"隐晦地表达自己无所依托的心情。这种情况下，他在讲课之余，开始系统阅读中国历代的正史。

1946年，他受聘于厦门大学，担任历史系副教授。他通过与进步学生的交往，积极寻找组织，于1947年春重新接上组织关系。历任厦门大学党支部书记、厦门市临时工委书记，向闽西南地下党领导的游击区输送大量骨干，并为解放厦门做了大量的准备工作。在临近解放时，为躲避国民党的大搜捕，他转移到香港。一听到厦门解放的消息，即乘第一艘开往厦门的船，涉险偷渡金门海峡，回到厦门。

新中国建立后，熊先生担任厦门大学副教务长，兼任厦大党组书记。1951年全国高校院系调整，他被调去筹建福建师范学院，仍任副教务长。在高校工作期间，他一直兼任历史系教授，没有离开教学岗位。工作之余，他系统阅读马克思主义理论著作，并坚持完成通读历代正史的计划。

1957年，他奉调至京担任中国社会科学院历史研究所第二所副所长。不久，一、二所合并为历史研究所，仍任副所长，主管行政与图书馆的工作，为保证全所科研工作的顺利进行，他花费了大量的时间与精力。1958年，他去河北昌黎蹲点，主持编写《昌黎县志》，这一工作直到十年动乱后才完成，已由河北人民出版社正式出版。

十年动乱中，他也被打成"走资派"，受到残酷迫害。1970年被下放到河南息县的"五七干校"后，他重新从历史的角度来审视现实，决心从马克思主义理论中寻找答案。在干校的两年中，他通读了《马克思恩格斯全集》和《列宁全集》，不仅对现实有了清醒的认识，对历史上一些过去不太了解的事情，也有了更深刻的理解。

　　打倒"四人帮"后，除所内事务外，他又兼任研究生院历史系主任，并亲自担任导师，负起培养研究生的责任。尽管他年事已高，身体又不好，但仍全心全意地抓紧史学后备队伍的建设。1982年离休后，还是时时关注所里的各项工作，作为历史所的学术委员，在审核职称晋升工作中，他认真负责，一丝不苟地审阅交来的评审材料，致使目力锐减，即使阅读一般书籍也离不开放大镜了。尽管如此，他还是一直笔耕不辍，力求将自己的一些观点写出来，供史学界参考。直到临终前一个小时，他仍在伏案写作，可以说他将一生的全部精力与心血都献给了中国人民革命事业和史学研究工作。

二　集腋成裘的史学研究

　　熊先生多年担任行政工作，白天的时间基本上都被占用，只有业余时间可以用于研究，经常工作到午夜一两点或更晚，他的大部分论著就是这样靠牺牲睡眠时间写出来的。这造成了他身体的早衰，加之他的资格较老且不喜活动，以致在不到60岁时，已经被尊称为"德老"。以下分类介绍他所发表的主要论著，因大部分都已收入此集中，故主要谈及文章的背景，内容介绍就从简了。

（一）独树一帜的农民战争史研究

　　20世纪五六十年代，农民战争研究是统治中国史学界的"五朵金花"之一①，依现在的眼光回顾一下当时发表的此方面

----

①　"五朵金花"原为20世纪50年代制作、放映的一部电影，后被借指当时中国史学界所主要讨论的五个基本理论问题，即中国古代史分期问题、中国封建土地所有制形式问题、中国封建社会农民战争问题、中国资本主义萌芽问题及汉民族形成问题。

论著，可以发现大部分只是简单地套用暴虐统治、残酷压榨和推
动历史进步等观点来堆砌史料，反复论证，除朝代与事件的变化
外，结论几乎是千篇一律，至今仍有参考价值的论文可以说是凤
毛麟角。在这为数不多的特例中，就有熊先生发表于 60 年代中
期的两篇文章。

20 世纪五六十年代，随着国内政治形势的变化，对于农民
战争的评价越来越高，研究范围也从史实拓展到理论。当时关于
农民战争与宗教之间关系的争论主要集中在三个方面：有无两种
不同的宗教？宗教对农民战争的组织作用如何？有无作为农民革
命理论的宗教经典？一方坚持宗教就是统治阶级在精神上奴役人
民的工具，不能说有什么统治阶级的宗教和农民的宗教，从根本
上否定了宗教与农民战争之间的关系；另一方则提出中国农民战
争往往是由某些"异端"宗教发动的，这种"异端"是农民的
宗教，甚至将其称为农民革命的组织形式。由于《太平经》被
一些学者称为"我国第一部农民革命的理论著作"，并在此基础
上对后世的农民战争作出许多类似的推论。因此，熊先生认为要
清除后人的臆断，恢复中国农民战争史的原貌，必须首先从对
《太平经》的深入研究入手，《〈太平经〉的作者和思想及其与黄
巾和天师道的关系》正是在这种背景之下写出的①。

他在文中利用当时尚无人注意的敦煌文献中的《太平经》
目录，大体弄清这部书的最初概貌及其流传删改情况。指出现存
传世本是由一些思想相近者的作品拼凑而成，其文体、观点等虽
有所差异，但经中的主导思想是规劝统治者修德省刑，周济贫
民，以求得统治的稳固，同时劝诫小民要各安本分，不得逆上作
乱。因此，《太平经》不仅不是农民革命的"经典"，而且是与

---

① 《历史研究》1962 年第 4 期。

黄巾敌对的统治阶级思想意识的反映。

在此之后，熊先生又进而探索中国历史上所有与农民战争有关的宗教，认为前面提到的关于宗教与农民战争的两种对立观点都只注重表面现象，用孤立、僵化的观点看待宗教问题，难免带有较大的片面性，也不符合历史发展的实际状况。他在《中国农民战争与宗教及其相关诸问题》中指出[①]：在阶级社会中存在着正统与异端两种不同倾向的宗教，不过，两类宗教具有认识上的共同性，在面向神、面向来世或天堂而安分守己的思想感召下，与面向现实的反抗斗争是完全背道而驰的，因此异端宗教本身并没有革命的因素。出身下层民众的信徒发动起义是出于他们的阶级利益，而不是受宗教的影响。

异端宗教的组织也与农民起义的组织不同，两者之间并无内在的必然联系，只有在内、外部因素具备的条件下，前者才有可能转化为后者。因此，泛泛将各种异端宗教组织都视为革命组织的做法，显然是违背历史事实的。熊先生特别指出，并非只有异端宗教组织可以被革命所利用，被改造为革命组织，其余农村中已经存在的组织形式，如宗族、军队、"盗贼"等山林队伍、武装私贩集团、矿徒、秘密会社等，都可能转化为革命组织。同时，对于有些研究者将异端宗教与秘密会社混为一谈的做法也提出批评。

关于这些"异端"宗教的经典是否具有革命思想或者农民革命理论的问题，熊先生认为，从现存经典的内容以及历代统治阶级成员对于各类"异端"经典的评价看，中国没有任何宗教的经卷具有革命思想，更说不上是农民革命的宣传品。有些农民革命领袖对于宗教经典做出革命性的解释，在农民斗争中起到一定的宣传作用，但这些都不是经卷中原有的教义，而是革命斗争

---

① 《历史论丛》第 1 辑，中华书局 1964 年版。

展开时对于教义的改造，宗教语言只是其外在形式，内容却是与宗教信仰不同的革命思想。

这两篇论文发表后，不仅在国内学术界有很大反响，对于日本研究中国农民战争史的学者也有相当大的影响，小林隆夫将第二篇文章全文翻译后，连载于日本《史苑》第 34 卷第 1、2 期和第 35 卷第 1 期。

（二）功亏一篑的六朝阶级结构研究

在大学任教期间，熊先生先是忙于革命工作，后来又有行政事务缠身，他的阅读与研究工作主要围绕着教学任务来开展的。1957 年调到历史所后，工作环境稳定下来，他将研究视野确定在魏晋南北朝时期，上、下限放在东汉后期至唐代中期以前。他认为要全面考察魏晋南北朝这一历史时期，首先需要弄清当时的社会阶级结构，再考察土地占有制，进而分析政权结构中各阶级的力量对比与其消长变化，以及各阶级在意识形态方面的反映。因此，从 1963 年开始着手写作《魏晋南北朝时期各阶级的分析》，但这一工作因下乡参加"四清"而中断，仅写出部分初稿。1974 年他从干校归来后曾作过初步整理，可又因其他工作的牵扯而搁置下来。1979 年整理出全书的序言，题为《魏晋南北朝时期阶级结构研究中的几个问题——〈魏晋南北朝时期各阶级的分析〉序说》①，发表后引起很大反响，而且由于副标题的缘故，使得许多老友及后辈学者纷纷来信询问全书的出版时间，曾给他带来不小的压力。但他过于重视此书的写作，想在重新阅读这一时期史料的基础之上作较大的修改，却又很难抽出那

---

① 中国社会科学院历史研究所魏晋南北朝隋唐史研究室编：《魏晋隋唐史论集》第 1 辑，中国社会科学出版社 1980 年版。

么完整的时间来进行，故一直拖延下来。

《魏晋南北朝时期阶级结构研究中的几个问题——〈魏晋南北朝时期各阶级的分析〉序说》实际上是这一历史时期阶级结构的总论，他指出在这一时期的文献中，名词与概念十分混乱，同一名词经常有着不同的内涵，而同一概念又由许多看似相差甚远的名词来表达，必须逐一加以分析研究，切忌望文生义，进而在研究工作中产生无法解释的谬误。在文中旁征博引，对于户籍、等级、阶级、门阀和民族等主要概念的内涵及其相互关系都进行了细致入微的辨析，指出某些论著将这些概念不加区别地使用所造成的混乱。辨析中提出了许多独到的见解，尽管有些观点在今天已被大家视为理所当然，但在当年提出来的时候，确实还需要创新的勇气。

除此篇之外，书中的其余部分皆未定稿，已经成形的《六朝农民的负担、阶级地位与历史作用》、《六朝豪族考》、《六朝的兵家与家兵》、《六朝的官私奴婢》、《六朝的屯、牧、官商、伎作和杂户》等五篇初稿是由师母从先生遗物中清理出来交给我，再经历史所同仁整理及核对后收入《六朝史考实》中①，发表出来以供学术界参考。在这几篇中，分别对农民、豪族、奴婢、兵家以及各种杂户进行了深入而全面的研究，提出许多独到的论点。

（三）六朝唐代史研究

在六朝史研究方面，除去阶级关系研究外，熊先生的关注重心在于政治史，其主要代表作是《曹魏政权的阶级性质及其入

---

① 中华书局 2000 年版。在熊先生遗下的六篇未定稿中（除上述五篇外，还有《九品中正制考实》），张泽咸先生整理三篇，朱大渭先生整理两篇，笔者整理一篇，详见《六朝史考实》笔者所撰后记。

魏后之变质与灭亡》①、《鲜卑汉化与北朝三姓的兴亡》②。

　　前一篇的写作时间与阶级结构的写作时间相近，从中尚可明显感受到阶级分析理论的影响。文中指出曹操一身兼具宦官子弟与士族名流的双重身份，因而在其思想中也存在许多矛盾。虽然自己在素养与喜好上与名士相近，但在作风上却蔑视名教礼法，不婚高门；在用人政策上则是不重德行，只重才能；在政治上倚重豪族，利用士族，控制方士。因此，曹操政权是以曹氏、夏侯氏为核心的豪族政权，士族出任官职的人数虽多，但权力有限，只是被动的工具，不足以代表士族地主的利益。曹丕继位后，受汉献帝禅位，正式建立起魏政权，但这也正是曹魏政权蜕化变质的开始。曹丕兄弟都自小接受士族文化的熏陶，思想上自然受到影响而有所变化，而且这种变化在曹氏与夏侯氏子弟中绝非个别现象，而是相当普遍。曹丕的用人政策发生改变，使得士族地位大为上升，在政治上日趋活跃，控制了选举大权，并开始拥有军权。到魏明帝曹睿时期，已经完全修改了曹操的用人政策，出任要职的士族更多，不仅控制军权，而且染指民屯与军屯。在此基础上，作为士族代表的司马氏才有可能在高平陵之变中击败曹爽，并进而控制整个政权。

　　《鲜卑汉化与北朝三姓的兴亡》是熊先生所撰写的最后一篇长文，试图以鲜卑族为代表，讨论历史上少数民族的汉化问题，对于北朝时期鲜卑族的汉化过程与北魏、北齐、北周三朝统治者的兴亡进行了深入的研究。在文中指出少数民族汉化是一个长期而曲折的过程，经常会出现反复，不能单纯以某一封建王朝的兴

----

　　①　吴廷璆等：《郑天挺纪念论文集》，中华书局1990年版。此文在熊先生生前交给郑天挺纪念论文集编辑组，但正式出版已在其逝世之后。

　　②　此文原已交中华书局《文史》杂志，因篇幅过长，决定分两期连载，但尚未定下具体刊出时间。在中华书局决定出版熊先生文集《六朝史考实》后，他遂将稿抽回，修改后直接收入集中。

亡来判定汉化的成功与否，也不能把统治者的一姓一家与民族等同起来；各少数民族的汉化，必须出于他们自觉的要求，主要还得靠他们君主带头来推动，因此，最高统治者的知识、才能、个人爱好乃至其心理与病理状态，都会对汉化的进程产生重要的影响；对于某些少数民族的成员来说，汉化不仅要改变他们的生产劳动习惯，而且要改变他们的生活方式，甚至影响到他们的政治地位和家族前途，的确是一个矛盾与痛苦的过程，这种矛盾反映在政治上即成为胡、汉两派的对立，甚至导致政变或亡国。

在论述少数民族汉化脉络的同时，还提出许多独到的见解，如对北齐统治者高澄死因的质疑，对于高洋精神病学症状的分析，西魏宇文泰推行貌似胡化措施的内涵及其作用等，都相当精辟。

在唐代史研究方面，主要集中在武则天与唐太宗民族政策的评价方面。应该说这两方面原本都不在熊先生的整体研究计划之中，前者是对十年动乱中"四人帮"歪曲历史的拨乱反正，而后者则源于一次出访后的副产品及随之而来的一场笔墨官司。

在"四人帮"横行之时，为了达到其政治目的，曾大肆吹捧武则天。熊先生出于义愤，也为了总结历史的经验与教训，开始广泛收集有关史料。在"四人帮"倒台后即写出《武则天的真面目》①，对于澄清历史事实，肃清"四人帮"评法批儒的流毒起到一定的作用。后加以修改增补，列入社会科学战线丛书，出版了单行本，改题为《论武则天》②。此后，他又就文章中所涉及一些有争议的问题，撰写《关于武则天评价问题答客难》③，进一步阐述了自己的观点。

---

① 《社会科学战线》创刊号，1978年。
② 吉林人民出版社1979年版。
③ 《历史教学》1979年复刊号。

　　1981 年，熊先生受日本太平洋学会等单位邀请，参加在日本神户举行的"遣唐使时代的日本与中国"学术讲演会，作了《唐王朝的形成与特征》的专题报告①。在考虑唐代的特征时，他认为唐代的民族政策较任何封建王朝都更开明，对建立与巩固多民族的国家和形成丰富多彩的文化起到重要的作用，故在回国后写成《唐代民族政策初探》②，对于唐代，尤其是唐初的民族政策进行了较为全面的论述，认为唐初民族怀柔政策是接受了汉代以来数百年的经验和教训的结果，在统一各民族地区的过程中起到重要的作用；政策争得各民族的支持，共同维护了统一的多民族国家；促进了各民族间的交往，不仅有利于各民族文化的发展，而且有助于民族间的友好相处和民族融合。不过《历史研究》在发表此文的同时，发表了胡如雷先生《唐太宗民族政策的局限性》一文，主要是谈唐太宗对各少数民族所采取的一些分化、离间的措施，认为在看到各族友好交往的同时，也应揭示一些民族矛盾的阴暗面。

　　观察角度的不同，引发了两位先生的一场争论，熊先生先后发表了《从唐太宗的民族政策试论历史人物的局限性——与胡如雷同志商榷》③、《对胡如雷同志〈再论唐太宗的民族政策〉一文的答复》④，对此问题进行了更深一步的探讨。

（四）兴之所至的文学史研究

　　假如说熊先生的史学研究在一定程度上表现出与当时政治形

---

　　①　此报告收入江上波夫主编《遣唐使时代之日本与中国》，日本小学馆 1982年版。

　　②　《历史研究》1982 年第 6 期。

　　③　《中国史研究》1985 年第 3 期。

　　④　《中国史研究》1987 年第 4 期。

势的关联，并有着相当的目的与计划性，那么他的文学史研究则更多地反映出文人的随意性。在发表的几篇文学史论文中，只有一篇最初与政治风潮有关，但在写作过程之中，政治性也逐渐淡化，而为学术性所替代。而另外几篇，则充分展现出作者知识面与其思想的跨度。

1954年文艺界举办纪念洪昇的活动，福建师范学院中文系请熊先生去作报告，在准备时，发现虽然中外学界已有不少研究成果，但仍存在一些未弄清的问题，遂在演讲后将自己的研究心得写成《洪昇生平及其作品》①。他在查阅了被清朝统治者列为禁书的《稗畦续集》等一些当时还未为人注意的材料后，对洪昇的身世与生平作了详细考证，对其主要作品也进行了深入研究，指出洪昇身为明末遗民，遭遇家难，因此其所作的《长生殿》虽写的是唐玄宗与杨贵妃的生死恋情，但却流露出对清朝统治的不满和对故国的怀念。

50年代初，胡适先生作为一种象征，受到全方位的批判，身在局中的熊先生，当然不可能无所表示。骨子里是个文人的他，选择了胡先生的《〈水浒续集两种〉序》作为靶子，通过对方志、野史笔记及陈忱诗的研究，认为胡先生对于陈忱的出生年代及其秘密抗清活动都未能搞清，因此也就无法理解其创作《水浒后传》的现实生活基础。不过此文以后经过修改，定稿时政治色彩已然淡的几乎看不出来，改名为《陈忱与水浒后传》，成为一篇考证史实的文章。

《天雨花》是清初诞生的弹词名篇，在民间流传甚广，甚至有人将其与《红楼梦》并提，称为"南花北梦"。但多年来对其作者却始终不能确定，以致有多种说法并行。由于一个偶然的机

---

① 《福建师范学院学报》1956年第1期。

遇，熊先生将其与明末起兵抗清的刘淑英联系起来，并写成《〈天雨花〉的作者为明末奇女子刘淑英考》[①]。提出九种理由证明《天雨花》的作者为刘淑英，认为现在书中所署作者陶贞怀是刘淑英的化名，目前通行的刻本是经过别人修改的，而且修改者歪曲了原作者的思想和创作意图。

诗钟是清代中期以后文人雅集时用以炫耀才思敏捷的一种形式，这种形式兴起于福州，并随着福州人的迁徙逐渐发展到京师及各地，由于被视为"小道"，未见载于任何诗文集，诗话与笔记中也很少提及，近年来知之者已甚少。有鉴于此，熊先生根据耳闻目睹的材料，并结合自己的亲身经历，撰写《诗钟》[②]，介绍这一流传100多年的诗歌特殊体裁，考证了诗钟的起源、流传和发展过程，列举了诗钟中分咏格和嵌字格的各种形式，以及历代文人的佳作。

除研究与介绍前人的作品外，熊先生自己也创作了不少诗词，或有悟于读史，或有感于时事，皆直抒胸襟，颇多慷慨悲壮之辞。但诗作发表不多，且他生前未作系统整理，相当零散。先生辞世后，师母陈可贞女士与其余家人将家中凌乱的诗稿整理出来，按写作年代编排，印行《鉴堂诗草》，分赠亲朋友好。

三　渊博的学识与坦荡的胸怀

熊先生自幼即倾心文史，在求学时期及以后繁忙的工作中，抓紧一切可以利用的时间，阅读史籍及相关典籍，为研究工作打下了雄厚的基础。他通读了除《元史》外的其余23部正史，使

---

① 《中华文史论丛》1979 年第 4 辑。
② 《学林漫录》第 9 集，中华书局 1984 年版。

得研究视野不局限于某一朝代，而是有一个贯通古今的全局观念。此外，他对别史、杂史、方志、文集、笔记小说、诗词以及碑刻、考古材料等都很重视，所以在撰写论文时往往可以应用前人所未注意的材料。他还大量涉猎有关当代政治、经济、思想等方面的论著，认为只有了解现实，才能深化对历史的认识。

注重马克思主义理论的应用，是他史学研究的主要特点之一。他认为学习马克思主义理论不能只是摘抄几段语录，关键在于联系实际去理解，去思考，以之指导史学研究工作，驾驭所掌握的史料，从而达到认清历史规律的目的。正是由于他具有坚实的理论基础，所以在研究农民战争与宗教的关系、魏晋南北朝的阶级结构等问题上，能不囿于陈说，提出许多创见。

在吸收、借鉴前人研究成果的基础之上提出自己的学术见解，是他在研究中的另一主要特点。他经常强调要注重学术信息，多看别人的研究成果，不能孤陋寡闻，闭门造车。即使晚年行动不便，还常托朋友和学生代借各种图书与杂志，以避免重复别人已经做过的劳动。新意不多的文章，他宁可不写。如他曾对曹魏时期的屯田问题有些看法，拟动笔撰写，但在看到日本学者西嶋先生的文章后，觉得许多问题西嶋先生已经论述的很清楚，就未再动笔。他所写的每篇论文，皆有着自己经过研究得出的结论，并加以充分论证，从不随波逐流，人云亦云，也不因有人约稿而匆忙赶完交出。由于熊先生在魏晋南北朝史研究领域的成就，1984年中国魏晋南北朝史学会成立时，他与唐长孺、周一良先生等一起被聘为学会顾问。

新中国建立后，虽然他一直担任行政领导职务，但始终平等待人，从不摆出师长或领导的架子。有后辈去请教时，一定尽心竭力地帮助，指点需要看哪些史料，选什么样的题目比较合适，并指出在这一问题上已有哪些人进行过研究，而什么地方还存在着疑问，可以进行探索。无论所内所外，识与不识，他都热情接待，尽管这耗去了大量他本已不多的研究时间，他却从不厌烦，使很多人都获益匪浅。

对旧日的朋友，他从未以党的领导身份出现。如厦门大学的郑朝宗先生是他40年代的老友，1957年被错划为右派后，虽然他远在北京，但遇到熟人就打听郑的消息，得知郑"摘帽"的信息后，立刻就去告诉郑的另一位好友钱锺书先生。1961年，熊先生因公到厦门，特意到郑家探望，鼓励郑不要灰心丧气，要继续做学问。他的关怀使老友铭感于心，熊先生逝世后，郑先生在悼念文章中特意提及此事。

他性情耿直，胸怀坦荡，有什么意见总是当面向别人提出，极厌恶背地里议论、攻击别人。在负责所里党政事务时期，有个别人经常在背地打小报告攻击别人，他收到此类小报告后，皆付之一炬，从不理会。

当然，在过去的政治气候下，迫于无奈，他也做过一些违心的事情。如向达先生被错划为右派时，他被指派作为历史所的代表出席在北大召开的对向先生的批判会。因众所周知他与向先生有师生之谊，且关系很好，迫于形势，不得不在会上发言。但他又怕向先生因接受不了而想不开，就利用中午休息时间拜访北大另一位也在联大教过他的先生，讲了自己的苦衷及此时不宜到向家劝慰的情况，托那位先生去劝向先生想开些，要保重身体。并告诉那位先生说："向先生可能正在生我的气，不要讲是我托您去劝的。"随着韶光的流逝，尽管事过境迁，可直到晚年他提起此事来仍心有歉疚，觉得那样对待向先生这样一位老专家，又是自己的老师，实在不应该。虽然当时事出无奈，可他并未以此为自己辩解，来减少心中的歉疚之情。

1978年成立中国社会科学院研究生院后，他兼任历史系主任，并亲自担任魏晋南北朝史的导师，为培养史学研究的接班人，倾注了大量心血。从招生、阅卷到安排课程、聘请各方面专家指导授课，他都逐一过问。当时除本所和北京的专家外，凡路过北京的知名史学家，几乎都被请来各展所长，熊先生曾戏称为"雁过拔毛"。有次部分同学因忙于其他事情而未去听课，他曾大发雷霆，把全系同学召去训斥一顿。尽管当时有人不以为然，但多年过后，许多同学回忆起来，都觉得这实在是个一心与人为善的"好老头"。

在严肃纪律的同时，他也切实为同学们解决过许多问题，尤其是改善学习条件及图书利用等方面。一位同学在外出考察时不慎将车票丢失，无法报销。他知道后，让那位同学写一份说明情况的检查，他在上面批"该生糊涂"，并请校方量情予以报销，结果事情得到圆满的解决。事后，他还怕那位同学对批语不接受，特意对其解释，只有那样批才能打开原先的僵局。

虽然与同时代的史学家相比，熊先生的著述不算丰富，但他渊博的知识、严谨的学风、认真负责的工作态度、坦荡的胸怀、乐于助人的品格，都会与他的著述一起，永远留在聆听过他教诲或研读过他论著的人们心中。

刘　驰

《太平经》的作者和思想及其
与黄巾和天师道的关系[*]

在研究中国宗教与农民战争的关系时，人们总是首先以黄巾为例。黄巾一向被视为"太平道"，因而很容易联想到《太平经》。黄巾起义是农民的革命斗争，因而更推论出《太平经》是"农民革命的理论著作"[①]。从这样一个结论出发，又在多次的农民战争中作出一系列的类似的推论，从而交织成一幅巨大的罗网，模糊了整个中国农民战争史的真貌，要撤除这重罗网首先必须解开这个死结——《太平经》的性质。即必须了解它是什么样的人所作？代表哪种人的思想？它与黄巾等方面的关系如何？本文拟对此进行初步的探索，并对时人的论述略作商讨。

---

* 原载《历史研究》1962 年第 4 期。

① 侯外庐同志在《中国封建社会前后期的农民战争及其纲领口号的发展》（《历史研究》1959 年第 4 期）中称《太平经》为"农民道教经典"，杨宽同志继在《论太平经》（《学术月刊》1959 年第 9 期）中更称之为"我国第一部农民革命的理论著作"。其他类似的论点还有。王戎笙同志《试论太平经》（《历史研究》1959 年第 11 期）对这类论点提出不同的看法，有很好的意见。

一 《太平经》的体制及作者

要考察《太平经》的作者，首先要区别《太平经》的本文和后世的撮抄，并分析经文的不同组成部分。

众所周知，《太平经》本文现只残存正统道藏本五十七卷①。早经有人论证，大体可信是汉代的旧文，唯对《太平经》确切的成立年代提出疑问而已②。另外有《太平经钞》十卷，除"甲部"纯属伪造外大体是自本经节抄出来的。《太平经圣君秘旨》第7页，亦抄自经文。此外，还有些旧籍征引的佚文。总之，这类东西，即使是节抄或转述，也难免有失原意，何况更多窜乱③。因之，要考察《太平经》的作者和本来思想面目，仍应以五十七卷经的本文为主要根据。

按《后汉书·襄楷传》所谓"神书"，本来就有两种：一为

---

① 不列颠博物馆藏斯坦因盗去的敦煌写经4226号，残存《太平经》的序文后半、目录及"经曰""纬曰"各一段，卷子末题"太平部卷第二"。从序文和"经曰"的内容以及书法来看，至迟也是唐初的写本，但已多窜改。目录则包括自甲至癸十袟、一百七十卷、三百六十六篇题目的全部（仅缺一二篇）。不仅可补"正统本"的缺失，且可窥见全书的轮廓、目录后的"经曰"一段，也是述金阙后圣帝君的诞生等等。与第一卷第一篇"自古（占）盛衰法"的题意不符，且又有"纬曰"一段。看来恐怕都不是此经的正文。

② 1930年小柳司气太《后汉书襄楷传之太平清领书与太平经的关系》（收在《东洋思想之研究》中），1935年汤用彤先生《读太平经书所见》（《国学季刊》第五卷第一号），从不同角度论证，都认为本文是汉代的旧文。惟小柳对此经的确切成立年代仍作为问题提出。后来福井顺康《太平经之一考察》（《东洋史纪要》第一、二册。基按：此书未见到）认为出于梁陈之际，大渊忍尔《太平经之来历》（1940年《东洋学报》第27卷第2号）业已予以反驳，惟福并于1952年出版《道教的基础研究》中关于《太平经》的论述，不仅未改变旧说，而且显得更为混乱。1959年王明《太平经合校前言》亦认为它还保存东汉中晚期著作的本来面目。

③ 王明：《太平经合校前言》。

襄楷疏中所说"臣前上琅邪宫崇受干吉神书"，一为襄楷第二次
上书提到的"前者宫崇所献神书"，亦即范晔所说："初顺帝时，
琅邪宫崇诣阙上其师干吉于曲阳泉水所得神书一百七十卷。皆漂
白素介青首朱目，号《太平清领书》……有司奏所上妖妄不经，
乃收藏之。"很明显，两者都说是"宫崇受干吉神书"，但一种
为顺帝时宫崇所献的，一种是桓帝时襄楷所上的。

今存五十七卷残经，尽管是经过改窜拼凑而成的。但细加玩
研，从某些特征，仍可加以区别，至少可分为三类：

第一类，为"问答体"。即"真人纯"与"天师"的问答
（或对称"师"，"子"；"明师"、"愚生"）。每篇都是有开场有
结尾的完整文字。而其中绝无"天君"。这类计有卷三五、三
六、三七、三九、四十、四一、四二、四三、四四、四五、四
六、四七、四八、四九、五十之第六十七这一篇、五一、五三、
五四、六五、六六、六七、六八、六九、七十、七一（其中第
一百八篇除外）、七二、八六、八八、九十、九一、九二、九
三、九六、九七、九八、百二、百八、百九、百十三、百十六、
百十七、百十八、百十九等四十三卷（共八十三篇）。

第二类，为"散文体"。其中绝无"天师"，间见"真人"、
"大神"、"天君"。文中常有如《老子》等书的四言韵语，如
"灾异自消，夷狄自降，不须兵革，皆自消亡"①。"阴极生阳，
其国大昌；常而思之，不知死亡。""朱雀治病，黄气正中。君
而行之，寿命无穷。""升执其中，百邪灭亡，八卦在内，神成
列行。白虎在后，诛祸灭殃。正道日到，邪气消亡。"②"贫当自

_____

① 《太平经》卷五十五，第2页（涵芬楼影印《道藏》本，下同。参考王明合
校本时另注明）。

② 《太平经》卷八九，第1、2页。

力，无为摇手；此人命薄，生所禀受。恶鬼随之，安得留久。"①诸如此类，甚多。——此类包括卷五十中之第六十八至七十七等篇，卷五十五之第八十三篇，卷八九，卷百十一中之第一百八十、一百八十一篇，卷百十二，及卷百十四中之第一百九十二至第一百九十六篇、第二百三篇。

第三类，可名之为"对话体"。是"真人"，"大神"或"神人"及"天君"相互间之对话。而无"天师"。文字不及问答体流畅。每篇开始，多用"唯"字，——仅见于卷七一中之第一百八篇，卷百一十，卷百十一及卷百十四中之第百九十七、百九十八篇。

此外，尚有图画及说明之卷九九、一百、百一等三卷，"复文"自一百三至一百七等四卷。与考索作者无关，暂不论。

这三类中，思想系统大体是一致的。但从文字形式看确具不同风格。而"散文体"与"对话体"却较接近。即这两类，多有"真人""神人"，而无"天师"。每篇开始多用"唯"字或"唯上古"。

由此可知。五十七卷残经，虽皆是汉末之作，但非出于一人之手。至少可以肯定，问答体出于一人，散文体与对话体出于思想接近的另外几个人之手。

《太平经钞》（除甲部外），不仅节抄可能失却原意，而且往往改窜名词，如常将"问答体"中的"天公"改成"天君"（如钞戊第1页、钞戊第3页等，甚多）。问答体原是没有"天君"的。经抄又往往将"天师"删去（如抄己第6页），甚至将"天师"改为"神人"（如抄己第16页），而"天师"则是"问答体"独有的特征。这样便模糊了几种经文的原貌。故在考察本经时，只能作为旁证（其中有些部分，从内容及点滴特征上，

---

① 《太平经》卷百十二，第19页。

可以大体判定出于哪一体经文，因此这些部分也可供参考）。

其次，我们可以考订的，是"问答体"经文出于襄楷之手，写作期间是汉桓帝延嘉八年至九年上书之前。——作者动笔之初，即急急于献上，如卷三五中即说："今真人以吾书付有道德之君，力行之令效，立与天地相应而致太平。"（第3页）以后，常见这样的话："以付上道德之君"（卷六五第8页），"得吾书者，以付上德君也"（卷十七第4页）。甚至说："行去！付上德之君急急！"（卷八六第16页）敦煌本目录中之卷七十六且有《证上书征验决》一篇。在作者这种狂热的情绪作用下，终于在伪托神道说教中，泄露了写作的时间：

> （真人）"今受天师严教深戒之后，宜何时出此止奸伪兴天地道之书乎？"
>
> （天师）"乙巳而出，以付邮客。而往通之者也。……"①

按乙巳乃桓帝延熹八年（165）。

为什么在这个年头献书呢？因桓帝子延熹"八年春正月，遣中常侍左悺之苦县祠老子……十一月……侍中常侍管霸之苦县祠老子。九年……七月……庚午，祠黄老于濯龙宫"②。

汉朝虽然立国以来即尚黄老之学，但皇帝祠老子于宫中，却是前所未有的事。这一消息为襄楷所探知，所以急急写成这部神书。"延熹九年（166）楷自家诣阙上疏曰……臣前上琅邪宫崇受干吉神书，不合明听。……书奏不省。十余日复上书曰……又闻

---

① 《太平经》卷一百二，第1页。
② 《后汉书》卷七《桓帝纪》。

宫中立黄老浮屠之祠，此道清虚，贵尚无为。……"①

由此可知问答体的经文，是襄楷作于延熹八年，上献于九年
七月之后。

于此，还可以将襄楷上书内容与《太平经》问答体部分，
加以比较：

（一）襄楷疏先从天象证明皇帝"法无继嗣"，"今宫女数千
未闻庆育，宜修德省刑，以广螽斯之祚"。十余日后上书又提及
"前者宫崇所献神书……亦有兴国广嗣之术"②。在《太平经》
中这类的东西："今女之妊也，阴本空虚，但阳往施化实于阴
中，而阴卑贱畏阳，顺而养之，不能去也。阳乃天也，君也；阴
乃地也，臣也，故重尊敬阳之施，因而养之，而不敢去也。"③
明是襄楷所献广嗣之术。

（二）襄楷上书中举桑下三宿故事，因而说"其守一如此，
乃能成道"。在《太平经》中"守一"是最重要的教条。"本求
守一之法凡三百首"④，如"以何为初？以思守一何也？一者数
之守，一者生之道。一者元气所起也，一者天之纲纪也，故使
守思一，从上更下也。夫万物凡事过于大，末不反本者。殊迷不
解，故更反本也"⑤。这类守一之论甚多，不备举。敦煌本目录
中且有"清身守一法"，"守一明之法"，"守一法"等篇。

（三）襄楷疏从天人感应说，指出"谷在仁德不修，诛罚太
酷"，列举邓皇后被诛，刘质成瑨等臣之被害，"忧国之臣，将
遂杜口矣。……自陛下即位以来，频行诛伐，梁寇孙邓，并见族

---

① 《后汉书》卷六十下《襄楷传》。
② 《后汉书》卷六十下《襄楷传》。
③ 《太平经》卷九三，第5页。
④ 《太平经》卷一〇二，第1页。
⑤ 《太平经》卷三七，第7页。

灭。其从坐者，又非其数。……汉兴以来，未有拒谏诛贤用刑太深如今者也"。因建议"修德省刑"。而在《太平经》中，却是假托天师的语言尽情暴露了当时外戚宦官专权下，言路闭塞的黑暗局面："今天下所畏口闭，为其不敢妄诞（抄作谭）……内有严帝王，天下惊骇；虽去京师大远者，里（抄作畏）诏书不敢语也。一州界有强长吏，一州不敢语也；一郡有强长吏，一郡不敢语也；一县有刚强长吏，一县不敢语也。……自太上中古以来，多失道德，反多以威武相治，威相追胁。有不听者，后会大得其害，为伤甚深，流子孙。故人民虽见天灾怪咎骇异，其比近所属而不敢妄言。……到下古尤益剧，小有欲上书言事自达于帝王者，比近持其命者辄杀之。不即时伤害，后会更相属托而伤害之，故臣民悉结舌杜口为暗。虽见愁冤暗恶，不敢上通……"① "今邪人多居位，共乱帝王之治，今使臣人不得其处。"② 甚至把那些宦官比作害虫。"夫天地之性人为贵，虫为至贱；反乃俱食人，是为反正。像贱人无道，以虫食人……所以逃匿于内者，像下共为奸，而不敢见于外；外者，阳也；阳者，天也，君也，天正帝王也。故虫逃于内而窃食人，像无功之臣逃于内，而窃蚕食人也。"③ 针对这种情况，指出"故以刑治者外恭谨而内叛，故士众日少也。……天将兴之者，取象于德；将衰败者，取象于刑"④。这不是"修德省刑"之意吗？

尽管为了作伪，疏文与经文的文风显得不同。但襄楷两疏的全部内容与思想，在经文中无不有其反映。从《太平经》中所反映的政治形势，也正是顺帝至桓帝时的历史实际。由此可知，

① 《太平经》卷八六，第2—3页。
② 《太平经》卷九二，第12页。
③ 同上书，第14页。
④ 《太平经》卷四四，第3—5页。

桓帝时尚书加给襄楷"假借星宿，伪托神灵"的罪名，是铁证如山，毫不冤枉的。

诸史中唯一著录《太平经》的《宋史艺文志》，题为《襄楷太平经》也是有见地的，不过不能说最初襄楷的《太平经》原书是一百七十卷。——按最早提及此经的是葛洪。《抱朴子遐览篇》有"《太平经》五十卷"（又有"《甲乙经》一百七十卷"），至萧梁时，孟安排的《道教义枢》中《七部义》云："太平者，此经以三一为宗，老君所说，按甲部第一云：'学者习用其书，寻得其根，根之本宗，三一为主。'按其卷数，或有不同。今《甲乙十部》，合一百七十卷，今世所行。——按《正一经》云：有《太平洞极经》一百四十四卷，此盛明治道，证果修因，禁恶众术也。其《洞极经》者，铵《正一经》，汉安元年太上亲授天师，流传兹日。——若《甲乙十部》，按《百八十戒》云：是周赧王时，老君于蜀授琅邪干吉，至汉顺帝时宫崇诣阙，上其师干吉所得神书百七十卷，号《太平经》。帝不之信，其书遂隐。"① 这里可以看出：梁时《太平经》卷数或有不同，其中，一种是一百四十四卷的《太平洞极经》，一种是一百七十卷的《甲乙十部》——即宫崇所献的《太平经》。

其实，《太平洞极经》是从来没有的，既未见著录，亦未见征引，原因是襄楷所作问答体的"神书"中，常有"洞极"之类的字句。如："此道道者，名为洞极阴阳天地之经，万万世不可少者"②，"大者大也，行此者其治最优大无上；洞者，其道德善恶，洞洽天地阴阳，表里六万，莫不响应也，皆为慎善。凡物莫不各得其所，其为拘校天地开辟以来，天文地文人文神文皆撰简得其

---

① 《道教义枢》（影印《道藏》本）卷二，第8页。
② 《太平经》卷四一，第3页。

善者，以为洞极之经，帝王案用之，使众贤共乃力行之，四海四境之内，灾害都扫地除去，其治洞清明，状与天地神灵相似，故名为大洞极天之政也"①；"今天师言：乃都合古今河洛神书善文之属，及贤明口中诀事，以为洞极之经"②。即主张将各方意见"使众贤明共集次之，编以为洞极之经"③。这类话不少④，大约因此而被附会为《太平洞极经》了。至少在葛洪时，尚无此名（亦无所谓《正一经》）。到萧梁孟安排时始见此名称。——按《太平经》问答体部分今仅存四十三卷，加上"经抄"中原出自问答体的若干部分（问答体独有"天师"，经抄中如抄丙第 10、15 页；抄丁第 2 页；抄戊第 4、8 页；抄己第 1—12 页以及抄辛、抄壬中混杂的一部分），大体可能是五十卷，故《抱朴子》所谓《太平经》五十卷。当是襄楷所著书实际可信的记载，这就是襄楷自己所上的"神书"，也即是所谓的《太平洞极经》。孟安排所谓《太平洞极经》一百四十四卷，或因那时以一篇为一卷之故⑤。今问答体经文共八十三篇，若加上经抄中的部分及佚文，也许襄楷所作是一百四十四篇。故葛洪所见的是编为五十卷的本子，梁孟安排所云是以篇为卷的一百四十四卷本子。

至于经文问答体以外的部分（包括"散文体"及"对话体"）

---

① 《太平经》卷四一，第 5 页。

② 《太平经》卷八八，第 1 页。

③ 同上书，第 3 页。

④ 按《太平经钞》亦有"使男女大小老幼贤不肖共集上书。……大集具正事，考本天地之根，以除天恐地咎国之害，立《洞极经》"（抄己第 10—11 页）。"故教人拘校古今文集善者，以为《洞极之经》"（抄辛第 3 页）显然是抄出问答体经文者。又抄庚第 22 页有"洞极之经名曰太平。行者得福。不者自令极思……"不知此段因何窜入散文体的经文卷一百十二，第 14 页中。

⑤ 按叶德辉《书林清话》卷一"书之称卷"条谓"凡古书，以一篇作一卷。（目注：《汉书艺文志》有称若干篇者，竹也；有称若干卷者，帛也）"。如《淮南子》、《扬子法言》、《抱朴子》等均是以一篇为一卷。

则是由思想相同的几个人先后写成的。《抱朴子》的《勤求篇》云："干吉容嵩（即宫崇）桂帛各著千所篇，然率多教诫之言……"是可信的。就这两类文字的风格看，散文体写作于前，对话体是继此仿作的，所以有些对话体的前半篇仍是用散文（如经卷一百一十中的第百七十九篇；卷一百十二中的第一百八十二、第一百八十三篇、第一百八十四篇；卷一百一十四中的第一百九十七、一百九十八篇等）。在最后写作对话体的人，合计散文体与对话体大约有一百七十卷了①，便于最后写了"《太平经》可以百七十卷为意"这一节（原文虽佚，但见于《经抄》壬部第10页）。又故弄玄虚地说："吾书中善者悉使青首而丹目，何乎？吾道乃丹青之信也，青者生仁而有正，赤者太阳，天之正色也"②云云。由于书中多是宣扬"太平"思想，故本名之为《太平经》。但到西晋时，如《神仙传》卷十《宫崇传》则说成了"青缣朱字《太平经》十部"。东晋虞喜更说成了"白素朱界，号《太平青领道》，凡百余卷"③。迟至刘宋时，范晔写作《后汉书》，使据此文而说成"皆缥白素朱介青首朱目号太平清领书"了。由此可知原无所谓《太平清领书》，最初只称作《太平经》而已。——这也就是襄楷所作问答体经文中所谓的"天师前所赐予（原作子，此

---

① 散文体与对话体两类散佚甚多，在《经抄》中初步可以制定的散文体，如抄乙第1—7页，抄丁第1页；抄辛中有一部分是出自散文体，抄癸中散文体较多。《经抄》中可判定为对话体的，如抄乙第7—8、14—16页，丁第4—16页，抄壬中多出自对话体。有许多难以判明，这只是约略的考察。此外，还有不少佚文。

② 见《经抄》庚第17页（又见于抄丁第12页，唯作"使青为下而丹字"。考抄丁第5—14页，表面上虽是散体，但对照王明合校本所附《要修科仪戒律抄》所引《太平经》佚文，可以推知这部分是从对话体经文抄出）。按敦煌本目录有卷六十《书用丹青决》，卷百十五《神书青下丹目决》等篇。

③ 《三国志·吴志》卷一《孙策传》注引《志林》。又敦煌序文亦云"朱界青首，百有余卷。……大平青领文……"

据王校）愚生书本文"①。襄楷显然是根据这些"本文"通盘以真人天师的问答形式，结合了桓帝时的社会和政治情况作了新的解释和补充，写成五十卷的书（今经文问答体的第一篇《分别贫富法》篇开始的对话，很明显的是襄楷原著的"承前启后"的开场白②）。故葛洪时，一种是五十卷的《太平经》，一种是百七十卷的《甲乙经》。大约不久即有所散乱，故孟安排时已说卷数不同。后来又有人将两种书打乱拼凑在一起，仍定为一百七十卷（篇数据敦煌本为三百六十六）。

据襄楷说"宫崇所献神书"是"专以奉天地顺五行为本，亦有兴国广嗣之术。其文易晓，参同经典"。《后汉书》对这部《太平清领书》亦说"其言以阴阳五行为家，而多巫觋杂语"。我们试将经文中"散文体"与"对话体"部分加以考察，是否符合这些特点？

（一）关于"奉天地顺五行为本"，"以阴阳五行为家"；这是《太平经》的根本理论。它认为"但大顺天地，不失铢分，立致太平，瑞应并兴。元气有三名太阴太阳中和；形体有三名天地人；天有三名日月星，北极为中也；地有三名山川平土；人有三名父母子；治有三名君臣民；欲太平也，此三者常当腹心，不失铢分。便同一忧，合成一家，立致太平，延年不疑矣。……阴阳者，要在中和，中和气得，万物滋生，人民和治，王治太平"③。这是最高的法则，"唯太上善人之为行也，乃表知天地当

----

① 《太平经》卷九八，第11页。

② 《太平经》卷三五《分别贫富法第四十一》："真人前！子连时来学道，实已毕足未邪？""今天师不复为其说也，以为已尾足，复见天师言，迺知其有不足也。今意极讫，不知所当复问。唯天师开示其所不及也。"明明是续书的引子。

③ 《太平经抄》乙，第7—8页。参照《后汉书·襄楷传》引文，可知此段经抄出自对话体经文。

行之事……各得天地腹心，各不失四时五行之生成"①。这种理论贯穿各处，是解释自然现象和社会现象的锁钥，也是政治和个人行为的指导思想。

（二）"兴国之术"也是从阴阳中和之说立论的，阳是君，是父，是德；阴是臣，是母，是刑。要求阴阳中和。即民顺子孝，修德省刑，为此则太平气即至。故"师君父不可不明，臣不可不忠，弟子不可不顺"②。经中特别强调"孝"③，显然仍是汉代统治阶级的传统政策。"广嗣之术"也是从阴阳来说明的："人生备具阴阳，动静喜怒皆有时，时未牝牡之合也。是阴阳当主为生生之效也。……天数五，地数五，人数五，三五十五，而内藏气动；四五二十，与四时气合而欲施。四时者主生，故欲施生。五五二十五，而五行气足而欲施；五六三十而强。故天使常念施，以通天地之统，以传类。会三十年而免。老当衰，小止闭房内。"④ 大约仍属汉代"房中术"那一套。

（三）"其文易晓，参同经典"，"而多巫觋杂语"的情况也是符合的。无论散文体或对话体，文字均朴素易懂。其中心思想虽渗有儒家观念，但究竟是以道家为主，确是受了《老子》《淮南》等学说的影响的。如"牝牡之合"，"无为者无不为也"，"天道无亲"，弱者道之用。等《老子》的话是常见的，至于巫觋杂语则多见于卷五十，如其中《移行试验类相应占诀》、《丹明耀御邪诀》、《神祝文（即咒文）诀》、《葬宅诀》，以及卷一百十一中之《有德人禄命诀》等等，正是汉末流行的各种迷信巫术的反映。

---

① 《太平经》卷一百十一，第10—11页。
② 《太平经》卷一百十二，第21页。
③ 《太平经》卷一百十四《某诀》；据敦煌本目录，卷五十六尚有《忠孝益年决》。
④ 《经抄》丁第10页（抄丁第6—13页，有"天君"，经无"天师"，且对照《要略科仪戒律抄》引文，知这部分不属问答体）。

于此，可以作出结论：散文体与对话体的经文是完全符合所谓"宫崇所献神书"的内容的。这部分经文（加上出自这两类经本的经抄）可以相信是干吉宫崇等方士所作的《太平经》的本文。合计原是一百七十卷。卷子装潢是青首而丹目，后来便讹传为《太平清领书》，顺帝时宫崇曾经献上，未被采纳。桓帝时，襄楷又据这些"本文"，续写了一百四十四篇，因其中有"洞极之经"的字句，曾被误认为《太平洞极经》百四十四卷。襄楷所作部分，晋初被编为五十卷。——葛洪时，一百七十卷的《甲乙经》和五十卷的《太平经》各自独立。此经晋时已渐有散失。梁陈间，最晚在唐贞观年间，被人将两种书乱拼为一部，仍定为百七十卷，故每卷中篇数多少不一，且多经窜改。这就是流传后世的本子。——《太平经钞》则是从这个本子抄出的。

二　《太平经》与黄巾的思想的比较

《太平经》的作者既经探明，我们可以先了解一下作者的身份和政治方向，进而将《太平经》的思想与黄巾的信仰加以比较。

据较早的记载——晋初虞溥的《江表传》："时有道士琅邪干吉，先寓居东方，往来吴会。立精合，烧香，读道书，制作符水以疗病，吴会人多事之，孙策……诸将宾客三分之二下楼拜之……（策）即催斩之。"① 宫崇是他的弟子。两人都是琅邪人。

---

① 《吴志》卷一《孙策传》裴注引。小柳对干吉表示怀疑，以为孙策于建安五年（200）诛干吉，其时去顺帝时已七十五年。基按顺帝末年为建康元年（144），至建安五年不过五十六年。设使此时干吉年三十，其弟子宫崇上书，则干吉死时，亦不过八十六岁。即如《文献通考·经籍考》推算干吉死时过百岁，仍没有怀疑干吉其人的根据。又敦煌本序："干君讳室，涉乱迁移，易名为吉。寓居东方，往来吴会。周历跻函（?），出入伊洛。教训后生，救死治疾"，所述干吉生平，可供参考。

干吉结交江东的将吏，宫崇也曾指阙献书，可知都是趋附统治阶级的方士。

襄楷"平原隰阴人也（裴注：在今齐州临邑县西也），好学博古，善天文阴阳之术。"① 实际上也是一个儒生式的"术士"②。

东汉的道士即术士，干吉宫崇与襄楷都是一流人物。其实当时的儒生与术士也差不多。儒生虽多读儒书，但亦多受黄老思想的影响。况且从西汉今文学家以来，本多谈阴阳五行，天文占验，儒生与术士的世界观与政治态度上很少区别，政治上也多密切联系。干吉固然结交江东将吏，襄楷也不仅上书桓帝，后来还结交陈蕃之子陈逸及冀州刺史王芬，谋除宦官③。可见这些人都是志存汉室的活动家。

《太平经》实际上就是他们"假借星宿，伪托神灵"的万言策。在他们看来："臣见君父之衰，救之，使其更兴盛，是大功也，深知其衰也不救之，或反言而去，名为倡訞，罪不除也……臣知其君有失，将睹凶害而救之，使其更无凶害，是大功也。知而不救，名倡乱，其罪不除也。……知君理失其要意，灾害连起，而救助其理之，是其宜也。为晓事之臣，知而不救，其罪不除也。"④ 著书目的，在于"急教帝王，今行太平之道"⑤。

所谓"太平之道"。在他们看来，政治好坏可分"太平"、"中平"，"不平"三种局面，"逢其太平，则可安枕而治；逢

---

① 《后汉书》卷六十下《襄楷传》。
② 惠栋：《后汉书补注》卷八，录何焯引晋司马彪《九州春秋》。
③ 同上。
④ 《太平经抄》辛第2页。又敦煌本目录卷十七，且有《救迷辅帝王》篇。
⑤ 《经抄》癸第13页。

其中平，则可力而行之；逢其不平，则可以道自辅而备之"①。
太平是什么意思呢？"太者，大也，乃言其积大如天，凡事大
也，无复大于天者也。平者，乃言其治太平均。凡事悉理，无
复奸私也。平者，比若地居下，主执平也。地之执平也，此若
人种善得善，种恶得恶。人与之善，用力多其物，子好善。人
与之鲜，解其物，恶也。气者，乃言与中和气三合，共养万
物，三气相通相爱，无复有害者。太者，大也。平者，正也，
气者，主养以通和也，得此以治，太平而和，且大正也，故言
太平气至也。"② 显然，这是从"顺天地阴阳"的世界观来阐
释他们的政治观点：任何事情没有比天大的，处理大事要公
平，凡事都处理得公平无私（注意：他们的"平均"是与
"无复奸私"对举的）。譬如地吧，就很持平。种善得善，种
恶得恶，人对它（地）好，用力多，就多得东西，人对它用力
少，就少得东西。气是指天地之气乐于生养万物的。气的法则
行于天地之间，则阴阳相得，与中和气三者合而生长万物；三
者相通相爱，都无伤害。太平就是公正，能如此为治，则大公
无私而又和平，并且公正。——所以，他们认为的"太平"就
是要公正无私。能如此，即能使"天地与中和相通，并力同
心，共生万物。……君臣民相通，并力同心，共成一国"③。
公正才能都无伤害，各得其所。故经文反复地说："太平者，
乃无一伤物，为太平气之为言也，凡事无一伤病者，悉得其
处，故为平也。"④ 明明是统治阶级宣扬伪善的"公平""公

---

① 《太平经》卷五十，第 12 页。
② 《太平经》卷四八，第 2—3 页。
③ 《太平经》卷八四，第 4 页。
④ 《太平经》卷九三，第 18 页。

正"，显然这与农民的思想毫无相干之处①。

为求"各得其所"，"无有伤害"，一方面，他们主张统治者
"修德省刑"，以免激起人民的反抗。"学人以德，才使其仁；学人
以仁，才使其平平，保其不敢相欺夺人财物也。学人以平卒已失
其法，学人以法，已失相克贼矣；学人相克贼，已入大武矣；入
大武，即民无罪而欺矣。困穷也成盗贼。故吾承天道法，开大吉

---

① 侯外庐同志文中对《太平经》中的"太平"这样阐释的："所谓'太平'，
就是最'大'的生产和'均'等的劳动，平等的消费这一最高原则，它可比之天
地自然养育万物的大公无私。农民用'大平等'的'太平'拆散了反映例外权的
'太极'。"这是令人难以信服的推论。第一，人类的认识是要受到生产规模的限制
的。只有在资本主义发展期近代企业兴起后，才可能出现大生产的观点。生活在封
建社会的农民，局促于规模狭小的个体生产下，如何能形成"最大的生产"这种
观点？第二，封建社会的农民，他们的问题是土地问题还是劳动的"均等"问题？
只有在资本主义生产方式下，劳动者与生产资料分离了，他们才可能争取均等的劳
动就业。第三，封建社会农民的"平均主义"思想确实是要求对财富与消费的平
均分配，但在《太平经》中是否确有这种思想呢？试对侯文引证作一次检验：侯
文说"农民道教经典《太平经》这样解释"，可是他的引文，《太平经》中根本没
有，而是从《太平经钞》的不同卷的两节中分别截出了几句拼凑而成的。如"太
者，大也，言其积大如天，无有大于天者。'平'者言治，'太平'，均（按：这
是侯的句读法，汉代是否有此类文法结构？），凡事悉治，无复不平（按：以下几
句侯文未引，是否由于与他的推论难以相符？）。比若地居下，执平；比若人种刘，
种善得善，种恶得恶，耕地力分别报之后，天气悦下，地气悦上，二气相通而为中
和之气，相受共养万物，无复有害，故曰太平。天地中和同心，共生万物；男女同
心而生子，三人同心共成一家，君臣民三人共成一国"。这段见于《经钞》丙第15
页（显系从经卷四八第2—3页撮抄而来），侯文未引的后半段，明明是说地是持
平的，像种庄稼一样，使劲多的收获多（意即"公平"，"无复不平"）。天地二气
相通为中和之气，共养万物，再没有害处，这就叫做"太平"、天地中和同心，男
女同心，君臣民同心（中和，同心，就是不要闹矛盾，闹斗争）。侯的引文后半段
几句是摘自《经钞》癸部第1页："太者，大也，大者天也，天能复育万物，其功
最大。平者，地也，地平然能养育万物……"而又略加了改动——像这样的截取
拼凑地来处理史料，而服务于先验性的推论，能否作出符合实际的结论？至于
"农民用'大平等'的'太平'来拆散了反映例外权的'太极'"云云，更令人难
解。不知出于《太平经》何处？哪部书或哪位思想家有将"太平"与"太极"对
立起来的提法？

之门，闭其凶恶之路，开太平之阶"，① 因而政治上重视择人署职②。同时，更要求"多财"的剥削者"救穷周急"，表面上说："或积财亿万，不肯救穷周急，使人饥寒而死，罪不除也。"甚至骂这些人为"仓中之鼠"，恨这些"愚人无知"，但紧跟着即提醒这些人："夫人畜金银珍物，多财之家，或亿万种（疑作钟）以上，畜积腐涂，如贤知以行施，予贫家乐，名仁而已，助地养形，助帝王存良谨之民。夫亿万之家，可周万户，予陈收新，母疾利之心，德洽天地，闻于远方，尚可常得新物，而腐涂者除去也。……名闻国中，四海人道之者塞道。明王圣主闻之，见助养民大喜，因而诏取，位至鼎辅，因是得尊贵，世世无有解已，尚为大仁，天下少有。……不肯救穷周急，令使万家乏（原作之，从王校）缺，春无以种，秋无以收，其冤结悉仰呼天……乡里祝（咒）固欲使其死，盗贼闻之，举兵往趋，攻击其门户，家困且死而尽。"③ 多美的如意算盘呀！你积了许多陈粮与其任它腐烂，不如救穷周急，既为帝王养活了这些善良的老百姓，将来陈粮去了又可收回新粮，而且全国闻名，皇帝诏取，可望官居鼎辅。如果你舍不得拿出来，使许多人怨恨，同乡都咒骂你，都望你死掉，盗贼知道了又会把你害死抢光。——这是表明他们反对私有财产呢？是揭露剥削呢？还是替"多财之家"筹谋划策呢④？

另一方面，它又坚持私有财产是不可侵犯的。"非其有，不可

----

① 《太平经》卷四九，第10页。
② 《太平经》卷五四，第3页；卷九八，第14—15页。
③ 《太平经》卷六十七《六罪十治诀》。
④ 侯文摘取这段经文中的几句，认为是"对于私有财产的攻击，表现为对富者的诅咒"。显然是不符合经文原意的。又经文卷一百十二，第12页。还有一段可以互相印证。"……善人辄报，自以当更相给足，天使之然；不可藏匿，使人饥寒，故令有财之家，假贷周贫，与陈归新，使得生成，传乎子孙，神灵祐助，是非大恩布行邪？"如稍稍注意两汉高利贷资本之盛行，是不难理解这种"假贷周贫"的性质的。

强取；非其土地，不可强种，种之不生。"① 坚持阶级制度是命定的。"人有贵贱，寿命有长短，各禀命六甲，禄相当直。"② 贱的是被剥削者。凡民者像万物……奴婢者衰世所生，像草木之弱者，常居下流③。只有"奴婢顺从君主，善者能贤，免为善人良民"④。而"民者，是王者居家不肯子，为王者主修田野治生"⑤。"民者，职当为主为国家王侯治生。"⑥ 反正"奴婢"与"民"活该为剥削者劳动，如果"轻休其力……罪不除也"⑦。但他们更担心的是"小人无

---

① 《太平经》卷五五，第 2 页。

② 《太平经》卷一一二，第 4 页。

③ 《太平经抄》丁第 15 页。

④ 《太平经合校》，第 222 页，附《正一法文太上外箓仪》下《人四夷受要箓》引《太平经》。

⑤ 《太平经》卷六五，第 5 页。

⑥ 《太平经》卷六九，第 3 页。

⑦ 侯文云："人人平等的原则（基按：经中贵贱之说甚多，如何算是'人人平等'？）也通过人人都应劳动的人道主义表现出来，不劳动被认为是极大的罪恶。《太平经》说：'天生人，幸使人人有筋力，可以自衣食，而轻休其力……其罪不除'（基按：引文与经及经钞均不同）。"按经文卷六七第 2—3 页的原文是："天生人，幸使其人人自有筋力，可以自衣食者，而不肯为人，反致饥寒。负其先人之体而轻休其力，不为力可得衣食，反常自言愁苦饥寒，但常仰多财家须而后生，罪不除也。"意即你们这些人，天生得有气力，可以自谋衣食。现在你不肯卖力气干以致饥寒，反而诉说愁苦饥寒，老是仰赖有钱的才能活下来。罪不除！——这是剥削阶级斥责饥寒的劳动者拼命干得不够呢？还是主张剥削者与被剥削者"都应劳动的人道主义"呢？杨文也提到"对不劳而获的人的憎恨"，引了经卷三五第 7 页"人各食其力"一句话。这句话是什么条件下说的呢？请看上下文："故当二女共事一男也。何必二人共养一人乎？尊者之旁不可空，为一人行，一人当立坐侍其旁给侍不足。……今天下失道以来，多贱女子，而反贼杀之，令使女少于男……女之就夫家，迺当相与并力同心治生，乃共传天地统，到死尚复骨肉同处，当相与并力，而因得衣食之……如是则凡人无复杀其女者也。……今天下一家杀一女，天下几亿家哉？或有一家乃杀十数女者，或有妊之未生出反就伤之者，其气冤结上动天，奈何无道理乎？故吾诚口口重知之也。夫人各自衣食其力，则令妇人无两心，则其意专做事不复狐疑也。"（经卷三五，第 4—7 页）显然是主张一男二女。由于杀女太多妇人不够了。因而提出女的嫁到夫家当"并力治生""因而得衣食"。妇人们既能自食其力，就不致杀女，"是则且应天地之法，一男得二女也"。这是反对不劳而获吗？

道多自轻，共作反逆，犯天文地理，起为盗贼相贼仿"。① 因此威吓这些"无状之人，结客合伍，劫取人财，其主不全，县官未得杀汝，天代诛罚，上自灭户，下流子孙"，"……帝王得先发号施令于天下，则凡人万物悉随之而从，天下和平矣，有敢不从为反逆，则死矣"②。妄想各安本分："贫为小人，富为君子，更共相使转为理(治)。"③ 要求"中和"，不要斗争。认定"人生各有命也，命贵不能为贱，命贱不能为贵也"④。故而经中多是教忠教孝，人民能顺上不作乱，天下自然就和平了。

照经文说，这部"神书"，"乃能使帝王深得天地之欢心，天下之群臣遍说，跂行动摇之属，莫不忻喜，夷狄却降，瑞应悉出。灾异毕除，国家延命，人民老寿"⑤。也就是他们"助其君致太平"的政治目标。较早解释此经的如梁道士孟安排说："太平者，太言极大；平谓和平，明六合大通为一，正平之炁斯行。"⑥ 倒是合符经意的。

由此可以判明《太平经》是站在什么人的立场，为什么人服务的。因此，很难说它是农民道教的经曲，也更说不上有什么小农的平均主义思想⑦，除非是对"平均"等字面有所误解。

---

① 《太平经》卷六七，第4页。
② 《太平经》卷一一四，第39页；卷一一六，第4页。
③ 《太平经抄》辛部第6页。
④ 《太平经》卷七一，第8页。
⑤ 《太平经》卷四六，第1页。
⑥ 《道教义枢》《七部义》卷二，第7页。
⑦ 杨文也引了经抄丙第15页、经抄癸第1页及经文卷四八，第2页等那几段文字，认为是"小农的平均主义思想"，"太平就是大平均"。关于那几段文字，我在侯文解释"太平"时已有说明，不赘。此外，杨文又说"他们的所谓'平'，确是指'平均'，所以经中除了常提到'太平'外，也常提到'平均'"。并举了四个例子。究竟这些例子中的"平均"两个字，是否具有"平均主义"的"平均"之意，我们且把它的上下文补全来考察，以免有"断章取义"之嫌。〔例一〕"皆自平

　　我们也可以将《太平经》的思想与"黄巾"的信仰作一比较：

　　黄巾的信徒多是"流民"①"百姓"，"百姓之冤，无所告诉"②，遂聚集在这一农民的宗教中，他们的思想信仰与干吉、襄楷等所造的《太平经》究竟有多少共同之处呢？

　　（一）黄巾信奉的是"黄老道"③，是以"善道"敬化④，

───────────

均，无有怨讼者"（经卷百十一，第1页）上下文是"……如国有公卿……文书相通，上章各有荐举，宜得其人，使可保有言事辄用，天君以事更明，而（原作堂，据钞改）得书辄下无失期，辄得朝上之恩贷，自天君曰：不訴朝廷旨，请寄之人，文书所上，皆自平均，无有怨讼者，各自身受恩分，赏罚有差，何有分争乎？"基按"平谓不偏听"（《荀子·致士》"衡听显幽"注）；"均，平也"（《国语·鲁语》"尧能单均刑法以仪民"韦注）。意谓荐举得人，他们上书言事都能采用，天君因对事情更明了，接到上书的即时批下；文书向上所反映的，都很公平妥当，故没有委曲控诉的，因而分别赏罚，没有纷争。〔例二〕"天地施化得均，尊卑大小如一，乃无争讼者。"（经卷百十九，第9页）按其上下文是："五身（即五行）已周，四气（四季之气）已著，乃凡物得生也，天地施化得均，尊卑大小如一，乃无争讼者，故可为人君父母也。"基按"均，遍也"（《说文·玉篇》）意思是说天地对自然万物照顾是普遍的，为人君父母也应如此，便无争吵了。〔例三〕"调和平均，使各得其所，不夺其所安。"（经卷百十四，第30页）其上下文是"众万二千物皆生中和地中，滋生长大，皆还自复盖，荫其下本很。其花实以给身口，助其谷粮，使有酸咸醋淡自在，化水为盐，使调诸味；以豆为豉，助盐为味，薄厚自恣；菜茹众物当入口者，皆令民食之，用其温饱，长大形容，子孙相承；复以六畜不任用者，使得食之，肥美甘脆之属皆使食，是天使奉职之神，调和平均，使各从所愿，不夺其所安，是布恩施惠民，非乎？"基按"均，从土从匀"（《说文》），意谓天生天物，各有酸咸醋淡之味，粮食菜蔬及六畜任人食用，盐豉调味，味的厚薄随意，这是天神调度安排得匀称周到，使能各随所好，不勉强违反各人的习惯。〔例四〕"平之为言音，乃平平无冤者，故为平。"（经卷九八，第13—14页）上下文是"欲乐居家治生畜财者，思吾文，可竟（原作亿，从王校）其天年而终死，故各为得其所愿，无大自冤者也。故太平之气得来前也。平之为言者，乃平平无冤者，故为平也，是故德君以治，太平之气立来也，所以然者，乃天下无自冤者，各自得其所乐，……"基按《说文》："平，谓平舒也。"徐灏《说文解字注笺》："平之本义，力气之平舒。"桂馥《札迻》"平平"条，引《韩诗》云"闲雅之貌"。这里的"平"即心情平舒之意。"平平无冤"即各从所愿，没有委曲，得尽天年（并可参看经卷五四，第2页）。从各例的上下文贯穿起来看，都似乎没有"平均"之意。

　　①　《后汉书》卷八四《杨赐传》。
　　②　《后汉书》卷七八《张让传》。
　　③　《后汉书》卷一百一《皇甫嵩传》。
　　④　同上书，《三国志·吴志》卷一《孙坚传》；《通鉴》卷五八，"光和六年"条。又《后汉纪》卷二四《灵帝纪》中作"自称大医事善道"。

从来未称"太平道"①。教职如张角也只是称"大贤良师",没
有称什么"太平道者师"。——而"太平经"则宣传的是"太
平"之道,是"助其君致太平"的理论②。前者是面向百姓,
后者是面向"火德"之君。

（二）黄巾所崇奉的神是"中黄太乙"③——《太平经》中则
有"天君""大神""真人""神人"等等,绝未见"中黄太乙"。

（三）黄巾曾肯定曹操"毁坏神坛"④,可知他们是反对祠祀
的。——而《太平经》卷一百十四"不可不祠诀"等处,则力
主祠祀。

（四）黄巾治病是"为符祝教病人叩头思过,因以符水饮
之,得病或日浅而愈者,则云此人信道,其或不愈者则云不信

---

①　按黄巾起义后宣称"黄天泰平"（《吴志》卷一《孙坚传》）,只是"黄天当
立,天下大吉"之意。从来史籍中只有鱼豢《典略》说"角为太平道",不见于当
时其他记载,汉魏六朝除张角之外未见再有任何人是太平道,各地农民起义军也只
有自称"黄巾"的（如马相）,从未有称"太平道"的。大约鱼豢是附会"黄天泰
平"或张角有过《太平经》而造出"大平道"这一教派名称。——杨宽同志说"张
角等自称太平道",不知何据?

②　《太平经》中的太平之道,意即开"太平之阶"（经卷四九,第10页）。
一如经中"大顺之道"是指"大顺之路"（经抄癸部第1、9页）不是一个教派名
称。经过改窜的《经抄》中:"太平道,其国富,其文约,天之命,身之宝,近出
胸心,周流天下,此文行之,国可安,家可富"（抄辛第17页）,也是指这部经
文。

③　《三国志·魏志》卷一《武帝纪》裴注引《王沈魏书》。按"太一"原是秦汉以
来人们信仰中最高的天神。"中黄"即"中央黄灵",亦即"中央帝黄灵"的简称。这是
王莽重定祀典时五帝之一,其下所属有"北辰"等星宿（参看《汉书》卷二十五《郊祀
志》下,平帝元始五年王莽奏文）。但到了东汉,人们却认为"太一"是"北辰"的神,
是居于中央的（《易乾凿度》卷下,郑玄注:"太一者,北辰之神名也,居其所曰太
帝。……中央者,北辰之所居。……"）,威信很高,甚至还有黄帝问道于太一的神话（见
孙珏辑《古微书》卷八《春秋合诚图》。就是在当时人们这样的信仰基础上,黄巾建立
了他们的神"中黄太一"。

④　《三国志·魏志》卷一《武帝纪》裴注引《王沈魏书》。

道"①。主要是心理治疗——《太平经》中对治病更注重"良药方"、"仙方"、"奇方"②，如"神木方"、"生物方"、"灸刺"③等，虽然也有神祝（咒）④"丹书吞字"⑤等类似黄巾的方法。

（五）黄巾在一定程度上受了统治阶级"五行"思想的影响，如说"汉行将尽"⑥，但在他们起义时提出的"苍天已死，黄天当立"的动员口号，与传统的"五德终始说"是绝不相同的⑦。口号

---

① 《三国志·魏志》卷八《张鲁传》裴注引《典略》。

② 《六平经》卷四七"上善臣子弟子为君父师得仙方诀"。

③ 《太平经》卷五十。

④ 同上。

⑤ 《太平经》卷一百八"要诀十九条"。

⑥ 《三国志·魏志》卷一《武帝纪》注引《王沈魏书》。

⑦ 贺昌群同志《论黄巾农民起义的口号》（《历史研究》1958 年第 6 期）专谈这个问题。意在"就两汉谶纬符命及五德终始之说与黄巾灾民起义的关系"的阐明。其实，这些是与黄巾不相同的。按《文选》卷四七陆士衡《汉高祖功臣颂》李善注："《春秋保乾图》曰：'黑帝治八百岁，运极而授木：苍帝七百二十岁而援火。'言汉之历运为周木德所授也。"可知苍指木德。东汉以来公认汉是火德，火德尚"赤"，亦不尚"苍"（青），"苍天已死，黄天当立"的口号中，黄（土）对苍（木）既不相生，亦不相胜。显然与"五德终始说"是不合的。其实这个"苍天"只不过是自古流传的口头语的"天老爷"（如《诗·黍离》"悠悠苍天"；《诗·巷伯》"苍天苍天"；《楚辞·惜诵》"指苍天以为正"）。影射统治者；黄天即暗指起义者黄巾自己而已（按古代传说，农民是用黄冠的）。《礼记·郊特牲》云：黄衣黄冠而祭，息田夫也。野夫黄冠（"黄冠，草服也。"这显然不是因"土德"之故）。——又贺文提出汉哀帝诏中推历定纪，数如甲子。两句话，阐释说："诏文意思又说，据此以推汉家的历数纪年，正好与谶文所记的甲子相符合。……直到汉末黄巾农民起义，还是继续使用这段谶言作为打倒汉朝统治的历史根据，《后汉书·皇甫嵩传》载黄巾大暴动时口号是'岁在甲子，天下大吉'。……"基按：这也是误解，那两句"诏文"根本不是谶言，从来也没有什么"甲子"的谶言。原来哀帝想再受命改制，自然要改元，改元就要推算历术，确定纪元。他选定改元的日子是"甲子"日。事实上也正是这样做的，即于建平二年六月甲子日改为太初元年（《汉书》卷二六《天文志》及卷七五《李寻传》）。到八月初，哀帝懊悔了，他又下诏说："六月甲子制书非赦令，皆蠲除之。"（《汉书》卷一《哀帝纪》）可见"数如甲子"不是什么谶言。至于黄巾他们只是认为光和七年（184）这个"甲子年"革命危机成熟了，胜利在望，故发出"岁在甲子，天下大吉"的战斗口号。此外，贺文说卢循是太平道，不知何据。

本身只是说明革命对象之必然灭亡与革命者的必然胜利，因为"苍"与"黄"是说不上"相生"或"相胜"的关系的。——而《太平经》则显然有一套完整的五行学说。它不仅受了《淮南子·天文训》的影响，而且提出的五行"王相休囚废"① 的五种状态，显然是在《白虎通·五行篇》的"王相死囚休"的基础上有了更神秘的发展。它的基本方向是维护"火德"统治的，希望"以文付真人，以与谨民，令付上火精道德之君"②，且言"赤者，言赤气得此，当复更盛，王大明也"③。不仅反对革命，并且希望汉王朝更兴盛。

（六）黄巾起义后所提的是"黄天"的"太平"，也即是认定只有"苍天已死，黄天当立"，天下才能"大吉"之意。是反映革命者取得政权后的理想。——而《太平经》中的"太平"，如前所述，只是统治阶级伪善的"公平""公正"。因此，只要求贡举得人，择人署职，以"修德省刑"，"周穷救急"为治，同时教育人民贵贱有命，要孝顺不反逆，君臣民不要斗争，便"都无伤害"，如此则"盗贼断绝"，"夷狄却降"，帝王无忧。完全是末日王朝的麻醉剂。

因此，可以肯定《太平经》与黄巾的思想绝不相似，而是两种敌对的阶级意识的反映。《太平经》也与黄巾等无关。

三 《太平经》与天师道的关系

汉灵帝即位之初"妖贼"就已大起了。熹平元年（172）会

---

① 《太平经》卷六五《兴衰由人诀》及卷一百十六《某诀》。
② 《太平经》卷一百十七，第2页。
③ 《太平经》卷三九，第2页。按敦煌本目录，卷百二十四，尚有《人腹各有天子文归赤汉》篇。

稽许昌许昭父子即起义于句章①，张角等也已在钜鹿传道②，汉中张修的"天师道"也早已流行了③。"修法略与（张）角同，加施静室，使病者处其中思过，又使人为奸令祭酒，祭酒以老子五千文使都习，号为（基按此为字衍）奸令为鬼吏，主为病者请祷……使病者家出五斗米以为常，故号曰五斗米师。"④ 这些"妖贼"都是农民的宗教组织，故在革命高潮下，先后并起。中平元年（184 年）黄巾起义后，秋七月，张修亦"反"⑤，东西呼应，正是农民武装斗争的配合行动。

直到中平五年六月，益州马相起义亦"自号黄巾"⑥。可见西方农民的武装斗争也是打着黄巾的旗号。也就在这一年，汉王朝"改刺史，新置牧"⑦，刘焉出任益州牧。

这时"张鲁母始以鬼道，又有少容，常往来（刘）焉家，故焉遣鲁为督义司马"和以天师道的领袖张修为"别部司马"⑧，巧立名目，显然是扩充割据武装的措施。但刘焉命张鲁、张修将兵袭击汉中太守苏固的时候，"鲁遂袭修杀之，夺其众……鲁遂

---

① 卢弼：《三国志集解》，《吴志》卷一《孙坚传》注及《孙策传》"严白虎"条注。

② 《后汉书》卷一百一《皇甫嵩传》。

③ 《三国志集解》，《魏志》卷八《张鲁传》引钱大昭曰："《隶续》载《米巫祭酒张普题字》：'熹平二年三月一日，天表鬼兵胡九（原阙二字）仙历运成，玄施延命，道正一元，布于伯气，定召祭酒张普萌生赵广王盛黄长杨奉等谕，受微经十二卷，祭酒约施天师道法元极耳……'"

④ 《三国志·魏志》卷八《张鲁传》注引《典略》。

⑤ 《后汉书》卷八《灵帝纪》。

⑥ 《三国志·蜀志》卷一《刘焉传》。

⑦ 《后汉书》卷八《灵帝纪》。

⑧ 《三国志·蜀志》卷一《刘焉传》，——按惠栋《后汉书补注》卷十七"督义司马"条："洪适曰：刘焉在蜀置督义司马，助金褒义校尉。刘表在荆亦置绥民校尉，汉衰，诸侯擅命，率意各置官属。"

据汉中，以鬼道教民，自号师君"①。这是天师道变质的转折点。

张鲁袭杀了张修，既篡夺了"天师道"的领导权，又割据了汉中。真是"作之君，作之师"了，故自称"师君"。——"天师道"原是被压迫的"妖贼""米巫"的农民的宗教，在教法上政治上是与张角相似的。——但宗教究竟不是阶级组织而是以意识形态为纽带的集体，在张鲁夺取领导权后，显然已由非法的"米巫"而成为政教合一的汉中的"国教"了。

张鲁原是东方的"沛国丰人"②，大约受了《太平经》的影响，或者倒是他"颇有其书"，在他取得天师道的领导权后，新增加的几项措施，很明显的是根据了《太平经》——"但使有德之君，有教救明令，谓吏民言：从今已往，敢有市无故饮一斗者，笞三十，谪三日；饮二斗者，笞六十，谪六日；饮三斗者，笞九十，谪九日，各随其酒斛为谪，酒家亦然——皆使修城郭、道路、官舍，所以修城郭道路官舍为大土功也"③。

事实上"及（张）鲁在汉中，因其民信行（张）修业，遂增饰之，教使作义舍，以米肉置其中以止行人；又教使自隐小过者当治道百步则罪除；又依月令春夏禁杀；又禁酒，流移寄在其地者，不敢不奉"④。

由此可知，张鲁增饰的第一项新措施是作"义舍"——他的经典的理论根据是"今天上有官舍邮亭以候舍等，八表中央皆有之，天上官舍，舍神仙人；地上官舍，舍圣贤人；地下官舍，舍太阴善神善鬼；八表远近名山大川官舍，以舍天地间精神人仙未

----

① 《三国志·魏志》卷八《张鲁传》。
② 同上。
③ 《经抄》丁第6—8页，——按王明合校本，第250页附录《要修科仪戒律钞》所引《太平经》，可知此段经钞出自对话体经文。
④ 《三国志·魏志》卷八《张鲁传》注引《典略》。

能上天者"①。——具体做法是"诸祭酒昔作义舍，如今之亭传"②。其性质明明是"官舍"，是舍"圣贤人"的，不是一般的"行人"。在当时的生产力和生产关系的条件下，有的同志把它美化作任何人吃肉吃饭不要钱的所在，是脱离历史实际的。

第二项新措施是"治道百步"——理论依据大约是"修道路，取兴大道，以类相占，渐置（至）太平"③。

第三项新措施是"春夏禁杀"——其理论根据是《太平经》中"案书明刑德法"："夫刑德者，天地阴阳神治之明效也。为万物人民之法度。"经文以十二个月配六刑六德，以为十一月至四月怀德，五月至十月怀刑，"明刑不可轻妄用"④——在具体执行中，且"三原而后行刑。"

第四项新措施是"禁酒"——理论是"天下作善酒以相饮，市道尤极，名为水令火行，为伤于阳化，凡人一饮酒令醉，狂脉便作，买卖失职，互相斗死或伤贼，……酒之害万端，不可胜纪，念四海之内，有几何市，一月之间，消五谷数亿万斗斛，又无故杀伤人"⑤。

正因为在张鲁时，天师道已由"妖贼"而变质为居于统治地位的宗教，才有可能推行这些措施。当然，像修路、省刑及禁酒等，在当时的经济条件和政治情况下，较之末日的汉王朝，显然是做了些好事。

---

① 《太平经抄》辛第17—18页——小柳司气太以为义舍是根据经文卷八八"作来善宅法"，是混淆了两种不同的设施。

② 《三国志·魏志》卷八《张鲁传》，——又如晋初犍为天师道陈瑞亦曾设有"传舍"（常璩《华阳国志》卷八《大同志》）。

③ 《太平经钞》丁第9页。

④ 《太平经》卷四四，第1—8页。

⑤ 《太平经抄》丁第8页，按经中尚有几处述及禁酒，亦有小异，如问答体的"天谶支干相配法"中则仅主张禁断市酒（见经卷六九，第7页）。按敦煌本目录，卷五十七有"禁酒法"一篇，惜不可见。

　　张鲁不仅篡夺了天师道的领导权，改变了他的阶级性质，同时，也篡改了天师道的历史：即伪造祖父两代的历史来代替张修的历史①，世人便久为他所骗②，其实汉末的刘艾与魏人鱼豢等，都知道五斗米道领袖是张修③，只是在魏晋天师道已大盛行之后，西晋陈寿作《三国志》，才提及张陵入蜀学道，陵死，张衡张鲁继之等等，这就已经将张陵代替张修了，但记载尚简略。其后张陵的传说故事便越来越神化，越多越完整④，这显然是在张

―――――――――

　　①　吕思勉《秦汉史》第二十章第六节，第 830 页，即已首先质疑。

　　②　宋裴松之注《三国志》引《典略》时，即以为张修为张鲁之误，按《通鉴》卷八五考异："张修与鲁同击汉中，鲁袭杀修，非其父也。"清儒辨正者尤多，如清初陈景云曰："衡事见鲁传，裴氏盖据本传言之，《后汉书·灵帝纪》张角张修并以中平元年反，章怀注修事，引汉侍中刘艾纪与《典略》之文合，刘纪出典略之前，不应有误，修衡二人虽同为五斗米道，而衡踪迹深山，无阻兵作乱事，与反逆之妖贼自异也。"（卢弼《三国集解》引）其实"衡懋迹深山"，仍属后来之说。

　　③　《后汉书》卷八《灵帝纪》李贤注"刘艾纪曰：时巴郡巫人张修，疗病愈者，雇以米五斗，号五斗米师"。基按《魏志》卷一《武帝纪》建安元年注引张璠《汉纪》及建安十九年注引《献帝起居注》均称"宗正刘艾"，建安二十一年五月注引《献帝传》称"使持节行御史大夫宗正刘艾"，《魏志》卷六《董卓传》注引《献帝起居注》称"侍中刘艾"，《吴志》卷一《孙坚传》注引《山阳公载纪》有"董（卓）谓长史刘艾曰……"可知刘艾是汉献帝时人。——又《魏志》卷八《张鲁传》注引鱼豢《典略》，亦言汉中张修为五斗米道，张鲁袭杀修，因其民信行修业，遂增饰之。鱼豢诸史无传，唯刘知几《史通》外篇"古今正史"条："魏时京兆鱼豢，私撰《魏略》，事止明帝"，文严可均《全三国文》卷四三："（鱼）豢为郎中，有《典略》八十九卷。"至少《典略》早于陈寿《三国志》。刘艾与鱼豢以五斗米道领袖为张修，绝不记张陵张衡事。

　　④　《三国志·张鲁传》仅云："祖父陵客蜀学道鹄鸣山中，造作道书，以惑百姓，从受道者，出五斗米，世号米贼。陵死子衡行其道，衡死鲁复行之。"如此而已（常璩《华阳国志》卷二《汉中志》，文字略同）。而在葛洪《神仙传》卷十《张道陵传》则不仅谓陵"本太学诸生，博通五经……"且有柱下史自天而降，授陵以新出正一明威之道的神话。——其后如李膺《益州记》以及陶弘景《真诰》，以至于贾善翔《犹龙传》、宋濂《翰苑别集》卷六《汉天师世家》等，对张天师的历史与神话便与时俱增了。福井康顺《原始道教之研究》，不考忠史料的先后变化，根据一些后世道士们的作品斤斤于考证张陵的生卒等，这样研究的结果，是难得出可靠的结论的。

鲁改篡历史美化其祖父的神迹的基础上，随着道教的发展而增加演变的。

不难理解：张鲁雄踞汉中三十年，就"天师道"说，"流移寄在其地者不敢不奉"。即使曹操取汉中后，仍"拜鲁镇南将军，待以客礼，封阆中侯，邑万户，封鲁五子……皆为列侯，为子彭祖取鲁女，鲁薨谥之曰原侯，子富嗣"。真是"位尊上将，体极人臣，五子十室，荣并爵均，童年婴稚，抱拜王人，命婚帝室，或尚或嫔"①。长期据有这样的政治地位，是极利于天师道的传布的。因此，魏晋以后，官僚大族信奉者渐多②，成了六朝世族的宗教③，而賨人李氏一支据有南中，天师道又成为奴隶主的宗教④。故南北朝后期《太平经》的传布者，如敦煌本序文的作者竟说："……上下二篇法阴阳，复出太平青领文杂说众要，解童蒙心。复出五斗米道备三合。道成契毕，装备三道。……"简直把天师道当作《老子》《太平经》的体现者了。

总之：《太平经》是干吉与襄楷等所作，最初可能流传于江东的统治集团，与黄巾及张修等"妖贼"无关。但被张鲁采用后，遂成为"天师道"的理论武器。天师道徒的政治活动，往

---

① 《三国志·魏志》卷八《张鲁传》，卢弼《集解》录潘眉引《南郑城碑》。

② 晋咸宁初，益州即有二千石官吏奉天师道（《华阳国志》卷八《大同志》）。

③ 陈寅恪《天师道与海滨地域之关系》（《历史语言研究所集刊》第三本四分）论述甚详，唯将张角亦混同于天师道，显属失考。

④ 按汉末南中夷族巫师原称"耆老"，政教合一的领袖称"耆帅"（《华阳国志》卷四《南中志》，《通鉴》卷七十黄初四年）。自李寿尽有南中之地（《华阳国志》卷九《李特雄期寿势传》），天师道随之传入，部落领袖遂有"小鬼主"、"大鬼主"等名称（《新唐书》卷二二二下《南蛮传》），显然是由"鬼卒"转化而来。樊绰《蛮书》卷十载异牟寻与唐庭盟誓"……谨诣玷苍山北，上请天地水三官，五岳四渎及管川谷诸神灵，同请降临，永为证据。……其誓文……一本投西洱河……"显属天师道"三官手书"之遗法。由此可知天师道直到唐初仍为滇中统治地位的宗教，其后南诏佛教转盛，至丰祐时，始发道教。

往以"太平"二字为旗帜①，因此，它从来不是农民道教的经
典，自然更说不上"农民革命的理论著作"。

如果上述结论能够成立，那么历史上某一些带有宗教色彩的
叛乱，能否即认为是农民战争？某一些农民宗教的经卷是否确属
革命的理论？似乎都应该从新进行具体的分析。

① 如晋赵王伦与孙秀篡立后，拜道士胡沃为"太平"将军（《晋书》卷五九
《赵王伦传》，北魏寇谦之"少修张鲁之术"），而"清整道教，除去三张（按即张角
兄弟）伪法……佐北方泰平真君"，魏世祖改元"太平真君"（《魏书》卷百十四
《释老志》）。

魏晋南北朝时期阶级结构
研究中的几个问题[*]

——《魏晋南北朝时期各阶级的分析》序说

　　魏晋南北朝前后四个世纪，是一个极端动乱的时期，社会经济呈现出明显的特征，说明这是中国封建社会发展过程中的一个特殊的阶段。本来，汉武帝时已有所发展的商品货币经济，到汉末却逆转到严重的自然经济状态，货币几已不通行[①]。西汉中叶以来的土地兼并现象，到东汉初年光武帝也无力限制。在地主阶级土地不断的扩大过程中，丧失土地的农民越来越多，不得不依附于地主。因而逐渐形成自给自足的庄园经济。加以魏晋间中央政权的削弱，战乱频仍，更加速了它的发展。与此同时，边疆的少数民族又不断的内迁于中原地区，他们又带来了更为落后的社会因素，使社会经济更为衰退。

　　经济条件的变化，必然影响到社会阶级结构的改组。阶级继续分化的结果，首先是所谓"大姓"的地主阶级中一些东汉以来的世族、官僚逐渐成为"士大夫"，其后即发展为具有政治特

　　* 原载《魏晋隋唐史论集》第 1 辑，中国社会科学出版社 1980 年版。
　　① 全汉升：《中古自然经济》，载《历史语言研究所集刊》第一〇本。

权的"士族"地主阶级,而一些"家富而门寒"仅靠土地和"货殖"称为"豪强"的地主,便成了庶族地主阶级。二者虽然同样的是以剥削农民的地租为主,但由于政治上法律上的不平等,因此在攫取生产资料和劳动力的方式都有所不同,故也存在着尖锐的矛盾。至于农民,则由于租税过重和徭役兵役过繁,特别是战乱,更加速了他们的破产,在不同的情况下,大量的分别沦为农奴性的田客、部曲、士家和吏家。还有不少被掠卖、俘虏或卖身而沦为官私奴婢。作为国家编户的小农大量减少,也因此而削弱了中央集权的封建专制国家的统治力量。割据、叛乱和王朝更替就不断地出现,被剥削被压迫的农民和少数民族的下层成员的起义也层出不穷。反过来又更使社会经济凋敝不堪。

这种政治形势直延续到 5 世纪中叶,才出现初步转机。北方内迁的少数民族建立的王朝已渐次走上封建化(汉化)的轨道,生产慢慢恢复;南方不断的开发,农业也迂缓的发展起来,因而一些人口稠密的地区也出现了少量的商品流通。其后,又几经曲折,各民族逐渐融合,如阶级之间的力量对比也起了量的变化,中央王朝由于世族力量相对的削弱而中央集权得以逐渐加强,进而中国才得以统一,社会经济才能稳步的发展,历史重新走上了顺利前进的道路。

在这四个世纪的经济条件和政治形势下,社会的阶级结构以致极为错综复杂。最近四五十年来,中国和日本的学者对某些或某个等级或阶级也作过有益的探讨,并在不同程度上取得了一定的成绩,有助于我们进一步的研究,这是不容忽视的。但他们多由于未对当时的生产关系作全局的考察,从而分析各个阶级在生产过程中所占的地位、作用,特别是各阶级之间的相互关系,以及由此而产生的政治动向和思想倾向。加以当时划分的等级特权与实际存在的阶级利益又存在着深刻的矛盾。故那些孤立的分析某一二阶级或等级所作出的结论，如置之于这一阶段的整个社会的探索中，即往往彼此抵牾，扞格难通。这就不免直接或间接的妨碍我们对一系列的历史现象作出有说服力的科学论断。

例如，既认为秦汉以来是以土地私有制为支配形态，但不能不承认历代仍有国有土地，北朝且确曾实行过均田制；既认为当时农民对地主存在着人身依附关系，但也不能无视大量流民的存在；既认为这时期是世族专政的时期，却又不能否认"寒人掌机要"的事实；像这类的带有根本性的矛盾现象，如不能全面地具体地分析各个阶级及其相互关系，就难以作出切合历史实际的说明。

这时期的许多历史事件中，如汉末割据者袁绍、袁术、刘焉、刘表、公孙瓒、张鲁、刘备、孙坚父子等等，他们的用人行政等政策各自不同，是单纯由于他们个人的思想性格，抑是具有不同的阶级特征？如曹操既镇压黄巾，却又打击世族名士，他的政权代表哪一阶级的利益？西晋的八王之乱是否纯属宗室间的骨肉相残，其中是否还有别的阶级的代表人物在起着一定的作用？南朝不断的"禅让"的内在因素是什么？北魏分裂为东西魏之后，政权性质有无某些变化？这显然也有赖于对当时各个阶级的属性及其力量对比作出具体的分析。

当时，有许多边疆少数民族内迁，他们的社会发展阶段不同，他们的阶级结构如何？与中原汉族社会的各个阶级的关系又如何？许多战争是否都属于民族矛盾？刘渊的起兵与石勒的起兵性质是否相同？孙吴的征伐山越，宋齐的屡讨蛮族，与晋宋的北伐性质是否一样？

还有，西晋的乞活、王弥，东晋的孙恩、卢循、孙法先以及南北朝时期北朝的司马顺则、崔祖螭、刘灵助、邢杲、卢昌期、六镇暴动和南朝的帛氏奴、唐寓之、赵跋扈等是否都是农民起义？

此外，还有许多上层建筑中的问题，如九品中正之兴废，九品官制之创立与发展，与当时阶级力量和政权性质的变化有无关系？魏晋间的经学问题是否仍属今古文之争？此时期史学的发展与争论主要根源何在？各宗教的不同宗派有无不同的阶级内容？

所有这类的问题，都必须与各个阶级的属性及其矛盾联系起来进行分析，找出它隐藏的内在因素，才便于解答。

本文试图对这一时期的各个阶级作出全面的探讨，就正于史学界，希望藉此有助于对这一时期的历史的深入的研究。

在研究工作的进程中，我们经常遇到一些带有普遍性的问题，每每发生困难甚至造成错误的判断，为此，就必须首先提出来讨论。

一 名词与概念的混乱

首先遇到的问题，是有关这时期的文献中名词繁杂，概念不明确。

在有关的文献中具有阶级含义的名词，不仅不可能和我们的概念相同，而且十分庞杂。由于封建文人他们并不按照对象的具体特征而在当时通用的名称中选择比较确切的名词，往往为炫耀文采而乱用词汇，特别是六朝时期到唐初有关这时期的文献中更是如此。他们不仅乱用典故，而且滥造新词，以致出现各种各色的名词，例如贵族、冠族、旧族、右族、甲族、势族、茂族、华族、华宗、高门、旧门、盛门、名门、权门、次门、勋门、学门、孝门、新门、素门、素族、庶族、寒族、豪族、豪右、豪强、豪杰、豪酋、土豪、富豪、寒门、寒士、寒人、寒贱、单门、贱族、百姓、编户、露户、役户、农夫、齐民、平民、役门、三五门、吏门、吏家、吏卒、吏士、士家、兵家、兵户、府户、营户、镇户、隶户、杂户、杂人、田客、僮客、僮奴、奴婢、奴隶等等。有的名异实同，有的又似是而非，使人头昏眼花，难以区别。

　　本来，一个名词应准确地表达某一个概念。但名词是人们长期的生活实践中形成的交换思维的语言形式，而概念则是人们反映某种事物的一种思维形式。二者虽相联系，但并不是同一的东西，因此往往脱节。以致有关六朝时期的文献中往往有同一个名词而表达的是两种或几种不同的概念。例如"土豪"一词，通常指那些先世无高官重名而在当地有财有势，但政治上却没有地位，往往被士族高门轻视的人。如西魏的"豪右"王覆怜因"先世无闻"故被目为"土豪"①。梁末的落难士族子弟王元规，即目"土豪"刘瑱为"非类"，不愿与他联姻②；但《资治通鉴》却称山阴世族孔靖为"土豪"③；刘宋时"中华高族"杜预的后人杜叔宝在江南也被视为"土豪"④；宋明帝又指斥武康世族沈勃为"土豪"⑤；可见"土豪"一词，往往指的是两类不同阶级或等级的人。又如"豪族"一词，六朝时期通常多指先世无冠冕，本人亦非"清级"，政治上无地位、服役一同民庶而有财有势的乡豪、土豪、豪杰，但有关的六朝文献中也常用以混称士族的高门、著姓，如称晋代襄阳习氏为"荆土豪族"⑥，称西州著姓皇甫商为"豪族"⑦。甚至称山阴世族虞预为"豪族"⑧。可如果我们以为"豪族"或近年常见的"豪族地主"是专指世族，著姓，那就对下列的这类的史料无法理解。

---

①　《周书》卷三四《杨㮚传》。
②　《陈书》卷三三《王元规传》。
③　《南史》卷二七《孔靖传》；《资治通鉴》卷一一三，晋安帝元兴二年秋。
④　《宋书》卷八七《殷琰传》，卷六五《杜骥传》。
⑤　《宋书》卷六三《沈演之传》；《全梁文》卷四○沈璘士《沈氏述祖德碑》。
⑥　《晋书》卷四三《山涛附山简传》。
⑦　《晋书》卷六○《李含传》。
⑧　《晋书》卷八二《王隐传》。

　　（梁代余姚）县南又有豪族数百家，子弟纵横，递相庇阴，厚自封殖，百姓甚患之。（余姚县令沈）瑀召其老者为石头仓监，少者补县僮，皆号泣道路。①

　　由此可知，这些豪族虽在本地有财有势，欺压平民，但政治上法律上并没有特殊权利，也和平民一样有服役的义务。当时文献中的大姓、豪右、豪强、强族等名词也多系指这种人。不过由于这些名词所表达的概念不明确，往往不知确指哪种人。因此，在运用每一条史料时，都应具体分析所指的对象。

　　还有许多名词，常指两种不同的人，如"士"，通常多指"士族"，但也常指"士卒"；又如"兵家"一词，六朝时期多指世袭为兵的人户，但有时仍沿汉魏旧称而指将校②。"部曲"一词，六朝时期多指私人武装，但有时也沿汉魏旧称而泛指部队。又如"吏家"一词，六朝通常指所谓"庶民之在官者"在郡县服吏役的人③，在汉代原指仕宦之家④，因六朝之"吏"则多指"吏卒"之类，但有时却又指掾属⑤。如光看表面名词不分析其概念就容易搞错。

　　相反的，本是一类人却又有各种的名称。如兵户、军户、营户、府户等指的都是世代为兵的人户。又如奴隶，或称奴，或称僮，或称仆等等。

　　除此之外，有的史学家只注意名词而不注意上下文，以致望文生义造成误解。例如，文献中常有谦词和贬词，故必须对具体

---

①　《梁书》卷五三《沈瑀传》。
②　《东观汉纪》卷一三《杜林传》；《三国志·魏志》卷二一《卫觊传》。
③　《三国志·吴志》卷三《孙休传》。
④　《汉书》卷四九《晁错传》，卷八九《召信臣传》。
⑤　《三国志·魏志》卷三《明帝纪》裴注引《魏略》所载张茂奏书。

情况加以分析。如西晋的太原孙绰，乃曹魏骠骑将军孙资的后人，祖孙楚，父孙纂，并有名于当时。孙绰本人亦为散骑常侍①，显然是世族高门。但当他嫁女给大世族王坦之的弟弟王虔之时，却自称"寒士"②；又如刘宋时的济阳世族高门江敩，祖父江湛为刘宋左光禄大夫，仪同三司，父江凭为著作郎，母为宋文帝女淮阳公主，明明是"华族"，可是他上《让婚表》时却自称"寒门悴族"③；又如琅琊王骞，屡世华贵，父王俭为萧齐的佐命功臣，官至卫将军，封公，祖母及生母均为宋代公主，"诸女子侄皆嫔王尚主"，而王骞却谓诸子曰"吾家本素族"④。这些都是自谦之词，绝不能看作他们的等级或阶级。反之，当时骂人又往往将高门世族斥为"寒士"，如太山南城羊氏，本晋初功臣羊祜之后，自属"高门"⑤，但宋明帝下诏却骂羊希为"卑门寒士，累世无闻"⑥；又如袁粲，本陈郡阳夏的高门，而宋孝武帝斥之为"寒士"⑦；谢超宗为谢灵运之孙，是东晋以来与琅琊王氏并称"王谢高门"的盛族，可是褚渊也骂他为"寒士"⑧。这类情况是常见的，如不针对具体情况去理解，就必然在研究工作中产生无法解释的谬误。

二　户籍与阶级的关系

误将"户籍"编制当作阶级划分，也是史学论著中常见的

---

① 《晋书》卷五六《孙楚附孙绰传》。
② 《世说新语·假谲篇》。
③ 《宋书》卷四一《宋武文穆王皇后传》。
④ 《南史》卷二二《王昙首附王骞传》。
⑤ 《晋书》卷三一《惠帝羊皇后传》。
⑥ 《宋书》卷五四《羊玄保附羊希传》。
⑦ 《南史》卷二六《袁湛附袁粲传》。
⑧ 《南史》卷一九《谢灵运附超宗传》。

现象。

户籍与阶级本是不同范围的两个概念。户籍只是政府将各种人口划归不同部门管理的国家法制，绝不是按照生产关系来划分的。至少，自秦汉以来，即有严密的户籍制度，其后，历代封建王朝都按照不同的具体情况而编制其人户，先后也不免有不同程度的变化。六朝时期有直接由封建国家地方行政机构郡县管辖的人户，通称为"编户"或"百姓"，但也有不属郡县而由国家特殊机构管辖的人户，如"屯户"、"牧户"、"兵户"、"杂户"等等。此外，还有直属私家的人口，如"赐客"、"衣食客"、"家客"、"奴婢"和"寺户"等等。当然，因避役而流亡的"逃户"、"漏户"都还不在内。所有各种人户，呈报时，都是分别统计的。如三国时期，即分为"户"、"吏"、"兵"三类①，东晋时也分为"兵"、"吏"、"散"②，"兵"即"兵户"，"吏"即"吏家"，"散"即散居的民户。

这一时期，无论在汉族或华北少数民族的统治区，无论在城乡，士族高门和庶族都是杂居在一地，共同编制在里伍之内③。本不是按阶级或等级编制户籍的。故"编户"中实包括了几个阶级，其中虽然大多数是农民或城市平民，但世族豪家也都在内。不少论著，误认为"编户"（"百姓"）即是被剥削阶级（常认为即是农民），其实不然。如东晋时"（庾）翼悉发江荆二州编户奴，以充兵役"④，又曾"调扬州百姓家奴万人为兵"以配给戴若思⑤，

---

① 《三国志·吴志》卷三《孙皓传》注引《晋阳秋》；《蜀志》卷三《后主纪》注引王隐《晋书》。

② 斯坦因盗去的敦煌文件"斯0113"号——《西凉建初十二年敦煌郡敦煌县西岩乡户籍残卷》。

③ 《宋书》卷四二《王弘传》；《北史》卷四〇《韩麒麟传》。

④ 《晋书》卷七七《何充传》。

⑤ 《晋书》卷六九《戴若思传》。

可见编户（百姓）中常有蓄奴的剥削者存在。编户中既包括了被剥削者，也包括了剥削者，故编户显然不是一个"阶级"概念。

当然，在阶级社会中，人户的管辖和编制，在某种程度上也必然具有一定的阶级内容。如编户中虽然包括了不同的等级（或阶级），而那些不属郡县管辖的人户，如兵户、屯户、牧户、杂户等则实属半自由的农奴阶级，即与百姓分别居住。

一般说，户籍是由国家掌握的。大概在当时，地方政府长吏有权决定民庶及贱族户籍的权力。如西晋时刘卞为兵家子，为县小吏，县令可送他去太学，遂摆脱了兵籍，后竟贵显①。东晋时杨方为郡小吏，会稽内史诸葛恢奇其才，介绍于贵显贺循，司徒王导即辟为掾，不但脱了吏籍，后竟官至东安太守，即成了士族。不过在门阀观念下，他们仍"自以为地寒"而有自卑感②。当然，要是属中央禁军，县令即不敢脱籍。如西晋的王尼，兵家子，为护军府军士。胡母辅之等名士请县令解除他的兵籍，县令即不敢。后护军知道诸名士敬重他，即给王尼长假，因而得免为兵③。对于门第较低的士族，郡县也可能黜为贱类。如宗越本南阳"次门"，襄阳长史点他为"役门"补郡吏。到立功显贵后，经请求宋文帝始得复为"次门"④。这些事例都是对个别人的处理。如果要对某些地方或某一"贱族"全体解免，则只有皇帝的诏令（至少从法权上而言）才有此权力。如北魏末年诸镇大暴动后，魏孝明帝正光五年（524）下诏，始改镇为州，即免镇户军籍为民⑤；北周武

---

① 《晋书》卷三六《刘卞传》。
② 《晋书》卷六八《贺循附杨方传》。
③ 《晋书》卷四九《王尼传》。
④ 《宋书》卷八三《宗越传》。
⑤ 《魏书》卷九《肃宗纪》。

帝建德元年（572）下诏免江陵俘虏充官口者为民①等等，即其明证。私家奴婢，只要主人放免为良即可②。当然，在实际上究竟能贯彻到什么程度，那就很难说了。

必须指出，封建国家只对一般庶贱可以决定他们的户籍；而对于士族，不论是权力多大的地方官，甚至皇帝也难以把士族黜为吏卒之类的"贱类"。如北魏元法僧刺益州时，"王贾诸姓，州内人士，法僧召为卒伍，无所假纵，于是合境皆反"③；宋孝武帝"又坏诸郡士族，以充将吏。并不服役，至悉逃亡，加以严刑不能禁。乃改用军法，得便斩之，莫不奔窜山湖，聚为盗贼"④，终未办通。故即使在社会大动乱中，有些士族被强迫迁徙而沦落者，少数民族的统治者也会对他们优免。如石虎时，"镇远王擢，表雍秦二州望族自东徙以来，遂在戍役之例。既衣冠华胄，宜蒙优免，从之。自是皇甫、胡、梁、韦、杜、牛、辛等十有七姓、蠲其兵贯，一同旧族"⑤。苻坚时也"复魏晋士籍，使役有常"⑥。因自魏晋以来，士族已居于社会中的支配地位，专制王权也不能不争取他们的支持。

三 等级与阶级的区别

混同等级和阶级的概念，这也是在有关的六朝史学论著中常见的现象。

---

① 《周书》卷五《武帝纪》。

② 《晋书》卷七一《熊远传》，卷九四《翟汤传》；《魏书》卷七七《高崇附谦之传》。

③ 《魏书》卷一六《阳平王附元法僧传》。

④ 《南史》卷三四《沈怀文传》。

⑤ 《晋书》卷一〇六《石季龙载记》（上）。

⑥ 《晋书》卷一一三《苻坚载记》（上）。

　　本来，在《共产党宣言》中早已讲过："在过去的各个历史时代，我们几乎到处都可以看到社会完全划分为各个不同的等级，可以看到由各种不同的社会地位构成的整个阶梯。"① 魏晋南北朝时期也如此。如北魏文成帝和平四年（463）诏所云："名位不同，礼亦异数；所以殊等级，示轨仪。"② 六朝的等级划分首先是沿袭了秦汉以来的"良贱"之分。这是封建国家带根本性的规定③。故有自由的"良族"④ 和不自由的"贱族"⑤。"良"即包括了当时的"皇族、师傅、王、公、侯、伯及士民之家"，"贱"则包括了百工、伎巧、卑姓⑥。也即是说良族包括了贵族、官僚、士族及庶族平民，贱族则包括了工匠、吏家、兵家、客户、屯户、牧户以及官私奴婢等"卑姓"的人户。其次，良族中又分为"士族"⑦ 和"庶族"⑧。"士"即"士大夫"，亦称"士人"、"士流"、"人士"，当然也包括了贵族、官僚在内。而"庶"即所谓"庶民"⑨、"百姓"，是一个没有任何特权而有个人财产和某些自由的被统治阶级。我们可以称之为当时的"人民"。为了区别对待（如叙官、召役等），凡在户籍中注明了其先世有某些官位的，即成了所谓的"士籍"⑩。当时，"士庶之

---

① 马克思、恩格斯：《共产党宣言》，《马克思恩格斯全集》第4卷，第466页。

② 《魏书》卷五《高宗纪》。

③ 《魏书》卷四三《李崇附李平传》。

④ 汉代称为"良家子"，六朝时期称"良族"后此称"良民"、"良人"（《晋书》卷六《元帝纪》），"良族"则见《北史》卷二一《崔宏传》。

⑤ 《宋书》卷九四《恩幸传序》，贱族或称"贱类"，"卑贱"。

⑥ 《魏书》卷五《高宗纪》和平四年诏，卷七上《高祖纪》（上）太和二年诏。

⑦ 《晋书》卷八〇《许迈传》；《北齐书》卷三五《裴让之附裴谳之传》。

⑧ 《魏书》卷九《肃宗纪》。

⑨ 《齐书》卷三四《虞玩之传》。

⑩ 《晋书》卷一一三《苻坚载记》（上）。

科，较然有辨"①；"士庶区别，国之章也"②。即成了封建国家
规定的不容混淆的界限。近人的论著中，常有"士族地主阶层"
和"庶族地主阶层"，或"士族地主集团"与"庶族地主集团"
的提法。他们认为二者只是一个地主阶级中两个阶层或集团，这
是值得进一步讨论的问题。从经济上而言，二者虽都是剥削者，
但从政治上说，士族地主阶级是统治者，而庶族地主阶级是被统
治者；法律上的待遇差别很明显。故"士庶之际，实自天隔"③。
由于政治上法律上的地位待遇不同，也直接影响到他们在社会中
生产要素的分配——即士族地主与庶族地主的生产资料以及劳动
力的来历也不尽相同，这是必须考虑的。在当时的人们心目中，
士族地主是"士流"，庶族地主只是富豪。在北朝即区别为"士
族及豪富之家"④，南朝也有区别的称之为"东土豪家及都下贵
望"⑤。"豪家"即庶族中的豪族，"贵"即贵族，"望"即士族
中的望族。当然，在士族地主阶级和庶族地主阶级中也确实存在
不同的阶层或集团（如高门与次门，即存在于士族内部不同的
阶层，江东的侨姓与吴姓即存在于士族内部的不同的集团）。但
我们绝不能把阶级误作阶层或集团来看待。因此，这两个剥削阶
级之间也就存在着种种的矛盾。

士族既是一个等级，同时，又是一个阶级。因他们无疑的既是
统治者又是剥削者。庶族却是一个等级，是被统治者，却又不是一
个单独的阶级，而是既包括了"豪族"（"豪强"），"富人"等剥削
者，又包括了被剥削的小农、小手工业者、小商贩等类人。由此可

① 《宋书》卷九四《恩幸传序》。
② 《宋书》卷五八《王球传》。
③ 《宋书》卷四二《王弘传》。
④ 《北齐书》卷四四《儒林传序》。
⑤ 《南史》卷七《沈约传》。

知，等级与阶级是既有联系又有区别的。等级是资本主义社会以前，奴隶或封建国家根据经济条件和传统习惯等等从政治上法律上规定的权利地位来划分的。而不是科学的按其在生产关系中的地位来划分的。例如，法国大革命前的第一等级和第二等级本质上都属于地主阶级，而第三等级则其中既包括了资产阶级，也包括了工人和城市贫民等等。后来，拉萨尔曾想把工人阶级称之为"第四等级"。那是不科学的。恩格斯即严正地指出："这里所谓的等级是指历史意义上的封建国家的等级，这些等级有一定严格限定的特权。资产阶级革命消灭了等级及其特权。资产阶级社会只有阶级，因此，谁想把无产阶级称为'第四等级'，他就完全违背历史。"①

等级与阶级的区别与联系，列宁阐述得最为精辟。他说："等级是以社会划分为阶级为前提的，等级是阶级差别的一种形式。"② 又说："大家知道，在奴隶社会和封建社会中，阶级的差别也是用居民的等级划分而固定下来的，同时还为每阶级确定了在国家中的特殊法律地位。所以奴隶社会和封建社会（以及农奴制社会）的阶级同时也是一种特别的等级。相反的，在资本主义社会中，在资产阶级社会中，所有公民在法律上一律平等，等级划分已被消灭（至少在原则上已被消灭），所以阶级已经不再是等级。社会划分为阶级，这是奴隶社会、封建社会和资产阶级社会共同的现象。但是在前两种社会中存在的是等级的阶级，在后一种社会中是非等级的阶级。"③ 由此，也可以理解马克思早期著作中，所以把奴隶社会和封建社会的阶级称为"政治等级"，而把资本主义社会的阶级称之为"社会等级"了④。

---

① 《马克思恩格斯全集》第4卷，第197页。

② 《列宁全集》第2卷，第404页。

③ 《列宁全集》第6卷，第93页。

④ 《马克思恩格斯全集》第1卷，第344—345页。

于此，必须指出：不少历史论著在讲到中国的封建社会的阶级结构时，往往简单地仅仅说成是"地主和农奴（或农民）的对立"的两个阶级（其实，只有到资本主义相当发达的阶段，劳动者的生产资料被剥夺光，成为一无所有的工资劳动者时，社会才截然简化为两个对立的阶级，在此以前，阶级的结构都是较为复杂的）。尽管他们有时也察觉到地主阶级和农民阶级中都存在着两类不同的人，但他们总认为各国封建社会中都是以占有生产资料（土地）的地主阶级榨取直接生产者的剩余生产物为其经济基础的，不致有两个不同的地主阶级和两种不同的农民。其实，"这并不妨碍相同的经济基础。——按主要条件来说相同——可以由于无数不同的经验的事实，自然条件，种族关系，各种从外部发生作用的历史影响等等，而在现象上显示出无穷无尽的变异和程度差别，这些变异和程度差别只有通过对这些经验所提供的事实进行分析才可以理解"[1]。故各国的封建社会虽有其共同性，也有其特殊性，而且各国的不同历史时期又各有其特点，正如列宁所说："在分析任何一个社会问题时，马克思主义理论的绝对要求，就是要把问题提到一定的历史范围之内，此外，如果谈到某一国家……那就要估计到在同一历史时代这个国家不同于其他各国的具体特点。"[2] 故我们认为把中国封建社会的魏晋南北朝时期简单地划为地主和农奴（或农民）的对立，是不够精确的，也不足以说明这一时期的矛盾的复杂性。正如本文开始所述，汉末魏晋间的大量农民沦为私家的田客、部曲或国家的屯户和兵家、吏家，这有似欧洲封建社会后期

---

[1]　《马克思恩格斯全集》第25卷，第892页。
[2]　《列宁全集》第20卷，第401页。

普鲁士农民的第二次农奴化①，而挪威农民却"从来没有当过农奴"②。故某一时期农民的一部分转化为农奴，并不是什么罕见的现象。六朝时期尚未农奴化的"赤贫露户"，则依然是编户的个体小农。至于地主阶级也分裂为士族地主与庶族地主两个截然不同的剥削阶级，本文开始也说明了这是当时特定历史条件造成的。在中国漫长的封建社会中，作为剥削者与被剥削者两大对立的营垒虽无本质的变化，但由于各时期的历史条件不同，剥削的方式也会有所不同，从而使两大营垒也发生不断的变化和改组。也因此而显示了中国封建社会各个阶段的特殊性。其实，即以英国为例，当它由封建社会瓦解向资本主义发展的过程中（大约在十三至十八世纪之间），恩格斯即曾指出"当时有三个土地占有者阶级，一个是贵族大地主……另一个是非贵族大地主或 country-gentlemen（通常称为乡绅）……第三个土地占有者阶级是自耕农，即小块土地所有者"③，并详细地描述了这两个地主阶级的特征。再如近代中国也存在着买办资产阶级和民族资产阶级，虽然二者都是剥削工人剩余价值的，但这两个资产阶级的划分，不仅在理论上而且在民主革命的实践中证明了这种划分的正确性。魏晋南北朝时期出现两个地主阶级和两种农民④，也是历史的客观存在，而不容不加以区别。

如果我们混同等级与阶级的概念，那就无法理解如汉末李

---

①　《马克思恩格斯全集》第 15 卷，第 364—367 页；第 21 卷，第 282 页；第 35 卷，第 124—125 页。

②　《马克思恩格斯全集》第 22 卷，第 96 页。

③　《马克思恩格斯全集》第 1 卷，第 665 页。

④　另详见拙著《士族及其中的世族》、《论豪族》、《露户与荫户》等篇（待发表）。

乾、许褚等以及西晋江东的陈敏，为什么会积极地起而镇压起义的农民[①]？他们和农民不都是属于"庶族"吗？同样，如果我们不区别士族地主阶级和庶族地主阶级，也就无法理解为什么顾荣等阴谋搞垮陈敏[②]？赵王司马伦的嬖人孙秀为什么政变后大杀朝士[③]？特别是南朝世族极盛而为什么又往往是"寒人掌机要"[④]？以及许多剥削阶级中的矛盾斗争的现象。又，如果不区别露户（小农）与荫户（田客），则无法理解他们所受的剥削不同与社会地位的差别，更不能理解西晋的流民起义等与北魏末期诸镇暴动的性质的不同以及农民起义中的许多问题。

历史现象是复杂的。马克思曾说，"在历史科学中，专靠一些公式是办不了什么事的"[⑤]。如果不能面对中国这一时期的历史事实进行具体的分析，仅凭简单的歪曲或乱凑史料力求迁就公式，势必将生动丰富的历史运动写成中外相同古今无别的一如马克思所说的"超历史的"[⑥]历史。

四　门阀观念与阶级结构的关系

将"门阀"观念误为国家制度，甚至当作阶级成分看待，这种概念上的混乱也常造成错误的结论。

近数十年来，中日学者常以"六朝门阀"当作"士族"（特

---

① 《三国志·魏书》卷一八《李典传》，《许褚传》；《晋书》卷一〇〇《陈敏传》。

② 《晋书》卷一〇〇《陈敏传》，卷六八《顾荣传》。

③ 《晋书》卷五九《赵王伦传》，卷四三《王戎传》，卷五五《潘岳传》。

④ 赵翼：《陔余丛考》卷一七《六朝重氏族》、《六朝忠臣无殉节者》；《廿二史札记》卷八《南朝多以寒人掌机要》，卷一二《江左世族无功臣》。

⑤ 《马克思恩格斯全集》第4卷，第166页。

⑥ 《马克思恩格斯全集》第19卷，第131页。

别是其中的世族），或当作统治阶级的代名词。其实，"门阀"与阶级是两个不同的概念。按其性质而言，"门阀"只是由汉末士族制造的舆论所形成的一种社会传统观念或社会习俗，属于上层建筑，而阶级则属于社会经济基础的范围。

当然，经济基础对于上层建筑具有决定性的影响。门阀观念的产生与当时的阶级分化是相联系的。属于剥削阶级的王公、百官、大姓、豪右等等在东汉社会上通常认为是"上家"①，而一般庶民则被视为"下户"②。在这类"上家"中，由于汉代的袭爵、任子等各种任官制度，造成了一些家族屡世贵显，如由金日磾、张安世的后人到东汉初年的大臣如邓晨、窦融、卓茂、冯勤、羊续等等，均"累世二千石"③。更由于东汉诸帝多重儒，一些大儒历代传经，他们的子孙也屡世通显。故在这类外戚、大臣、大儒的家族中，甚至出现了"四世三公"的家族④。他们是东汉士大夫之中最受尊宠的"阀阅"⑤。同时，在他们的影响下，社会上渐次形成了一种"门阀"观念⑥。这种观念亦称"门户"⑦、"门族"⑧、"门地"⑨ 等等。这类

----

① 《太平御览》卷八二一引崔寔《政论》；《三国志》卷三五《诸葛亮传》注引其《与平子手教》。

② 《太平御览》卷八二一引崔寔《政论》。

③ 《后汉书》卷四五《邓晨传》，卷五三《窦融传》，卷五五《卓茂传》，卷五六《冯勤传》，卷六一《羊续传》。

④ 赵冀：《廿二史札记》卷四《东汉诸臣多近儒》，卷五《累世经学》，《四世三公》，《东汉会要》卷二一《世官》。

⑤ 《后汉书》卷三《章帝纪》，卷五六《韦彪传》；王符：《潜夫论》卷八《交际篇》。

⑥ 《后汉书》卷一〇七《阳球传》，卷一〇八《宦者列传》。

⑦ 《三国志》卷十一《管宁附张貔传》；《晋书》卷四三《乐广传》；《南齐书》卷五六《纪僧真传》；《魏书》卷二四《崔玄伯附道固传》。

⑧ 《后汉书》卷七五《袁安附袁闳传》，卷一一一《赵苞传》。

⑨ 《晋书》卷八四《杨佺期传》；《周书》卷三八《薛憕传》，《世说新语·假谲篇》温峤条；《通典》卷一六《选举典》（四）引魏高祐疏。

的阀阅就被称为"著姓"① 或"名族"②，即因他们"历世著名"③
之故。也因他们屡世贵显，又称为"世族"④。又因他们负有名望，
故亦称为"望族"⑤，或"旧望"⑥。同样，也因他们"家世衣冠"⑦，
故亦称"衣冠族"⑧ 或"冠族"⑨，或合称"族姓"⑩（或"姓族"⑪，
唯北魏孝文帝订定代人士族等第时，却将"姓"与"族"分为两个
阶层，有似南朝的高门与次门⑫）。"门阀"观念形成，自然又会有
区别高低的"门第"观念⑬。因此，这类的世族，当然就被认为是
"高门"⑭、"盛门"⑮。

东汉的所谓"下户"中（即魏晋南北朝的民庶），有些"累世
无闻"⑯，即先世"既无高官，又无俊秀"⑰ 的人家，他们"门寒身

---

① 《后汉书》卷四六《寇恂传》，卷七五《韩棱传》；《三国志》卷一五《贾逵传》，
卷一六《苏则传》；《晋书》卷七七《蔡谟传》，卷九一《杜夷传》。

② 《后汉书》卷八三《姜肱传》、《杨震附杨彪传》。

③ 《后汉书》卷八四《陈球传》。

④ 《昭明文选》卷四九干宝《晋纪总论》，卷五〇颜延之《宋文皇帝元后哀策文》；
《晋书》卷四三《外戚传序》；《宋书》卷九四《恩幸序》；《周书》卷三八《薛憕传》。

⑤ 《三国志》卷一二《崔悛传》；《北史》卷三四《崔逞附崔瞻传》。

⑥ 《晋书》卷一〇六《石季龙载记》（上）。

⑦ 《后汉书》卷七三《朱晖传》，卷七六《郭躬传》。

⑧ 《后汉书》卷六七《羊陟传》。

⑨ 《后汉书》卷八〇上《黄香传》注引谢承《后汉书》；《三国志》卷九《曹爽传》
注引《魏略·桓范传、许允传》。

⑩ 《后汉书》卷七三《朱晖附朱穆传》。

⑪ 《后汉书》卷六一《张堪传》，卷六三《冯鲂传》。

⑫ 《魏书》卷一一三《官氏志》。

⑬ 《魏书》卷八《世宗宣武帝纪》正始二年诏："中正所铨，但存门第。"

⑭ 《三国志》卷一〇《贾诩传》；《晋书》卷三一《惠帝羊皇后传》。

⑮ 《三国志》卷一一《管宁附胡昭传》注引《庚氏谱》；《晋书》卷五五《夏侯湛
传》。

⑯ 《宋书》卷五四《羊玄保附羊希传》。

⑰ 《北史》卷二六《宋隐附宋弁传》。

素，无世祚之资"①，大都只能做郡县掾属，有的也可能被举为秀孝而任官②，但也多是些卑微的"寒宦"③或"外方小郡"的"寒官"④。不过，以当时的等级制度而言，他们仍属"寒素后门之士"⑤，是"寒士"⑥，亦即"士族"地主阶级的下层。比"寒士"更"单微"、"单寒"的人，很难得到中正品评⑦，大都为郡县佐吏，只有靠长官提拔才有仕进的可能。汉魏间对这类人称作"单家"⑧或"单门"⑨。还有比他们更"卑微"的"吏卒"和"兵伍"身份的人，如追随孙策左右的周泰，西晋的光逸、杨方、刘卞以及南北朝这类人⑩，他们更是低于"寒士"的庶贱，而被称之为"寒人"⑪。若从门阀观念看，不管是寒士或寒人，反正都因为"门地"寒微（即"门寒"或"地寒"），都属于"寒门"⑫。寒人除非有特殊情况，如立军功等等才能显达。

---

① 《晋书》卷四六《李重传》。
② 《后汉书》卷一一〇下《高彪传》；《晋书》卷六六《陶侃传》，卷八九《易雄传》。
③ 《晋书》卷六六《陶侃传》。
④ 《南史》卷二三《王华附王琨传》。
⑤ 《昭明文选》卷二五；郭泰机《答傅咸一首》注引《傅咸集》。
⑥ 《晋书》卷九九《桓玄传》；《宋书》卷五四《羊玄保附羊希传》；《南齐书》卷三六《刘详传》；《魏书》卷八八《窦瑗传》。
⑦ 《晋书》卷四三《王戎传》中之孙秀。
⑧ 《三国志》卷一三《王肃传》，卷一五《张既传》，卷二三《裴潜传》，卷三五《诸葛亮传》等传注引《魏略》。
⑨ 《后汉书》卷八十下《赵壹传》；《昭明文选》卷四六任彦升《王文宪集序》。
⑩ 《三国志》卷五五《周泰传》注引《江表志》；《晋书》卷四九《光逸传》、《贺循附杨方传》，卷三六《刘卞传》；《南史》卷一一《齐郁林王何妃传》，卷六一《陈庆之传》；《魏书》卷七一《裴叔业附裴承祖传》。
⑪ 《宋书》卷七七《颜师伯传》；《南史》卷一一《齐郁林王何妃传》；《魏书》卷七一《裴叔业附裴承祖传》。
⑫ 《三国志》卷三二《先主传》注引《益部耆旧杂记》；《晋书》卷四九《光逸传》；《宋书》卷七五《颜竣传》；《魏书》卷七八《张普惠传》。

　　自汉末门阀观念流行后，直接地影响整个社会生活。如婚姻，就要考虑"门户比敌"①。如西晋山简以女嫁给卫玠，即因他是"卫氏权贵门户令望之人"②。故北魏时有人说，"士大夫当须好婚亲，二公孙（叡、邃）同堂兄弟耳，吉凶会集，便有士庶之异"③。即因二人婚配对象的门第高低不同之故。因此士族世族都很怕"婚宦失类"，以致降低了自己的门第。再就入仕而言，即可看到，门阀观念虽不是国家制度，却对国家制度有深刻的影响。大大有利于士族高门。如中正品评人才和吏部选任官吏，实质上首先是根据"门户之资"④（简称"门资"⑤或"世资"⑥）。所以容易形成"公门有公，卿门有卿"的现象⑦。如王峤是太原王氏后人，两晋末兄弟三人渡江，晋元帝因他是"名德之胄"，除赐钱帛米及亲兵二十人之外，并以参世子东中郎军事，但他还不肯就；到晋愍帝终拜他为著作郎⑧，平步登天一举而任六品清贵之官。而门第寒微的人，虽以才能任以清官，也怕受排挤而不敢就，或宁居外任⑨。同样，有些高门世族却又不肯做某些官。如晋宋高门子弟除吏部尚书郎外，不愿做余曹郎⑩。宋齐时，他们又不愿做御史中丞⑪怕降低了门望。门阀观念特别

---

　　①　《三国志》卷五一《文德郭皇后传》。

　　②　《晋书》卷三六《卫瓘附卫玠传》。

　　③　《北史》卷二七《公孙表传》。

　　④　《三国志》卷五二《顾雍传》注引《江表志》。

　　⑤　《三国志》卷四八《孙皓传》注引《会稽邵氏家传》；《晋书》卷九二《王沉传》，《周书》卷二三《苏绰传》。

　　⑥　《昭明文选》卷四〇沈约《奏弹王源》；《宋书》卷九四《恩幸传序》。

　　⑦　《晋书》卷九二《王沉传》。

　　⑧　《晋书》卷七五《王湛附王峤传》。

　　⑨　《晋书》卷四九《贺循附杨方传》；《北齐书》卷四五《樊逊传》。

　　⑩　《通典》卷二二《职官典》（四）"历代郎官"条。

　　⑪　《通典》卷二四《职官》（六）"中丞"条及注。

表现在交游方面，门第寒微的人纵使手握机要重权，但世族也不愿与之为伍，甚至奉了皇帝之命来见，世族也立即把座位移得远远的①。在高门世族眼中，寒人简直像印度的不可接触的贱民一样，甚至即使是对外戚也如此。宋时王僧达，贵公子出身，路太后侄孙路琼之盛服来访他，他故意问："身昔门下驺卒路庆之（琼之祖父）是君何人？"以侮辱他，连他坐过的胡床也烧掉②。有的狂妄到连皇族外戚也看不起，如梁时王峻其子琼初娶始兴王之女繁昌县主，因琼不慧、离婚，王峻对始兴王说："下官曾祖（王弘之）是谢仁祖（尚）外孙，亦不藉殿下姻媾为门户耳。"③北齐赵郡李孝贞"一门与帝室姻媾重叠，孝贞及弟并以文学自达，耻为外戚家"④。这类世族以为皇族虽是最高的等级（也是最高的阶级），但从门阀观念看，有些皇族的出身不一定是高贵的门族。

不过，门阀观念虽与士庶的等级制互有关联，但"门阀"毕竟是一种观念，并不是有什么明文规定的等级制度。故往往对同一个人有不同的评价。如东晋"杨佺期……弘农华阴人，汉太尉震之后。……自云门户承藉，江表莫比。有以其门第比王珣者，犹恚恨"⑤。"而（桓）玄每以寒士裁之，佺期甚憾。"⑥刘宋时杜坦，其高祖为杜预，"虽复人才可施，每为清涂所隔。……坦曰……臣本中华高族……直以南渡不早，便以荒伧赐

---

① 《廿二史札记》卷八《南朝多以寒人掌机要》；《陔余丛考》卷一七《六朝重氏族》。

② 《南史》卷二一《王弘附王僧达传》。

③ 《梁书》卷二一《王峻传》。

④ 《北史》卷三三《李灵附李孝贞传》。

⑤ 《晋书》卷八四《杨佺期传》。

⑥ 《晋书》卷九九《桓玄传》。

隔……"①北魏宋弁"性好矜伐，自许膏腴。孝文以郭祚魏晋名
门，从容谓弁曰：'卿固当推郭祚之门。'弁笑曰：'臣家未肯推
祚。'帝曰：'卿自汉魏以来，既无高官，又无俊秀，何得不
推?'弁曰：'臣清素自立，要尔不推。'侍臣出后，帝谓彭城王
（元）勰曰：'弁人身自不恶，乃复欲以门户自矜，殊为可
怪'"②。杨佺期、杜坦、宋弁等人都是士族，可是评比门阀地位
时，就高低不同。又如"寒门"这个概念，既指"寒士"，也指
"寒人"。"寒士"属于"士"的等级，不过在士族中比之高门
士族毕竟要单微些，或贫寒些，大概指士族的下层。如刘宋时的
巢尚之即"人士之末"③。"苏宝……本寒门，有文义之美。"④
有些人虽曾为郡县掾吏，但仍可举秀、孝，释褐为官。而"寒
人"则为庶族或贱族，常被斥为"小人"，故大都不能举秀、
孝，他们为小吏，除军功外，只能靠"吏劳"⑤而慢慢提升，即
"积劳"而得勋官⑥。故"寒人"与"寒士"是两个不同的等
级。寒士仍是"士人"（"士人"或作"人士"），与"寒人"在
政治和法律上待遇即大不同。如南齐永明中，敕近亲不得辄有申
荐，犯者"人士免官，寒人鞭一百"⑦。由此，可证"高门"
"寒门"都是一种门阀观念，不能混同于等级制度。

尽管门阀观念，是由汉末士族舆论造成的社会观念，并有
其某种阶级因素为基础，但毕竟不应混同于阶级界限。例如，
"寒门"中阶级成分复杂，如上面所述，其中的"寒士"是统

① 《宋书》卷六五《杜骥传》。
② 《北史》卷二六《宋隐附宋弁传》。
③ 《宋书》卷九四《戴法兴传》。
④ 《宋书》卷七五《王僧达传》。
⑤ 《宋书》卷九四《徐爰传》。
⑥ 《齐书》卷五六《纪僧真传》；《魏书》卷九三《赵修传》。
⑦ 《南齐书》卷五六《吕文度传》。

治阶级的下层，毋庸赘述。而且很明显的是"寒门"之中又有贫富之别。如汉末的张既，即"家富"而"门寒"①。西晋周颉母李络秀，也是家富足，自以门户殄瘁，为提高门户计，不惜屈身为贵官之妾②。他们门第虽低，但富有，应属剥削阶级；但在门阀观念下，却都是"寒门"。可是另一些被认为微贱的"寒人"，如西晋赵至的父亲因是"士伍"，且要从事牛耕③。宋末的大将黄回"出身充郡府杂役"，当然是"厮伍"④。除这类的吏卒外，田客、部曲以及奴婢等等，当然更是"寒贱"。由此可知，"寒门"实包括了剥削阶级与被剥削的劳动者两个阶级。

最易造成误解的概念，莫如"将门"。往往误认为较低的"等级"。其实，这纯系汉末以来形成的门阀观念。当时有所谓"学门"，指的是如汉末的士孙瑞这种人，"少传家业，博达无所不通，仕历显位"⑤。又如郑浑的祖先郑兴、郑众等"皆为名卿"⑥。而先世或本人以军功贵显的，则称为"将门"（或"将家"）。如魏晋间的胡遵，子胡奋均为大将。因而是"家世将门"⑦。"学门"、"将门"原是指从事这类职业的家族，绝不是等级的区别（当然更不是阶级的划分）。不过，自汉武帝尊儒以来，到东汉君臣上下传经尊儒，成为一时风气。有些人即以累世传经，位至卿相。似乎不通经问学就不成其为"士大夫"了。因此，社会上渐次重文轻武。例如，家居安定朝那的皇甫氏，累世

① 《三国志》卷一五《张既传》。
② 《世说新语·贤媛篇》周颉母条；《晋书》卷九六《周颉母李氏传》。
③ 《晋书》卷九二《赵至传》。
④ 《宋书》卷八三《黄回传》。
⑤ 《三国志》卷六《董卓附李傕郭汜传》，注引《三辅决录注》。
⑥ 《三国志》卷一六《郑浑传》。
⑦ 《晋书》卷五七《胡奋传》。

为将。皇甫规又以功官至度辽将军。他少年时即曾为郎中，罢官后亦以《诗》《易》授门弟子。可是他因未预党锢之祸，即自耻不在诸士大夫之列①。由此可见一斑。到建安年间，兵士又沦为半自由的"士家"身份之后，因而武将也往往被当作"兵"一样看待。故士大夫更轻视武职，如刘备的掾属刘巴是个知名之士，诸葛亮曾劝他和张飞来往，刘巴却说"大丈夫处世，当交四海英雄，如何与兵子共语乎"②？姜维当初也因家世衣冠，而不愿任郡将③。等到魏晋间门阀观念形成后，特别是晋代世族擅权之后，"将门"便变成了轻蔑讥讽的名词了。例如晋武帝的胡贵嫔，乃胡奋之女，晋武帝有一次即骂她为"将种"④。晋的开国功臣杜预，因父祖均为曹魏时的大官，故虽有平吴之功，他却"屡陈家世吏门，武非其功"。即以士大夫自居，而不愿以军功见重⑤。到南朝此风如旧。一些世族高门只愿担任职闲廪重的清贵之官，而把武官看成"浊职"。甚至像南齐时士族丘灵鞠为通直常侍，寻领东观祭酒，很满足。但到永明二年领骁骑将军，即因"不乐武位"而大发牢骚⑥。南齐张欣泰，父为宋左卫将军，而他却"不以武业自居，好读书"，齐初为直阁步兵校尉，不乐武职，世祖骂他"将家儿"，后终除正员郎⑦，就转为文职清官了。造成这种现状的原因，也许那时真正以军功贵显者，多是一些屡世为将帅而非清贵之家，甚至是寒贱小人。如浔阳的周氏，自孙

---

① 《后汉书》卷九七《皇甫规传》。
② 《三国志》卷三九《刘巴传》注引《零陵先贤传》。
③ 《太平御览》卷二一五《总叙尚书郎》目，引《魏略》。
④ 《晋书》卷三一《武悼杨后附胡贵嫔传》。
⑤ 《晋书》卷三四《杜预传》。
⑥ 《南齐书》卷五二《丘灵鞠传》。
⑦ 《南齐书》卷五一《张欣泰传》。

吴时周纂到东晋的周访的子孙历世为名将①。还有和他家类似的毛宝，也是"三世拥旄"②。刘宋的朱龄石兄弟，也"世为将"③。其他如出身寒微的吕安国在宋末有战功，入齐又屡次都督刺州。后因病征为光禄大夫加散骑常侍。"安国欣有文授，谓其子曰，汝……当为朱衣官也。"④ 周山图、周盘龙等虽一时勇将，也出身寒微，后世亦无闻⑤，还够不上"将家"。只有像梁世的王茂、曹景宗和柳庆远等"世为将家"⑥，陈代的樊毅"累叶将门"⑦ 才算"将家"。这种家族也不是很多的。然而，我们进一步分析：如晋代的陆机、陆云兄弟，祖陆逊、父陆抗均孙吴的主将。陆机兄弟入晋亦领兵。虽三世为将，却受到中朝名族的尊重，从未被人看作"将门"⑧。谢尚与谢安、谢石、谢万兄弟，特别是谢安子侄，如谢琰、谢玄等，一门多领兵为大将，不仅未看作"将门"⑨，且为江左第二高门。梁代之韦叡，子韦放，孙韦粲，亦三世为名将，有战功，也未认作"将门"⑩；裴邃及从子之高之平等，亦为将，也未当作"将门"看待⑪。当然，他们都是世族著姓。但桓温父桓彝，本汉名臣桓荣之后，其父亦官郎中。桓彝也早获盛名，"累迁中书郎、尚书吏部郎"，实为"士望"。后为宣城内史，以义众讨苏峻战死。桓温本人又尚晋元帝南康长公

① 《晋书》卷四八《周访传》。
② 《晋书》卷八一《毛宝传》。
③ 《宋书》卷四八《朱龄石传》。
④ 《南齐书》卷二九《吕安国传》。
⑤ 《南齐书》卷二九《周山图传》、《周盘龙传》。
⑥ 《梁书》卷九《王茂·曹景宗·柳庆达传》后姚察《传论》。
⑦ 《陈书》卷三一《樊毅传》。
⑧ 《晋书》卷五四《陆机·陆云传》。
⑨ 《晋书》卷七九《谢尚·谢安传》。
⑩ 《梁书》卷一二《韦叡传》，卷二八《韦放传》，卷四三《韦粲传》。
⑪ 《梁书》卷二八《裴邃传》。

主，都督四州为荆州刺史。诚如史臣所论"挺雄豪之逸气，韫文武之奇才，见赏通人，风标令誉"①。而他的"狂司马"世族谢奕却叫他做"老兵"②。他求他的长史王坦之女为儿妇。而坦之的父亲王述却说"讵可畏温面，而以女妻兵也"③。显然是把桓温看作"将门"。由此可见，所谓"将门"不过是世族名士中一种带有严重偏见的门阀观念，并无任何制度或标准。

还必须指出：中国封建的专制主义政权，主要是靠军队来维持的。秦汉间的将帅权重，拜将封侯而后始能入相。自汉武帝后，文臣虽位至三公，但只有加了"大司马"者始能恃兵权而总揽朝政。没有兵权就没有政权。曹操在政治上是倾向于庶族地主的，故除钟繇在关中因情况特殊而能独挡一面之外，他是不让士族地主领兵的。直到司马懿掌兵之后，其子孙才藉此而取得天下，世族才从此得以专政。因此，"晋武帝重兵官，故军校多选朝廷清望为之"④。其后，首相必须加将军都督中外诸军事，才有实权。地方官亦如此，如刺史必须带将军开府，才能以州官治民，以府官理戎。刺史如无将军之号，即被讥为"单车刺史"。郡太守也加将军之号，无者引以为耻⑤。不但任职时需要兵权，即去官亦多割部曲带走⑥。士族虽居高位，如无兵权则一筹莫展。如殷琰为豫州刺史，因无部曲，即受制于当地的乡望前右军参军杜叔宝等人⑦。有的史学家仅看到士族不愿任武职的现象，

---

① 《晋书》卷七四《桓彝传》，卷九八《桓温传》。

② 《晋书》卷七九《谢奕传》。

③ 《晋书》卷七五《王湛附王述传》。

④ 《晋书》卷二四《职官志》。

⑤ 《通典》卷三二《职官典（十四）》中《州牧刺史条》，卷三三《职官（十五）》中《郡太守》条。

⑥ 《晋书》卷七五《范宁传》。

⑦ 《宋书》卷八七《殷琰传》。

即以为士族不要武装（在这个阶级地位稳固或中央集权加强时，他们可能只要有少许亲兵、家兵即可，无须握兵。同时也因皇帝往往不愿重臣或有重望的世族握兵）。实则士族要想建立事功就非有武装力量不可。如南齐时的琅琊世族王融，自恃人地，年三十便望公辅。因此大习骑射，自募江西伧楚为部曲①。特别是战乱中更如此。如侯景乱梁时，世族袁泌即自请为将，招募吴中子弟②。这种事例是很多的。至于北朝，他们的统治者是靠弓马建立王朝的，拓跋氏和各部族酋长，即始终紧握兵权，从来没有重文轻武的观念。汉人世族却不易有领兵的机会。一些逃亡到北魏的世族，如刁雍、王慧龙、萧宝寅等，无不找借口力争领兵③。其中弘农华阴的杨播一家，特别是杨侃且大有战功④。北魏末年士族孟信即说："穷则变，变则通。吾家世传儒学，而未有通官。当由儒非世务也。遂感激，弃书从军。"果然到宇文泰时，官至"太子少师，后迁太子太傅，儒者荣之"⑤。辽东襄平的世族李弼也说："丈夫生当世，会须履锋刃，平寇难，安社稷，以取功名。安能碌碌依所资以求荣位乎！"后终成为北周的开国功臣⑥。西魏宇文泰创建府兵时，除部分是代北战士外，主要即依靠关陇世族所领的乡兵。例如关中武功的苏绰兄弟、京兆杜陵的韦孝宽，河东解县的柳敏、裴侠、敦煌令狐整、河内温县的司马裔、安定乌氏的梁昕等等⑦。无论在文治或武功方面，他们对北

---

① 《南齐书》卷八七《王融传》。

② 《陈书》卷一八《袁泌传》。

③ 《魏书》卷三八《刁雍传》、《王慧龙传》，卷五九《萧宝寅传》。

④ 《魏书》卷五八《杨播附杨侃传》。

⑤ 《北史》卷七〇《孟信传》。

⑥ 《周书》卷一五《李弼传》。

⑦ 《周书》卷二三《苏绰附苏椿传》，卷三一《韦孝宽传》，卷三二《柳毅传》，卷三五《裴侠传》，卷三六《令狐整传》、《司马裔传》，卷三九《梁昕传》。

周政权都作出了巨大的贡献。尽管北朝的等级制或阶级结构都和魏晋南朝一样，尽管这些士族都领兵，却没有被称为"将门"。其实，任何阶级都是从物质利益考虑问题的，绝不会自缚于什么观念。当士族有武装力量的需要时，就不会有重文轻武的观念。故"周代公卿，类多武将"①。"周室尚武，贵游子弟咸以相矜。"② 到隋代，甚至于"（开皇）十九年，文职并加武秩"③。在此种风气下，故"隋承周制，官无清浊"④。唐初又多"出将入相"的情况了。故"将门"只是特殊历史条件下的门阀观念的产物。由此也可证，门阀本身属于上层建筑的意识形态之一，既不是等级制度，更不是阶级结构。

五 民族和阶级的关系

民族和阶级都是一定历史时期存在的客观事实，但二者的形成条件和内部结构是截然不同的。

中国自古以来就是一个多民族的国家，特别是魏晋南北朝时期有许多边疆少数民族先后大举内迁和杂居，他们由于原先分别聚居于不同的地区，语言、经济生活与文化习惯的不同，本来就存在着民族差别；同时，更由于各地区的经济发展不平衡，各民族多处于不同的社会发展阶段，民族内部的阶级结构也就不同。因而在内迁和杂居的过程中，即易发生程度不同的民族矛盾，而这些民族矛盾又往往与阶级矛盾交织在一起，更增加了他们之间

---

① 《隋书》卷七二《陆彦师传》。

② 《隋书》卷五一《长孙览附长孙晟传》。

③ 赵万里：《汉魏南北朝墓志集释》图版四四六之二《大业七年刘暨妻高氏墓志》。

④ 《隋书》卷七二《陆彦师传》。

矛盾的复杂性。因而在历史研究中即出现了某些值得讨论的问题。

　　首先，能不能以民族作为划分阶级的标准？以前即有人过分强调了民族的因素而依照民族来划分社会的阶级结构。如在论证北魏的阶级制度时（严格说，奴隶社会和封建社会只有等级制度，而不可能产生划分阶级的"制度"），竟认为当时被称为"国人"的鲜卑构成统治阶级。说他们多居畿甸，专以当兵为业，颇似欧洲中世纪的骑士阶级。拓跋氏宗室始得封王等等。而国人之外的汉人等则成了编户之民，主要为农民等等，即是被统治阶级，直到北齐仍如此①。也有人根据元代对蒙古、色目、汉人和南人的政治法律待遇的差别当作阶级划分。诸如此类的论点，近一些年来虽然少见，但在某些帝国主义者或其豢养的史学家中仍有各种的变相的说法。这里试就北魏的"国人"加以分析，其他姑且勿论。

　　按"国人"一词仅是某一民族居于征服者的地位时，为区别于其他民族而对本民族的称呼。如羯人石勒在其占领区即"号羯胡为国人"，却"重其禁法，不得侮易衣冠华族"。并"禁国人报嫂"使从汉人的礼俗。可知当时羯人并无任何阶级特权②。北魏早在拓跋氏建国之前，其祖先羿槐时，"国人复贰"，"国人六千余落叛炀帝（纥那）"。到什翼犍的末年衰弱，"乃率国人避于阴山之南"③。这些记载中的"国人"显然都是指其部族成员。至于《资治通鉴》中"（拓跋）嗣曰：唯二人与朕意

---

　　① 蒙思明：《元魏的阶级制度》（《史学年报》第 2 卷第 3 期，民国二十五年）。但他后来在其《元代社会阶级制度》（民国二十七年，哈佛燕京学社出版）专著中，即改变了这种论点，成为学术水平较高的著作。
　　② 《晋书》卷一〇五《石勒载记》（下）。
　　③ 《魏书》卷一《序纪》。

同,乃简国人尤贫者诣山东三州就食"。而《魏书》正作"于是分民诣山东就食"①。到拓跋珪建国后,一进入华北地区,即"离散诸部,分土定居。不听迁徙,其君长大人,皆同编户"②,亦未见有何特权。即拓跋焘进攻盱眙时致臧质书云"吾今所遣斗兵,尽非我国人……"更明显的是为区别于丁零、胡、氐、羌诸族而称鲜卑人为"国人"③。由于鲜卑原是游牧民族,长于骑射,北魏的部队以鲜卑人为主力,这也是很自然的事。刘裕部下不是也有"鲜卑骑"吗④?至于拓跋氏宗室始得封王,这本是封建专制王朝的传统。刘邦不是规定了"非刘氏不王"吗?由此可见,虽然北魏的鲜卑人是征服者,他们的君长大人等虽属于统治阶级,却无法证明作为一个民族的鲜卑人都属统治阶级。何况在拓跋氏建国前后,多用汉人士族,这些人难道也属于被统治阶级吗?北齐时"鲜卑共轻中华朝士"⑤,有些鲜卑宠臣呼汉人为"汉儿",或斥之为"汉狗"⑥,也是阶级社会的民族偏见的表现。当时,汉人朝士又何尝不同样的歧视鲜卑。如"显祖(高洋)尝问(杜)弼云:治国当用何人?对曰:鲜卑车马客,会须用中国人。显祖以为讥我"⑦。高洋还说"高德政常言宜用汉人,除鲜卑,此即合死"⑧。这些都只能说明朝中官僚互相倾轧所表现的民族偏见,完全不足以证明"国人"即属统治阶级。

进一步分析:不仅多民族的国家中各民族处于不同社会发展

① 《资治通鉴》卷一一七《晋纪》义熙十一年九月;《魏书》卷三《太宗纪》。
② 《魏书》卷二《太祖纪》,卷八三(上)《贺讷传》。
③ 《宋书》卷四七《臧质传》。
④ 《宋书》卷四七《刘敬宣传》。
⑤ 《北齐书》卷二一《高昂传》。
⑥ 《北齐书》卷五〇《高阿那肱传》、《韩凤传》。
⑦ 《北齐书》卷二四《杜弼传》。
⑧ 《北齐书》卷三〇《高德政传》。

阶段而形成的阶级结构不同（如獠族即明显的处于奴隶社会）。即使在同一民族中，也往往因各时期的社会性质不同，因而阶级结构亦大异。建立北魏政权的鲜卑族，在拓跋氏祖先力微之前，似仍属于氏族社会后期的游牧部族，时与诸部大人结为联盟，阶级分化尚不明显。其后，在兼并诸部过程中，也有晋人来附。渐次形成国家。什翼犍时虽一时拓地甚广，但仍不巩固①。到拓跋珪称王之后，其政治中心由塞上的盛乐城迁到平城后，在不断地攻城拓地时，社会中奴隶制与封建制的因素都迅速增长，阶级急遽分化。一部分皇室和将帅掳掠了大量俘虏和资财，成了大奴隶主或大官僚地主。而大部分鲜卑人除成为战士外，不少也成了农民。自攻破中山后，北魏广泛招纳汉人士族，并建立了尚书台等整套的中央集权机构，以适应对华北汉人的传统统治，因而封建化更快，到孝文帝迁都改制后，实质上已形成了鲜卑与汉人的世族联合政权。而镇守北边的当年"国之肺腑"反倒成了"府户"，沦落到等于厮养和罪犯的地步。北魏的鲜卑阶级分裂与对立十分严重。要将鲜卑人都认作统治阶级，是违背事实的。以民族作为划分阶级的界限也是不科学的。

其次，在多民族的国家中尽管存在民族的差异以及各民族不同时期阶级结构的差异，但在魏晋南北朝时期的中央集权的专制政权统治下（虽然分裂为许多不同民族的王国，即在每一个统治者的控制区域内，也仍是具体而微的以无限君权为中心的专制政权，如南匈奴的前赵，羯人的后赵，氐人的前秦，羌人的后秦，甚至小小的卢水胡建立的北凉，无不如此），各民族在长期的杂居并处的过程中，依然具备构成大体相近的阶级结构的社会基础和政治基础，而且正在逐步的融合过程中。因此，使我们有

———————

① 《魏书》卷一《序纪》。

可能对这一个时期的中国社会进行统一的阶级划分，进而深入地理解当时的各种经济现象和政治事件。

这一时期虽然各个民族所处的社会发展阶段并不相同，但都已进入了阶级社会（不管是奴隶制或封建制为主），而且大多错居杂处。出身少数民族的君长、大人、酋长，大都是世袭的统治者，他们与汉人的世族地主在这一点上并无区别。其中地位较低的，如石勒和苻洪也是世袭的"小帅"①，类似汉人的"乡望"或"小族"。北魏拓跋氏一族自力微以后，也都是世袭的部族首领。北魏建国后的一些功臣和将帅也是各族的部落大人或酋长②。即以北齐创业集团而言，高欢出身寒微的下级军校③，类似刘裕、陈霸先、娄昭、宝泰、库狄干、段荣和斛律金等，或为大牧主，或为中小军校，或为北边豪族，其地位相等于汉人的庶族地主（豪强、富豪）④，也都属于剥削阶级。至于鲜卑的部族成员，或为府户、镇户，或为农民，甚至成为奴婢，这与汉人绝大多数也几无不同，尽管他们民族不同，却都处于被压迫被剥削的地位。

再从政治地位看：两晋和南朝以及各民族的统治者，为了要统治汉人和其他民族（包括他们本族），本人或对他的部下辅佐和将帅往往采用二重体制的形式。即一方面仍根据他在本民族的地位给予原有的身份，以统治他本族成员，另一方面又按照他的职责或功勋授以本朝的官位，以便利用他们统治汉人或本民族本地区。如西晋成都王司马颖以刘渊为"大单于"以统率五部南

① 《晋书》卷一〇四《石勒载纪》（上），卷一一二《苻洪载纪》。
② 《魏书》卷一《序纪》，卷一一三《官氏志》。
③ 《北齐书》卷一《神武纪》（上）。
④ 《北齐书》卷一五《娄昭传》、《宝泰传》、《库狄干传》，卷一六《段荣传》，卷一七《斛律金传》。

匈奴，同时又命他"参丞相军事"以为己助①。东部鲜卑段匹磾
"世为大人，父务勿尘……王浚表为亲晋王，封辽西公……怀帝
即位，以务勿尘为大单于，匹磾为左贤王，率众助国征讨，假抚
军大将军"②。王浚、刘琨却利用他父子统率鲜卑以抗击刘渊。
晋元帝以"（慕容）廆假节、散骑常侍，都督辽左杂夷流人诸军
事、龙骧将军、大单于、昌黎公"③。石虎以羌酋姚弋仲为奋武
将军，封襄平公。其后，东晋亦命其"使持节、六夷大都督、
都督江淮诸军事、车骑大将军、仪同三司、大单于"；至姚苌也
自称"大将军、大单于"④。吕光署河西鲜卑酋豪秃发乌孤为
"假节，冠军大将军。河西鲜卑大都统、广武县侯"⑤。又如康
绚，其先康居人，汉时为侍子待诏于河西，子孙乃以康为姓。西
晋乱时，迁于蓝田。宋初，其祖又率乡族三千余家迁至襄阳之岘
南，宋即于其地增设华山郡蓝田县。他的世父、父亲和他本人相
继为华山太守。到萧衍时，更得康绚之力⑥。少数民族建立王国
后，其统治者亦多如此。一方面称王称帝，一方面仍沿袭本民族
的统治身份。如刘渊称汉王汉帝，而以其子刘聪为大司马、大单
于⑦；刘聪即位后，初以其弟刘乂为大单于大司徒、改官制后，
更增单于左右辅，各主六夷十万落。万落置一都尉。后杀刘乂，
立其子刘粲为太子，也领相国大单于，总摄朝政⑧。刘曜称帝之

①　《晋书》卷一〇一《刘元海载记》。
②　《晋书》卷六三《段匹磾传》。
③　《晋书》卷一〇八《慕容廆载记》。
④　《晋书》卷一一六《姚弋仲载记》、《姚苌载记》。
⑤　《晋书》卷一二六《秃发乌孤载记》。
⑥　《梁书》卷一八《康绚传》。
⑦　《晋书》卷一〇一《刘元海载记》。
⑧　《晋书》卷一〇二《刘聪载记》。

后，以其子刘胤为大司马、大单于、置左右贤王以下①。石勒称赵天王，也以其子宏为持节散骑常侍，都督中外诸军事，骠骑大将军、大单于、封秦王。其后，石勒死，石虎逼立石弘，而自为丞相、魏王、大单于②。北魏对南齐流亡的王子萧宝夤亦用此策。伐梁时即以萧宝夤为镇东将军、东扬州刺史，封丹阳郡开国公、齐王。兵败，萧宝夤免官，后以为安东将军，瀛州刺史，仍复封为齐王③。即利用齐王的名义而否定梁帝萧衍，并藉以号召江南；对降魏的光城蛮帅田益宗，也封之为"员外散骑常侍、都督光城义阳汝南新蔡宋安五郡诸军事、冠军将军、南司州刺史，光城县开国伯，食蛮邑一千户"④。即利用他统治光城蛮族并控制那一带地方。其他如魏以秀容川契胡酋帅尔朱新兴为散骑常侍、平北将军，秀容第一领民酋长⑤。以仇池氏酋杨盛为征南大将军、仇池王⑥，亦即利用他统治该地区的氏人。又如商洛巴酋泉氏，世用为县令，且常为郡守。魏末，宇文泰以泉企有功，亦拜为洛州刺史、当州都督。其子元礼，且世袭洛州刺史⑦。诸如此类事例甚多。

故各民族的社会性质虽有异以及各民族本身内部阶级构成亦不同，但他们中的一些上层分子自身即是世袭的剥削者，如果与汉人世族或豪族共同置身于一个专制政权下，身居同类的官职，享受同样的政治待遇，同样能获得奴婢、田宅的赏赐，因而可以在地主经济的地区进行同样生产方式的剥削，有些人也与汉人世

---

① 《晋书》卷一〇三《刘曜载记》。
② 《晋书》卷一〇五《石勒载记》（下）。
③ 《魏书》卷五九《萧宝夤传》。
④ 《魏书》卷六一《田益宗传》。
⑤ 《魏书》卷七四《尔朱荣传》。
⑥ 《魏书》卷一〇一《氐杨难敌传》。
⑦ 《周书》卷四四《泉企传》。

族通婚、交游，特别是在魏孝文帝按照汉人的门第，划分鲜卑朝臣的"姓""族"之后，故与汉人世族实属相同的阶级（当然，他在本民族聚居地区可能仍是奴隶主或领主，而不是地主阶级）。不过在汉人世族的门阀观念下，也许某些少数民族的朝贵仍不被汉人世族承认为"高门"或"士族"。但到北魏末年，从世宗起①特别以契胡朱尔氏为中心的少数民族酋豪当权后，一些权置的尚书台的"行台"，也取得设置"中正"之权，可以"在军定第，斟酌授官"②。自此，一些少数民族以军功出身的新贵，如朱尔世隆为肆州大中正，樊子鹄为定州大中正，綦洪寔为魏郡邑中正③。到北魏分裂为东西魏后，这类人就更多。如北齐的刘贵为肆州的大中正，赫连子悦为夏州大中正，苻盛为南秦州大中正④，北周的豆卢宁为显州大中正，叱罗协为恒州大中正，泉元礼兄弟为洛州大中正等等⑤。大小中正本属魏晋时期当地士族的首望，南北朝后期虽已渐滥，但仍有其暗淡的余光。尔朱荣的部下朱瑞，本代郡桑乾人，因青州乐陵有姓朱的世族，想攀附于这一族，故为青州大中正。后听说沧州也有世族朱氏，朱瑞爱河北，又请移居河北，遂转为沧州大中正⑥。正因为"中正"毕竟是士族的标志，他们争得这个头衔，也就等于取得了士族等级的资格。至于少数民族的战士、农民或奴婢，本与汉人中的这类被

---

　　① 《侯刚墓志》（《汉魏南北朝墓志集释》图版二四九）；《魏书》卷九三《侯刚传》、《寇猛传》。

　　② 《魏书》卷七五《尔朱彦伯附尔朱仲远传》。

　　③ 《魏书》卷七五《尔朱彦伯附尔朱世隆传》，卷八〇《樊子鹄传》，卷八一《綦儁传》。

　　④ 《北齐书》卷一九《刘贵传》；《赫连子悦墓志》、《苻盛墓志》（均见《汉魏南北朝墓志集释》）。

　　⑤ 《周书》卷一九《豆卢宁传》，卷一一《叱罗协传》，卷四四《泉企传》。

　　⑥ 《魏书》卷八〇《朱瑞传》。

压迫被剥削者在阶级属性上毫无区别。因此，尽管这时期许多处于社会发展阶段不同的民族杂居共处，大体上仍可划分整个社会的阶级结构。

有人可能认为尽管少数民族的上层与汉人士族授官相近，待遇相同，但汉人士族因"华夷"观念而仍加以鄙视。如丁零酋豪翟斌兄弟拥戴慕容垂复国有功，慕容垂称燕王后，以翟斌为建义大将军，封河南王，翟檀为柱国大将军、弘农王。不久，翟斌又暗示丁零等请求拜他为尚书令。当时渤海世族而官仅拜安东将军的封衡即大骂"斌戎狄小人，遭时际会，兄弟封王，自虀兜以来未有此福……"①北魏时，出身蛮酋的征南将军田益宗，战功卓著，而河东闻喜世族裴植却说"华夷异类，不应在百世衣冠之列"②。这都是事实。表面看，这与他们的汉文化素养有关。像南匈奴的左部帅刘渊，因习经史诸子，有文武才，即博得汉人士族，甚至太原大士族王浑等人的敬重③；氐人苻朗因"耽习经籍"，前秦危亡时因他是宗室而降晋。到扬州后，虽官仅员外散骑侍郎，但以文采风流，迈于一时，也见重于江东的朝贵名流④。尽管他们是"夷狄"，但却能获得汉人士族的推重。这些现象也都是事实。但必须看到：决定封建等级高下的是当时的政治上法律上的待遇，决定阶级成分的却是社会生产过程中的地位和作用。文化只是构成门阀观念的一个因素，不具决定作用。何况在民族融合的过程中，少数民族上层成员中的一些家族的汉文化也会提高。事实上到隋唐时期，这类家族中不少也确成了世族名门。当然，南北朝后期，北魏诸镇起义以致东西魏分裂；南朝

---

① 《晋书》卷一二三《慕容垂载记》。
② 《魏书》卷七一《裴叔业附裴植传》。
③ 《晋书》卷一〇一《刘元海载记》。
④ 《晋书》卷一一三《苻坚载记（下）附苻朗传》；《世说新语·排调篇》。

侯景乱后，由北族豪酋和南方豪族而发展起来的新兴世族，在隋唐时虽也当权，但其权势和意识形态已和晋宋世族大有不同了。

其三，阶级与阶级矛盾的存在，也决不能否定民族间的不平等而造成的民族矛盾（包括战争、民族压迫和民族歧视）的存在。这不仅因各民族间语言、经济生活及文化习俗的不同，同时各民族间也还因游牧民族与农耕民族间存在着物质利益的矛盾。这充分反映于民族战争中。魏晋及南北朝前期由于人口稀少和自然经济造成的生产低落，为争夺劳动力和财货，使民族战争更加残酷和频繁。例如，东吴孙权时即多次的进讨山越，以补充其兵伍和农奴①；宋文帝时对"江汉以北，庐江以南"的蛮族，恣意诛讨，尤为残酷②；赫连勃勃，每战必大肆斩杀，积人头为景观，号髑髅台③；北魏自拓跋珪到拓跋焘时期，不断北伐高车等族，南伐刘宋，战争亦极残酷，降者多编为营户，俘者多分配为奴婢或隶户④。这类事例极多。

民族压迫也是始终存在的。如西晋除奴役南匈奴为"田客"外，并州刺史司马腾竟掠卖这些胡人为奴婢⑤；南齐陈显达为益州刺史，如调獠租不从，则袭之，男女无老幼一律屠杀⑥；石虎不仅劳役繁兴，滥用民力。甚至更大肆掠夺少女。有一次竟大发百姓女年二十以下十三以上者三万人，以至夺人妻杀其夫，被迫自杀者亦众；由于民族压迫过甚，因而可能引起报复性的大规模

① 《三国志》卷四六《孙权传》，卷五八《陆逊传》，卷六〇《贺齐传》，卷六四《诸葛恪传》。
② 《宋书》卷七七《沈庆之传》，卷九七《夷蛮传》中的"荆雍州蛮"，"豫州蛮"及"传论"。
③ 《晋书》卷一三〇《赫连勃勃载记》。
④ 《魏书》卷二《道武帝纪》，卷四《太武帝纪》。
⑤ 《晋书》卷一〇一《刘元海载记》，卷一〇四《石勒载记》。
⑥ 《南齐书》卷二六《陈显达传》。

的民族仇杀。当冉闵灭石氏时，竟下令诛杀胡羯，不问贵贱男女老幼，羯胡死者达二十万①

至于民族歧视，前文已言之。这在民族融合之前，也会长期存在。早在春秋时，汉人即有"华夷之辨"的观念，此时当然也不例外。因此，往往对归附了的民族中的杰出人才，也得不到信任使用。晋武帝司马炎先后两次拟起用刘渊征吴和出讨树机能，都遭到孔恂、杨珧的反对，他们说"非我族类，其心必异，任之以本部，臣窃为陛下寒心"。"元海若能平凉州，斩树机能，恐凉州方有难耳！"② 北魏明元帝拓跋嗣引见王慧龙，王因其父为刘裕所杀，请求效力南伐，即拜洛城镇将，配兵三千。会拓跋嗣死，臣下"咸谓南人不宜委以师旅之任，遂停前授"③。故北魏一朝汉人领兵的很少。魏末，尔朱荣专政时，甚至要想全用北人为"河南诸州"刺史，但魏庄帝未能同意④。又如高欢大败于沙苑，欲弃晋州，薛修义力谏，而斛律光竟对高欢说："仰汉小儿守，收家口为质，勿与兵马。"结果，晋州终为薛修义守住了⑤。由此，亦可见他们民族偏见之深。北齐末年，朝臣中鲜卑与汉人之间的民族对立情绪十分尖锐，发展成为宗派而互相陷害，以致削弱了北齐的统治而促使其速亡。

民族矛盾，在初期多表现为民族战争，经常却表现为民族压迫和民族歧视。其结果，必然促成民族起义，这也是普遍现象。规模大的，如西晋的树机能、齐万年的反晋以及北魏太武帝时的盖吴起义等等即其明证。至于小规模的民族起义，如南朝的蛮族

---

① 《晋书》卷一〇七《石季龙载记》（下）。
② 《晋书》卷一〇一《刘元海载记》。
③ 《魏书》卷三八《王慧龙传》。
④ 《魏书》卷七四《尔朱荣传》。
⑤ 《北史》卷五三《薛修义传》。

不断的反抗，北魏高车不断的逃亡和起义。但必须指出，这类的起义，虽属民族矛盾，但实质上，也有阶级矛盾的因素在内。因为民族起义多由民族压迫和奴役所造成，其中，官吏的直接剥削，往往成为导火线。正如西晋时阮种所说，"自魏氏以来，夷虏内附……而今丑虏内居，与百姓杂处。……受方任者又非其材，或以狙诈侵侮边夷，或干赏啗利，妄加讨戮……是以群丑荡骇，缘间而动。"① 这就足以说明树机能、齐万年起义的根本原因。宋文帝时"天门溇中令宗侨之，徭役过重，蛮不堪命，（元嘉）十八年田向求等为寇，破溇中县"②。又如北魏太武帝时，"会上党丁零叛，（公孙）轨讨之……世祖谓崔浩曰……'其（公孙轨）初来壶关，单马执鞭。返去，从车百辆，载物而南。丁零渠帅乘山骂轨，轨怒，取骂者之母，以矛刺其阴而杀之曰；"何以生此逆子?"从下倒擘，分磔四肢挂于山树上，以肆其忿'"③。因而激起刻骨的仇恨。故每次民族起义多是各族被压迫人民的联合反抗。如西晋树机能起义，不仅有凉州鲜卑，也有北地胡参加；齐万年起义，参加者既有氐人、羌人，又有匈奴、卢水胡；北魏初沙门张翘起义，即与丁零结合；盖吴起义时参加的除杏城卢水胡外，还有关中夷酋、河东蜀薛，甚至还有汉人。到北魏末年阶级对立与矛盾则成了主要矛盾。故北边诸镇的起义，有匈奴、山胡、鲜卑、敕勒、氐人、绛蜀，以及众多的汉人，包括了华北各族人民，实是一场波澜壮阔的包括了各族被压迫人民的大搏斗。

这里还必须指出一点：即民族残杀、民族压迫，往往是出于

---

① 《晋书》卷五二《阮种传》。
② 《宋书》卷九七《夷蛮传》。
③ 《魏书》卷三三《公孙轨传》。

统治者的唆使。他们"为了延长专制政权的寿命，唆使各民族互相残杀，利用一个民族压迫另一个民族"①；因为"旧社会中身居高位的人物和统治阶级只有靠民族斗争和民族矛盾才能继续执掌政权和剥削从事生产劳动的人民群众"②。例如冉闵大规模戮杀羯胡即由其下令执行的。至于各民族的广大人民群众，因为彼此都是被压迫被剥削者，他们之间没有根本性的矛盾，即使个人间偶有冲突，事后也会消失。例如石勒初起兵时，所依靠的是马牧的牧子、郡县的系囚和山泽的亡命。这都是和他不同民族但却同一命运的人。当他在襄国称赵王后，仍未忘怀当年的劳动伙伴。故"（石）勒令武乡耆旧赴襄国，既至，勒亲与乡老齿坐欢饮，语及平生。初勒与李阳邻居，岁常争（沤）麻池，迭相殴击。至是问父老曰：'李阳壮士也，何以不来？'……乃使召阳。既至，勒与酣谑，引阳臂曰：'孤往日厌卿老拳，卿亦尝饱孤毒手。'因赐甲第一区，拜参军都尉"③。这个生动的故事，或许认为是石勒恢廓大度吧？可是他在许昌附近大杀晋东海王司马越所率的诸王公卿，在洧仓对被俘的司马毗及诸王公卿士，也全部诛戮，却毫不宽恕④，这个鲜明的对照又说明了什么呢？

因此，我们探讨民族问题，仍必须注意到当时的阶级结构和阶级关系。

---

① 《马克思恩格斯全集》第 5 卷，第 177 页。
② 《马克思恩格斯全集》第 17 卷，第 316 页。
③ 《晋书》卷一〇五《石勒载记》（下）。
④ 《晋书》卷一〇四《石勒载记》（上）。

曹操政权之阶级性质及其
入魏后之变质与灭亡[*]

近三十年来，中国和日本的史学家发表了不少关于曹操政权阶级性质（包括对曹操的评价）的论文，大抵意识到这是中国封建社会由秦汉发展阶段进入六朝动乱阶段的一个关键性问题，值得深入探讨。本文也试图对此提出自己的看法。

首先必须指出：对于历史人物不应仅仅归结为某一阶级中某个阶层或集团的体现者，因为不同地位的人在各个不同的社会形态中的作用是绝不等同的。作为封建社会最高统治者，他的权力和作用就远较资本主义社会的元首大得多，即如欧洲中世纪领主制封建国家的国王就远不能和中国的封建皇帝相比拟。此外，还必须考虑到同一社会形态中某种特殊历史条件下，他们的权力和作用也很不同，中国历代的创业之主和末代皇帝就不能相提并论。又如现代资本主义国家，在法西斯的统治下，墨索里尼和希特勒的权力，不仅远超过其他首相或总统、总理，甚至超过了古

* 原载《郑天挺纪念论文集》，中华书局 1990 年版。

罗马的奥古斯都和神圣罗马皇帝。

曹操名义上虽是汉臣，但他实是一个政权的缔造者，就不能简单的当作一般的封建社会的地主阶级的最高统治者来看待，必须分析当时历史条件下他的特殊的阶级身份、思想和矛盾，才有可能理解他的政权的性质以及他身后这个政权的蜕化、变质和灭亡的必然性。

一 汉末各阶级的分化以及曹操身份思想的二重性和创业经过

秦汉统一的封建帝国经历了四百多年，居于主导地位的土地私有制的发展，阶级结构已发生了一定程度的变化，因剥削阶级的地主阶级不断地兼并，逐渐使秦汉以来所谓的"豪强"、"大姓"到东汉中期开始分为两个地主阶级的阶层，"豪强"、"大姓"中一部分已具有较高的文化素养和政治上法律上的优势和特权，逐渐形成了"士族"地主阶级，易于进入各级政权，少数人更因累世公卿或累世经学，在社会上被视为"阀阅"的"世族"之家，具有不同程度的社会势力和声望。而多数地主中，即使是豪强、大姓，虽也拥有土地、奴婢，但在文化和政治上却处于劣势，纵可横行乡里，被称为"豪族"，除非军功不易入仕，和一般庶民一样，是必须应役的被统治阶级。故这两个阶层是有矛盾的。

农民以及手工业者或小商贩从来是被剥削被压迫的生产者，在土地兼并深入发展下，只有个别的可能富有，成为"豪强"或读书成为"寒士"外，不少人丧失土地而沦为依附"士族"或"豪强"的半农奴"佃客"，大部分虽保有小块土地，成为封建国家的租税、徭役承担者的贫民"露户"，还有些因被卖或被掠为奴婢，成为身份最低的"贱类"。①

　　封建帝国的百官和军队是构成统治的工具，不过在朝廷中一小撮外戚和宦官却成了外廷与内廷的重要力量，特别是在东汉的中期以后，幼主即位母后摄政多倚重外戚掌权；宦官则是中国封建社会特有的产物，从政治身份来说，他们只是"刑余"的"罪人"而服役于内廷的皇帝的"家奴"。每当幼主成长要想夺回外戚的权力，往往就借助于他们，因而外戚或宦官得以凭借封建专制主义的绝对王权凌驾于百官万民之上，垄断一切，而他们又多擅作威福，祸国殃民，以致在统治层的内部形成了皇帝和外戚或宦官与朝臣以及士族（通称"士大夫"）相对立，这也意味着他们违背了作为统治者所代表的整个地主阶级的利益；同时外戚或宦官的子弟和党羽横征暴敛更增加了广大人民的苦难，从而也加剧了广大人民与地主阶级的矛盾，影响所及，则削弱了封建帝国的威信和力量。

　　曹操（156—220），沛国谯县人，父亲曹嵩是宦官曹腾的养子，本姓夏侯，曹腾官至内廷最高的大长秋，又因拥立汉桓帝而封侯，加特进。在内廷掌权三十多年，历事四主，也进用过一些海内名士，如陈留的边韶、南阳的张温、弘农的张奂等，后多至公卿；曹嵩也因而得为司隶校尉，后至太尉。② 而曹操少年时又好飞鹰走马、任侠放荡，故他的出身和行为是不被士族所尊重的；另一方面，他又富于谋略，博览群书，也好结交名士。如太尉桥玄、许劭、何颙、卫兹以及蔡邕等，均对他奖掖备至，许劭

---

　　① 参看拙作《魏晋南北朝时期阶级结构研究中的几个问题》，刊于《魏晋隋唐史论集》第1辑，中国社会科学出版社1981年版。
　　② 《三国志》卷一《武帝纪》注引司马彪《续汉书》；《后汉书》卷一〇八《曹腾传》。

甚至说他是"治世之能臣、乱世之奸雄"。他感到很高兴①。加以他通古学、诗尤雄健，实无愧于名士，故他一身却具有宦官子弟和士族名流的双重身份。

因此，他的思想也是矛盾的，青年时期也确有汉代士大夫建立事功拜将封侯而作"能臣"的愿望。他在五十六岁时自明本志，曾说："孤始举孝廉，年少，自以本非岩穴知名之士，恐为海内人之所见凡愚，欲为一郡守，作好政教以建立名誉，使世士明知之。故在济南，始除残去秽，平心选举，违忤诸常侍。以为强豪所忿，恐致家祸，故以病还。去官之后，年纪尚少，顾视同岁中，年有五十，未名为老。内自图之，从此却去二十年，待天下清，乃与同岁中始举者等耳。故以四时归乡里，于谯东五十里筑精舍，欲秋夏读书，冬春射猎；求底下之地，欲以泥水自蔽，绝宾客往来之望。然不能得如意。后征为都尉，迁典军校尉，意遂更欲为国家讨贼立功，欲望封侯作征西将军，然后题墓道言'汉故征西将军曹侯之墓'，此其志也。"② 这些话是符合他的仕历的。他所走的道路也正是汉代士族入仕的正途。

然而，当时政治形势的剧变却诱导他走向了"乱世奸雄"的道路：首先是中平元年（184）爆发了以张角兄弟为首的黄巾起义，山东及荆扬等八州的农民同时响应，汉灵帝慌忙急召皇甫嵩、卢植等名臣出讨，一方面也开释了被宦官诬陷而禁锢的士族名流以平民愤，而各地的官员、士族和豪族也纷纷聚兵镇压黄巾，以求自保，因而以张角为首的黄巾主力即被镇压下去了。这时曹操也以议郎而拜骑都尉，奉命镇压颍川的黄巾，事定始迁为

---

① 《三国志》卷一《武帝纪》注引《魏书》、孙盛《异同杂语》；《后汉书》卷九七《何颙传》；《三国志》卷二二《卫臻传》；《太平御览》卷八〇六曹丕《蔡伯喈女赋序》。

② 《三国志》卷一《武帝纪》注引《魏武故事》。

济南相。去官回乡不久，因凉州边章、韩遂等杀州郡长吏谋变，陇西震动，又征曹操为典军校尉，而他也有志西征立功。偏偏中平六年（189）汉灵帝死了，太子嗣位，外戚何进拟召并州牧董卓等逼迫何太后诛宦官，事泄，宦官杀何进而袁绍又以兵尽诛宦官，而董卓已率凉州兵趁乱而入洛阳，即废太子，另立其弟为帝（汉献帝），鸩太后，自称相国专政。开始还起用名流如荀爽等想收民望，但他是出身于凉州的豪族，凶狠无识，故未几即或杀或去，而其兵又大肆杀掠，形势大乱。——每当封建专制国家的社会秩序一乱，各个阶级各种势力都必然有其代表人物起而乘机谋求或维护其阶级利益。这时，正如曹丕所说：当时"家家思乱，人人自危，山东牧守……言人人皆得讨贼，于是大兴义兵，名豪大侠，富室强族，飘扬云会，万里相赴，兖豫之师战于荥阳，河内之甲军于孟津，（董）卓遂迁大驾西都长安，而关东大者连郡国，中者婴城邑，小者聚阡陌，以还相吞灭。会黄巾盛于海岱、山寇暴于并冀，乘胜转攻，席卷而南"[1]。

实质上这种起兵讨卓，只是各种势力争夺政权的表面现象。首先是久已形成的士族，一百多年来他们为维护汉帝国而与外戚宦官相抗争，因几经压制转而不少人意识到必须建立自己的统治，多要求他们中地位和声望最高的世族作为他们的代表乘时而起。早在皇甫嵩讨灭张角等后，威震天下，信都县令阎容即劝他利用时机"南面称尊，移宝器于将兴，推亡汉于已堕，实神机之至会，风发之良时也……若欲辅难佐之朝，雕朽败之木……岂云易哉"[2]？阎忠的建议实反映了士族的意向。皇甫嵩不同意，他即逃走了。此时趁讨董卓为名，袁绍、孔伷、张邈等牧守同时

---

① 《三国志》卷二《文帝纪》注引曹丕《典论·自叙篇》。
② 《后汉书》卷一〇一《皇甫嵩传》。

起兵。袁绍因是汝南世族，四世三公，故北方士族多投其部下①。在与董卓一战之后，这些人都各自争地割据去了，其他的袁术、刘焉、刘表等也都割据一方②。即如名士孔融为北海相，也"自以智能优瞻，溢才命世，当时豪俊皆不能及，亦自许大志，且欲举军曜甲与群雄要功"③。就可见一斑了。

其次为豪族，其中如出身单寒的郡吏，或横行乡里的豪侠、富商等，当黄巾初起，为了自卫也纠合"部曲"，或投身于当地的军队，如许褚、典韦等即投奔曹操④。有些富商也资助豪杰起兵，如张世平、苏双资助刘备⑤。其小有部曲者也恃兵纵横，或割据一方，如刘备、孙策、公孙瓒、张鲁等，及其得志，也称王称帝⑥。而曹操即以豪族力量起家，事功最大，得以建立强大的政权。

再就是农民，他们在黄巾张角领导的起义失败后，生活绝未得到任何改善，当董卓专政天下大乱之际，黄巾在益州的余党马相，河北河东各地的黑山、白波等农民军又再度大起，但他们都是没有文化，除黄巾有宗教形式的组织外，多是缺乏教练的乌合之众。农民又是小所有者，他们起义还多带家室耕牛，所以一经大敌即溃败，有的领袖即投降，如黑山军的张燕、白波军的韩暹、杨奉等是⑦，故不足以夺取政权，起义失败后，遭遇更惨。因此，逐鹿中原是士族和豪族的各个割据势力，而最后统一中原

① 《后汉书》卷一〇四《袁绍传》。
② 《三国志》卷六《袁术传》、《刘表传》，卷一二《刘焉传》。
③ 《三国志》卷一二《崔琰传》注引司马彪《九州春秋》。
④ 《三国志》卷一八《许褚传》、《典韦传》。
⑤ 《三国志》卷三二《刘备传》。
⑥ 《三国志》卷三二《刘备传》，卷四六《孙策传》，卷八《公孙瓒传》、《张鲁传》。
⑦ 《三国志》卷六《袁绍传》，卷三一《刘焉传》，卷六《董卓传附李傕传》，卷一《武帝纪》。

者则为曹操。

曹操既好权术，又通兵法，有远见，天下既乱，正好发挥他的才智。董卓擅权专政时，他也回乡首先聚合了本宗夏侯惇和曹仁等豪族的武装，与山东的牧守共推袁绍为盟主，积极与董军战于荥阳，不捷东归。而见袁绍等人日置酒高会，了无进取之意，这个现象才促使曹操下决心，转而也独自图谋发展，参加中原逐鹿了[1]。他之所以取得最后的胜利，就是凭他的远见卓识，抓住了几个关键性的政策：

（一）扩充军事力量。——除讨黄巾、董卓时所募兵和所将的部曲外，初平三年（192）曹操力战，大破青州黄巾，收降卒三十万，选其精锐者号为"青州兵"，这就成了他的基本部队。其后陆续收编群雄的队伍。由于汉末户口大减，募兵不易，故他治兵极严，把战士及其家属都编为"士家"，不属于郡县，故又称"军户"，逃兵被获即处死，未获则严治其妻室，故保证了兵源。从此这种"士家"便成了丧失自由的国家农奴。其后江东的孙权也仿其例。士家世代为兵，直到隋统一后才得恢复平民的身份。[2]

（二）发展农业经济，屯田以保证军食。——天下既乱，人民或死或逃，土地荒芜，群雄的军队往往缺粮。建安元年（196），曹操破颍川黄巾后，听从枣祗、韩浩的建议，把黄巾军的耕牛资产和劳动力"屯田"于许下，这就保证了充足的军食。开始优待屯田户，既免徭役，又按私家佃客之例，分别不用官牛，收取十分之五六的收获物。其后陆续屯田于所管辖的各郡，就多是勒配农民来耕种，对这些屯户，另设典农官管理，也不属

---

　　①　王夫之《读通鉴论》卷九《东汉献帝》第一节。

　　②　参考何兹全《魏晋南北朝的兵制》（《史语所集刊》第 10 本）；唐长孺《晋书赵至传所见的曹魏士家制度》（《魏晋南北朝史论丛》）；日本浜口重国《后汉末曹操时代的兵民的分离》（《秦汉隋唐史研究》上卷）。

于郡县。"屯户"也世代相继,也成了封建国家的"农奴"①。

(三)挟天子以令诸侯。——天子从古以来即是公认的元首。春秋时称霸者即知以天子名义号令天下。汉献帝自被董卓挟持到长安后,不及三年董卓即被其爱将吕布所杀,凉州诸将李傕、郭汜等又互相在斗争。当时袁绍在河北兵强地广,部下的士族沮授即劝他"迎大驾于西京……号令天下"。袁绍无远见而不听②。会长安的白波农民军将领降汉者杨奉等乘李傕、郭汜相争时,经过艰险而于建安元年(196)送汉献帝到洛阳后,曹操听从荀彧的建议,立即亲迎献帝于许都,赶走了杨奉等人,而他就以司空行车骑将军录尚书事的名义专政③。汉献帝实际上是被软禁于许都的傀儡,宿卫兵士都是曹操的旧党姻亲④。不过曹操却可借以自重并号令天下,这是他所取得的独有的政治资本。

曹操自起兵以来,初得为东郡太守。破青州黄巾后,虽败袁术、征陶谦、破吕布,取得了兖州牧,又进而取得陈郡、汝南和颍川等地,自迎献帝后,士族归之者渐众,因降张绣、擒吕布,击败袁术,破走刘备,特别是击灭袁绍父子收冀并二州、破乌丸、降刘琮而取荆州。唯在赤壁败于孙权刘备之联军;继而又败韩遂、马超而平定关陇,征汉中降张鲁,基本上统一了华北,而与吴蜀对峙。而他在建安十三年又废三公,自为丞相,十八年晋爵为魏公,魏国可置丞相以下官属,等于汉初的诸侯王,二十一年又晋爵为魏王,直到二十五年死⑤。名义上他虽是汉臣,自建

---

①　我所见到的有关论著,以日本西岛定生《曹魏之屯田》为最精,不过史料丰富,并考订了民屯与军屯的各种不同的行政系统,本段多参考此文。

②　《三国志》卷六《袁绍传》注引《献帝纪》、《献帝传》。

③　《三国志》卷六《董卓传》、卷一《武帝纪》。

④　《后汉书》卷十下《献帝伏后传》。

⑤　《三国志》卷一《武帝纪》。

安元年以后实际上是曹操的政权。其所以未进一步篡汉者，一因汉初刘邦所定的"非刘氏不王"的观念深入人心，王莽代汉时甚至起义的各路农民军多立刘姓为天子，如绿林军立刘玄、赤眉军立刘盆子、卜人王郎立刘婴，而刘秀又终为士大夫拥立为帝①；其次，汉的旧臣和他手下的士族也不少是想维系汉朝的，曾不断地酝酿诛除他的阴谋。如建安五年车骑将军董承等的密诏阴谋，二十三年少府耿纪等的攻许事件，二十四年又发生魏相国的西曹掾与长乐卫尉陈祎阴谋袭案。甚至他多年的谋主荀彧也反对封他为国公加九锡的建议②。故他几次只敢以"周公"自期③。他死后长子曹丕开始也只嗣位为丞相、魏王，政治形式本久已归曹氏，于是臣下乃利用天子是"奉天承运"的传统观念，又伪造曹氏故乡谯县出现了黄龙，黄是"土德"，而汉是"火德"，按五德相生之说，"土生火"，即魏应代汉，于是采用古代尧让舜、舜让禹的方法，上演了一场"禅让"仪式，曹丕因而即位为魏朝的皇帝。曹丕于礼毕，也说"舜禹之事，吾知之矣"④。改元黄初（220），但也是曹操政权演化变质的开始。

二　曹操的用人政策，他的政权结构和阶级性

任何一个国家政权本质上都是某个阶级（或此阶级的某阶层）维护其利益的工具，不过对封建专制主义国家的创业者的个人特点有其一定的影响。当时正是处于"乱世"，虽儒者荀悦

---

① 《后汉书》卷一《光武帝纪》。
② 《三国志》卷一《武帝纪》，卷十《荀彧传》。
③ 《三国志》卷一《武帝纪》建安十五年，注引《魏武故事》十二月己亥令；建安二十四年，注引《魏氏春秋》。
④ 《三国志》卷二《文帝纪》延康改元黄初条，及注引诸书。

和仲长统等亦带法家倾向，故曹操也偏重法家①，治国用兵均用严刑重法。其次，由于出身于宦官之后，而为世族高门所轻视；而性又好任侠，接近豪族。故歧视世族，蔑视名教礼法，不婚高门，一反东汉士族的传统②。故他的用人政策不重品德，只重才能。建安八年公然下令说："议者或以为军吏虽有功能，德行不足堪郡国之选，所谓'可以适道，未可与权'……未闻无能之人，不斗之士，并受禄赏而可以立功兴国者也。故明君不赏无功之臣，不赏不战之士，治平尚德行，有事赏功能，论者之言一似管窥虎欤！"十五年下令更进一步地指出："若必廉士而后可用，则齐桓其何以霸世？今天下得无有被褐怀玉而钓于渭滨者乎？又得无盗嫂受金而未遇无知者乎？二三子其佐我明扬仄陋，唯才是举，吾得而用之。"十九年又下令说："夫有行之士未必能进取，进取之士未必能有行也。……士有偏短，庸可废乎？有司明思此义，则士无遗滞，官无废业矣。"二十二年令更赤裸裸地说："昔伊挚、傅说出于贱人，管仲，桓公贼也。皆用之以兴。……今天下得无有至德之人放在民间，及果勇不顾、临敌力战；若文俗之吏、高才异质，或堪为郡守，负污辱之名，见笑之行，或不仁不孝而有治国用兵之术，其各举所知，勿有所遗。"③ 这就表明了他用人的政策。

　　（一）依重豪族——豪族中包括郡县的豪强、武将、吏卒、侠士等等。曹操初起兵，即首先用谯县的宗戚，如夏侯惇、夏侯渊、曹仁、曹休、曹洪、曹真等，多是有烈气、能征善战的豪杰，也

---

　　①　《读通鉴论》卷九《东汉献帝》第二十四节，论荀悦、仲长统。
　　②　《日知录》卷一三《两汉风俗》；《廿二史札记》卷五《东汉重名节》；《三国志》卷五《明悼毛后传》。
　　③　《三国志》卷一《武帝纪》建安八年注引《魏书》庚申令、十五年春令、十九年十二月乙未令，二十二年注引《魏书》八月令。

是他全军中的主要将领，立功最多、官爵最高的心腹①。其次收用敌方的降将，如张辽、张郃、臧霸、庞德、文聘等②。郡吏中或文或武，不嫌其贱，都予重用，如乐进、徐晃等多立战功；文的如原为郡纲纪的梁习，善于招抚，又定并州，西北无虞。出身"单家"的张既，历任县郡以至刺史，军政皆优；公府令史出身的杨沛，历宰县令、郡守以至京兆尹③。他们都执法严明，勤于政事。其他如乡里豪杰李典，任使于江淮的李通皆忠实能战；侠客如许褚、典韦，更奋身力战，日夕宿卫，在群雄混战的岁月中，打天下的就是这些人。除于禁曾败降关羽外④，从无二心。

（二）利用士族——曹操虽不信任士族高门，但对这些人中负有重望的，或足智多谋、或善文章、或善治郡县的都不能不加以利用。而来投附的也因为他有才智，前期的治绩和勇决及出讨董卓等表现，认为他可望维护汉室，平定大局。曹操也知人善任，使各尽其才，如颍川士族荀彧，三世有名，有"王佐才"，初为袁绍礼用，因预见袁绍不足成事乃转事曹操，曹操比之张良，即用为司马，参赞军谋，从征陶谦吕布，更力劝曹操迎汉献帝都许，曹操特奏为汉侍中守尚书令，仍留参司空军事，屡建奇功，且推荐郭嘉、荀攸、陈群、司马懿、荀悦、王朗等名流谋士，郭嘉为司空祭酒，料敌比神，助平冀州。他如贾诩自张绣部投曹，多出奇谋妙策所至有功，甚至隐遁的田畴引导曹军别出奇兵而破乌丸。还有程昱，也策划保全甄城、东阿，进东平相。在

---

① 《三国志》卷九《诸夏侯曹传》。
② 《三国志》卷一七《张辽传》、《张郃传》，卷一八《臧霸传》、《文聘传》、《庞德传》。
③ 《三国志》卷一七《乐进传》、《徐晃传》，卷一五《梁习传》、《张既传》、《贾逵传》注引《魏略·杨沛传》。
④ 《三国志》卷一七《于禁传》。

创业过程中，这些谋士是起了重大作用的①。其次，又多用士族治理地方，稳定社会秩序。如"自刘备判后，东南多变，太祖以陈群为酂令，（何）夔为城父令，诸县皆用名士以镇抚之，其后吏民稍定"②。由于这些士族多通治术之故，不久且多为郡守，如凉茂为泰山及魏郡太守、甘陵相；王修为魏郡太守，徐奕先为雍州刺史，后为魏郡太守；司马芝初为营长、广平令，因不畏豪强，执法如山，竟迁大理正。贾逵为弘农太守，苏则为金城太守，杜畿为西平、河东太守，郑浑为上元太守，京兆尹，司马朗为兖州刺史，刘馥、温恢先后为扬州刺史等，皆有治绩③。——在他府中的掾属（有的虽名义朝臣，实则也留参军事）。如贾诩初到，名义上是空头的冀州牧（其时冀州尚为袁绍所据），却"留参司空军事"，张范也为议郎，"参丞相军事"等。不过多数仍为掾属，如崔琰、毛玠为丞相府东西曹掾，徐奕为丞相长史，何夔为司空东曹掾，鲍勋为丞相掾，田畴为户曹掾，徐奕为东曹掾，刘晔为仓曹掾，蒋济为西曹掾等等④。只有少数自其他地方转投来的名流，才能挂上有职无权的朝臣。如蒯越本为刘表谋主，即以为光禄勋，韩嵩乃表从事中郎以为大鸿胪⑤。——他如王粲用以兴建制度，陈琳、阮瑀、徐干、应玚，刘桢等擅文章即

---

①　《三国志》卷一〇《荀彧传》、《贾诩传》，卷一四《程昱传》、《郭嘉传》，卷一一《田畴传》。

②　《三国志》卷一二《何夔传》注引《魏书》。

③　《三国志》卷一一《凉茂传》、《王修传》，卷一二《徐奕传》、《司马芝传》，卷一五《贾逵传》、《刘馥传》、《温恢传》、《司马朗传》，卷一六《苏则传》、《杜畿传》、《郑浑传》。

④　《三国志》卷一〇《贾诩传》，卷一一《张范传》、《田畴传》，卷一二《崔琰传》、《毛玠传》、《徐奕传》、《何夔传》、《鲍勋传》，卷一四《刘晔传》、《蒋济传》。

⑤　《三国志》卷六《刘表传》注引《傅子》、《先贤行状》。

用以草书诏，刘放、孙资两人为秘书，吴质、司马懿等为其子曹丕的五官中郎将的文学①。故曹操得人之盛，远过于吴蜀之主。——不过也有负重望而毫无建树的佞人，如华歆、董昭，唯以阿谀为事。华歆为曹操入宫收捕献帝伏后，曹丕"受禅"，华歆又奉上玺绶②，完全是出卖故主，是曲笔也不能掩饰的③。董昭于献帝初至洛阳即出卖杨奉，后又建议立五等爵，推奉曹操为魏公，促进曹氏的篡汉，故苏则面斥为"佞人"，魏明帝时董昭又攻击忠于曹氏的诸葛诞等人，实迎合司马懿，随风转舵，出卖故主④。到曹丕篡汉时劝进者甚多，这也是曹操用人不问品德的结果。——不过后来司马氏得势时，不少魏臣也都出卖曹氏。

（三）控制方士——两汉的神仙信仰以及占卜、望气、服食和巫术都很流行，加上汉末天师道、太平道等兴起，这些方士都对人民有很大的影响，往往容易煽动群众。曹操早在任济南相时即严禁淫祀，及得志后就把这类人都集中控制起来，正如曹丕所说："世有方士，吾王悉所招致……卒所以集之于魏国者，诚恐斯人之徒，接奸宄以欺众，行妖慝以惑民。"不过，把精于医学的人如华佗也都编为"军吏"，即失去自由，社会地位卑下，华佗"本作士人，以医见业，意常自悔"，后回家探亲，逾期未归，曹操即依法治死之⑤。

在曹操政权中各个阶级、阶层的政治地位，以及曹操对待他

---

① 《三国志》卷二一《王粲传》附徐干、陈琳、阮瑀、应瑒、刘桢、吴质等传，《晋书》卷一《宣帝纪》。

② 《后汉书》卷一〇下《献帝伏后传》；《三国志》卷一三《华歆传》。

③ 《十七史商榷》卷四〇《先臣名臣》条指出其后裔华峤作谱叙，为之粉饰。

④ 《三国志》卷一四《董昭传》，卷一六《苏则传》，卷二八《诸葛诞传》注引《世说》。

⑤ 《三国志》卷一《武帝纪》注引《魏书》，卷二九《方技传》中《华佗传》及注引文帝《典论》论郤俭事；东阿王《辩道论》。

们的态度如何呢，这是判断一个政权性质的核心问题。

很明显，当时豪族出身的朝臣，要高于士族（甚至是世族高门），试以建安十二年大封功臣时的爵位为例，还可以曹丕初即位时的情况加以佐证：被誉之为张良的颍川名士之首的荀彧，建安八年封万岁亭侯，至十二年，仅增邑共达二千户。荀攸也常为谋主，自迎献帝至许都后，即以为军师，直到平定冀州，才封陵树亭侯。建安十二年论功行赏，也只增邑，并前共七百户。贾诩以汉故臣，自张绣部来投即封都亭侯，直到曹丕即位，才晋爵魏寿乡侯。钟繇，献帝东归后，即迁官至侍中仆射，封东武亭侯，虽为曹操以侍中，司隶校尉，执节督关中诸军，稳定暂局，曹操征关中时又为前军师，可是直到曹丕即帝位后，才晋爵为崇高乡侯，文帝虽称他为"一代伟人"，但直到明帝即位才封定陵侯（县侯），增邑，前后才共达一千八百户①。——另一方面，夏侯惇破吕布后，即封高安乡侯，建安十二年增封邑，即共达二千五百户。夏侯渊，建安十七年封博昌亭侯，二十一年增封即达八百户。曹仁，平河北后封都亭侯，荆州平即转高平亭侯，曹丕即王位则晋封陈侯（县侯），增邑共三千五百户。曹洪征刘表，捷于舞阳、博望等处，即封国明亭侯，曹丕即王位晋封野王侯，增邑共达二千一百户②。除这些宗亲外，武将如张辽，击荆州定江夏诸县，封都亭侯，曹丕即王位，晋都乡侯，丕即帝位又进晋阳侯，增邑共达二千六百户。乐进破吕布等封广昌亭侯，建安二十年与张辽等屯合肥，增邑共达一千二百户。张郃与张辽初自袁绍部降曹操时，即封都亭侯，曹丕即王位晋爵都乡侯，曹丕即帝位更晋封鄚侯。徐晃击袁绍有功封都亭侯，曹丕即王位晋封逯乡

---

① 《三国志》卷一〇《荀彧传》、《荀攸传》、《贾诩传》，卷一三《钟繇传》。
② 《三国志》卷九《诸夏侯曹传》。

侯，即帝位，又晋封杨侯（县）。甚至如李通，破张绣时有功，即封建功侯，平淮汝之地，乃封都亭侯，后增封共达四百户。张既，以议郎参钟繇军事，其后高干败奔荆州，张既即封武始亭侯①。按列侯制度，县侯高，乡侯次之，亭侯最低。士族中只有贾诩于曹丕即王位时才晋封乡侯，丕即帝位，始晋封县侯，其他大都只封亭侯。就封邑户口而言，只有荀彧才达二千户，贾诩封乡侯时才八百户。而夏侯惇一开始即封乡侯，其后晋至县侯，封邑共达三千五百户。荀彧封邑户口且不及张辽，以官位、权力而论，荀彧官仅至侍中光禄大夫，持节，他参丞相军事，仍是僚佐。荀攸官至魏国尚书令。贾诩在曹操之世，官至太中大夫，曹丕因受其才能得为太子，故即帝位，增封为太尉。钟繇以一代伟人，曹操为魏公，仅以为魏国的相国，曹丕即帝位，才晋迁太尉②。而夏侯惇在曹操时，曾督二十六军御孙权，官至前将军，曹丕即位，拜大将军。夏侯渊官至征西将军。曹仁于曹操时官至征南将军。曹洪于曹丕即位后，迁至车骑将军。曹休于曹丕即王位时官至领军将军，曹真于曹丕即王位时迁镇西将军，假节，都督雍凉二州诸军事③。即如张辽，操时已迁至征东将军，乐进官至右将军，张郃于曹丕即王位时官至左将军，徐晃于曹丕即王位时拜右将军④。按光禄大夫、太中大夫，禄秩虽高，只是空头荣誉。钟繇、贾诩虽于曹丕即帝位后封太尉，但职位权势都在夏侯惇、曹仁等大将军之下。至于魏国的相国、尚书令名义上仍等于汉诸侯国的王官，而车骑、前、后、左、右将军及四征四镇将

---

① 《三国志》卷一七《张辽传》、《乐进传》、《张郃传》、《徐晃传》，卷一六《李通传》，卷一五《张既传》。

② 《三国志》卷一〇《荀彧传》、《荀攸传》、《贾诩传》，卷一三《钟繇传》。

③ 《三国志》卷九《诸夏侯曹传》。

④ 《三国志》卷一七《张辽传》、《张郃传》、《徐晃传》。

军，位高权重。征镇将军且多辖几州，刺史亦在其统辖下。由此可知，士族与豪族，无论从爵位、封户或官职、权势都不能比拟。

至于曹操的态度，也可以看出其亲疏。夏侯、曹氏诸宗亲姑不论，即如对张辽驻屯合肥时，给其母与车及兵马护送至合肥，并命于她到达后迎接，诸军将吏皆拜迎于路。徐晃在襄樊抗击关羽，全军而还，曹操亲迎之于七里外，置酒大会。张既为冯翊人，在关中有治绩，曹操竟打破汉代不得本乡长官之传统规定，用为雍州刺史，给予"衣锦昼行"的荣宠①。——反观他对士族出身的诸人。如崔琰为丞相东曹掾，职司典选，因直言而忤曹操，竟至赐死。毛玠与崔琰同典选，见琰死不安，看出谋反者黥面而妻子没为官奴婢，说这所以致天旱，曹操也下于狱，得大理卿钟繇及其他相救，才得免官不死。陈群为司空西曹掾属，对曹操下令所用之人，认为那二人品德不好，退回教令，曹操也不听，后来二人果然犯罪被杀。这因为曹操用人自有其主张，对这些士族典选，不予信任②。曹操又忌才，对有名于世而富于才智者，更怕能洞察其意图，故孔融、杨修等都借故杀掉③。

平时曹操对士族常加侮辱，"太祖性严，掾属公事，往往加杖，（何）夔（为掾属）常畜毒药，誓死无辱，是以终不见及"④，可见他对士族的践踏。这还不算，曹操又设类似特务的"校事"，这些人"上察宫室，下摄众司，官无定局，职无分限，

---

① 《三国志》卷一七《张辽传》、《徐晃传》，卷一五《张既传》。
② 《三国志》卷一二《崔琰传》、《毛玠传》，卷二二《陈群传》。
③ 《三国志》卷一二《崔琰传》注引《魏氏春秋》，卷一九《陈思王植传》注引《典略》。
④ 《三国志》卷一二《何夔传》。

随意任情，唯心所适"①。此外，还有"刺奸掾"②、"刺奸令史"③、"刺奸主簿"④ 等职，无时无地不在监视并诬告士族。

特别应该指出的是：终曹操之世，没有一个士族出身的人直接掌握兵权，即当关中混乱时，以声望甚高的钟繇以侍中加司隶校尉，持节，督关中诸军，安抚马腾、韩遂等叛服无常的军人，利用他们的兵力以抗击袁尚部下的郭援和叛乱的南匈奴，钟繇自己既无武职，仅求得三千兵，因无直属部队，故在事后仍授前军师，参赞军谋而已⑤。至于出任州郡刺史太守者，因不带武职，故只能靠当地的州郡兵，维持社会治安而已。

正因为曹操如此的歧视、钳制士族，特别是曹操代汉的野心渐露，不然会引起反感，甚至发生诛除他们的政变阴谋。——如他的谋士荀彧原是以为曹操可以维护汉室能成大事而来，当曹操兼冀州牧后有人建议"复九州"，这即将扩大冀州的地盘，荀彧即加劝阻，建安十七年董昭又想建议曹操晋爵魏公并加"九锡"，荀彧为限制曹操权势而以"君子爱人以德"为理由表示反对，实欲阻止曹操的企图，故遭曹操暗示而自杀了⑥。有的献帝的旧臣，如车骑将军董承等即称受密诏，早在建安五年即密谋诛操，事泄均被夷三族⑦。到十九年因汉献帝伏后曾写信给其父流露了曹操威逼情况，望其父密图之，其父未敢发动而早死，此时

① 《三国志》卷一四《程昱传附其孙晓传》；俞正燮《癸巳存稿》卷七《校事考》。
② 《三国志》卷一九《陈思王植传》注引《魏略》。
③ 《三国志》卷二四《高柔传》。
④ 《三国志》卷二四《孙礼传》。
⑤ 《三国志》卷一三《钟繇传》，卷二一《卫觊传》注引《魏书》。
⑥ 《后汉书》卷一〇〇《荀彧传》；《三国志》卷一〇《荀彧传》注引《魏氏春秋》；《廿二史札记》卷五《荀彧传》。
⑦ 《后汉书》卷九《献帝纪》，王先谦《集解》；《三国志》卷一《武帝纪》。

事泄，曹操竟派华歆入宫拖出伏后处死，并杀她生的二子及兄弟宗族百余人①。这种大逆的暴行，当然更激起士族的不满，建安二十三年，汉少府耿纪等发动在许都攻监督他们君臣的丞相长史王必，拟占领许都，结果被镇压下去了②。耿纪被"夷三族，于时衣冠盛门，坐纪罹祸灭者众矣"③。二十四年，又发生了魏国的相国钟繇府属西曹掾魏讽策划袭邺的阴谋。魏讽有才智，负重名，自卿相以下多倾心与相交，他也有心组织力量，此时趁曹操大军伐蜀未返，即邀集长乐卫尉陈伟等拟袭邺，谋泄被杀者上千人，与王粲的二子刘廙之弟刘伟，张绣之子泉均死，文钦也牵连而下狱。④ 这是一次对士族最大的屠杀。即使如此，当魏代汉时，侍中苏则仍敢痛哭⑤。

　　建安二十五年曹操死，长子曹丕嗣位，篡汉，结束了曹操政权。正如陈寿所说：曹操是以夏侯氏和曹氏为肺腑。故曹操政权是以这两家亲族为核心的豪族政权。士族（包括世族）在这个政权中，无任内朝外任的人数虽多，但是没有多少权力，只是被动的工具，故不足以代表士族地主的利益。

三　魏朝用人政策的改变，政权的变质与矛盾、斗争及其乱亡

　　曹丕（生于187，即位于220，卒于226）即帝位，成了魏

---

　　① 《后汉书》卷一〇下《献帝伏后传》；《三国志》卷一《武帝纪》注引《曹瞒传》。

　　② 《三国志》卷一《武帝纪》注引《三辅决录注》。

　　③ 《后汉书》卷四九《耿弇传附纪事》。

　　④ 《三国志》卷一《武帝纪》注引《世语》，卷八《张绣传》，卷一三《钟繇传》，卷一四《刘晔传》注引《傅子》，卷二一《刘廙传》注引《廙别传》、《王粲传》，卷二八《毌丘俭传》注引《魏书》。

　　⑤ 《三国志》卷一六《苏则传》。

朝第一位皇帝（谥文帝），但也是曹操政权蜕化变质的开始。曹操为教育其诸子，曾选了一些知名之士为诸王"文学"，有些掾属也愿为"王友"。当时他与其同母弟曹植都博学多才，当未定"世子"之前，而曹操因曹植善辞赋，特爱之，故掾属杨修、丁仪、丁廙附之，而陈群、司马懿、吴质、朱铄等附曹丕，称为"四友"。由于吴质、贾诩教曹丕用"诚、孝"而感动曹操，故他得为太子，杨修因曹操嫌他"漏泄言教，交关诸将"而终杀之。丁氏兄弟当曹丕即位后也即被杀。故曹丕特信宠"四友"①。本来士族与豪族都属于地主阶级，除了士族有文化教养和免役权外，并无任何质的区别。曹操诸子好学者在这些士族长期的熏陶下，故在思想上也必然会受到影响而有所变化，且自曹操专政后，政治地位也习惯的成为"高门"，曹植即屡自称他们是"华宗贵族"②。故无论曹丕或曹植继位，结果都会一样，即如夏侯、曹氏两族的子弟，许多人也都变成了士族文人。如夏侯渊子夏侯惠、夏侯和、夏侯称、夏侯荣等，夏侯尚及其子夏侯玄，故魏虽不久即亡，但谯郡夏侯氏却成了自晋至梁的世族③。曹植之子曹志，曹彪之子曹嘉等，至晋亦为显官④。即如出身小吏的张既之子张缉，侠士出身的李通之孙李秉及曾孙李重，豪杰出身的臧霸

---

① 《三国志》卷二《文帝纪》，卷一九《陈思王植传》注引《典略》、《杨修传》、《丁仪传》，《文士传》《丁廙传》，卷一〇《贾诩传》，卷二一《王粲附吴质传》注引《世语》。

② 《三国志》卷一九《陈思王植传》，又《艺文类聚》卷一六《储宫部》公主门引曹植《平原懿公主诔》。

③ 《三国志》卷九《夏侯渊、夏侯尚、夏侯玄传》及裴注引书；周嘉猷《南北史表》卷二谯郡夏侯氏。

④ 《三国志》卷一九《陈思王植传》注引《曹志别传》，卷二〇《楚王彪传》及裴注曹嘉事，《东平灵王徽传》裴注。

之子臧艾、臧舜等，亦多才俊为士族①。这与魏诸帝的思想和用人政策是有关的。

魏文帝有文武才，也重法，认为"法者主之柄，吏者民之命，法欲简而明，吏欲心而平"。鉴于东汉外戚宦官之祸，故先后下诏宦者官不得过诸署令，并禁妇人干政。他用人主张"儒通经术，吏达文法"。不得偏废②。这就与曹操重文辞、事功而不重经术的思想有所不同。所以他在位的七年中，虽仍重用夏侯和曹氏诸宗亲和老将以及钟繇等元老，却立即突出地重用"四友"，——他的儿子魏明帝曹叡（204—227—239）亦博学强识，用人政策又更进了一步，他下诏即说："重儒重学，王教之本也，自倾儒官或非其人，将何以宣明圣道，其高选博士，才任侍中常侍者，申敕郡国，贡士以经学为先"，同时他又重品德，也反对浮华。有诏："世之质文，随教而变，兵乱以来，经学废绝，后生进趣，不由典谟，岂训导未洽，将进用者不以德显乎？其郎吏通一经，才任牧民，博士课试，擢其高节者亟用，其浮华不务道本者皆罢退之。"③ 这完全同于东汉的儒学，与曹操的政策几乎相反了。所以他虽仍倚重曹真、曹休、曹洪、夏侯楙及老将张辽、张郃、徐晃、文聘、满宠等，但在将相大臣中比之以前就渐少了。文臣中，除"四友"日见位高权重外，曹操时的掾属更多跻身于大臣了④。——由政策的剧速变化，即可看出对士族与豪族出身的态度与曹操时大不相同了。

---

① 《三国志》卷一五《张既传》注引《魏略》，卷一八《李通传》注引王隐《晋书》，《臧霸传》注引《魏书》及《武帝百官名》。

② 《三国志》卷二《文帝纪》注引《典论》自叙等篇。

③ 《三国志》卷三《明帝纪》及纪末裴注引《魏书》。

④ 万斯同《历代史表》卷三《魏将相大臣年表》；《三国志》卷三《明帝纪》末注引《魏书》及孙盛语。

　　当曹操创业之初，许多士大夫是认为他将振兴汉室而来，如荀彧、韩嵩、刘放等，后见曹操多杀戮名士，又忌才、歧视高门士族，并有篡代的企图，或设法想制止他的野心，如荀彧。或本不愿事操乃被威迫而来，如司马懿、阮瑀、徐庶等①，只有勤事以免祸。有的则早退韬晦，如贾诩"自以非太祖旧臣，而策谋深长，惧见猜疑，阖门自守、退无私交。男女嫁娶，不结高门"。东郡的民望程昱，以战功官至奋武将军，封安亭侯，后见"中夏渐平"，"乃自表归兵，阖门不出"。扬州的"高族名人"刘晔乃汉的宗室后裔，虽仕至明帝，官至侍中且封东亭侯，但"晔在朝，略不交接时人"，因鉴于"魏室即祚尚新，智者知命，俗或未咸，仆在汉为枝叶，于魏备腹心，寡偶少徒，于宜未失也"②。——而豪族呢？有的早已荒淫堕落，如曹洪在曹操讨马超时"置酒大会，令女倡著罗縠之衣，蹋鼓，一座欢笑"。夏侯楙在明帝时"多畜伎妾"。有的踌躇满志，如在文帝时臧霸等既富且贵，无复他望，但欲终其天年，保守禄位而已。有的小吏出身的人，如杨沛，屡任县令郡守，不畏权贵，治政严明，曹操时得以"代张既领京兆尹，（魏文帝）黄初中，儒雅并进，而沛本以事能见用，遂以议郎冗散里巷"③。

　　由于魏文帝、明帝两朝用人政策的变化，豪族或荒淫堕落，有的保守，有的消极。而一到曹操死文帝嗣王位后，士族即有不少升迁。而扶摇直上的则是文帝的"四友"，其中，升迁最快的

---

　　①　《三国志》卷一〇《荀彧传》末注引《魏氏春秋》，卷六《刘表传》载韩嵩语及注引《傅子》，卷一四《刘放传》，卷二一《王粲传附阮瑀传》注引《文士传》，裴驳阮瑀避入山中，诚有理，但由瑀不屈于曹洪，亦可知其志。卷二八《诸葛亮传》载徐庶事；《晋书》卷一《宣帝纪》。

　　②　《三国志》卷一〇《贾诩传》，卷一四《程昱传》、《刘晔传》。

　　③　《三国志》卷二五《杨阜传》，卷九《夏侯惇传》末注引《魏略·夏侯楙传》，卷一四《董昭传》，卷一五《贾逵传》末注引《魏略·杨沛传》。

却是陈群和司马懿。陈群是颍川著名士族，祖父陈寔、父陈纪、叔陈谌，在汉末皆有盛名。陈群又是荀彧之婿，且为荀彧所推荐。在曹操时，久为掾属。曹操死以前，官不过为魏国的侍中领丞相东西曹掾而已，唯与曹丕深交而已[1]。司马懿也是荀彧推荐的，他的女儿也嫁给荀彧之孙[2]，本是河内世族，乃被曹操所迫而出仕的，长期为丞相府掾佐，曾劝曹操取汉中后即可趁机并益州，操即讥以"人苦无足，既得陇右，复欲得蜀"。不听，因对他不信任，曾对曹丕说过"司马懿非人臣也，必预汝家事"。幸得曹丕保全，直到魏国建立始迁太子中庶子，每有奇策，故为曹丕信重[3]。一当曹丕嗣魏王，首先即迁陈群为尚书，司马懿转为丞相长史，及丕即帝位，又为尚书，不久又转督军御史中丞，百官多增封爵，因此士族便活跃了。

（一）首先争夺典选权。——陈群为尚书后，首先建议设"九品官人法"，其理由正如李重所说：当时因为战乱，"人物播迁……郎吏蓄于军府，豪右集于都邑"[4]。难以像东汉那样，士人经由乡里清议鉴定推举，况且汉末"士多矫饰骗取虚名"，故陈群建议于本郡国设"中正"，用朝臣中有清望者兼任其本郡的"中正"，以品核该地人物，这倒也是适合割据形势下人才流散时选拔的一种措施，同时也加强了对世族的招徕和控制，因此世族也可利用它而扩充势力，——不久陈群即迁尚书仆射，转侍中，自此文、明两朝出任尚书令、尚书仆射和吏部尚书的如陈

①　《三国志》卷二二《陈群传》注引《魏略》，卷一〇《荀彧传》注引《晋阳秋》。

②　《三国志》卷一〇《荀彧传》。

③　《晋书》卷一《宣帝纪》。

④　《晋书》卷四六《李重传》。

矫、桓阶、司马懿、杜畿等世族，就掌握了文官的典选权①，——自黄初二年，"四友"中的朱铄又取代了夏侯尚而任中领军掌握禁军，典掌武官选举的中护军当时也隶于中领军②，文、明两朝，除桓范、夏侯献外，即由陈群蒋济任中护军，完全打破了曹操以宗亲和豪族典禁军及武官选举的传统③，蒋济也与司马懿关系好④，故士族又插手了武官的典选权。

（二）逐步争夺兵权——陈群和司马懿从未曾领兵，黄初六年魏文帝南巡广陵，以陈群为镇军大将军，随车驾，董督诸军录行尚书事，司马懿为抚军大将军、假节，领兵五千，加给事中，留许昌录后台文书事⑤，这是世族掌兵的开始，同时也是司马懿开始入为军政重臣，次年，文帝再南征，司马懿留守，陈群领中领军，掌握禁军，文帝还，而以陈群假节，都督水军，还许昌，又迁镇军大将军，领中护军，录尚书事，二人遂并驾齐驱，成为文帝的两个主要辅佐⑥。黄初七年文帝病，立曹叡为太子，召中军大将军曹真、镇军大将军陈群、抚军大将军司马懿受遗诏辅政。明帝即位司马懿晋封舞阳侯，陈群晋封颍阴侯，二人与曹休、曹真并开府，十二月陈群为司空，司马懿为骠骑大将军，此时，唯曹真为大将军，但明帝即位，迁为大将，次年曹真死，司马懿独此最高军职达七年之久（陈群于太和七年已为司空录尚

---

① 《历代史表》卷七《魏将相大臣年表》。

② 《晋书》卷二四《职官志》。

③ 《历代史表》卷七《魏将相大臣年表》。

④ 《三国志》卷一四《蒋济传》。

⑤ 《三国志·魏书·文帝纪二》引《魏略》；《资治通鉴》卷七〇，黄初六年二月，同时以陈群为镇军、司马懿为抚军，参《晋书》卷一。

⑥ 《宣帝纪》唯纪司马懿，黄初五年即为抚军，恐属夸张，因当时陈群常在其前。

书事）①，"四友"中的吴质也官至振威将军都督河北诸军事②，当文、明两帝时，曹操的宿将渐多老死了。

（三）争夺民屯和军屯——曹操开始募民屯田于许下，设典农中郎将主之，秩位如郡守，后渐扩充于各郡，典农下之屯田客不属于郡县，后来有的刺史也仿行民屯，魏国建立后，典农部即隶大农（后改为大司农），专管全国农业生产，至曹丕即王位又设度支中郎将③，黄初四年设度支校尉④，五年更设度支尚书⑤，专管全国军屯，本来各地已有些世族任典农中郎将，有的且转为度支中郎将，如赵俨⑥，太和四年司马懿抗击诸葛亮，表请徙冀州农夫佃上邦与京兆等地，明帝即任其弟司马孚为度支尚书，故司马孚即大力调农夫于上邦，且佃且守⑦，其后世族任典农者即成了司马氏的党羽，由此可知世族亦已在建立其政治上的物质基础了。

经过文、明两帝世族所掌握典选、统兵，无论在将相大臣、方镇、典农等方面的人数大增，而将相及下吏出身的人数大减⑧。特别是司马懿抗蜀，诸葛亮死，西边已无威胁，在当时诸将中无出其右者，明帝虽好女色，多建宫室，但在任司马孚为度

---

① 《三国志》卷二《文帝纪》，互参《晋书》卷一《宣帝纪》、《历代史表》卷七《魏将相大臣年表》。

② 《三国志》卷二一《王粲传附吴质传》。

③ 《三国志》卷二《文帝纪》建康元年六月注引《魏略》。

④ 《北堂书抄》卷六一《掌诸军兵田》条；《太平御览》卷二四二《司农度支校尉》条引《魏略》，日本西岛定生教授删去司农二字是对的。

⑤ 《晋书》卷一《宣帝纪》度支尚书应设于黄初五年，西岛定生教授误为四年。

⑥ 《三国志》卷三《赵俨传》。

⑦ 《晋书》卷一《宣帝纪》，卷三七《司马孚传》。

⑧ 《历代史表》卷七《魏将相大臣年表》，卷八《魏方镇年表》及西岛定生《魏的屯田制》中所载典农官表。

支尚书支持司马懿徙民屯田的措施时也说过："吾得司马懿二人，复何忧哉①！"但在此前后，也对司马懿有所警惕，他曾问尚书令陈矫："司马公忠正，可谓社稷之臣乎？"矫对以，"朝廷之望，社稷？未知也"。②故明帝于景初二年病重时，已知司马懿已灭辽东公孙渊正在班师回京中，且派人去蓟县劳军，可是他安排后事时，却用燕王曹宇为大将军，与领军将军夏侯献、武卫将军曹爽、屯骑校尉曹肇等人，而司马懿原是受文帝遗诏辅政的元老，战功赫赫，威望最高，却没有提他，这是曹魏政权中发生的曹氏与司马氏第一次阴谋——那时曹宇奏明帝下诏，说蜀对关中有威胁，命司马懿可赴长安，时在阻止他回京，而夏侯献、曹肇二人又对中书监令刘放、孙资久掌机要不满。按刘放原是汉代宗室刘宏之裔③，孙资又博学有才名，他们从为曹操掾属，以至魏国的秘书郎，文帝改秘书为中书，二人分任监令，目击曹操之猜忌，故善承主上意，又未尝显言得失，得历三帝任机密，听了二人的暗语，担心遭祸，乃趁明帝病危，建议召司马懿，罢去曹宇和献、肇等人，而代以曹爽和司马懿二人辅政④。司马懿在班师途中，连收到内容前后矛盾的诏书，料到有问题，一昼夜赶了四百里路而朝见明帝遂受遗诏，与曹爽辅明帝的养子曹芳即位（240—254），加曹爽、司马懿侍中，假节钺，都督中外诸军录

---

① 《晋书》卷三七《司马孚传》。

② 《三国志》卷二二《陈矫传》注引《世语》，此事载于《通鉴》卷七二太和六年十二月恐未确，因此后司马懿仍独任大将军，青龙三年且迁太尉，陈矫死于景初元年，当在其卒之前不久。

③ 《三国志》卷一四《刘放传》作"广阳顺王子西乡侯，宏后也"。按沈炳震《廿一史四谱》卷九《封爵谱》"西乡侯"条，作"广阳顷侯刘宏"，核以《汉书》卷一五下《王子侯年表》"西乡顷侯容""广阳顷王子"则《刘放传》"顺王"为"顷侯"之误，"宏"字乃"容"字之误。所有《三国志》诸本均未改正。

④ 《三国志》卷一四《刘放附孙资传》注引《孙资别传》、《世语》。

尚书事，各统兵三千，共执朝政，曹爽召开了一批有才智的世族为心腹，如何晏本何进之孙，其母尹氏又是曹操的夫人，故长于宫中，妻为金乡公主，有文才，善谈庄子，曹爽用之为尚书典选；邓飏、李胜等为"浮华友"曾为明帝所斥免，曹爽又以邓飏为长史，迁侍中、尚书；李胜为洛阳令转河南尹。丁谧博学有才略，曹爽用为尚书；毕轨亦有才能，其子又尚公主，曹爽以他代蒋济为中领军，转司隶校尉，丁谧建议曹爽奏以司马懿为太傅，表面特加尊重，却自此凡是尚书奏事，就可先经曹爽了①。曹爽弟曹羲为中领军，曹训为武卫将军，并以黄门张当监视曹芳。从正始元年（240）起他们专政了九年，这批人虽也都成了士族，实际上是早已在明帝结合以夏侯玄为首的宗派，"是时，当世俊士夏侯玄散骑常侍，尚书诸葛诞、邓飏之徒，共相题表，以玄、畴四人为'四聪'，诞、备等八人为'八达'，凡十五人"②。当时"佞人"司徒董昭上书指斥他们"当今少年不复以学问为本，专更以交游为业……合党连群……虽（魏）讽、（丁）伟之罪，无以加也"③，明帝故罢免了诸葛诞等，在思想上他们是反对以经学为治本的汉儒传统的士族的，故与曹氏夏侯氏接近，如曹爽早与丁谧毕轨等相亲善④，故此时尽力辅助曹爽，曹爽"亦无大恶"⑤，唯"多变旧章"⑥，大约是多有所革改，正始中任何晏以选举，内外之众职，各得其才。粲然之美，于斯可

---

① 《晋书》卷一《宣帝纪》；《三国志》卷九《曹爽传》注引《魏略》邓飏、丁谧、毕轨、李胜、何晏传。

② 《三国志》卷二八《诸葛诞传》注引《世说》。

③ 《三国志》卷一四《董昭传》。

④ 《三国志》卷九《曹爽传》注引《魏略》丁谧传、毕轨传。

⑤ 《三国志》卷四四《费祎传》注引殷基《通语》。

⑥ 《三国志》卷一四《刘放传》注引《孙资别传》。

观①，李胜本人"前后守宰，未尝不称职"②，这都是出自蜀人和晋人的客观评论，不过，在军事上，正始六年曹爽因邓飏、李胜希望建功而伐蜀及七年抗吴均败。而在此期间，司马懿出兵抗吴既捷，发展淮北的军屯均大有成绩③，后来又伪装老病，麻痹曹爽等，暗中却准备政变，并令其长子中护军司马师阴养三千人，散在民间，嘉平元年（249）正月曹爽兄弟同齐王芳去洛阳城外去谒陵，司马懿立即发动郭太后，奏曹爽的罪行废之，以司马师率兵屯司马门，以节假高柔行大将军，领曹爽的兵营，以太仆王观行中领军摄曹羲的兵营，亲率太尉蒋济屯洛水，曹爽不听桓范的忠告发兵抵抗，结果曹爽屈服入城，因而与他的党羽何晏等八家均夷三族④，这是第一次大流血的曹氏与司马氏的斗争。

首先引起了征东将军都督扬州诸军事王浚和他的外甥兖州刺史令狐愚的不满，王浚早曾为曹操的丞相掾属，文帝时历任兖、豫州且有战功，令狐愚曾为曹爽的长史，嘉平三年他们二人都掌兵，又对淮南独挡一面，因考虑齐王芳年少，拟迎立楚王曹彪于许都，会令狐愚病死，谋泄，司马懿出其不意的以大军掩至，王浚只好投降，在押途中自杀，司马懿竟挖二家的墓，对有关的人均夷三族，楚王曹彪亦赐死，并将魏的诸王公集中于邺，命人监察不许与外人接触⑤，司马懿不久即病死，他的长子司马师为抚军大将军录尚书事，继续专政。——从此形势是朝中文武一面倒，他选用了一批都督、州郡和朝臣，除周泰、邓艾和石苞等人

———————————

① 《晋书》卷四四《傅玄传附其弟傅咸传》。
② 《三国志》卷九《曹爽传》注引《魏略》李胜传。
③ 《晋书》卷一《宣帝纪》。
④ 《晋书》卷一《宣帝纪》；《三国志》卷九《曹爽传》及注引《魏略》等。
⑤ 《三国志》卷二八《王浚传》；《晋书》卷一《宣帝纪》。

是为司马氏拔起于寒微者外，全是知名士族①。

　　不过，在魏的政权已变质为士族天下后，官僚集团的斗争是没有明显政治分歧的，无论曹爽党或司马氏党都是为集团的私利争夺，如何晏等专政，共分割洛阳、野王典农部桑田数百顷，及坏汤沐地以为产业②，但司马师也"募取屯田，加其复赏"③ 以收买文武党羽（其实孙权也给功臣"赐客"或"复客"），晋人所说"魏氏给公卿以下租牛客户、数各有差"④，显然都是破坏民屯，故晋初以"均役政"为由而废民屯（保留军屯），不过是其终结而已。

　　政治斗争尖锐化就不可能不出现阴谋政变，嘉平六年［后改为正元元年（254）］中书令李丰与皇后父光禄大夫张缉等阴谋废司马师等而推太常夏侯玄执政，夏侯玄早在明帝耐已知名，曹爽专政时迁为中护军、典武官选军，司马懿当时为太傅，又想更扩大士族的权力，主张"废九品，州设大中正"⑤，夏侯玄根本反对郡设中正，认为脱离乡党清议，分割台阁铨选之权，同时官吏太多，不如省去郡守，意即反对更设大中正，因此被迁为征西将军。司马懿诛曹爽，他已多年不在朝，但仍把他调回担任大鸿胪，迁太常等无权的闲官，而内心不安，也不止交人事避祸，但声望特高。至于李丰，早名闻于境外，吴国亦知其为"名士"。此次任中书令虽由司马师奏举，但心向夏侯玄，其子李韬又尚公主，弟李翼为兖州刺史，他与后父张缉又同是冯翊人，为

　　① 《晋书》卷二《景帝纪》。
　　② 《三国志》卷九《曹爽传》。
　　③ 《三国志》卷二八《毌丘俭传》注引《文钦奏司马师罪状》。
　　④ 《晋书》卷三九《王恂传》。
　　⑤ 《太平御览》卷二六五中正门引晋宣帝《除九品州大中正议》（原"九品"误作"九刑"今改正）。

深交，张缉是曹操时的能吏凉州刺史张既之子，明帝时初为县令，亦有治能，后参伐蜀军事，入为尚书郎，为明帝所赏识；女为齐王芳皇后，却任光禄大夫，位高而无权，李丰遂与他阴谋召李丰率兵入朝诛司马师，阴谋泄漏，司马师遂夷夏侯玄、李丰、张缉及同党等人三族，并迫使郭太后废齐王芳，迎立文帝孙十四岁的高贵乡公曹髦（241—254—260）改元正元，司马师又加大都督、假黄钺①。

这种废立的大逆不道的罪行，次年又激起了镇东将军都督扬州诸军事的毌丘俭和扬州刺史文钦的起兵声讨。毌丘俭亦士族，明帝时为尚书郎，羽林监，荆州刺史迁幽州、击乌丸及高句丽大有战功，累迁镇南将军、监豫州诸军事、领豫州刺史。而司马师始以其都督扬州，也与夏侯玄、李丰等交厚，而文钦又是曹爽的同乡，勇敢善战，不满其位，毌丘俭乃与深相交结，遂宣布司马师废天子等十一大罪而起兵，聚淮南将士而固守寿春、文钦野战于外，司马师立即出大军分道而进，毌丘俭的这个战略是错误的，守寿春的将士家多在北方，或逃或降，而文钦在外又兵败投奔孙吴，因此毌丘俭在逃亡途中被杀，也被夷三族，不过，司马师也因受惊目瘤发作而死于许昌②，其弟司马昭又继为大将军、加侍中、都督中外诸军录尚书事而专政，改元甘露。

次年，镇东大将军诸葛诞又杀据淮南声讨司马昭，并以子入吴为质请救援，诸葛诞也是汉名臣诸葛丰的后人，魏明帝时屡迁为尚书，与夏侯玄、邓飏等为"浮华友"被免官，曹爽专政时夏侯玄使之复位，累迁官，也是由司马师而得都督豫州转而任毌

---

① 《三国志》卷九《夏侯玄传》注引《世语》有关夏侯玄等《魏略》李丰传，卷一五《张既传》注引《魏略》张缉传；《晋书》卷二《景帝纪》。

② 《三国志》卷二八《毌丘俭传》；《晋书》卷二《景帝纪》。

丘俭都督扬州的，因过去与夏侯玄，邓飏有旧交，又见他们以及王浚毌丘俭都惨遭屠戮，虑有后祸，因此亲信及扬州侠士数千人为死士，并借口防吴请求再增兵十万，司马昭察其疑虑，召为司空，诸葛诞得诏即杀扬州刺史起兵，扬州新附者有四五万人，而吴又派文钦等领兵来支援。司马昭因初掌朝政，乃挟持皇太后和天子同行，发兵二十六万讨之，进攻寿春。诸葛诞因城中粮食不足而又与文钦等吴人不合作，杀文钦，文钦二子乃出降，诸葛诞遂败死，但他麾下的数百人皆曰"为诸葛公而死不恨"，无一降者①。自此朝臣和方镇都没有人反抗了。又由于文帝和曹植的争位，即位后故对宗室亦极刻薄。正如陈寿所说："魏氏王公，既徒有国士之名，而无社稷之实，又禁防壅隔，同于囹圄"，曹爽专政时，虽有宗室曹冏上书：痛陈自魏朝开国以来，帝室孤立，建议加强宗室藩封，以便强干弱枝，巩卫社稷，而曹爽也不听②，所以司马氏父子三人如此横行，也没有曹氏宗亲起来对抗。

但曹髦渐已成长，他好学，通经又善诗文，常与中护军司马望、侍中王沉、散骑侍郎裴秀、黄门侍郎钟会等讲宴论文，称裴秀为"儒林丈人"，王沉为"文籍先生"，其实这些人都是司马氏的党羽，钟会曾告知司马师，说曹髦"文同陈思（曹植），武类太祖（曹操）"。后来石苞曾和他作长日谈，也密告司马昭，他是"非常之主"，甘露五年（260）正月他又被迫晋司马昭为相国，封晋公加九锡，这显然是篡位前的一个步骤，这时他已二十岁了，性又刚烈，实忍不住这种傀儡的长期屈辱，乃召王沉和

---

① 《三国志》卷二八《诸葛诞传》注引《世说》；《晋书》卷二《文帝纪》。
② 《三国志》卷二〇《武文世王公传》之评及裴注引《袁子》、《魏氏春秋》载曹冏所上书。

尚书王经、散骑常侍王业等密议，说"司马昭之心，路人所知
也，吾不能坐受废辱，明日将与卿等自出之"，王经虽出农家
子，却力劝阻，不听，而王沉王业立即去密告司马昭，故司马昭
预作了布置。次日，曹髦仅率僮仆等数百人进攻，而中护军贾充
竟令其死党太子舍人成济"畜养汝等正为今日"，成济便刺死曹
髦于车上。事后，乃诛成济三族作为赎罪羊，并奏请郭太后下诏
废齐王、诛王经的家属，另立燕王曹宇之子十五岁的常道乡公曹
奂（246—260立—265被代—302卒）①，改元景元，而司马昭晋
位为相国封晋公了，这次事件，不但有王沉王业贾充的卖主求
荣，甚至曹植之子曹志，本也是好学有才的人，当司马炎奉命去
接曹奂之前，他也于晚上私访司马炎作终宵之谈，因而得到器
重，入晋后得历官郡守以至博士祭酒②。有的故将之子，如许褚
子许仪，后也被钟会借故杀掉③。由此可见，曹氏之亡是势所必
然的。

政治上的斗争也必须伴随着思想意识的斗争，传统的经学也
变成了斗争的工具，当司马氏的权势将可望代魏之时，由于魏制
多承汉制，而当时大儒郑玄注解群经，多以汉制为例，为了
"易代改制"，司马昭的岳父王肃，本是魏朝元老王朗之子，司
马师迁为中领军加散骑常侍，即力辟郑说，竟不择手段除另注诸
经外，更伪选《孔子家语》、《孔丛子》等书以为其歪曲经义的
佐证，他死后十年，司马炎篡魏，不但他著的各经注都立于学
官，成了法定的经义，而且晋代议定礼制时，如丧服、宗庙等制

---

　　①　《三国志》卷四《高贵乡公纪》注引《魏氏春秋》，傅畅《晋诸公赞》、《汉
晋春秋》；《三国志》卷九《夏侯玄高峤传》王经传注引《汉晋春秋》；《晋书》卷二
《文帝纪》，卷三三《石苞传》。
　　②　《三国志》卷九《任陈思王植传》注引《曹志别传》。
　　③　《三国志》卷二八《钟会传》。

度即采取了他的学说，所以魏晋间的经学又大不同于东汉了①。又如司马昭妹夫杜预，也是曹操的旧臣杜畿之孙，本精于《春秋》，他对于司马昭弑曹髦这种秦汉以来所未有的极恶大逆的罪行，却在所注《春秋左氏传集解》中，首先利用《春秋释例》中对《左传》中的弑君问题，肆意曲解，说什么"（天子）苦冗高自肆，群下绝望，情义圮隔，是谓路人，非君臣也"。特别是他曾目睹成济抽戈刺杀曹髦的惨剧，竟利用《左传》桓公五年"郑祝聃射王中肩"的记载，竟说"郑志在苟免，王讨之，非也"，作无耻的辩护②，——又因"自嘉平以来，名士少有全者"，故有的反对司马氏的名士，这时也只能借曹操以来轻视礼法的遗风和当时流行的崇尚老庄的玄谈，微露其不满之意而已，如嵇康，家世儒学，亦有俊才，因与魏宗室婚，拜中散大夫，而不满现实，好老庄，放怀世外，以服食自晦，弹琴咏诗，因不礼于新贵钟会，又有"菲薄汤武"之言，即反对商汤、周武革前朝之命，暗示反对司马氏篡代意图，钟会因而谮于司马昭，以致被杀③。又如阮籍，乃阮瑀之子，阮瑀原是被迫而为曹操掾属的④，阮籍本有大志，因形势如此，亦谈老庄，故旷达不拘，初为蒋济所辟，后迁尚书郎，曹爽以为参军，即借病归田里，故得免祸，司马昭以其高才而用，因闻步兵营多美酒，乃求为步兵校尉，日夕纵饮酣醉，司马昭欲与联姻，也因他连醉六十日而无法谈，他虽也常参与大将军府游宴，却绝不评论时事臧否人物，故

---

① 《三国志》卷一三《王朗传附王肃传》裴注引《世语》；皮锡瑞《经学历史》（周予同注）第三章。

② 同上皮氏书，皮氏所说乃据清代焦循《春秋左传补疏序》之说。

③ 《三国志》卷二一《王粲传附嵇康传》注引《嵇氏谱》、《魏氏春秋》。

④ 《三国志》卷二一《王粲传附阮瑀传》注引《文士传》裴注虽驳阮瑀避入山中之说，但阮瑀不屈于曹洪，亦可见其志态。

司马昭认为他是"天下之至慎"，后来司马昭辞"九锡"，而群臣要劝进，推定他起草，他仍想借酒醉混过关，但终被迫而不得不做了"劝进表"①，由此可见反对派文人之无力了。

司马氏父子三人虽然阴谋经营了二十多年篡位的条件而完全具备，唯未有大功业难以服众，当时吴蜀两国中，蜀已疲弱，钟会即力主伐蜀，司马昭乃于景元四年（263）命邓艾、钟会等分道攻蜀，卫瓘监军，钟会被蜀将姜维阻于剑阁，而邓艾以奇兵直抵成都，蜀后主刘禅出降，钟会又诬奏邓艾拟谋反，使邓艾为卫瓘所捕，而钟会入成都后，深结姜维，想利用姜维助其谋反，但因北来的将士不附而激起兵变，钟会姜维均被杀，卫瓘也怕邓艾报复，趁乱而追杀之②，平蜀大功告成，次年改元为咸熙，司马昭又由晋公而晋爵为晋王了，他首先实现了汉末儒生如董昭等复五等爵的理想，又可满足许多创业功臣的欲望（如卖主求荣的王沈"五等初建，封博陵侯"，怂恿杀曹髦的大奸贾充，"五等初建，封临沂侯，为晋元勋，深见宠异"），同时，以荀顗定礼仪、贾充正法律、裴秀议官制。次年，他正作即帝位的准备，却病死了③，长子司马炎嗣相国及晋王，未几即"受禅代魏"，即晋皇帝位（即晋武帝），并改此年为泰始元年（265）。他又想平吴，而朝议不决，贾充等谏阻，仅张华、羊祜和杜预等赞成，泰始五年（269）始以尚书左仆射羊祜为都督荆州诸军事，羊祜为泰山汉魏以来的世族之后，姊为司马师之妻，在司马昭时为佐命心腹大臣，经营十年，对吴招降纳叛屡建功，临卒又荐杜预自代，杜预祖杜畿，父杜恕，均魏朝名臣，其妻又为司马昭之女，

①　《三国志》卷九《王粲传附阮籍传》注引《魏氏春秋》，卷一八《李通传》注引王隐《晋书》；《晋书》卷四九《阮籍传》。

②　《三国志》卷二八《邓艾传》注引《汉晋春秋》、《钟会传》。

③　《晋书》卷二《武帝纪》，卷三九《王沈传》，卷四〇《贾充传》。

有文武才，继羊祜为镇南大将军都督荆州诸军事，次年即奏请伐吴，在杜预、王濬和王浑的进攻中，连战皆捷，王濬以舟师直抵建康，孙皓降，杜预也平定湘沅，交广亦降，三国始统一，遂改此年为太康元年①。

自晋代魏并统一三国，就成了汉魏世族统治的天下，性质虽完全不同于曹操的政权，但却留下了曹操统治的不少恶果：（一）农民一部分成为民屯的"屯田客"，魏末晋初的"民屯"虽渐改废，但这些"屯田客"却成了"赐客"、更扩大了东汉以来地主的"田客"（佃客）；"士家""部曲"也继承下来，子孙世代为兵，所有的田客"士家""部曲"都成了"贱类"（农奴）；使中国进入大规模的第二次农奴化时期，以迄于南北朝。（二）曹操以权术驭天下，曹丕有取汉社稷以禅让的形式，司马懿师曹操故智，其父子更进一步，以至废弑兼行，最后也以禅代取天下于寡妇幼主之手，致司马懿的玄孙东晋明帝司马绍，听了王导讲先世得天下的经过后，都悔恨得"以面覆床曰，若如公言，晋祚复安得长远"②！事实上，自晋以至唐、五代，权臣也效魏晋，无不以篡弑而取天下。曹操用重才轻德，破坏了东汉的良好的士风政风，自晋以后直至南朝，高门世族与东汉的士族思想品德绝不相同，各以"家门"为重，视易姓更代为他人家事，故史家称六朝无忠臣，这样也削弱了朝廷的力量，招致五胡十六国的分裂和长期的南北对峙，社会经济衰退，直到隋唐王朝的建立，才重出现统一的富强的帝国。

---

① 《晋书》卷三《武帝纪》，卷三四《羊祜传》、《杜预传》。
② 《晋书》卷一《宣帝纪》。

鲜卑汉化与北朝三姓的兴亡[*]

一 北魏汉化过程中孝文改制的深意与效果

中国在魏晋南北朝时期，民族矛盾是一个突出的历史现象。在北魏孝文帝（拓跋宏）之前，主要表现为各民族间的战争和兼并，在此以后，则表现为鲜卑王朝内部的汉化与反汉化的斗争。这些矛盾都是很尖锐、很深刻的，甚至在阶级斗争中也常带有民族矛盾的因素（如北魏末年北边诸镇的府户因要求解放而发动的大起义，也实含有反对迁洛的统治阶级汉化的倾向）。

在一些民族相处过程中，一方面存在着歧视、矛盾、冲突，甚至被激化为战争或仇杀；另一方面，也存在着交往、互助、互相影响，学习对方优良的东西，甚至促使其社会进步、改变其生产方式和生活方式。在中国，汉族较之其他民族进入封建社会要早，在集约农业生产相当发展的地方经济基础上建立了统一的封建专制主义国家，具有较高的生活与文化水平，从而吸引着其他民族学习它，即所谓"汉化"。从实质上说，某民族的汉化也就

---

* 本文撰写于 1985 年。

是以汉文化为样式的封建化过程。由于种种条件不同，汉化的水平也很不平衡。有的彻底汉化，即全民族与汉族浑然一体的融合，使汉族更壮大、更富于生命力；有的虽受汉化较深，但仍保持其民族的某些特征，而发展为更进步的大民族；有的则汉化很浅，长期囿于文化落后的状态因而衰亡或为其他民族所征服。但在魏晋南北朝的各个少数民族中，鲜卑自始至终起着重大的历史作用，而它的汉化过程也具有代表性，或许从中可以看出其他民族汉化的一些共同规律①。

鲜卑的族源和早期的传说虽难证实，但其初确曾在大兴安岭东麓嫩江支流甘河的上源一带度过一段漫长的岁月。在今内蒙古鄂伦春自治旗称为"嘎仙洞"的石窟，即为鲜卑拓跋氏的祖庙。②也当即他们先世所传的"幽都"所在。早期游牧于"幽都之北"的"广汉之野"，似是西伯利亚。到推寅时南迁到地方千余里的"大泽"，当即呼伦贝尔。但终因这种"荒遐"之地难以久居，乃逐渐南迁③。大约在东汉后期，始迁于漠南草原匈奴之故址，逐渐形成了一个庞大的部族联盟，其中即包括一部分未西迁的匈奴余部和在其东南的乌丸族。后来拓跋氏传说他先世曾统治三十六国，九十九姓，当即指在各部族互相兼并、结盟过程中的现象。不过这些部族分合无常，各部族的发展也很不平衡。如东部的鲜卑慕容部，因居近辽东和幽州，受汉文化影响较早，多

---

① 在中国历史上，不少边境少数民族是经过不同的形式而汉化的，有的是被征服而渐被汉化的（如汉代东南的各种越人），有的是长期错居于汉人中而汉化的（如汉代的蜀薛，唐代的沙陀人、阿拉伯人、波斯人，元代西域来的各种色目人），同样，也有极少数的汉族农民，如在战国时迁入匈奴的，魏晋时迁入鲜卑的，唐末迁入契丹的，明末迁入辽东的，其中有些即与该地民族融合了。

② 米文平：《鲜卑石室的发现与初步研究》，载《文物》1981 年第 2 期。

③ 《魏书》卷一《序纪》，所载鲜卑先世诘汾以前的描述，大可注意"幽都"一词，出自《尚书·尧典》，意指极北之聚落。"西伯利亚"可能为"鲜卑"的不同音译。

得汉族人士的帮助，在东晋之初即建立了颇具规模的强盛的
"前燕"封建王国，而且兼并了鲜卑段部，一时大盛；其后虽因
内部矛盾而为"前秦"所灭，但其部众不久又兴起，始终活跃
于辽西、燕、赵、青、徐间达百余年。而西部的所谓"河西鲜
卑"，局促于河陇之间，与汉人、羌、胡杂处，虽也建立过"西
秦"和"南凉"两个王国，但均弱小难以自存。故在这一历史
时期内起着重要作用的是游牧于漠南草原的拓跋部。他们在魏晋
时即与中原王朝有所交往，后迁居于定襄的盛乐，处于近塞，多
与汉人相交。其酋长猗㐌、猗卢均得汉人卫操父子的协助，并招
徕汉民，故能统一汉南诸部，并联合晋将刘琨，先后和匈奴屠各
部的刘氏"前赵"王国和羯胡石氏的"后赵"王国相对抗。晋
怀帝始封猗卢为大单于、代公，不久猗卢又称代王。即表明其开
始由部落联盟向国家组织形式转化了。至其孙什翼犍即位，开始
建立年号（建国元年，338），因汉族人士燕凤和许谦的辅助，
得以威服诸部。结慕容、破高车，一时称雄塞上。但部族联盟始
终是不巩固的，他一死诸部即离散了①。当时氐人苻坚的前秦王
国极强大，即分裂其国为两部。什翼犍之孙拓跋珪年幼，幸得燕
凤的保护，才未被苻坚征入长安。

　　后来拓跋珪辗转投奔于鲜卑诸部，终于争取到一些部族的拥
戴，得重新即王位，称登国元年（386）。靠了汉族人士燕凤、
许谦、张衮、崔宏等人的谋议，和各部大人的支持，首先统一塞
上鲜卑各部，再破后燕慕容垂，克平城，取并州，下信都，取邺
而灭了后燕。天兴元年（398），听从崔宏的建议，定国号为

---

　　① 《魏书》卷一《序纪》所载力微以前的先世传说，无由证实，力微后所载纪
年、系年亦多与《晋书》等不合，此处可参考《晋书》卷六二《刘琨传》，卷一○
八《慕容廆载记》，卷一○九《慕容皝载记》等。

"魏",称皇帝（他就成了北魏开国之君，太祖道武帝，371—
386—409）。并由盛乐迁都于平城，完全依照汉族王朝的规制建
立封建国家了。这种国家之所以较为巩固是因建立在定居于土地
纳税服役的农户编制上。为此拓跋珪平定中原后，即下令离散部
落，不听迁徙。其部落大人，皆同编户。即想改变其民族的社会
结构。这却不是他一纸诏令所能实现的。例如，当他被杀时，本
已离散的贺兰部酋长贺泥，一闻消息，即举烽火，部落很快就集
合于安阳城北①。由此可知他们仍聚居一处，并未能割断部落中
氏族所残留的血缘纽带，这就难与汉人编户之民紧密地相处，构
成封建王朝的社会基础。

　　鲜卑从来是惯于自然游牧的民族。而中原却是发达的农业生
产区，历代封建王朝都是依靠征收农民的谷帛和徭役来维持的。
拓跋珪刚即代王之位，就已重视农业生产。不久，且命元仪屯田
于河北五原。进入中原后，每到一处都存问百姓，减其租赋。又
迁徙山东吏民及徒何、高丽和杂夷等三十六万以及百工技巧十万
口充实京师，并给内迁新民以耕牛，计口授田②。其后，他的继
承者拓跋嗣（太宗明元帝，392—409—423）、拓跋焘（世祖太
武帝，408—423—452）等，随着他们的兵锋所及，继续执行徙
民授田的政策③。甚至在薄骨律镇，也实行屯田④。这说明拓跋
氏的征服者主动的来适应具有较高的生产力的中原的客观条件。
不过，也要估计到，解散了的鲜卑部落或被迁徙的丁零、杂胡
等，他们都是世代相沿驰驱于草原的骑士，要突然改变其惯常的

---

　　① 《魏书》卷八三上《贺讷附贺泥传》。实际上，魏晋以来徙居内地的南匈奴
（如屠各部刘氏）、羯胡氏、羌诸族大都如此（参看《晋书》诸"载记"）。
　　② 《魏书》卷二《太祖纪》。
　　③ 《魏书》卷三《太宗纪》，卷四《世祖纪》，卷一一〇《食货志》。
　　④ 《魏书》卷三八上《刁雍传》。

生活轨道而成为胼手胝足于耕地上的农民也不是在短时期内能够如愿的，必须经过一个长期的痛苦过程才能实现①。

所以拓跋珪建国后，也和其他民族一样建立了政权，但这种政权只是依靠军事统治，并用汉族人士来辅佐。他们在上层建筑方面虽仿照汉人封建王朝创立了各种制度，如各种统治机构，置百官、甚至兴学校等等，但他们立国之初，这方面也多是胡汉杂糅的，如官制中，虽模仿魏晋形式，朝中设立了台、省，地方设立了州郡。此外，他们还设置了南、北部大人，外都、内都、中都大官等等，以及许多近侍官职，均选用诸部大人及豪族良家子弟直禁中，传诏命，称为"内官"，以别于曹省等"外官"，这些大约是原来部落制保留下来的传统②。其中的"内侍长"当即鲜卑原先的"内行长"③，鲜卑语称为"内行阿干"。④鲜卑称"兄"为"阿干"⑤，"内行长"像"羽真"⑥、"内行羽真"⑦中的"大羽真"一样，即这种官员之首席而已。这些内侍是皇帝的亲信，常用以伺察百官⑧。此外，且设置了不少"候官"，伺察诸曹及外部州镇⑨。到孝文改官制时才废掉了这些不伦不类的

---

①　马克思曾指出：15世纪末，苏格兰为把耕地改为牧羊场，将大批农民赶出了耕地。这些农民虽然"自由"了，但要使他们成为工厂的工人，却必须经过长期的流浪、饥饿，以至鞭挞的过程（参看郭大力、王亚南译《资本论》第1册，第928、932页，或《马克思恩格斯全集》第23卷，第802、803、805—806页）。游牧民族即使编为农户，也不易改变其战士的习惯。参看《晋书》卷一〇一《刘元海载记》，卷一〇四《石勒载记》，即可知其民族成员虽久居中原，仍保存骑士的本色。

②　《魏书》卷一一三《官氏志》。
③　《魏书》卷四四《薛野䐗传附虎子传》。
④　《魏书》卷一五《常山王遵传附可悉陵传》。
⑤　《魏书》卷一〇一《吐谷浑传》。
⑥　《北史》卷六五《怡峰传》。
⑦　《奚智墓志》（赵万里《汉魏南北朝墓志集释》，图版二〇七）。
⑧　《魏书》卷三〇《安同传附安颉传》。
⑨　《魏书》卷一一一《刑罚志》。

"内官"①，而一意以江南之制为榜样，这是汉化深入后的表现。北魏建国之初是不可能不胡汉掺杂的。

鲜卑拓跋氏要统治中原不能不依靠汉人辅佐，拓跋珪的祖先早已任用富商莫含以及卫操、燕凤、许谦等门望不高的士族，到拓跋珪更起用高门世族，如清河崔宏。举凡拓跋珪制官爵，定朝仪，议律令，申科禁等等，均由他总其成，一门富贵，累世不衰②。此外，他甚至在后燕的俘虏中也搜罗了贾彝等人用之。③当时东晋的一批世族如司马休之等被桓玄所逐，正拟奔魏。他们在中途听说拓跋珪杀了世族崔逞，一部分即投奔长安的姚兴，一部分则改投于广固的慕容德，拓跋珪闻知后，十分懊悔杀崔逞，此后对汉人士大夫则较宽容④。因汉人士大夫不仅学识渊博，可为北魏创建制度，而且富于统治经验。例如，崔宏为拓跋珪讲《汉书》，拓跋珪即吸收了汉代以公主嫁给少数民族酋长的历史经验⑤。拓跋珪的继承者拓跋嗣好览史传⑥。他们的子孙也大都教以经史。故北魏诸帝大多用汉人士大夫，有的且参与军国大事的谋议。如拓跋焘每有征讨，崔浩的判断和决策，无不奇中⑦。随着北魏国势的扩展，鲜卑的汉化也日益前进。

自拓跋珪到拓跋焘三代的经营，中原各民族互相攻伐兼并下仅存的夏、北燕和北凉三国也先后被拓跋焘所灭。他不仅统一了华北，且远克鄯善、焉耆和龟兹，南攻刘宋，兵锋已临长江的瓜步，但遭

---

① 《魏书》卷一一三《官氏志》。
② 《魏书》卷二三《卫操传》、《莫含传》，卷二四《燕凤传》、《许谦传》、《崔玄伯传》。
③ 《魏书》卷三三《贾彝传》。
④ 《北史》卷二四《崔逞传》。
⑤ 《魏书》卷二四《崔玄伯传》。
⑥ 《魏书》卷三《太宗纪》。
⑦ 《魏书》卷三五《崔浩传》。

到顽强的抵抗，如盱眙虽久围而终不能下。拓跋焘虽极尽屠杀之威，但"魏之士马，死伤亦过半，国人皆尤之"①，终不得不退兵。次年，拓跋焘被弑。其孙拓跋浚（高宗文成帝，440—452—465）即位，便改变了策略，"初魏世祖经营四方，国颇虚耗，重以内难，朝野楚楚，高宗嗣之，与时消息，静以镇之，怀集中外，民心复安"。②才缓和了内部矛盾，稳定了局势。

自北魏开国至此已经七十年，它创建了封建王朝的统治机构，制礼乐、定律令、兴太学，举凡封建王朝的上层建筑，在他们不断地努力下，凡属可行的事似乎都已做了。和前秦的苻坚一样，它也统一了华北，但要想进而平定江东统一中国，武力征服也已濒临极限而行不通了。又是什么客观条件阻挡了鲜卑拓跋氏王朝的前进呢？

自4世纪初匈奴刘渊建立政权于中原以来，一百多年来，各民族一直在征战兼并中。虽与汉人接触已多，相互间逐步有所了解，但民族间的矛盾始终未见有明显减轻。又因每个少数民族的王朝都很短暂，他们的统治者虽然大都任用汉人士大夫，并采用汉族王朝的一些政治制度来作为统治工具，却未能有意识地改善民族间的关系，消灭民族间歧视。如北魏开国以来，诸帝虽多用汉人，对其中某些大臣甚至宠礼有加，但鲜卑君臣在思想深处对汉臣是存在疑虑和歧视的，最明显的是不愿让汉臣掌握武装，故北魏的汉人世族豪强不仅没有部曲私兵，甚至不使领兵。③另一

---

　① 《资治通鉴》卷一二六，宋文帝元嘉二十八年二月丙辰条。
　② 《资治通鉴》卷一三〇，宋太宗泰始元年五月癸卯条。
　③ 《魏书》卷三八《王慧龙传》，晋末宋初，一些世族因受到政治迫害而投奔北魏者如司马楚之、刁雍等，入魏原想借兵复仇，但不久均解兵或调往北镇。不过，文成文明冯后临朝后，情况稍有改变，直到魏末，汉人才逐渐有掌兵者，如王肃、萧宝夤等。

方面，拓跋氏进入中原较晚，他们的汉化水平远不及慕容氏和苻氏等族，且多不懂汉语，故不得不设"通事"作译人①。因此也不理解汉人士族三百年来在社会上已形成为支配力量，故不尊重他们传统的特权，甚至不免劳役，如世族高间还要亲自服役送租②。而一些汉人士族既难以南渡③，又不乐于仕魏④。其仕北魏者，大都为自保"家门"，故政治态度多较消极，谨慎自守而无所建树。即如涿郡卢玄一家，当时在北方号为"盛门"，"其文武功烈，殆不足纪"，然"其德业儒素，有过人者"⑤。即使仕魏，当时也无官禄。鲜卑将帅可藉战争进行俘掠，汉臣仅靠不定期的（战胜之后）获得少数赏赐的奴婢、牛马、赀财，故清廉自守者均贫困不堪⑥。到拓跋弘（显祖献文帝，454—465—471—476）于皇兴三年（469）夺取南朝宋的青、徐等州后，竟把当地的一些士族迁徙到平城附近，称为"平齐户"，更是罕见的野蛮虐政⑦。对汉人士族动辄杀戮，更有因魏帝不通汉文文义，致猜忌而被诛者⑧。当然，汉人士族也久有优越感，特别是近二百年来，受到少数民族的压迫和杀掳"华夷"观念更强。他们看不起少数民族，认为野蛮无文，鄙视少数民族的身份、制度、生活甚至语言和姓名。清河崔浩表现得最为明显，他虽身居高位，受到拓跋焘的宠遇，却以门第高华自矜，他一见到南来的

---

① 《魏书》卷一一三《官氏志》。
② 《北史》卷三四《高间传》，按北魏时除有特诏外，士族似均不免役。
③ 《魏书》卷二四《崔玄伯传》。
④ 《魏书》卷三三《宋隐传》。
⑤ 《魏书》卷四七《卢玄传论》。
⑥ 《廿二史劄记》卷一四《后魏百官无禄》。
⑦ 《魏书》卷四八《高允传》，卷五五《刘芳传》，卷六八《高聪传》，卷九一《蒋少游传》。
⑧ 《魏书》卷三二《崔逞传》。

逃亡士族王慧龙即赞为"贵种"。且想"整齐人伦",提高士族的地位。甚至不惜见忌于皇太子,不听劝阻而起用大批汉人士族为郡守,其意即在"用夏变夷"。而他主编的国史,对于拓跋氏的祖先多有贬词,因而引起鲜卑人的众怒,以致遭到"门房之诛",株连几姓姻亲受戮[1]。至于拓跋氏对于汉族(特别是其他少数民族)的人民更是残暴。战时大肆屠杀,或掠为奴婢、隶户,诸王及将帅的奴婢动辄成百上千[2]。以致在社会的阶级结构中,奴隶的比重大增。而平时对人民的压迫、剥削亦极重。故自魏开国以后,中原各地的"盗贼"起事者,此起彼落,延续不断。故当时的农民起义与被压迫民族的反抗几不可分。而其中也往往有汉人士族参加。甚至到太和五年(481)平城的沙门法秀起义时,即有"兰台御使张求等一百余人,招结奴隶,谋为大逆"。如清河士族崔僧祐,虽已赐爵;燕国士族平雅已举秀才,也都参加了这次起义[3]。太和四年(480),"淮北四州,民不愿属魏,常思归江南。……所在蜂起为寇盗"。[4] 民族矛盾如此尖锐,当时要想平定江南,是不可能的。这即是北魏难以继续前进的最大阻力。

首先突破这些障碍开拓新局面的是魏文成帝文明冯后(442—490)。当拓跋弘(献文帝)即位时,年仅十二。次年冯后即临朝称制。她有较好的汉文化素养,兼有智数,能断大事。1978年初,我即指出,首先开辟北魏后期新局面的是"北魏文成帝冯后",她在献文帝和孝文帝时两度临朝,实际上总决万机

---

① 《魏书》卷三五《崔浩传》。
② 《魏书》卷二六《长孙肥传》,卷三〇《王建传》,卷三四《卢鲁元传》,卷二一《咸阳王禧传》等。
③ 《魏书》卷七《高祖纪上》,卷二四《崔道固传》,卷九四《平季传》。
④ 《资治通鉴》卷三九,齐高帝建元二年十月条。

二十余年。诛权臣乙浑、立郡国学、罢门房之诛，禁同姓为婚。开始实行均田制、立三长，均赋调、屡败宋齐和柔然等等，在政治、经济和文化方面都进行了重大的改革。后来孝文帝迁都和改制，也只是沿着她开辟的道路前进的①。她之所以能取得这些胜利，即因她熟悉汉人的社会结构和汉文化的优越性，大力改善北魏王朝对汉人的民族关系，首先对汉人士族能推心置腹地信任并加以大胆的使用。如她密谋诛除权臣乙浑，竟引高允入禁中，参决大计②。像这样的机密大事，能如此商之于汉臣，这是北魏从未有过的。此外，又重用高闾、李冲等。其后拓跋宏（高祖孝文帝，467—471—491 亲政—499）又是由这位祖母从小抚育大的，能诗文，通经史，故能重用更多的汉人士族和汉化较深的亲王。他除了继续器重高允、高闾、李冲等外，其他如刘昶、李彪、王肃、宋弁、崔光、郭祚、崔亮以及来自"平齐户"的刘芳、高聪和蒋少游等，均得重用。北魏开国以来，除崔宏父子、李顺、李孝伯等极少数的人能置身大臣之列外，汉人士族大都只能仕至丞郎，到拓跋宏时，才渐有三公、令监，及至他在位的末年，侍中则全是汉人了③。至此，才形成了以鲜卑为主体的胡汉联合统治的局面，因而才能贯彻文明冯后、特别是拓跋宏的许多重大的改革，大大推进了汉化的深入。

　　文明冯后的许多改革中，最重要的是颁百官俸禄。不过太和八年（484）颁官禄，却又增调谷帛，显然是因财政收入不足。加以自魏开国以来从未整顿过田制，历代徙民计口授田也只是为了开辟荒废的土地，因而豪右广占土地，农民流离，或成为荫

---

　　①　熊德基：《武则天的真面目》，载《社会科学战线》1978 年创刊号第 179 号；后刊为单行本《论武则天》，第 47 页（1979 年吉林人民出版社印行）。

　　②　《魏书》卷四八《高允传》。

　　③　万斯同：《历代史表》四〇《魏将相大臣年表》。

户。故制禄之次年，即颁布均田法令，这虽未触动权贵官僚地主的私有土地，但农民依法总可获得一点土地①。隔年，又因李冲的建议，置三长，清理户籍，并均赋调②。由于这三项互相关联的措施，因而（一）得以保证官俸，自此即严禁贪污，其甚者处死刑③；（二）均田后农民有地可耕，可以生活，且有助于农业生产的发展；（三）立三长后农民负担减轻，可以争取荫户、隐户，改变其社会阶级成分；（四）官吏有禄，使汉人为官清廉者的生活可以改善。所以，间接地有助于改善民族关系，为进一步汉化提供了有利条件。

此后，冯后在文化和传统生活、习俗上的其他改革，也都为汉化作出了贡献。太和十四年她死去，拓跋宏亲政后前进的步伐迈得更大了。他意识到要完成统一江南的大业，单纯依靠武力是不行的，还必须提高本民族的文化教养。当时的形势很好，北边的柔然经过历代的讨伐已经衰弱，东边的契丹、库莫奚和西陲的焉耆、龟兹以及吐谷浑等都臣服奉贡，均已无威胁；而南线已达淮南，萧齐虽时有和战，但不足虑。国内的社会经济和政治更是稳固，因而他在文明冯后开辟的改革道路上，放手地采取了一系列更加彻底的措施。

首先，他决定由平城迁都洛阳，这是一个关系全局的重大任务。平城本来只是初期创业时的一个根据地。当初拓跋珪据邺后，即有迁都于邺之意④。其子拓跋嗣也想迁都于邺，但被汉臣崔浩等人谏止⑤。因平城一带常有旱灾，外地运粮供应也极困

---

① 《魏书》卷一一〇《食货志》。
② 《资治通鉴》卷一三六，齐世祖永明三年十月条。
③ 《魏书》卷一一一《刑罚志》，卷一九《济阴王小新成附元郁传》。
④ 《魏书》卷二《太祖纪》。
⑤ 《魏书》卷三五《崔浩传》。

难，故旱年人民往往外出就食。如太和十一年旱，平城人民外流就粮者将近一半①。这就严重地威胁着首都百官军民的生活。拓跋宏即对成淹说："朕以恒代无漕运之路，故京邑民贫。今移都伊洛，欲通运四方。"② 通漕运才能供应首都大量百官军民；其次，洛阳为东周、东汉、魏、晋的旧都，政治影响上对全国人民也有巨大的号召力。故博学而有器识的李韶即说："洛阳九鼎旧所，七百攸基；地则中土，实均朝贡，唯王建国，莫尚于此。"③ 再说，洛阳自东汉以来又是文化中心，这对推动汉化也有利。拓跋宏曾对近臣说得很彻底："北人每言：北人何用知书？朕闻此深用怃然。……朕为天子何假中原？欲令卿等子孙博见多知。若永居代北，值不好文之主，卿等子孙不免面墙也。"④ 他的眼光是看得很远的。

这一措施却遭到鲜卑旧臣的反对，因他们的宅第田园均在平城，又是鲜卑力量集中之地，且久已习惯这里生活风土，故不愿迁徙。拓跋宏在这种阻力下即借口南征，并极力说服他从叔元澄，"乃独谓（元）澄曰：'今日之行，诚知不易，但因国家兴自北土，徙居平城。虽富有四海，文轨未一。此间（平城）用武之地，非可文治，移风易俗，信为甚难。崤函帝宅，河洛王里，因兹大举，光宅中原。任城（元澄封任城王）意以为如何？'澄曰：'伊洛中区，均天所据，陛下制御华夏，辑平九服。苍生闻此，应当大庆。'高祖曰：'北人恋本，忽闻将移，不能不惊扰也。'澄曰：'此既非常之事，当非常人所知。唯须决之

---

① 《魏书》卷二〇《食货志》，卷一四《武卫将军谓附东阳王丕传》。
② 《魏书》卷七九《成淹传》。
③ 《魏书》卷三九《李宝附韶传》。
④ 《魏书》卷二一上《广陵王羽传》。

圣怀，此辈何能为也。'"① 即指出了要统一全国必须提高文化，改变鲜卑的旧风俗习惯。这种深远的用意是不易为一般人所理解的，故太和十七年（497），拓跋宏毅然以伐齐为名，统率文武官员和大军到达洛阳。正遇秋雨不止，群臣请停军，他就趁此迁都洛阳了。不过争议仍多②。

其次，在提高文化，移风易俗方面，他也沿着文明冯后的道路，纯以传统儒家思想为指导，从礼乐、服饰、习俗多方面下手，而以魏晋（实际上多取法江南）为楷模，着手进行了一系列的改革。他意识到要统治文化高而人数多的汉人，就必须消除或缩短文化差距，泯灭民族间的隔阂。为此先后对辅政的宗室元澄、元勰等大臣解释移风易俗的必要性，并采取下列一些措施：（一）作明堂，祀尧、舜、禹、周公、孔子。（二）文明冯后曾命除去乐章中的非雅音者，他为此而又简置乐官。（三）冯后曾命高闾等更定新律，而他此时即亲定律令。（四）冯后时已令天子服衮冕，又制定五等公服；而他迁洛后更下令禁止士民胡服，赐朝臣官服。（五）其中更彻底的措施则是断北语，改从汉族的洛阳音，以为正音。因年三十以上者，猝改不易，故规定三十以下的朝臣不得仍用鲜卑语。（六）规定代人迁洛者，死葬河南。迁洛者籍贯均改为河南洛阳人。以免恋旧思本。（七）改拓跋氏姓元氏、功臣旧族自代迁来者，复姓者均改为单姓③，即因汉人世族看不惯如"步六孤"等这样啰唆的姓氏④。（八）又因汉人士族的门族观念，在中原影响很大，鲜卑旧无姓族，虽功臣后裔

　①　《魏书》卷一九中《任城王云附澄传》。
　②　《通鉴纪事本末》卷一二一《魏迁洛阳》。
　③　以上均见《魏书》卷七下《高祖纪下》，《通鉴纪事本末》卷一二一《魏迁洛阳》，不详注，免赘。
　④　《魏书》卷四〇《陆俟附馛传》。

与寒贱亦无异，比之汉人高门世族就显得社会地位低下，为此他又下诏规定穆、陆、贺、刘、楼、于等八姓开国以来功臣之家，今后任官应比同汉人崔、卢、郑、王四姓。又制定姓族：规定原出身为部落大人，开国以后三代以来官在给事中或刺史等职，或品登王公者为"姓"；若非部落大人，但三代以来官居尚书以上，或品登王公者亦为"姓"；其大人之后但官位不显达或本非大人而官位较显者，均为"族"。过去拓跋珪以来诸帝任用汉官虽也都注意了他们的门第高低，但拓跋宏为统一江南起见，更为提高鲜卑亲贵勋臣的社会地位，不惜人为地硬性以诏令来制定姓族，使之也成为门第高华的世族。（九）进而又提倡鲜卑亲贵与汉族高门通婚。首先他自己娶崔、卢、郑、王和陇西李冲之女为妃，又为他的六个兄弟也聘娶高门之女①。过去魏的公主多与各民族君长婚配，汉人仅刘昶等极少数人尚公主。自此之后，鲜卑君臣与汉人士族联姻者日多，这对他们汉化也大大有利。此外，他还有不少其他方面的改革。

拓跋宏的这些改革都是为统一全国和长治久安而制定的战略性措施，当然不易为鲜卑旧臣所接受，何况又多与他们的切身利益相矛盾。甚至一些就事论事眼光不远的汉人大臣也不能理解其深意，如高闾曾反对迁都，李冲亦曾反对禁胡语。连有文化素养并支持他改革的宗室元澄、元勰对改革服饰和语言也不认真贯彻，而一些保守的鲜卑重臣如穆泰、陆叡等竟然拉拢不愿南迁的太子元恂谋反，为此，拓跋宏不得不坚决地加以镇压②。

在民族关系上，拓跋宏对汉臣推心置腹，放手使用。如遣王

① 《通鉴》卷一四〇，齐明帝建武三年正月魏主雅重门族条。
② 《魏书》卷二七《穆崇附泰传》，卷四〇《陆俟附陆叡传》，卷一四《武卫将军谓附丕传》，卷二二《废太子恂传》，卷一九中《任城王云附澄传》，卷二一《咸阳王禧传》。

清石聘齐，因清石世仕江南，而嘱他"卿勿以南人自嫌，彼有
知识，欲见则见，欲言则言……"即解除他的顾虑①。对初来投
奔的王肃，"器遇日隆，亲贵旧臣，莫能间也，魏主或屏左右与
肃语，至夜分不罢，自谓君臣相得之晚……时魏主方兴礼乐、变
华风、凡威仪文物，多肃所定"②。刘芳、郭祚"皆以文学为帝
所亲礼，多引与讲论及密议政事，（鲜卑）大臣贵戚皆以为疏
己，怏怏有不平之色。帝使给事黄门侍郎陆凯私谕之曰：'至尊
但欲广知前事，询访前世法式耳，终不亲彼而相疏也。'众意始
稍解"③。而对于老臣李冲，尤其"深相仗信，亲礼弥甚，君臣
之间，情义无二"④。由此可见关系之密切。故他多方面的改革
都能得到汉人士族的大力支持。在战争时，他也常释放俘虏，不
再使为奴婢。如太和十五年伐吐谷浑克二城，"俘获三千余人，
诏悉免归"。⑤ 十八年又"诏寿阳、钟离、马头（伐齐）之师，
所掠男女，皆放还南"⑥。次年春又"诏淮北之人，不得侵掠，
犯者以大辟论"。⑦ 扭转以往魏军俘杀之风，以改善南朝汉族人
民的印象。

　　有的人认为拓跋宏改制度兴礼乐，徒然招致鲜卑的不满，似
乎仍都平城而以武力即可望统一江南。实则，北魏的兵力虽胜于
南朝，但一深入淮南江北，则汉人军民即拼死拒抗。拓跋宏也未
尝不用兵南伐，如太和十九年春亲率兵三十万授王肃等攻寿阳而
齐兵死守，诏询高闾意见，高闾即引拓跋焘兵临瓜步而还的旧

　　① 《通鉴》卷一三九，齐明帝建武元年六月己巳条。
　　② 《通鉴》卷一三八，齐武帝永明十一年十月癸卯条。
　　③ 《通鉴》卷一三九，齐明帝建武元年十二月条。
　　④ 《魏书》卷五三《李冲传》。
　　⑤ 《魏书》卷七下《高祖纪下》。
　　⑥ 《通鉴》卷一三九，齐明帝建武元年十二月戊辰、己巳条。
　　⑦ 《通鉴》卷一四〇，齐明帝建武二年正月癸酉条。

事，且谓齐人"安土恋本，人之常情。昔彭城之役，既克大镇，城戍已定，而不服思叛者犹逾数万……愿陛下踵世祖（拓跋焘）之成规，旋辕返旆，经营洛邑，蓄力观衅，布德行化。中国既和，远人自服矣"。故终于回师①，即其明证。事实上迁洛未久，许多改革也待深入。

到其子拓跋恪（世宗宣武帝，483—499—515）即位，雅爱经史，在老臣元澄、崔光、刘芳、郭祚等人努力下，虽有高肇专权，汉化仍得继续深入。如修缮国学，因承平日久，学业大盛。燕、齐、赵、魏之间，教授者不可胜计。弟子动辄百千人。州郡举秀孝，每年也都增多。② 又诏求天下遗书。特别是永平三年又设一馆于京师，收留京内外病人并由医署治疗。并编医书三十余卷，颁布郡县乡邑，使知救治之法③。到梁中大通元年（529）陈庆之入洛败回建康时，即对人说："始知衣冠士族并在中原，礼仪富盛，人物殷阜，目所不识，口不能传"，自此，他的服饰都模仿北魏，江南士庶也竞相效仿④。

自拓跋宏改制到此时不过三十年，其汉化的效果对于江南的士庶即有如此巨大的吸引力，这就为统一全国提供了一定的政治条件和思想条件。

不过此时在统治集团核心已发生了权力的争夺。在拓跋恪一朝十数年间，始终是帝舅高肇擅权，朝政开始混乱。嗣君拓跋诩（肃宗孝明帝，510—515—528）年幼，幸得崔光迎立。领军元叉既杀高肇而又专政。胡太后临朝才把他排去。但她却纵情淫乱，领军元叉和宦官刘腾勾结将她幽禁而掌握朝政达六年之久。

① 《通鉴》一四〇，齐明帝建武二年二月至三月戊寅条。
② 《通鉴》一四五，梁武帝天监三年十一月戊午条。
③ 《魏书》卷八《世宗纪》。
④ 《洛阳伽蓝记》卷二，景宁寺条。

到她再度临朝，又宠幸郑俨，荒淫无度。老臣元澄、崔光等均先后逝世。政局遂不可收拾①。首先是洛中王公亲贵奢侈无度，竞建第宅②，贪污卖官③。牧守令长赴官多须纳贿④，故这些州牧镇将无不放肆贪污，甚至往往逼夺民财⑤。人民就很困苦了。同时北边诸军镇的镇将也多任用非人，只知剥削战士，以致这些当年被当作心腹的边防军，名曰"府户"，实际上沦落到厮养的卑下地位，生活困难，因而激发了北边诸镇"华夷之民"的大暴动⑥。而边镇的下级将校和豪强，又因文化落后，洛中朝臣不予重视，甚至加以排斥⑦。政治上难以升迁。故对洛中朝贵和汉化措施都很不满，也参加了暴动。特别是开国之初归附于拓跋氏的部落，如秀容川的契胡尔朱部、善无的鲜卑库狄部，以及后来投降的高车斛律部。他们的部落大人，名为"领民酋长"，实际上等于割据一方的封建领主，他们由于闭塞，更是落后、保守、顽固，甚至仇视汉人和汉化。如尔朱荣，当胡太后被北镇起义军吓得手足无措时，就借口镇压义军为名出兵。在胡太后杀拓跋诩时，由于一些北镇的下级将校和不满汉化的鲜卑将军的怂恿而进军洛阳，投胡太后及其所立幼主于黄河，并屠杀洛中朝臣二千余

---

① 《魏书》卷一三《宣武灵皇后胡氏传》，卷一四《任城王云附元澄传》，卷六七《崔光传》、《通鉴纪事本末》卷一二七《肇忠用事》，卷一三〇《元叉幽后》。

② 《周书》卷四五《乐逊传》、《洛阳伽蓝记》，备载诸贵第宅实例甚多。

③ 《魏书》卷一五《常山王遵附王晖传》，卷一九上《汝阴王天赐附元修义传》，卷二一《广陵王羽传》。

④ 《魏书》卷一六《京兆王黎附江阳王元继传》。

⑤ 《魏书》卷一九上《济阴王小新成附元诞传》、《京兆王子推附元遥传》、《汝阴王天赐传》，卷二四《邓渊附羡传》。

⑥ 《魏书》卷九《肃宗纪》，卷一三《宣武灵皇后胡氏传》，卷一九中《任城王云附澄传》，卷七八《孙绍传》；《北齐书》卷二三《魏兰根传》；《北史》卷一六《元深传》。

⑦ 《魏书》卷六四《张彝传》；《北齐书》卷一《神武纪上》。

人于河荫①，另立元子攸（孝庄帝，507—528—530）为帝。继续把起义军镇压下去了。而北魏至此也就名存实亡了。鲜卑族的汉化进程发生逆转，历史还得走四五十年的弯路。而这次逆转的历史因果甚至今日仍不为人所理解②。

二　高欢创业和汉化中所受鲜卑旧习之影响

契胡尔朱氏的野蛮的军事统治只不过五年就失败了，北魏即分裂为东、西魏两个政权。直接促成它的分裂者是高欢。

高欢（北齐神武帝，496—547）本名贺六浑，原是北魏怀朔镇的一个鲜卑府户。但因当时社会崇尚门第，他便冒充汉人渤海蓨县名族高氏之后③。本极贫困，娶牧主娄氏女为妻才有了马，得以补为队主。后转为函使，往来于洛阳，为一个小寒官令史服役，且受到笞责，可知其出身的卑微。不过他非常精明能干，因在洛阳看到卫士聚焚领军张彝的第宅，中朝的纲纪败坏至此，他即默察到天下必将大乱。遂广结怀朔的小吏、豪强。如怀朔的省事司马子如、秀容人刘贵、中山人贾显智、怀朔的户曹史孙腾、外兵史侯景等，加上妻弟娄昭、姊丈库狄干、妻妹丈窦泰，因此他实已成为怀朔镇下级军校一个小集团的领袖。等到六镇府户起义一发动，唯恐天下不乱的高欢立即投身于起义军杜洛周部，不久又

---

① 《魏书》卷七四《尔朱荣传》，卷四四《费于附穆传》，卷一四《高凉王孤附华山王鸷传》；《北齐书》卷一七《斛律金传》，卷一五《库狄干传》。

② 孝文改制的用意和得失，以至北魏乱亡之原因，直至明末迄多为人误解，不过，张溥的《史论》早有明确的评议（《通鉴纪事本末》卷一二一《魏迁洛阳》附载），但今天仍有人继续前人的误解。

③ 周一良：《领民酋长与六州都督》，见《魏晋南北朝史论集》；缪钺：《东魏北齐政治上汉人与鲜卑之冲突》，见《读史存稿》；日本浜口重国：《高齐出自考》，见《秦汉隋唐史之研究》下卷。

转到葛荣部，反复无常。最后投到尔朱部下，又得旧友刘贵的推荐，渐为尔朱荣所宠信。即趁机怂恿尔朱荣以"清君侧"为名，起兵攻占洛阳，又以镇压葛荣和邢杲之功，被尔朱荣升为并州刺史。尔朱荣被魏孝庄帝所杀后，其部尔朱兆等又杀孝庄帝，另立魏长广王元晔为帝。高欢早已看出这些尔朱氏军阀虽拥兵各据一方，但他们野蛮而又无能，成不了大事，即打算独树一帜。恰巧有二十多万被镇压而投降的六镇起义战士在并州，尔朱兆因他们屡屡叛变，虽诛杀了一半也仍驯服不了，便将这杀伤之余的十余万人交给高欢带往山东河北去就食。他沿途加以整顿，走到信都，即受到渤海大族高乾和封隆之、赵郡李元忠的欢迎，因而得以据有冀州，阴谋消灭尔朱氏。一俟兵强马壮后，即造谣说尔朱氏命令他要把这些六镇战士分配给契胡作部曲，供他们奴役，以煽动他们谋反。群众推他为领导，他即与这些战士约定：一不得欺凌汉人，二必须严守纪律，否则不免于败亡。然后，他才在信都起兵讨伐尔朱氏。这时尔朱度律等又废黜魏帝元晔，另立元恭为帝，高欢遂拥立元朗为帝，以资号召。不过，他进入洛阳后，就把元恭、元朗两个傀儡都抛开，再立元修（魏孝武帝，510—532—534），而自任大丞相、大将军，等到他逐一消灭了尔朱氏几个军阀后，就在晋阳建立了大丞相府，驻重兵，遥控洛阳的朝政。从此，晋阳就成了他高家的根据地[①]。

魏帝元修不甘心做傀儡，故任命贺拔岳为雍州刺史，想借他以抗高欢。贺拔岳不久就为秦州刺史侯莫陈悦所杀，贺的部下即推举其司马宇文泰攻杀侯莫陈悦，元修又命宇文泰为关西大都督。永熙元年（534）元修与高欢矛盾日深而备战，但却被迫匆促逃奔

---

① 《北齐书》卷一《神武纪上》，卷二一《高乾、封隆之传》，卷二二《李元忠传》。

关中。高欢又另立幼主元善见（东魏孝静帝，523—534），因洛阳邻近关中，只好仓促迁都于邺。宇文泰也弑元修，另立元宝炬（西魏文帝，507—535—551），北魏从此即分裂为东、西魏两个政权，分别操纵于高欢和宇文泰之手。双方几番苦战，始终对峙于黄河以东的洛阳和蒲坂之间①。

高欢虽生长北镇，但极聪明机智。因长期往返洛阳，对汉文化认识较深。他不但冒充渤海高氏后裔，甚至懂得汉人士族"避家讳"的礼数②。所以他仍按照北魏的模式建立政权机构，广用汉人。初期因靠世族封隆之、高乾和李元忠等拥戴，故执政后即对他们宠以高位，礼数甚隆，但不很信任。他甚至出卖高乾，使之被魏帝元修所杀，致使李元忠消极而不关心世务。高欢除依靠北镇的军将外，却另用一些寒人如孙腾、高隆之、司马子如、陈元康等为心腹，任之为府属，以后渐升为仆射、侍中，参与机密③。同时，也笼络一些世族高门：如清河崔㥄、博陵崔暹、弘农杨愔等，且都与之结为姻亲，还有一些世族，如卢文伟、李义深等，则任以大州，其有才学或善文词者，如李浑父子四人先后出使于梁，被社会赞羡为"四使之门"。邢邵、温子升和魏收等文人则掌诰制，修史等。甚至如卢景裕、韩毅等虽曾犯谋逆罪，仍予赦免而使之教授诸子④。其实，中原是数百年来人文荟萃之区，汉族学者、才人极多。因为高氏父子尚未能充分加

---

① 《北齐书》卷二《神武纪下》；《通鉴纪事本末》卷一三四《魏分东西》。

② 《北齐书》卷二四《杜弼传》。

③ 《北齐书》卷二一《高乾、封隆之传》，卷二二《李元忠传》，卷一八《孙腾、高隆之、司马子如传》，卷二四《陈元康传》。

④ 《北齐书》卷二《神武纪下·传论》，卷二三《崔㥄传》，卷二九《李浑传》，卷三〇《崔暹传》，卷三四《杨愔传》，卷二二《卢文伟、李义深传》，卷三六《邢邵传》，卷三七《魏收传》。

以使用，不少英才只是置于教学、著作之列①。但高欢就是靠了这些汉人稳定了尔朱氏灭亡后的混乱局势，恢复了继续汉化的方向。他也采取了一些措施，如量给文武官以俸禄②，特别是当时农商失业，河南因战争、地荒，民多饿死。高欢命沿黄河置仓积谷、漕运以供军救灾；又于沿海煮盐以增财政收入③。又对给民田时出现的贵势占沃土、贫弱得瘠地的现象加以调整。并派大员到各州搜刮隐户④，基本上解决了官民的生活问题。

虽然他想发挥汉人的力量使他的政权更强大，建设得更好，但他却有局限的一面。即他的政权是靠鲜卑将士支持的军事统治，本身又是北镇鲜卑府户出身，汉化水平赶不上北魏的冯太后和拓跋宏等人。因此思想深处是依靠一些亲戚如娄昭、尉景、窦泰、厍狄干和斛律金等。前两人是庸人，后三人也只是勇猛善战。特别是他的妻子娄后，是保守而民族偏见又最深的人。娄后在他创业中，是常参与"密谋秘策"的，故有很大的权力。这些人都顽固地歧视汉人，又各居要职拥重权⑤。高欢想调和鲜卑和汉人的矛盾，"其语鲜卑则曰：汉民是汝奴，夫为汝耕，妇为汝织，输汝粟帛，令汝温饱，汝何为陵之？其语华人则曰：鲜卑是汝作客，得汝一斛粟，一匹绢，为汝击贼，令汝安宁，汝何为疾之？……欢号令将士，常为鲜卑语，敖曹（高昂）在侧，则为之华言"。臣下胡汉矛盾实很尖锐，他只好默忍，而没有什么办法⑥。甚至对文武的贪污也不敢整顿，既怕鲜卑将士投奔宇文泰，又怕汉人士大夫

①　《北齐书》卷四四《儒林传序》，卷四五《文苑传序》。

②　《资治通鉴》卷一五七，梁高祖大同元年十二月甲午。

③　《资治通鉴》卷一五八，梁高祖大同七年十二月。

④　《北齐书》卷一八《孙腾传》。

⑤　《北齐书》卷一五《窦泰、尉景、娄昭、厍狄干传》，卷一七《斛律金传》，卷九《神武娄后传》。

⑥　《资治通鉴》卷一五七，梁高祖大同三年九月。

投奔江东的萧衍。① 以至政治上打不开局面，军事上尽管拥有的鲜卑将士远远过于西魏，三次大战中，第一次进攻潼关，即以窦泰战死而退兵，第二次攻至关中沙苑又惨败，丧师八万，弃铠仗十八万；只有第三次邙山之战大捷，但高昂又阵亡。自始至终，东魏毫无进展。而河东伊洛一带的士族豪强又纷纷起兵归附西魏②，甚至后方世族河间邢磨纳和范阳卢仲礼兄弟也起兵于海隅以应西魏③，这种民族矛盾，其后又直接影响于其后世的大局。

此外，还有鲜卑的大位继承制和野蛮落后的蒸报陋习也在高氏的亲戚中很严重，都直接在政治上起了很恶劣的作用。本来各民族的早期因传子之制未稳定，往往有兄终弟及的办法。在殷代及周代成王即位之前，都曾行此制。鲜卑拓跋氏的先世，自力微之后，什翼犍之前，就常有兄终弟及的现象④。高欢的娄后即一贯有此主张⑤。至于"蒸报"婚制，大约是各民族父系氏族后期，私有制产生，妇女渐沦为财产。在多妻制下的庶母和寡嫂也被当作财产而继承。中国直到春秋时，诸侯中仍常见。⑥ 在北方的少数民族中如匈奴、西羌、夫余、羯、稽胡、突厥、吐谷浑、乌桓等都普遍地存在着⑦。鲜卑也有此种蒸报婚制。⑧ 在高欢的

① 《北齐书》卷二四《杜弼传》。

② 《通鉴纪事本末》卷一三四《魏分东西》。

③ 《资治通鉴》卷一五七，梁高祖大同三年十二月。

④ 《魏书》卷一《序纪》。

⑤ 《北齐书》卷九《神武娄后传》。

⑥ 顾颉刚：《由蒸、报等婚姻方式看社会制度的变迁（上）》，载《文史》第14期。

⑦ 《史记》卷一一〇《匈奴传》；《汉书》卷九四《匈奴传》；《后汉书》卷八七《西羌传》；《三国志》卷三〇《东夷·夫余传》；《晋书》卷一〇五《石勒载记（下）》；《周书》卷四九《稽胡传》、卷五〇《突厥传》《吐谷浑传》；《三国志》卷三〇《乌丸传》，裴注引《魏书》。

⑧ 周一良：《魏晋南北朝史札记·崔浩国史之狱》，中华书局1985年版。

家族中这些陋习极为丑恶①。这些落后的东西是汉化的对立物，并由于高欢也未能加以防止，在他身后，也直接间接地增加了高氏王朝统治的动乱趋势。

高欢五十二岁死了，北齐建立后，追谥他为高祖神武皇帝，由他的长子高澄（521—549）继承其职。高欢有子十五人，大半是雄武有才。娄氏所生高澄（文襄帝）、高洋（文宣帝）、高演（孝昭帝）、高淯、高湛（武成帝）和高济都很精干②。

当高欢封渤海郡王时，即立高澄为世子。高澄幼从杜询读书，敏悟过人。汉化素养之深可由他好和文士们游燕赋诗而知。王侯勋贵的子弟从来就是早达的，故他十四岁即以侍中加使持节，任尚书令、大行台、并州刺史。两年后即入朝辅政，又加领军左右、京畿大都督。权位仅次于其父。他长于政术，十八岁又摄吏部尚书，即改革论年资升官的制度；又精选汉人才望均优者为尚书郎。同时，用崔暹为御史中尉。在高欢的支持下大力纠劾贪污，政风一时好转。高欢死时，他才二十七岁。当时专制河南十四年的大将侯景即轻视这个"鲜卑小儿"，因而叛变。他遵照高欢的遗嘱，起用慕容绍宗将侯景击溃，使侯景逃奔江东。高澄出任使持节大将军、都督中外诸军事、录尚书事，渤海王等一切最高军政的职衔，继续专断东魏的朝政③。

高澄是十分重视汉文化的，认识到它关系到国家的威望。当时南北通使，都非常重视使臣的人选。每当梁的使臣来邺，即精选俊才接待。双方交谈，常暗斗才智。高澄都派人潜听，随时汇

---

① 《廿二史劄记》卷一五《北齐宫闱之丑》。
② 详见《北齐书》各纪、传。
③ 《北齐书》卷三《文襄纪》，卷二《神武纪下》；《资治通鉴》卷一五九，梁高祖中大同元年十二月。

报。每一言制胜，高澄都高兴得鼓掌①。故他入朝辅政后，多重用汉人。如崔暹、崔季舒、崔昂、杨愔和陈元康等②。为此，高欢临死却交代他："库狄干鲜卑老公，斛律金敕勒老公，并性遒直，终不负汝；可朱浑道元、刘丰生远来投我，必无异心；贺拔焉过儿朴实无罪过；潘相乐本作道人，心和厚；汝兄弟当得其力……"③又曾说："汝用使多汉儿，有人谗此人（斛律金），勿信之。"④ 即怕他多用汉人而忽视了鲜卑元老。

　　正由于高澄存心信用汉人，故在他执政的短短几年中：（一）整肃了政风。（二）严禁贪污，并规定"豪富之家，不得占攘山泽"。（三）选拔人才，"若有藏器避世者，以礼招致，随才擢叙"。又"奏请朝臣及牧守令长，各举贤良及骁武胆略堪守边城者。务在得才，不拘职素"。（四）南巡各地。"于路遗书朝士，以相戒厉，于是朝野承风，莫不震肃"，又"巡北边城戍，赈赐各有差气。"（五）在军事上，略江淮以北，破二十三州，又攻下西魏的颍川、擒其名将王思政。因此，提高了威望，晋位齐王⑤。可以想见，如果他继续当国，以他的威望和文化素养，他的汉化事业必将突飞猛进。

　　武定七年（549）八月，当他在邺积极准备受禅之时，突然被一个战俘出身的家奴兰京（《北齐书》作兰固成，一名京）所刺死，年仅二十九岁。不过，他的死，却是一个千古未发的

---

　　① 《廿二史劄记》卷一四《南北朝通好以使命为重》；《资治通鉴》卷一五七，梁高祖大同三年七月条。
　　② 《北齐书》卷三〇《崔暹、崔昂传》，卷三四《杨愔传》，卷三九《崔季舒传》，卷二四《陈元康传》。
　　③ 《北齐书》卷二《神武纪下》。
　　④ 《北史》卷五四《斛律金传》。
　　⑤ 《北齐书》卷三《文襄纪》；《北史》卷六《齐本纪（上）》。

疑案①。

其可疑的迹象有（一）"崔季舒……文襄辅政，转大将军中兵参军，甚见亲宠。……密谋大计，皆得预闻。"②当高澄被刺"数日前，崔季舒无故于北宫门外诸贵之前，诵鲍明远诗：'将军既下世，部曲亦罕存。'声甚凄断，泪不能已。见者莫不怪之"。③按他任大将军中外参军，即高澄的重要僚属。邺下北宫即高澄所居之地。所诵鲍诗显然即感到高澄要是死了，他们这些部下也怕难保性命。这是否他有所察觉，因感知遇之恩亦有兔死狐悲之痛？他于诸勋贵之前朗诵这诗，显然是想探察这些人的反应，而诸贵既不知内情，又不懂诗的含义，故无所表态，使他伤感不已。（二）高澄七弟高涣"天资雄杰"，"文襄之遇贼，涣尚年幼，在西学。闻宫中谨，惊曰'大兄必遭难矣'！弯弓而出"。④是否他平时对可疑迹象有所察觉？但因高澄为人"少壮气猛，严峻刑法"，故这个异母幼弟不敢早说。所以这时一闻喧闹声立即作此判断（后来他终为高洋所忌而遭残杀）。（三）事变之夕，高澄正与陈元康、杨愔和崔季舒等在一起，"屏左右，谋受魏禅，署拟百官"。事变发生，高澄、陈元康均被杀，杨愔"狼狈走，遗一靴。库直王弘冒刃御贼，纥奚舍乐斗死"。唯独崔季舒"匿于厕中"得免⑤。是否他事前已有所警惕？（四）"是日，值魏帝初建东宫，群官拜表。事罢，显祖（高洋）出东止车门，别有所之，未还而难作。"⑥是否高洋

①　《北齐书》卷三《文襄纪》；《北史》卷六《齐本纪（上）》。
②　《北齐书》卷三九《崔季舒传》。
③　《北齐书》卷三《齐襄纪》。
④　《北齐书》卷一〇《上党刚肃王涣传》；《北史》卷五一《齐神武诸子传》。
⑤　《资治通鉴》卷一六二，梁高祖太清三年八月辛卯条；《北史》卷五五《陈元康传》。
⑥　《北齐书》卷二四《陈元康传》。

有意回避？（五）"（高）澄在邺，居北城东柏堂。嬖琅邪公主，欲其往来无间，侍卫者常遣出外。……时变起仓猝，内外震骇。太原公（高）洋在城东双堂，闻之颜色不变。指挥部分，入讨群贼，斩而脔之。"两人不住在一起，何以高澄的近处侍卫或其他将士没有率先入讨，而别居于城东双堂的高洋却能首先赶到城北的东柏堂？是否事前即已有准备？又何以不留"群贼"的一个活口以便审讯？（六）事先，兰京"与其同事阿改谋害世宗（高澄），阿改时事显祖（高洋），常带刀随从。云若闻东斋叫声，即以加刃于显祖"。但事实上，既未见阿改"加刃于"高洋，何以知阿改为同谋者？事后亦未见对阿改作何处置的记载。是何道理？（七）高洋于事平后，因晋阳为他家根据地，重兵所在。故立即去晋阳，独"留太尉高岳、太保高隆之，开府仪同三司司马子如，侍中杨愔守邺，余勋贵皆自随"。① 这正是朝臣们生死荣辱的关键时刻，任居黄门侍郎又常参与机要的崔季舒却未随从，"黄门郎阳休之劝季舒从，曰'一日不朝，其间容刀'。季舒性爱声色，心在闲放，遂不请行……司马子如缘宿憾，及尚食典御陈山提等共列其过状。由是季舒及（崔）遐各鞭二百，徙北边"。② 崔季舒不愿随从去晋阳，是否对高澄之死因有所知，又感高澄知遇之恩，一时情绪上不愿追随高洋？高洋虽知其无罪，因其为高澄心腹又不愿附己，故笞而徙之。后来虽仍加重用，擢至侍中，又兼尚书左仆射，仪同三司。但临死，却以"遗旨，停其仆射，遭母丧解任"。③ 即认为他终不可信任。总之，高澄之死绝非偶然。从他和高洋之间长期猜忌的

---

① 《北史》卷五五《陈元康传》；《资治通鉴》卷一六二，梁高祖太清三年八月癸巳条。

② 《北齐书》卷三九《崔季舒传》；《北史》卷三二《崔挺附崔季舒传》。

③ 同上。

迹象看，高洋有谋杀的重大嫌疑①。

三 北齐汉化与反汉化的矛盾和政变

高洋（529—550—559）是北齐王朝的开国皇帝，也是影响北齐盛衰的关键人物。他是高欢的次子，与高澄同母，为人深沉而有大度。自幼即不为嬉戏，卢景范曾教之读书，亦不能测其深浅。唯很果决，好战。故高欢爱之。他意识到高澄心狠手毒，且深知二百多年来各王朝兄弟骨肉相残，篡杀成风，故极力伪装低能②。在高澄面前，甚至鼻涕外流，也不知擦拭③。使高澄对他很鄙视，认为这样的人也得富贵，相面术怎么能解释？高澄立为世子后，历任要职。高洋行二，自十四岁开始，官位也紧跟高澄的旧职，一步步地上升，最后也任尚书令、中书监、领军将军京畿大都督④。但他“善自晦迹，言不出口。恒自贬退，言咸服从。……每退朝还第，辄闭阁静坐，虽对妻子，能竟日不言。或时袒跣奔躍，（李）后问其故，对曰为汝漫戏。此皆习劳而不肯言也”⑤。但高澄仍怀疑他装傻，“虑其有后变，阴将图之”。曾问崔暹，暹力证“其实痴，不足虑也”⑥，始得免祸。

高洋处理高澄事件后，他即于从容部署后奔赴晋阳。一向朝中文武都轻忽他，而此时他却英姿焕发，言辞畅敏，处事精明。

---

① 《资治通鉴》卷一六二，梁高祖太清三年八月辛卯条，将高洋的韬晦与高澄的被害二事连书，足证司马光也是认为此次事变与高洋有关，故采取如此书法。

② 《北齐书》卷四《文宣纪》。

③ 同上。

④ 《北齐书》卷一〇《永安简平王浚传》。

⑤ 《北史》卷七《齐本纪中》；《资治通鉴》卷一六二，梁高祖太清三年八月辛卯条略同。

⑥ 《北史》卷三二《崔挺附暹传》。

凡高澄的政事有不便者立即改正，顿使他的威望大大提高。东魏孝静帝只好照例任他为丞相、都督中外诸军事、录尚书事、封齐王。此后，他即与高德政等商量篡魏，但因他的素望不高，亲贵们均无思想准备，连他的生母娄后和斛律金也怕他担当不起这些大事。但他终于力排众议即位称帝，国号齐，史称北齐，时年仅二十二岁。当年即改称天保元年（550）。此时正值侯景乱梁，宇文泰虽伴出兵，但刚渡黄河即退而趁机兼并梁的汉东之地去了，高洋故能顺利地成为齐王朝的开国皇帝①。

高洋才智实不在其父兄之下，即位之后励精图治，首先（一）恢复百官给禄。（二）命守令劝课农桑，关心民生。（三）定九等户，改革赋役制度，使"富者税其钱，贫者役其力"。（四）诏百官议定官吏升迁制度，名曰"麟趾格"，并予公布。（五）撤销"霸朝"的特殊机构"相国府"，但保留了中兵、骑兵二曹，改为二省，别掌军机。（六）赦免诸伎巧、屯、牧、杂色役隶之徒为"白户"，即解放了大批被压迫、被剥削的国有小手工业者、屯田户、牧户以及各种奴役人等的半农奴身份。这是想改组当时阶级结构的一部分，也解放一部分社会生产力。（七）另铸"常平五铢"新钱。（八）由于魏末以来，滥立州郡，特下诏合并了三州、一百五十三郡、五百九十八县、三镇和二十六戍等地方行政机构，即省免了大批冗官，可以减少国家财政支出和人民的负担②。

在军事方面：（一）他首先拣选卫士中那些每一人可当百人的战士，称为"百保鲜卑"，又选汉人中的骁勇者，谓之"勇士"，用于边防。（二）亲征库莫奚。（三）亲讨山胡，终于平定

---

① 《通鉴纪事本末》卷一三五《高氏篡东魏》。
② 《北史》卷七《齐本纪（中）》；《北齐书》卷四《文宣纪》。

了素称绝险的石楼；（四）先后击败契丹、突厥、柔然，使之朝贡。他每战必身先士卒，昼夜不停。行千余里，途中唯食肉饮水，故每战皆捷。甚至赢得突厥他钵可汗的敬佩，称之为"英雄天子"①。（五）趁南朝梁动乱不止，送萧渊明入梁，想树立傀儡以控制江南。天保六年（555）萧渊明被陈霸先推翻。高洋派萧轨等率兵渡江，但被陈霸先击溃。（六）此外，他又巡行北边，屡次修理长城，以固北境边防②。

高洋自幼受过汉人的教读，对汉文化有较深的认识，故不仅重用杨愔、崔暹、魏收和寒人出身的唐邕等，而且珍视文化传统和典章文物。如（一）祀孔子及古帝庙；（二）诏郡国修理学校，国子学生照北魏旧例铨补；（三）将高澄所收集的蔡邕所书石经残片，移至学馆，以便保存；（四）和他父兄一样特别重视史学。命魏收修撰《魏史》并说："好直笔，我终不作魏太武诛史官。"一些世族因魏收的史稿对他们的先世有所贬损，群起而攻之，并欲置之死地时，高洋则以"谤史"之罪对他们加以惩处，尽力保护魏收③。

在高洋即位的开始六年中，不仅是北齐的鼎盛时期，而且是北魏末年以来鲜卑继续汉化的最有希望的时期。

不过历史总不是一帆风顺的，高洋虽积极地推行汉化政策，又是权力很大的皇帝，但个人力量总是有限的，他仍敌不过鲜卑统治集团中强大的落后势力。当他即位之初，鲜卑保守派即认为他的李后为"汉妇人，不可为天下母"，而主张立开国功臣段荣之女段昭仪为皇后④。段荣为鲜卑段氏之裔，其妻又是高欢娄后

---

① 《北齐书》卷一二《范阳王绍义传》。
② 《北齐书》卷四《文宣纪》。
③ 《北齐书》卷四《文宣纪》，卷三七《魏收传》。
④ 《北齐书》卷九《文宣李后传》。

之姊①。保守派即想借此排斥汉人世族而巩固鲜卑在内廷的势力。高洋的生母娄后又是鲜卑保守派中权力最大的后台，干扰必多。故高洋有一次醉后竟怒骂"即当嫁此老母与胡"。因她也是不能容忍李后的。在高洋死后发生政变时，娄太后公开排斥李后说"岂可使我母子受汉老妪斟酌"!② 高洋虽顶住了易后的斗争，由此也可见保守派的压力之大。另一方面，他毕竟也是鲜卑人，高德政曾对他说治国"宜用汉，除鲜卑"，杜弼亦说"鲜卑车马客，会须用中国人".③ 汉人的这种民族偏见，也伤害了他的自尊心，从而引起反感（故后来，这二人也都无罪而被杀）。这是他面临的久已存在的民族矛盾所造成的困惑。此外，鲜卑族的一些落后的习俗如男女关系的混乱（包括蒸、报在内）对他的影响也很深，除他的父亲外④，他的叔父高琛、舅父娄昭、表兄段韶等无不好色淫乱⑤，他即位后也酒色过度，以致使他的大脑皮质受到损害。

　　但对他最大的压力，莫过于皇位继承问题上的矛盾。本来，统一的封建专制主义国家的皇帝居于富贵尊荣的顶点，也是最高统治集团中内部争夺的目标，从而演出骨肉相残的惨剧屡见不鲜。高洋有自身的经历，当然体验更深，感到的威胁也更大。而鲜卑族中本有兄终弟及的旧例，虽然他父亲曾立高澄为世子，他

---

　　① 《北齐书》卷一六《段荣传》，按《晋书》卷一〇八《慕容廆载记》有："鲜卑段部"，《魏书》卷八七《段进传》谓进为安北将军，为白道守将。段荣先世入魏，以豪族徙北边，"父连，安北府司马"，当与段进有关，均属鲜卑段部。东汉名将段颎，为武威姑臧人，鲜卑段氏后人如段荣者，即伪托姑臧武威郡望。

　　② 《资治通鉴》卷一六八，陈文帝天嘉元年二月乙巳条。

　　③ 《北齐书》卷三〇《高德政传》，卷二四《杜弼传》。

　　④ 《廿二史劄记》卷一五《北齐宫闱之丑》。

　　⑤ 《北齐书》卷一三《赵郡王琛传》，卷一五《娄昭传》，卷一六《段荣附韶传》。

即位后也立其子高殷为太子，但一当邢邵为其子命名为"殷"，字"正道"时，他立即敏感地联想到："殷"朝是兄终弟及制，"正"字又是"一止"二字缀成，即产生了担心自己死后高殷也不得继位的隐忧①。偏偏太子又性格怯懦，他每于酒后即说将来要传位于常山王（其弟高演），可是汉人大臣都反对这种意见。兼任太子詹事的魏收即对宰相杨愔说：高洋常说这种话将在朝臣中引起疑贰，怕会造成国家的不安定。并表示誓死保护太子。杨愔将这个意见转告高洋后，他才不再讲了②。另一方面，眼见同母弟行六的高演（常山王）、行九的高湛（长广王）、异母弟行三的高浚（永安王）、行七的高涣（上党王）等都雄武有才，且渐长成人，也照例封王了。在他继位的第五年，高演即已任尚书令。不仅长于文理，且精于断事，在尚书省很有威信。高洋即感到威胁③，因而性情暴躁不安，开始出现精神病的症状了。初期，这种病症时愈时发，到天保七年以后就大发作。过去在高澄当政时，他极力韬晦以求自存，经受了长期的隐忍，即位后，这些兄弟的威胁又逐年增加，以致大脑皮层对条件反应的抑制功能大大削弱，终于酿成了躁狂抑郁型精神病。病情交替发作，在间歇期虽仍能处事如常，但终不能排除对诸弟猜忌所导致的焦虑。为此，又借酒消愁，酒精刺激使性欲亢进，过度的纵欲更损害了神经，以致狂躁状态发展到凶狠残杀，全无人理。

当发病时，躁狂状态明显地表现为情绪高涨，"或躬自鼓舞，歌讴不息，从旦通宵，以夜继书"。"或担胡鼓而拍之"，"或驰骋衢路，散掷钱物，恣人拾取，争竞喧哗，方以为喜"。

---

① 《北齐书》卷五《废帝纪》。
② 《北齐书》卷三七《魏收传》。
③ 《北齐书》卷六《孝昭纪》。

故活动亦加多："拔刃张弓、游行市肆，勋戚之第，朝夕临幸。"
这显然系情感障碍的反映。在这种情绪下，亦有夸大妄想，为了
夸大自身的精壮，"时乘鹿车、白象、骆驼、牛、驴、并不施鞍
勒；或盛暑炎赫，日中暴身；隆冬酷寒，去衣驰走，从者不堪，
帝居之自若"。又夸耀自己的胆力，他建了金凤等三座高台，
"高二十七丈，两栋相距二百余尺……帝登脊疾走，都无怖畏，
时复雅舞，折旋中节，傍人见者，莫不寒心"。① 由于他的神经
功能紊乱，自制力丧失，也出现了人格障碍，以致道德观念解
体，而表现为色欲变态，其症状为露阴癖："帝又自呈露，以示
群下。"② 窥淫癖："征集淫姬，悉去衣裳，分付群官，朝夕临
视。"甚至"帝裸裎为乐，杂以妇女，又作狐掉尾戏"。③ 当报淫
高澄元后时，"其高氏妇女，无亲疏，皆使左右乱交之于前"。④
也有异装癖，故他"涂傅粉黛，散发胡服，杂衣锦彩"。或因慢
性酒精中毒，性功能减退，因而又发生嫉妒妄想，如对"所幸
薛嫔，甚被宠爱。忽意其经与高岳私通，无故斩首，藏之于怀。
于东山宴，劝酬始合，忽探出头，投于樽上。支解其尸，弄其髀
为琵琶，一座惊怖，莫不丧胆。帝方收取，对之流泪云：'佳人
难再得，甚可惜也。'"⑤ 则已发展到极凶恶的色情虐待癖了。

　　到天保十年初"帝于甘露寺禅居深观，唯军国大事奏闻"⑥。
这或许是他处于病程中的抑郁状态，或是自觉病重，想从佛教修

----

① 以下高洋症状，除另注明外，均见《北史》卷七《齐本纪（中）》、《北齐
书》卷四《文宣纪》略同，这是极好的精神病患者的病情记录，绝非史家所能捏造
的诬词。

② 《北齐书》卷九《文襄元后传》。

③ 《北齐书》卷一〇《永安简王浚传》。

④ 《北齐书》卷九《文襄元后传》。

⑤ 《北史》卷七《齐本纪（中）》。

⑥ 《北齐书》卷四《文宣纪》。

习方法来治疗。但他的忧虑是无法解除的。特别是对高演的猜忌已无法控制，陷于无可奈何的颓废。"溺于游宴，（孝昭）帝（高演）忧愤表于神色，文宣觉之，谓帝曰：但令汝在，我何为不纵乐！"话虽如此说，实际上他却使用逼供的方式想逼取高演的罪证以便加害。因"帝（高演）性颇严，尚书郎中剖断有失，辄加捶楚，令史奸蠹便即考竟。文宣乃立于前，以刀环拟胁。召被帝罚者，临以白刃，求帝之短，咸无所陈，方见解释"①。又如他的三弟高浚、七弟高涣，"皆有雄略，焉诸王所倾服。帝（高洋）恐为害"，均无罪而囚之于铁笼内，置之地牢中。次年，又亲以槊刺之。并将他们置之铁笼烧死②。他醉后每每暴怒，"情有蒂芥，必在诛戮。诸元宗室咸加屠戮。永安（王）、上党（王）并致冤酷。高隆之、高德政、杜弼、王元景、李蒨之等，皆以非罪加害"③。甚至无缘无故，随手杀人。为此，执政者以"邺下系徒罪至大辟（者），简取随驾，号为'供御囚'。手自刃杀，持以为戏。凡所屠害，动多支解，或投之烈火，或弃之漳流"④。可谓残酷已极。而淫乱凶暴，报嫂乱伦也屡见。⑤ "尔后，褻黩之好，遍于宗戚。"⑥ 这就不是一般的荒淫，而与他的精神病有关。

病情发展到最后，"每言见诸鬼物，亦云闻异声音"，即出现了幻视、幻听，"遂不能进食，唯数饮酒"。⑦ "自知不能久，谓李后曰：'人必有死，何足致惜。但怜正道（高殷）尚幼，人

①　《北齐书》卷六《孝昭纪》。

②　《北齐书》卷一〇《永安简王浚传》、《上党刚肃王涣传》。

③　《北齐书》卷四《文宣纪》。

④　《北史》卷七《齐本纪（中）》。

⑤　《廿二史劄记》卷一五《北齐宫闱之丑》。

⑥　《北齐书》卷三一《王昕附晞传》。

⑦　《北齐书》卷四《文宣纪》。

将夺之耳。'又谓常山王（高）演曰'夺则任汝，慎勿杀也'。"[1] 天保十年十月，高洋暴死于晋阳，年三十一岁，却被谥为"文宣"。

事实上，高洋久已立高殷（545—560—561）为太子，他聪明好学，通经义。但高洋有一次命他手自刃囚，太子恻然有难色，再三不能断其首。高洋怒而亲以马鞭挞太子三下，"由是气悸语吃，精神时复昏扰"。[2] 即因这种突如其来的强烈惊恐，使他产生了反应性木僵，并留下了后遗症。高殷即位之后，不到四个月，高演与高湛征得了娄后的支持，突然发动了一次宫廷政变。当时虽有大批的宿卫保护他，但"（废）帝（高殷）素吃讷，仓卒不知所言"。卫士已拔刀等着他下令，他却慌得手足无措，只是走下帝座乞命。结果，苦心孤诣辅弼他的大臣杨愔等五人当场被杀。娄后亲临这场合也起了决定性的作用。不几日，她即下诏废高殷，立高演为帝[3]。次年，高殷被杀。被称为"废帝"，在位不到一年。这一切，本是事势的必然，后世史家却说高洋"出言屡中，故时人谓之神灵"，[4] 显系缺乏科学知识，未加分析之故。

高演（孝昭帝，535—560—561）亦英明。幼从李同轨习文史，长于政事。高洋死前已任大司马录尚书事，掌军政大权。"文宣初崩之日，（娄）太后本欲立之。"[5] 当时尚书令杨愔受遗诏立高殷为帝。杨愔乃弘农华阴世族，有文武才。从高欢起兵，

————————

① 《资治通鉴》卷一六七，陈高祖永定三年九月（《北史》卷七《齐本纪（中）》略同）。

② 《北齐书》卷五《废帝纪》。

③ 《资治通鉴》卷一六八，陈高祖天嘉元年三月乙巳条（《北齐书》卷六《孝昭纪》）。

④ 《北史》卷七《齐本纪（中）》；《廿二史劄记》卷一五《齐文宣帝能预知》。

⑤ 《北史》卷七《齐本纪（中）》。

即被重用，又尚公主。高洋患病的后几年，国家全靠他维持。当时人谓"主昏于上，政清于下"。高殷即位，他就意识到高演和高湛位高权重，对幼主是个威胁，曾与几个大臣密议将高演等调任外职。而高演等政变时首先即杀了他们①。

高演即位后，立其子百年为太子。他的作风远比父兄严谨，也重视传统的礼乐、教育。即位不久即诏对郡国老人各授极职，制定诸帝庙祭的乐舞。也诏国子寺置官属、讲习经典，岁时考试；并令对外州的大学勤加督课。诏已故功臣配飨，祀圜丘、禘太庙。又诏内外执事官从五品以上者，每两年各举一人。他即位后短短的几个月中，即采取了这一系列措施。同时，亲征库莫奚亦大捷。本来还想进取关中，但自杀高殷后，感到愧悔，内心烦躁。致患反应性抑郁症，有一种自罪妄想，幻视看见高洋、杨愔等声言要复仇。娄太后又斥责他不应杀高殷，病情遂日增，又看见各种厉鬼形象。临死"唯扶服床枕，叩头求哀"。立即召高湛来继承帝位，并写一信说"宜将吾妻、子置一好处，勿学前人也"②。年仅二十七岁，在位不过一年多。自他死后，北齐的形势很快就逆转了。

四　北齐后期的胡化与乱亡

高湛（武成帝，537—561—565—568）是高演的同母弟，他和高演密谋杀杨愔废高殷时，高演曾向他许愿：说事成之后即立他为皇太弟。可是高演即位后却立己子百年为太子，故他很不平。此时他已任京畿大都督，手握重兵；又晋位右丞相，在朝执

---

① 《北齐书》卷三四《杨愔传》。
② 《北史》卷七《齐本纪（中）孝昭纪》（《北齐书》卷六《孝昭纪》略同）。

政。因而与宗室中"好乱乐祸"的高元海阴谋策划政变。幸而高演病死，娄太后下诏传位于他，才避免另一次骨肉相残的惨剧。①

高湛即位之初，除以宗室勋戚为重臣外，高元海即以侍中掌朝政。但他是无能的，其他执政的如阿谀顺旨的不倒翁赵彦深，忍辱偷生的北魏宗室元文遥，都尸位素餐而已。汉人大臣都难有所作为，真正的实权掌握在胡人和士开之手。因高湛十分宠信他，他会握槊、弹琵琶，又极力怂恿高湛纵欲作乐，故位至侍中、右仆射。又得与胡后私通②。故"士开作威作福，略无顾惮，恩宠势望，熏灼朝野。恣性贪淫，人伦少例……富商大贾，朝夕盈门。朝士无赖者，亦竞相谄媚。……名贤素士，略不交言。其所荐延，奏无不遂，荣枯进退，定于俄顷。于时下凌上替，奔竞成习。……齐室大坏，其源始于此"③。高湛原是个毫无教养的人，在和士开等一些胡人的包围下，连生母娄太后死了，也不成礼，仍饮酒作乐④。却"残忍奸秽，事极人伦"⑤。逼奸高洋李后、顿辱高演元后等等乱伦之事极多⑥。故"帷薄之间，淫侈过度。灭亡之兆，其在斯乎"？⑦ 而对于宗室之杀害亦极残忍。由于听信和士开等的谗言，鸩杀高澄之子孝瑜，并杀其母宋太妃。继又杀其弟孝珩。其五弟高延宗闻孝琬

① 《北齐书》卷七《武成纪》，卷九《神武娄后传》，卷一四《上洛王恩宗附元海传》。
② 《北齐书》卷三八《赵彦深传》、《元文遥传》，卷五〇《和士开传》。
③ 《文苑英华》卷七五一卢思道《北齐兴亡论》。
④ 《北齐书》卷九《神武娄后传》。
⑤ 《北齐书》卷一二《诸王传论》。
⑥ 《北齐书》卷九《文宣李后传》、《孝昭元后传》；《廿二史劄记》卷一五《北齐宫闱之丑》。
⑦ 《北齐书》卷八《后主纪论》。

被杀而哭，高湛亦鞭之几死，对高演的太子百年亦于毒打后斩之①。

他在位之时，虽于河清三年修订了高洋公布的法律，即《齐律》，使决狱者有所依据。但在这胡贾佞臣的掌权时期，上下风纪荡然。立制虽佳，恐也只是具文而已。这年也重新厘定了均田法②，较之北魏均田制，虽限制了受田的奴婢人数，但据当时人宋孝王所说，自迁邺以来，北齐土地买卖盛行，农民课役重，只好卖地以供租课。河清三年的法令，恐亦无补实际③。军事上，虽几次击退了周军和突厥的进攻，不过兵威已大不如前了。"初显祖（高洋）之世，周人常惧齐兵西度，每至冬月，守河椎冰；及世祖（高湛）即位，嬖幸用事，朝政渐紊，齐人椎冰以备周兵之逼。斛律光忧之，曰：'国家常有吞关陇之志，今日至此，而唯玩声色乎？'"④ 形势已逆转了。

然而，在汉人朝臣中，不甘于历史倒退者大有人在。如散骑常侍祖珽，他是范阳世族，不仅博学善文，且通鲜卑及四夷语。落荦不拘而富于机智。虽早已结识高湛，但在当时腐朽的政治形势下，按照正常的改革途径是走不通的。因而采取了纵横捭阖的手段，企图掌握大权后再排除胡贾佞臣，从而进行改革。为此他不惜先拉拢和士开等。当时胡后爱少子高俨，想以他继位，但高湛认为太子高纬是嫡长，不宜变动。天统元年（565）祖珽即向和士开献策，劝他先向高湛进言，禅位于太子以便固宠。然后祖珽上书高湛，指出高洋、高演虽立太子，但都未能继位；且做皇

① 《北齐书》卷一一《河南王孝瑜、河间王孝琬、安德王延宗传》，卷一二《乐陵王百年传》。
② 《资治通鉴》卷一六九，陈文帝天嘉五年二月。
③ 《通典》卷二《北齐田制》引宋孝王《关东风俗传》。
④ 《资治通鉴》卷一六九陈文帝天嘉五年正月。

帝不及做太上皇尊崇，建议他及时禅位于太子，以便早在臣民中
定下君臣的名分，而他为太上皇加以扶持。这个建议正合高湛的
愿望，因而年甫二十九岁的高湛即传位于十岁的高纬（齐后
主）。祖珽这一着也实有助于巩固嫡长继承制，保持大局的稳
定，他也因之得拜秘书监、加仪同三司。尤受亲宠。进而他又谋
取宰相之位。为此，他对高湛极力揭露和士开与尚书令赵彦深等
人弄权乱政、卖官鬻爵的罪行。甚至理直气壮地当面指责高湛广
收后宫之过。结果被鞭笞再逐之光州，置之地牢中，备受虐待以
致失明①。不久，高湛做了三年多太上皇就病死了，临死还托孤
于和士开。②

　　高纬（后主，556—565—577—578）也许由于血族亲属的
遗传，自幼有分裂性人格，不过是属于羞怯纤细型的。表现为胆
小害羞，纤弱而易激怒。故"言语涩讷、无志度、不喜见朝士。
自非宠私昵狎，未尝交语，性懦不堪，人视者即有忿责。其奏事
者，虽三公令录，莫得仰视"③。所以多居深宫，致被和士开与
保姆陆令萱所包围。陆又推荐其子穆提婆，加上武卫将军高阿那
肱与侍中韩长鸾等佞臣，号为"三贵"。当时重臣赵郡高叡在朝
会中对胡太后面陈和士开罪状，结果反而被和士开等所谮杀④。

----

　　① 《北齐书》卷三九《祖珽传》一按，传中备载祖珽屡犯小偷小摸及其他鲜廉
寡耻的事例，实乏旁证，容或有不细行之处，但从大处看，他居高位后，绝无贪污
之迹，亦未有苟且之事，故在汉人士大夫中对他的评价是很高的。此传可能是根据
宋孝王的《关东风俗传》，宋氏因"求入文林馆不遂，因非毁朝士"（见《北齐书》
卷四六《宋世良附宋世轨传》）。当时文林馆负责人即祖珽，故宋氏非毁之，妄加污
蔑。
　　② 《北齐史》卷七《武成纪》。
　　③ 《北齐书》卷八《后主纪》。
　　④ 《资治通鉴》卷一七○，陈高宗太建元年二月，北齐八贵条；《北齐书》卷
五○《韩凤传》。

祖珽雄心勃勃，仍再图重起。趁高纬念其前功，任用为海州刺史时，又辗转求陆令萱劝召己入朝，复为秘书监加开府。①

高纬同母弟高俨，封琅邪王。虽年仅十四岁，却雄武果决，时为京畿大都督。愤恨和士开的专横，乃矫诏捕杀之，他自己却被斛律光诱入宫中而终于被害②。祖珽即趁此排斥赵彦深而得任侍中，进而又拜尚书右仆射、监国史，大权在握了。从此他做出两个决策，一方面排除顽固派的阻力；一方面收罗汉人士大夫，以便进行大力的改革。

在鲜卑亲贵中最顽固的阻力是斛律光。他的先世都是敕勒部的酋长。其父斛律金，本是怀朔镇的军主，破六韩拔陵起义时，他即投机参加。不久他叛变降魏，又辗转尒朱荣部，再转投高欢。因善战而见亲待。他一贯仇视汉人，当高欢战败退兵时，汉人世族薛修义谏阻放弃晋州，斛律金却说："还仰汉小儿守，以家口为质，勿与兵马。"后又助娄太后支持高演的政变，屠戮杨愔等人③。斛律光本人尤为粗暴，甚至鞭挞部下的士大夫。但他也是能征惯战的大将，故父子先后均拜丞相。一门之中，一个皇后，两个太子妃，三个公主，故富贵已极，威权最大。祖珽执政后，他十分痛恨这个"盲人掌机密来，全不共我辈语"。恰巧周将韦孝宽行反间计，编造他谋逆的政治谣言，一直传布到高纬处。祖珽趁高纬之问，又增加他攻击自己和陆令萱的谣言。利用佞幸与斛律光之间的矛盾，促使陆令萱和韩长鸾等共谋，终于除去了斛律光④。

接着，祖珽又趁此机会兼任领军。由于高元海反对，祖珽即

① 《北齐书》卷三九《祖珽传》。
② 《北齐书》卷一二《琅邪王俨传》。
③ 《北齐书》卷一七《斛律金传》；《北史》卷五三《薛修义传》。
④ 《北齐书》卷一七《斛律金附光传》，卷三九《祖珽传》。

面奏高元海等结朋树党，又排除了高元海。"自是专主机衡，总知骑兵外兵事。……委任之重，群臣莫比。自和士开执事以来，政体隳坏，（祖）珽推崇高望，官人称职，复欲增损政务，沙汰人物。始奏罢京畿府，并于领军。事连百姓，皆归郡县。宿卫都督等号位从旧官兵，文武章服并依故事。"① 本来，这个京畿府机构是尔朱荣入洛后设立以控制京城魏朝君臣的工具。高欢迁都于邺后，身居晋阳，故也设此职以便遥控魏静帝的朝政。自高澄领此职后，就成为辅政重臣掌握京城武装的兼职②，并逐渐演化为权臣废立皇帝进行政变的工具。祖珽废此特殊机构，显然有利于政局的稳定，这是一项重要的改革，并入领军，也增强了自己的实力。其次，他又利用高纬"颇好讽咏"，听了世族文人颜之推的建议，于武平三年奏置文林馆，广泛罗致汉族博学能文的朝臣兼文林馆待诏。人才济济，一时称盛。除编撰了《修文殿御览》外，又可储才备用。故世族封孝琰赞他"公是衣冠宰相，异于余人"③。这也是一项重要的措施，为汉化做好人才的储备。

祖珽又想进一步排除一些宦官、佞幸小人，招收人才来进行改革，这些意见都和陆令萱、穆提婆等不合。因此祖珽打算命御史弹劾中书省的主书王子冲，以此人的贪污与穆提婆有关，想借此搞掉陆令萱母子。同时为了拉拢胡后为后援，故推荐胡后的两个哥哥分别担任侍中、中领军和御史中丞。事为陆令萱所知，她即先把这两人逐出，然后利用宦官极力污蔑祖珽。最后，祖珽终被陆令萱和韩长鸾等排挤出去，老死于北徐州刺史的任上。不久

---

① 《北齐书》卷三九《祖珽传》，卷四五《颜之推传》，谓"祖孝征用事，则朝野翕然，刑政有纲纪矣"。
② 浜口重国：《东魏的兵制》第三节《东魏的京畿大都督》（《秦汉隋唐史研究》上卷，第157—158页）。
③ 《北齐书》卷二一《封隆之附孝琰传》。

胡后也被废了①。任凭祖珽的权术，毕竟敌不过胡人集团的力量。

这一场斗争，更加深了胡人嬖佞对汉族文臣的仇恨。当祖珽被逐出后几个月，因周军进攻，高纬想去晋阳。当时侍中崔季舒、尚书张雕、左丞封孝琰等认为周军尚远，天子如去晋阳，不仅奏请不便，且易引起谣传惊慌。为此，又联络了几个从驾的文臣进谏。韩长鸾因崔季舒、封孝琰等都是祖珽推荐而兼任文林馆修书的，认为都是祖珽的同党，因奏"汉儿文官，连名总署，声云谏止向并，其实未必不反。宜加诛戮"。高纬遂召集签名诸人，将为首的崔季舒、封孝琰等六人当即斩于殿下，家属徙北边，妇女发配奚官为奴婢，小男下蚕室受宫刑。这是一场极端残酷的报复，其实质上也是一次突然的政变。颜之推作《观我生赋》自注，即载此创痛②。从此，完全是胡人的军事统治，汉人已无发言权了。

高纬既昏庸，又忌刻残忍。即位不久，因其叔高济在定州任上，感到兄弟和侔辈多因骨肉相残而死，说了一句：按次第，也该轮到我了。高纬知之，即暗加杀害③。其弟高俨死后，即对"诸王守禁弥切"④。族兄兰陵王高长恭善战，屡有大功。高纬因忌他，使人鸩杀之⑤。他杀人或剥人面皮⑥，极为残酷。自此，高纬一任穆提婆、高阿那肱与韩长鸾等"三贵"操纵朝政。左右多是阉竖、胡贾、弄臣。日以声色狗马为事，自作《无愁之曲》，民间称之为

---

① 《北齐书》卷三九《祖珽传》。
② 《北齐书》卷三九《崔季舒传》，卷二一《封隆之附孝琰传》，卷四五《颜之推传》。
③ 《北齐书》卷一〇《博陵文简王济传》。
④ 《北齐书》卷一二《淮南王仁光传》。
⑤ 《北齐书》卷一一《兰陵武王孝瓘传》。
⑥ 《北齐书》卷八《后主纪》。

"无愁天子"。封赏极滥，甚至庶姓封王者百数。赋税日重，徭役日繁，财用空竭，"乃赐诸佞幸卖官，或得郡两三，或得县六七，各分州郡，下逮乡官，亦多降中旨，故有敕用州主簿、敕用郡功曹。于是州县职司，多出富商大贾。竞为贪纵，人不聊生"①。表面上看，高纬也设立文林馆修书，实际上君臣玩的是握槊之戏，听的是龟兹胡乐，养的是波斯狗。又托国于无知的胡人弄臣之手，胡化远远超过了汉化，北齐的历史就要走到尽头了。天统七年（576）周武帝宇文邕进攻时，北齐节节败退。高纬当时才二十二岁，即传位给他八岁的幼子高恒，仓皇逃到青州被俘了。当时除了宗室高延宗在晋阳曾苦守数日，高潜、高孝珩在冀州曾一战之外，不到一年，北齐就灭了②。当时诚如宗室高勤所说："今所翻叛，多是贵人。至于卒伍，犹未离贰。"③ 最早降周的倒是穆提婆，其后唐邕等又降于晋阳。高阿那肱从至青州，犹暗召周军出卖高纬④。而"周武帝平齐，山东衣冠多来迎"⑤。由此也可看出汉化或胡化倒退与一个王朝盛衰兴亡的关系了。

五　宇文泰重视儒学并在政治上军事上充分发挥汉人的作用

在关中建立与高欢对峙政权的宇文泰，原是北魏初年归附的匈奴之后⑥。自祖先徙居武川镇后即世为下级军校。宇文

---

①　《北齐书》卷八《后主纪》。

②　《北齐书》卷八《后主纪》，卷一一《安德王延宗传》、《广宁王孝珩传》，卷一〇《任城王湝传》。

③　《北齐书》卷一三《清河王岳附劢传》。

④　《北齐书》卷五〇《穆提婆传》、《高阿那肱传》。

⑤　《北齐书》卷一五《库狄干附士文传》。

⑥　周一良：《论宇文周之种族》（《魏晋南北朝史论集》），姚薇元《北朝胡姓考》内第四宇文氏条。

泰父于魏末陷于起义军鲜于修礼部。葛荣杀修礼，尔朱荣又擒葛荣，因此他被尔朱荣迁于晋阳，隶贺拔岳部下，后随之入关。魏元修（孝武帝）于尔朱氏消灭后，即命贺拔岳为关西行台，宇文泰为行台左丞，领司马。宇文泰估计高欢必反，劝贺拔岳设法统一关中，作桓、文称霸的打算。不料贺拔岳被秦州刺史侯莫陈悦所害，贺拔岳部诸将共推宇文泰代领部众，因而消灭了侯莫陈悦，其后逐步统一了关陇。魏帝元修于永熙三年（534）为了对抗高欢，任命他为侍中，使持节骠骑大将军、开府仪同三司、关西大都督，承制封拜。不久，魏帝元修为高欢所追，即命宇文泰派兵支援。高欢兵起，魏帝元修仓皇入关，宇文泰迎接他到长安建都，宇文泰升任丞相。不久，宇文泰鸩杀元修，另立元宝炬为帝（魏文帝，507—535—551）作为傀儡①。这个西魏政权实际上就是宇文泰的天下。

　　宇文泰自年轻时起，即"轻财好施，以交结贤士大夫"，如贺拔岳即其旧友之一②。因而理解到必须依靠汉人士大夫才能治天下。所以他自入关以来即随时讨求人才。任夏州刺史时，即选用了久已汉化了的鲜卑人于谨和汉人申徽、韩褒；贺拔岳死后，宇文泰又用了他的僚佐周惠连、赵善、苏亮等；随同魏帝元修入关的朝臣，如卢辩、斛斯征、杨宽、薛寘等；稍后随同贺拔胜入关的僚佐，如卢柔、崔谦等以及关中的世族苏绰、李贤、皇甫璠和辛庆之等，无不加以重用③。又借高欢逐帝之罪名，号召河东

---

①　《周书》卷一《文帝纪（上）》。
②　同上。
③　《周书》诸本传。于谨为鲜卑人，本姓为万纽于氏，见姚薇元《北朝胡姓考》内篇二"于氏"中"于谨本姓万纽于氏"条，据此，也可知于谨即为开国诸将之首，而且始终是宇文泰的谋主，他之未赐虏姓，即因其本非汉姓。

士大夫，因而"三河冠盖"裴宽，河东"衣冠余绪"薛善、敬珍以及门族较低的士族豪家都先后入关，其中不少人且率领宗人、乡里、部曲来投。此外，还有些江南知名的人物，如梁臣刘璠善文笔，当宇文泰派达奚武攻取南郑时，"先诫武曰：勿使刘璠死也。故武先令璠赴阙。璠至，太祖（宇文泰）见之如旧，谓仆射申徽曰：'刘璠佳士，古人何以过之'"。后平江陵，王褒等至长安，即"谓（王）褒、王克曰：吾即王氏甥也，卿等并吾之舅氏，当以亲戚为情，勿以去乡介意"。因他的生母姓王，故藉以攀亲拉拢①。由此可知他的爱才纳贤。自东汉魏晋以来，政治经济文化中心久已在山东，故西魏的人才远不及东魏之盛。可是宇文泰对关陇人才，却搜罗殆尽。他这种爱才礼士的传统，到他的诸子也一直保持，如宇文毓（周明帝）、宇文邕（周武帝）无不如此。也靠了这些人才，才能建立西魏、北周的政权并终于灭齐。

　　宇文泰之所以能如此地重视汉族人才，是因为他理解汉文化的价值。他父子本身都热情地学习汉文化，深知汉人的经学、典章制度是统治国家的重要工具。除平时与汉人大臣谈论外，又"于行台省置学，取丞郎及府佐德行明敏者充生。悉令旦理公务，晚就讲习，先《六经》，后子史。又于诸生中简德行淳懿者，侍太祖（宇文泰）读书。（薛）慎与李璨及陇西李伯良、辛韶，武功苏衡，谯郡夏侯裕，安定梁旷、梁礼，河南长孙璋，河东裴举、薛同，荥阳郑朝等十二人，并应其选。又以慎为学师，以知诸生课业。太祖雅好谈论，并简名僧深识玄宗者一百人，于

---

　　① 各见《周书》本传。宇文泰母为王氏（见《周书》卷二〇《王盟传》），故称王褒等为舅氏。

第内讲说。又命慎等十二人兼学佛义，使内外俱通"①。自古以来，以一个独当朝政的大臣，如此好学，选择这么多的僚佐教自己读书之外，又为部下办夜校者，可谓仅见！此外，又"置学东馆，教诸将子弟"②，"时太祖诸子年幼，盛简宾友。（河东裴）文举以选与诸公子游，雅相钦敬，未尝戏狎"③。使自己的和武将的子弟也都自幼即能受到良好的教育。他自己力求兼通儒释，故对汉人的古礼也很熟悉。如晚年到原州访问大臣李贤时，竟采用周礼"让齿而坐，行乡饮酒礼焉。其后，太祖又至原州，令贤乘辂，备仪服，以诸侯会遇礼相见，然后幸贤第，欢宴终日"④。也许由于他重视礼教，故他的家庭生活比较严肃，不但绝无北齐高氏宫闱那样的丑事，且比北魏拓跋氏的家风更好⑤。

宇文泰当国后，因西魏草创，首先靠周惠连、柳敏等，为它厘定礼乐朝仪；进而又靠苏绰、卢辩、薛真和崔猷等，制定了政策和条例，如订户籍计账之法、置三长、劝农桑、开屯田等等，即靠他们稳定了封建统治，故多得重用，有的甚至参与机密。如宇文泰拜大丞相，先后以于谨、辛庆之、崔腾和郑孝穆等为长史，以李贤、韩褒和杨宽等为司马。特别是对于谨、苏绰和卢柔等参掌国家机密，始终信任不疑⑥，如"太祖或出游，常预署空纸以授绰，若须有处分，则随事施行，及还，启之而已"⑦。反观北齐的高氏，虽然人才甚众却往往朝不保夕。甚至如高德政、

①　《周书》卷三五《薛善附慎传》。
②　《周书》卷四五《樊深传》。
③　《周书》卷三七《裴文举传》。
④　《周书》卷二五《李贤传》。
⑤　《廿二史劄记》卷一五《北齐宫闱之丑》；《魏书》卷一三《文成文明皇后冯氏传》、《孝文幽皇后冯氏传》、《宣武灵皇后胡氏传》。
⑥　各见《周书》本传。
⑦　《周书》卷二三《苏绰传》。

高隆之、杜弼、崔季舒、杨愔等都曾掌机密、居要职，均不免遭屠戮，故后果就大不相同了。

东西魏分立之初，形势本来有利于东魏：从土地人口而言，东魏据有北魏中原的大部分，而西魏仅局促于关陇一带，远不及东魏疆土之广（其后，西魏始有全蜀之地）。人口当然也少得多；第二，东汉以后，政治经济文化中心早转向山东，关中日见衰落，人才远不及东魏；第三，更重要的是兵力也远不及东魏。高欢初得尔朱兆配给的六镇降户十余万，到冀州后又得高乾等世族武装和尔朱羽生部共约万人，再破尔朱氏诸将和未从魏帝元修渡河之禁军，合计将近三十万。高欢上表伪称以备荆襄而动员之众即达二十四万之众①。宇文泰初随贺拔岳入关，他和侯莫陈悦分统其众。后来他破侯莫陈悦，得其兵万人，由此推知总计在二三万，继得随魏孝武入关之众不过万人，合计不过鲜卑兵四万余人而已②。相比之下，悬殊甚远。

双方的主力都是北魏以来的鲜卑战士。大统三年（537）东魏第一次进攻，发兵即达二十万。宇文泰只三万人，幸设伏于沙苑而得大捷，杀东魏大将窦泰，迫使高欢退兵；次年两军又战于河阳，虽经苦战，又杀东魏大将高昂，高欢退兵。但宇文泰因兵少，后方空虚，故发生所俘东魏降兵赵青雀等乘虚据长安子城以阻归师的险情，虽被平定，却充分暴露了兵力不足的弱点③。为此，促使宇文泰不得不号召汉人世族豪右来扩充汉兵。本来由于宗法制的乡党结构、财富和声望等条件，从汉末以来，世族豪家多拥有部曲，不过在北魏时防止汉人掌兵④，受到限制。直到魏

① 《北齐书》卷二《神武纪（下）》。
② 《周书》卷一《文帝纪（上）》。
③ 《通鉴纪事本末》卷一三四《魏分东西》。
④ 《魏书》卷三八《王慧龙传》。

末正光（520—525）以后，北魏的统治政权行将崩溃，这种地主武装又纷纷出现。东西魏分裂时，河汾一带的世族和豪强，各从利害关系分投一方。不过由于宇文泰的号召，因"顺逆观念"不满高欢逐帝而投奔西魏的较多，如司马裔、敬珍等即组织家族、乡里为武装队伍，宇文泰都加以任用，或镇守当地，或率部入关。如郑伟、王悦、裴侠、薛善、杨㩹以及巴人豪酋泉企等都出力不少。西魏对这类武装称之为"义众"或"义兵"。① 此外，在关中的世族也有组织这类武装的，如令狐整、韦瑱等，甚至领其义众随军征战②。不过，这类武装都是自发的，某些局部地区出现的，为数不可能很多。所以在大统九年（543）西魏为接应东魏叛将高慎，初战于邙山大捷，继战终于大败。宇文泰曾为此上表自请贬处，虽未获罪，却更感到兵力不足之苦。故次年"于是广募关陇豪右，以增军旅"③。本来西魏虽和东魏一样，部队主力为鲜卑，但已无鲜卑兵源补充。故不得不放手发动有声望的世族豪强组织当地的乡里部曲。"置当州乡帅，自非乡望允当众心，不得预焉。"④ 如苏绰之弟苏椿，原任西夏州长史，除帅都督，行弘农郡事。"（大统）十四年，置当州乡帅……乃令驿追椿，领乡兵，其年破盘头氏有功，除散骑常侍，加大都督。"⑤又如京兆杜陵世族韦瑱，曾参与复弘农、战河苑、河桥之役，大统八年又曾随宇文泰防御于汾绛，不久拜鸿胪卿。也"以望族兼领乡兵，加帅都督。迁大都督、通直散骑常侍，行京兆郡事，

---

① 各见《周书》本传。
② 《周书》卷三六《令狐整传》，卷三九《韦瑱传》。
③ 《资治通鉴》卷一五八，梁高祖大同九年三月。
④ 《周书》卷二三《苏绰附椿传》。
⑤ 同上。

进车骑大将军、仪同三司、散骑常侍"①。又如冯翊士族郭彦，官至虞部郎中，"大统十二年，初选当州首望，统领乡兵。除帅都督、持节、平东将军。……进大都督、迁车骑大将军、仪同三司……除兵部尚书。仍以本兵从柱国于谨南伐江陵。进骠骑大将军、开府仪同三司"②；由此可知：（一）此次所募乡兵，是选用各州的声望最高者，即借他们的声望来募集并率领乡兵。（二）帅都督多系现任文官，不过有的曾参与战争，不问官职高低，当选为首望领兵，即授武职。开始任帅都督，再迁大都督、三迁即车骑大将军，仪同三司。有的仍居州郡职，有的仍任中朝文官，但必要时仍须领兵出战。从他们所授武职看，这就为府兵的建立，奠定了基础。

西魏府兵制也并不是一蹴即就的③。西魏大统八年，宇文泰仿周官，置六军④，恐只是将原有部队改编。因为自大统九年后，仍不断地任命帅都督。兼领乡兵的内外官，在必要时立即临时抽调出来率领"本兵"从征。可知此时的"乡兵"仍是属于主将的部曲性质的"本兵"，未见另行设府编入整个军事系统的组织之内。故大统十五年颍川为东魏高澄久攻而陷落，王思政被俘，西魏即连同他取自侯景所据的河南诸城都全部放弃了⑤。次年，高洋篡魏，宇文泰本借以为口实率军渡河讨之，及闻高洋发兵晋阳，又不战而退⑥。显然都因正规军不足，感到远道难以支援，因此，宇文泰"始籍民之才力者为府兵，身租庸调，一切

---

① 《周书》卷三九《韦瑱传》。
② 《周书》卷三七《郭彦传》。
③ 关于府兵制的专门论著甚多，不列举，这里只提我自己的一些看法。
④ 《玉海》卷一三七《兵制（二）》，魏六军府兵条引《后魏书》。
⑤ 《周书》卷一八《王思政传》；《资治通鉴》卷一六二，梁高祖太清三年六月。
⑥ 《周书》卷二《文帝纪（下）》；《北齐书》卷四《文宣纪》。

蠲之。以农隙讲阅战阵，马畜粮备，六家供之，合为百府，每府一郎将主之，分属二十四军，（宇文）泰任总百揆，督中外诸军"。二十四军分统于十二"大将军"，十二"大将军"又分隶于六个"柱国大将军"。① 才建成了全军系统府兵制。由此可知当时情况是：（一）开始置府，设一郎将主之。不再成为隶于私人的"本兵"。（二）装备和军粮，是由六家供给。显然，如是"本兵"，即不可能由"六家"来供应的。（三）虽免除租庸调，但只能在"农隙"训练，有事必须出征，足见仍是"兵农合一"的有组织的民兵性质。这时乡兵才脱离了部曲性质。

八柱国制也绝不是仿照北魏天兴元年置八国之例而在大统十六年同时建立的。因柱国大将军是最高的领军官，大统三年仅宇文泰一人任之。其后随着战功和兵员的增加，到大统十四年，李虎②、李弼、独孤信亦进位此职。十五年，于谨、赵贵和侯莫陈崇相继又居此任③。魏宗室元欣亦于大统十四年以太傅兼大司徒加柱国大将军④。加上宇文泰，是"自大统十六年以前，任者凡有八人。太祖位总百揆，督中外军。魏广陵王（元）欣，元氏懿戚，从容禁闼而已。此外六人各督二大将军，分掌禁旅。当爪牙御侮之寄。当时荣盛，莫与为比。故今之称门阀者，咸推八柱国家云"⑤。因李虎于大统十七年才死⑥，故十六年领兵者实只六家，适符周礼"天子六军"之数。从此，府兵形成了一个系统，即"柱国大将军（正九命）—大将军（正九命）—开府仪同三

① 《资治通鉴》卷一六三，梁太宗大宝元年末。
② 万斯同：《西魏将相大臣年表》大统十四年。
③ 《周书》卷一五《李弼、于谨传》，卷一六《赵贵、独孤信、侯莫陈崇传》。
④ 万斯同：《西魏将相大臣年表》大统十四年。
⑤ 《周书》卷一六《史臣曰》。
⑥ 《资治通鉴》卷一六四，梁太宗大宝二年五月。

司（九命，共二十四军）—仪同三司（九命）—大都督（八命）—帅都督（正七命）—都督（七命）"①。可知领乡兵任帅都督者及其所部也都正式编入了府兵系统。府兵也就成了胡汉混合的武装了。不过，汉人任文职者似可不必常驻军中，必要时才参与征讨而已。如率"乡旧""义众"入关之司马裔，初授都督，后迁帅都督，历任内外官，周初，已进使持节、骠骑大将军、开府仪同三司。保定四年官至御正中大夫。但周军东征时，又率义兵与杨㯹守轵关。即授怀州刺史，后仍从征信州蛮②。郭彦迁虞部郎中，大统十二年，初选当州首望，领乡兵。后官至车骑大将军、仪同三司。魏恭帝元年，授兵部尚书，仍以本兵从于谨伐江陵③。此类情况甚多。

　　自广募关陇豪右，以增军旅之后，西魏兵力明显增强，特别是建成府兵后，宇文泰即命杨忠攻下梁之安陆，擒萧纶；又命王雄取梁之上津、魏兴，置东梁州；达奚武取梁南郑，进而又命尉迟迥取全蜀之地，逾年又再攻下江陵，擒杀萧绎（梁元帝），立萧詧为傀儡于江陵④。故西魏的疆土和户口大增。显然这是由于更好地发挥了汉人将士力量的结果。

　　其后，宇文邕（周武帝）亲政，又大力整军。建德二年（573）"复置帅都督"（帅都督不知于何时曾二度废止）。复置此官，显然是为再扩充乡兵。次年十二月"丙申，改诸军军士并为侍官"⑤。又"改军士为侍官，募百姓充之。除其县籍，是

---

① 参看谷霁光《府兵制度考释》，第53页。
② 《周书》卷三六《司马裔传》。
③ 《周书》卷三七《郭彦传》。
④ 《周书》卷二《文帝纪（下）》。
⑤ 《周书》卷五《武帝纪（上）》。

后夏人半为兵矣"。① 由此可知：（一）改军士为侍官，则军士均须宿卫（西魏北周本另有宿卫：禁军）。（二）"除其县籍"则兵民始分为二。（三）府兵半月番上②。（四）"夏人半为兵"，即汉人军士数量很大，已超过鲜卑兵。但高级领兵官如柱国、大将军等仍为北镇来的旧将。

由此可知，宇文泰的西魏政权的建立不仅靠汉族士大夫为之立制度、掌机要，且在军事上也越来越倚仗汉族将士。先后建立军功者如关中世族辛庆之、辛威、韦祐、韦瑱、裴果、裴侠、令狐整、梁昕、梁士彦等，山东的世族如敬珍、薛端、郑伟、崔彦穆、司马裔和郭彦等，特别是王思政、韦孝宽尤为一代名将③。其后平齐也多得他们这类人或其子弟的大力帮助。至隋尤为显著。本来汉族在汉末以前，士族多文武兼备，只是东晋南渡后的一部分士族到南朝齐梁时才渐次失掉了这优良传统。但在北朝仍保持了这雄健之风，"时周室尚武，贵游子弟咸以相矜"④。唐人论门阀者也说"关中之人雄，故尚冠冕"⑤。直到唐初仍如此。

六 宇文泰之行"周官"及其缓和胡汉矛盾之权宜措施

西魏—北周具有特色的政策之一，即行《周官》，这是宇文泰的战略措施。

当西魏初步稳定之后，又怎能凭借关中一隅之地而行"桓、文之举"呢？地狭兵寡而又僻处西隅，不过这里却是周秦汉三

---

① 《隋书》卷二四《食货志》。
② 《北史》卷六〇《传论》。
③ 《周书》各本传。
④ 《隋书》卷五一《长孙览附长孙晟传》。
⑤ 《新唐书》卷一九九《柳冲传》。

代的旧都所在。他有鉴于魏孝文迁都洛阳的遗言，也不难想到假借继承姬周之盛业为名，以资号召和吸引汉族的士民。

宇文泰原是"雅重经典"的①。经典中的三礼从来都被认为是治国齐家的政治典制和道德规范。特别是《周礼》，尽管东汉的儒生何休已指出它是"六国阴谋之书"，但通常仍被视为周公致太平之迹。且经制详备，有规模可循②。而他手下的谋主于谨亦"略通经史"，于谨府中的参军樊深即是河东的经师。参典机密的心腹苏绰本也"博览群书"；至于卢辩更是"累世儒学"又"博通经籍"制定朝章礼度的老手。故宇文泰一经决定行《周官》，即命苏绰专掌其事，苏绰病死后，又命卢辩来完成它③。直到魏恭帝（元廓）三年（556）正式施行。当时已到了即将禅代的前夕，所以行《周官》与其说是为西魏的官制改革，倒不如说是为新朝立制。

所谓的行《周官》，不过是将中央政府机构牵强附会地依照《周官》，改为"六官"制，以代替元魏施行的所谓"汉魏之法"而已。对于地方并未实行"分封"，而仍行州郡制。军事系统也仍是府兵制，不过以六柱国领兵，形似周制"天子六军"而已，实际上这只是一套拼凑的杂烩④。不过先在前两年已将九品官制按《周礼》改称"九命"。到行《周官》时也搞出了一套朝仪、舆服之制，如自天子的衮冕、百官的朝服以及士庶的服制等都有所规定⑤。其间仍不免掺杂了一些胡人的东西，但不能

---

① 《北史》卷八一《儒林传序》。

② 皮锡瑞：《经学通论》卷三《论周官改称周礼始于刘歆，武帝尽罢诸儒，即其不信周官之证》。

③ 《周书》卷一五《于谨传》，卷四五《樊深传》，卷二三《苏绰传》，卷二四《卢辩传》。

④ 王仲荦：《北周六典》，考证极为详备。

⑤ 《隋书》卷一一《礼仪志（六）》。

不说这是进一步汉化的措施。《通鉴》于周静帝大象元年元会时载，"始与群臣服汉魏衣冠"一语，胡三省即注云："以此知后周之君臣前此盖胡服也。"① 完全是没有根据的揣测之词，其实这次只是再用行《周官》之前的西魏的服制而已。这些服制也不过是魏孝文帝改制的所谓"汉魏衣冠"。行《周官》后不再用孝文改制后的服制，但也不能误认为纯粹消灭了全部胡服，至少，平时所用的常服中，如突厥帽、吉莫靴，仍然盛行②。

　　宇文泰虽重视汉化，但却又施行了一些胡化的措施。粗看似乎是自相矛盾，实际上这只是他调和胡汉矛盾的权宜之计。

　　从西魏建立之始即已形成了一个胡汉混合政权（至少在大统十年以后可以这么说）。无论在文治还是在武功方面都得争取汉族士民的支持，但自创国以来政治军事上的领导权仍操于鲜卑人之手。宇文泰虽志在汉化，但鉴于魏孝文改制过于急切以致造成代人的不满，故不得不一方面也要适当安抚鲜卑。况且他自己也出于武川系的军人，不是高门世族，门孤援寡，也不能失掉鲜卑人的支持，因而有"赐虏姓"之举。

　　赐姓本是自汉高祖所创而为历代帝王笼络大臣的传统手段之一。鲜卑族本来无姓③，而是以其部落为姓氏（旧史或称"以国为氏"，实同），如尉迟迥，"其先魏之别种，号尉迟部，因而姓焉"。④ 也有些鲜卑部落，是在魏初因避祸而改姓，如慕容氏有的即改为豆卢氏⑤。有的是在北魏之前即已改姓汉姓，如乌丸改

① 《资治通鉴》卷一七三，陈高祖太建十一年正月癸巳条。
② 参看王仲荦《北周六典》卷四《春官府典服》条。
③ 《宋书》卷五九《张畅传》。
④ 《周书》卷二一《尉迟迥传》。
⑤ 《周书》卷一九《豆卢事传》，并参看姚薇元《北朝胡姓考》内第三"卢氏条"。

姓王氏①。情况不一。鲜卑并未有赐姓的惯例，史籍所载北魏赐姓之例，均不可信。只有魏孝文曾改虏姓为汉姓，其后北齐高洋偶有赐姓，但仅对几个他不想杀绝的魏宗室赐汉姓"高"氏，如元文遥、元景安等，作为特赦的恩宠而已②。故赐虏姓实为宇文泰的别有深机的措施。

宇文泰和他的创业功臣都来自未沾染魏孝文改制恩泽而改单姓的鲜卑人，他不愿蹈魏孝文改姓的覆辙，况且意在代魏而另立新王朝，故只好赐汉臣以虏姓。"赐虏姓"与恢复虏姓不是一回事，过去的史家往往不察而加以混同。③ 赐虏姓于汉臣只是为扩大鲜卑统治集团的基础，仅对极少数重要的汉臣示以恩宠，而加以拉拢的策略，不是对所有汉臣一律"以夷变夏"的胡化。此举大约始于大统十二年（546）以后，故许多心腹和大臣在大统十二年以前逝世的，如周惠连、苏绰（死于大统十二年）、寇洛、王罴和王思政（大统十五年被俘）等均未见赐姓。蔡祐与辛威则确于大统十三年（547）分别赐姓大利稽和普屯氏。耿豪十五年赐姓和稽氏④。有些人如韩褒、苏椿、侯植和梁台等，史载其赐姓在十二年之前，必不可信。列传中虽多载其赐姓之战功，这可能是在赐姓时，追述其因大统十二年之前的某一次战功，故得膺此恩荣而已⑤。如苏椿之功远不及其兄苏绰，何至于

---

① 《北朝胡姓考》外篇一"王氏条"。

② 《北齐书》卷三八《元文遥传》；《北史》卷五三《元景安传》。

③ 洪迈：《容斋三笔》卷三《元魏改功臣姓氏条》，不理解二事出于不同时间，不同意图，故认为不可晓。又谓赐虏姓始于魏恭帝时，均误。《资治通鉴》卷一六五，梁世祖承圣三年正月，宇文泰以诸将补三十六国，九十九姓条，胡三省注引洪氏之说，亦误。今人亦未见辩之者。

④ 《周书》卷二七《蔡祐、辛威传》，卷二九《耿豪传》。

⑤ 《周书》卷三七《韩褒传》，卷二三《苏绰附椿传》，卷二七《梁台传》，卷二九《侯植传》。

他于大统初即赐姓贺兰氏而乃兄竟终其身不得获此恩荣？大抵
赐姓以西魏时较多，北周时很少①。由赐姓史料中，有五点值得
注意：（一）历史上从来赐姓都是赐皇帝的"国姓"，而宇文氏
在西魏时却只李穆一人赐姓拓跋氏②，其余均赐他姓。（二）赐
姓宇文氏的特多，这是历代开"霸府"的权臣也都没有这样干
过的事。其所以如此即为扩大本人的门族势力。因他的亲属在
东魏高氏统治下，或死或囚③，故对赐姓宇文氏的汉臣的宗人，
也编入属籍。如对令狐整"赐姓宇文氏……宗人二百余户，并
列属籍"④。（三）在赐姓过程中，凡是赐姓宇文氏者，十之九
是汉人中的高门旧姓。如河东汾阳薛氏、荥阳开封郑氏、博陵
安平崔氏、魏郡申氏、河东解县柳氏、京兆杜陵韦氏、陇西敦
煌令狐氏、顿丘临黄李氏等等。可见宇文泰亦重视门阀，他以
这些高门列属籍，其用意和魏孝文与五姓联姻的用意一样，即
借此提高其家族的社会声望。（四）对一些功臣、高门赐虏姓，
不但可以增加鲜卑人的势力，也有利于胡汉统治集团的团结。
（五）他也往往赐胡人和汉人以汉字含义的嘉名，此种事例很
多。如王胡仁赐名勇、王文达赐名杰、耿令贵赐名豪，即因他
们作战勇敢⑤。裴协令其改名为侠，薛沙陁赐名为端⑥。独孤如

---

① 日本浜口重国教授继朱希祖、内田吟风二氏封赐姓问题研究之后，作《关
于西魏再行虏姓问题》一文（见其《秦汉隋唐史研究》下卷），其附注（四）广搜
史传，分类列表，确知赐姓者四十五人，是否赐姓情况不明者二十人，以及本人虽
未赐姓但其兄弟或族人赐姓者七人。据笔者检查，仍不免有遗漏，如王德赐姓乌丸
氏、刘亮赐姓侯莫陈氏、闾庆赐姓大野氏，均见《周书》本传。
② 《周书》卷三〇《于翼附李穆传》（百衲本《周书》此传作擒拔氏，误。百
衲本《北史》卷五九《李贤附穆传》仍作拓跋氏）。
③ 《周书》卷一〇《邵惠公颢传附宇文护传》。
④ 《周书》卷三六《令狐整传》。
⑤ 《周书》卷二九《王勇传》。
⑥ 《周书》卷三五《裴侠、薛端传》。

愿赐名为信①。伊娄穆其先世在魏孝文时，伊娄氏已改姓伊，故宇文泰对他说："昔伊尹保衡于殷，致主尧舜。卿即姓伊，庶卿不替前绪，于是赐名尹焉。"② 这种赐姓和赐名之风，直到宇文邕时仍偶有之③。由宇文泰赐汉文的嘉名来看，即可知他并不是向胡化倒退。

至于"复旧姓"，实始于大统十五年（549）五月。"初诏诸代人，太和中改姓者，并复旧姓。"④ 诏文未载原因，我以为这是加强鲜卑族人团结的措施。因当时西魏鲜卑群臣中，主要的实力派是来自北镇未改汉姓的将士，小部分是随同魏孝文帝入关的久居洛中多已汉化的代人。自魏孝文改制后，北镇将士对洛中汉化较深的代人多有不满的情绪，故宇文泰为消除这两类鲜卑人之间的隔阂，一律用鲜卑旧姓以便泯灭这种界限。故这个措施与赐虏姓目的是不同的，而施行的时间也不同。

到魏恭帝（元廓）元年（554），宇文泰又使诸将功高者为魏初三十六国之后，次功者为九十九姓之后，并规定所统军人亦改从其姓。这又是进一步安抚鲜卑人的另一措施。因此举正是在统治集团内部发生了一次严重的政治危机之后。魏废帝（元钦）二年（553）"十一月，尚书元烈谋作乱，事发伏诛"⑤。不难理解，自魏西迁以来，宇文泰独揽大权，当然会引起魏宗室的不满，故发生这次阴谋。到次年（554）正月"魏主自元烈之死，有怨言，密谋诛太师（宇文）泰，临淮王（元）育、广平王

① 《周书》卷一六《独孤信传》。
② 《魏书》卷一一三《官氏志》；《周书》卷二九《伊娄穆传》。
③ 《隋书》卷五一《长孙览传》，卷六一《郭衍传》。
④ 《北史》卷五《魏本纪（五）》。
⑤ 《周书》卷二《文帝纪（下）》；《资治通鉴》卷一六五，梁世祖承圣二年十一月，即明言元烈"谋杀宇文泰"。

（元）赞，垂涕切谏，不听。泰诸子皆幼……唯以诸婿为心膂……分掌禁兵……由是魏主谋泄。泰废魏主，置之雍州，立其弟齐王（元）廓。去（当时）年号，称元年"①。这次废立，宇文泰当然担心魏的宗室不满，可能煽动鲜卑将士作乱。因为西魏的鲜卑将士本不多，历经征战，必有损失，而又难从鲜卑人中补充。自广募乡兵建立府兵后，汉人的武装人数却大增。其次，鲜卑宿将虽仍为领兵主将，但在中枢参与机要者又多是汉族大臣，加以多年来宇文泰不断地推行新的汉化措施，这很容易引起鲜卑人对前途的顾虑，为此，宇文泰不得不采取安抚他们的办法，"魏氏之初，统国三十六，大姓九十九，后多灭绝。至是以诸将功高者为三十六国后，次功者为九十九姓后。所统军人，亦改从其姓。"② 即补充他们的力量，以免过虑而生变。至于以"功"为标准而决定其为诸"国"或诸"姓"之后，这和北魏太平中定"族"、"姓"的用意一样③。也与树立鲜卑统治阶级的门阀地位有关，不过不是以"门资"为标准而已。这种以本朝"功绩"为主而定门阀高低的方针，遂为隋及唐初诸帝所继承，既提高了本朝的地位和政治威信，也削弱了魏晋以来世族的特权。不过，以诸将为诸姓后，实际上恐是空话，魏初诸国和诸姓大多已灭绝，何从为其后？且亦未见有何实例。

至于规定"所统军人，并改从其姓"，过去学者认为这是模仿鲜卑部落兵制，有人曾举阎庆之从李虎的赐姓大野氏为证。实则阎庆之是否为李虎之部下，并无确据。且赐姓相同未必即有统属关系，如苏椿、裴文举、梁台均赐姓贺兰氏，彼此并无统属关

---

① 《资治通鉴》卷一六五，梁世祖承圣三年正月，唯此条又载因此而复旧姓，大误。

② 《周书》卷二《文帝纪（下）》。

③ 参看《魏书》卷一一三《官氏志》。

系；高宾赐姓独孤氏，亦非独孤信之部下。独孤信久隶贺拔胜，杨忠亦久从独孤信，均未见其从主将之姓①。也许因为大将所领大军来自诸部，本非属于同一部落或宗亲，故不可能改从一姓。宇文泰亦必不致强使之从其主帅之姓，以致尾大不掉。至于府兵系统中下级将校，如帅都督、大都督、甚至仪同等武职的鲜卑所领军人本来即由各部落组成。鲜卑原无姓，皆以部落名为姓，故所统军队亦从其主将之姓。有些学者称鲜卑为部落兵制，也未为错。但同时也应该看到，自汉末以来的部曲，以及西晋末的坞主、行主的部队，以及西魏各地乡的义众、乡兵，也多是其宗人、僮奴、佃客和一些乡里，大多是由宗法组织的同姓所组成。如韦孝宽拟筑城于汾北，宇文护即说："韦公子孙虽多，数不满百。"② 所谓"子孙"即同姓的"宗人"。这些军人也与主将之姓相同，这原是血缘纽带的遗留，而非由于这次的规定所造成。若把这些已编入"府兵"系统的汉人武装说成是模仿部落兵制，无乃过于牵强？

从表面现象上看，宇文泰的赐虏姓、复鲜卑旧姓，以及规定诸将充魏初诸部之后裔，所统军队改从其姓等等措施，似从魏孝文改制倒退转向胡化了，这显然与他的思想和一贯的汉化方针是自相矛盾的。实际上都是他的"权宜"措施，是采取这类方式来调和胡汉矛盾、安抚鲜卑旧人，以稳固新创立的西魏政权。

七 北周的继续汉化与宇文邕平齐前后的改革

宇文泰立元廓为（魏恭）帝并行《周官》之后，已完成创

---

① 《周书》诸本传。
② 《周书》卷三一《韦孝宽传》。

立新朝的条件了。恰恰他于魏恭帝三年（556）死去，因诸子年幼，只好托孤于其兄子宇文护。宇文护拥立宇文泰的嫡子宇文觉（周孝闵帝，542—557）嗣位，并迫魏帝封之为"周公"，随即取代西魏建立了新王朝——（北）"周"。此时，北齐的高洋的精神病正大发作，江东的陈霸先也正在攫取政权的过程中，故未遇到内外的任何阻力。

宇文护初期曾为宇文泰管理家务。其后虽屡次随军作战，并无战功。因是宇文泰的亲侄，官位升迁较快。但因名位素卑，要代宇文泰执政，赵贵等元功宿将颇不心服。他求教于于谨，于谨考虑到诸将中亦无众望所归的人物，而宇文护毕竟是宇文泰的亲侄，又受宇文泰的托付，故在诸臣公议时首先表示拥戴，因他素孚众望，诸将只好附和。从此，宇文护即任天官大冢宰、封晋国公，掌军国大权，执掌朝政达十六年之久（556—572）。

赵贵等人本与宇文泰同属贺拔岳部，地位相等，颇思取宇文护之位而代之。宇文护为立威起见，即杀之。不一月，又免去独孤信之职，迫令自杀。他只是依靠贺兰祥和尉迟纲等掌兵权的中表亲为心腹。因贺兰祥是宇文泰大姊之子，其时改任大司马；尉迟纲也是宇文泰另一姊之子，其时任领军将军，掌握宿卫的禁军[1]。所以宇文护只是靠军事统治来巩固权位的。

宇文觉即位称"天王"时，年仅十五岁。由于宇文泰重视儒学，诸子均曾诵习经籍，宇文觉当亦不能例外。但他性格刚烈，对宇文护的专横，心颇忌之，乃与几个官僚谋诛宇文护。结果，他反被宇文护指使贺兰祥、尉迟纲等废黜，月余又被杀。他

---

[1]　《周书》卷一一《晋荡公护传》，卷一五《于谨传》，卷一六《赵贵传、独孤信传》，卷二〇《贺兰祥、尉迟纲传》。

在位不过几个月，死时也只有十六岁①。

宇文护另立宇文泰长子宇文毓（周明帝，534—557—560）继位，年二十四。他先受过河东学者乐逊等的教导，又从范阳经师卢诞受过《礼记》、《尚书》，故"幼而好学，博览群书，善属文，词彩温丽。……所著文章十卷"②，五言诗尤典雅清丽③。即位之初，拜宇文护为太师，赐辂车冕服；当将雍州刺史改为雍州牧时，又由宇文护兼任，想借此以自全，并得稍有作为。如：（一）对于迁洛的代人曾改称"河南人"的，今因周朝即建都于关中，乃诏改称"京兆人"。（二）依汉人成俗，优礼高年人；依汉人王朝旧例，也授刺史、守、令。（三）按周代"兴灭国、继绝业"之例，封元罗为韩国公，以绍魏后。（四）因崔猷奏请，改"天王"而仍称"皇帝"，并改元称武成元年（559）。这都是继续汉化的措施。同时，又击退吐谷浑的进攻，并取其二城置洮州，高昌因此也遣使来献方物，周的声威遂远达西域。武成元年，宇文护表请归政，但仍总揽军权。他因宇文毓英明而有所畏惧，又密使人进食时加入毒药。宇文毓临终前口授遗诏，说明"朕儿幼稚，未堪当国"，嘱立其弟宇文邕为帝，希望宇文护等有始有终，辅弼宇文邕以主天下。死时也只二十七岁④。

宇文邕（周武帝，543—560—578）幼年也受过好的儒学教育，如卢辩的弟弟卢光即教过他。卢光"博览群书，尤精三礼"，⑤故宇文邕亦精"三礼"，又"雅好文学"⑥，"性深沉有远

①　《周书》卷三《孝闵帝纪》，卷一一《晋荡公护传》。

②　《周书》卷四《明帝纪》，卷一三《宇文震传》，卷四五《乐逊、卢诞传》。

③　《周书》卷三一《韦琼传》。

④　《周书》卷四《明帝纪》，卷一一《晋荡公护传》。

⑤　《周书》卷四五《卢光传》。

⑥　《周书》卷四一《庾信传》。

识"。即位之初即"以大冢宰晋国公（宇文）护为都督中外诸军，令五府总于天官"，让宇文护掌军政全权（同时也极力优待诸将，特别是对于诸柱国，"各准别制邑户，听寄食他县"）。不久，有人把宇文护比作周公旦，谓周朝曾为周公立宗庙于鲁，故宇文邕也命于同州晋公第，另立祖庙，而由宇文护主祭；总之，百般迁就他，以满足他的欲望。后来如宇文护迎接他自齐回国的生母，甚至大赦天下，故"荣贵之极，振古未闻"。宇文邕在这种隐忍苟安状态下也进行了一些改革。如：（一）改革八丁兵为十二丁兵，每年轮流上番宿卫一个月，以减轻兵士番上之劳。（二）铸"布泉"钱，以一当五，与"五铢"钱并行，以改善财政收入。（三）颁布新律《大律》二十五篇。[①] 其他如效汉制，尊于谨为"三老"，并多升迁诸将等等。此外，为避祸计，常常以讲经、立学自晦，如天和元年，以天子之尊，竟御殿为群臣亲讲《礼记》；三年，又集百僚及沙门道士等亲讲《礼记》；天和二年，立露门学，置学生七十二人，借以不亲庶务。这样韬晦了十一年，经过预谋，终于在建德元年（572），趁宇文护入宫不备而杀之，并迅速地诛其子弟及亲信，废除"中外府"，以收回军权，既而又改置了宿卫官员，清除了心腹之患[②]。

宇文护专政了十六年，不识大体，自恃开国之功，作威作福，而素望本不高，又无赫赫之功，却先后弑二帝，立三主，多杀元功宿将，如赵贵、独孤信、李远，甚至在宇文邕即位后，还先后因小故而逼令侯莫陈崇和贺若敦自杀[③]，借以立威。天和四年，突厥来约共同出军伐齐，宇文护因齐送还其母，本不愿出

---

① 《资治通鉴》卷一六九，陈世祖天嘉四年二月周造大律条及胡注。
② 《周书》卷五《武帝纪（上）》，卷一一《晋荡公护传》。
③ 《周书》卷一六《赵贵、独孤信、侯莫陈崇传》，卷二五《李贤附远传》，卷二八《贺若敦传》。

征，但又怕失信于突厥，不得已自请东征。此次出动二十四军及左右厢散隶和秦陇巴蜀之兵等二十万，进屯弘农，围攻洛阳，但他本无将略，以致全军溃散，军资损失无数，丧大将王雄、杨㯹①。总之，宇文护虽总军政，每战无功，不仅伐齐溃败，甚至天和二年且大败于陈②。故其威信愈低，众心不附。所以他终未敢篡位。不过，在他专政时期，北周的汉化方针仍始终得以贯彻。他本人不学无术，又从不与士大夫交往，他的心腹叱罗协也"才识庸浅"，但他天官府的属官，如小冢宰、司会、御正、纳言以及春官府的内史等要职，始终是掌握于汉人士族之手，如李穆、杨宽、王褒、柳庆、崔猷、韩褒、薛善、陆逞、杨荐、申徽、薛寘、郑孝穆、裴鸿、司马裔、李昶和卢柔等③。故也做了一些好事。如宇文觉时，（一）诏二十四军举贤良④；（二）宇文毓时召集公卿以下有文学者八十余人，于麟趾殿校经史⑤；（三）改雍州刺史为雍州牧，京兆郡守为京兆尹⑥，提高了长安的政治地位。使之取代洛阳而成为政治经济和文化的中心。至于宇文邕，他的贡献已如前述。所有这些措施也都有助于巩固其统治。

到宇文邕亲政后，正值北齐高湛已死，高纬在和士开、陆令萱等佞臣包围下，内政日见紊乱，斛律光又被杀了；江东的陈顼（陈高宗）也正准备攻齐。形势对周均有利，故宇文邕也积极准

---

① 《周书》卷一一《晋荡公护传》，《通鉴》卷一六九，陈世祖天嘉五年闰九月乙巳以下"周齐之战"各条。

② 《周书》卷一三《宇文直传》，《通鉴》卷一七〇，陈临海王光大元年九月乙巳条。

③ 《周书》诸本传。

④ 《周书》卷三《孝闵帝纪》。

⑤ 《周书》卷四《明帝纪》。

⑥ 同上。

备灭齐，为此，他首先整顿军队。

建德元年（572），宇文邕消灭了宇文护的隐患之后，这年冬天他分别检阅京东京西的诸将，并颁赏赐。次年又选拔诸军将帅。自此每年都检阅部队，教练诸将兵法，宴赐高级将领。同时又于建德二年复置"帅都督"，再度扩充乡兵。继而又改诸军士为"侍官"，使府兵都成为天子的卫士。①

其次，筹集军费。他一方面大力节约，省并中大夫以下官员，各府仅置四司；建德四年，又省并郡县主簿一人②。省官即省冗费。另一方面，建德三年又禁佛道二教。本来佛教势力在南北朝时最盛，道教从拓跋焘以后也成为北魏帝室重视的宗教。一般士大夫以谈论二教教义为风尚。宇文泰和宇文邕都颇懂释典，但他们皆以儒家为正统。建德二年，宇文邕召集群臣与沙门道士等讨论三教先后，决定以儒教为先，道教为次，佛教为后③。但因当时僧尼寺院太多，僧尼既不服役、不纳租赋，而寺院又广占土地，多聚财富，这就分割了专制国家大量的人力和财力。为此，宇文邕断然下诏，将寺院分赐给王公为第宅，沙门道士并令还俗为民。结果正如他所说："自废佛以来，民役稍稀，租调年增，兵师日盛。"这就保证了灭齐的物质条件。故灭齐之后，也废止了山东诸州的佛道④。

此外，他还励精图治，做了伐齐的各方面的准备工作。到建德四年（575）七月即对大将军以上的将领宣告，他"自亲览万机，便图东讨，恶衣菲食，缮甲治兵。数年以来，战备稍足，而伪主（高纬）昏虐，恣行无道。伐暴除乱，此实其时"，立即大

---

① 《周书》卷五《武帝纪（上）》，卷六《武帝纪（下）》。
② 同上。
③ 《周书》卷五《武帝纪（上）》，卷三五《薛善附慎传》。
④ 王仲荦《北周六典》卷四，春官司寂条。

举亲征。虽连克三十余城，进军准备围攻洛阳时，却因病退兵。次年十月，又再度大举出师，接受了诸臣的建议，直接进攻晋州，连战克晋州、下并州，北齐诸臣纷纷投降，高纬逃邺。次年（577）正月入邺，又追擒高纬于青州。此次攻战，前后不过用了三四个月①，从此统一了北方。

平齐之后，宇文邕及时地采取了一些大大有益的措施。如：（一）按照儒家伦理，表彰忠烈，为斛律光、崔季舒等平反昭雪，追加赠谥，家口田宅没官者并还之。（二）在诛宇文护之后曾诏免江陵所获俘虏充官口者为民；平齐之后，又诏自武平三年（周建德元年）河南诸州被齐人掠为奴婢者，不问官私，并免为民；以及过去因罪配杂户者，也悉免为民。（三）十一月更诏"自（北魏）永熙三年（535）七月（魏孝武帝入关时）以来，去年十月（此次开始伐齐时）以前，东土之民被抄掠在化内为奴婢者；及平江陵之后，良人没为奴婢者，并宜放免，所在附籍，一同民伍"。次年更下诏"所有民庶为奴婢者，悉依江陵放免。若旧主人犹须共居，听留为部曲及客女"。可知他决心解放所有的奴婢。虽未必能全部实现，至少也解放了不少官奴婢。（四）颁布《刑书要制》；严禁强盗及官府监守自盗，以及三正三长隐匿土地和民户，罪重者至死，以保障社会秩序及国家的资财和赋役②。（五）招致汉族人才，如平齐后征阳休之、卢思道、颜之推和李德林等十八人入京③，对李德林更是重视，"自此以后，诏诰格式及用山东人物，一以委之"。④同时又迎经师熊安

① 《周书》卷六《武帝纪（下）》；《资治通鉴》卷一七二，陈高祖太建七年、八年周伐齐诸条。
② 《周书》卷六《武帝纪（下）》。
③ 《北齐书》卷四二《阳休之传》。
④ 《隋书》卷四二《李德林传》。

生入京，并下诏"山东诸州各举明经于治者二人。若奇才异术、卓尔不群者，弗拘多少"①。所有这些措施对于社会的前进和汉化都起了重大的作用。

按照宇文邕的这种方向和他的才具，本可大有作为，可惜他却在平齐的第二年（即周宣政元年，578）突然病死于出巡途中，年仅三十六岁。太子宇文赟继位，很快即把周王朝的政权丧失了。

八 杨坚代周加速鲜卑与汉族的融合

宇文赟（周宣帝，559—580）是宇文邕的长子。北周前期由于宇文护专政，天子朝不保夕，故到宇文护死后，他才得立为太子。宇文邕对子弟的教育本是很严格的，又尊师重道。"高祖（宇文邕）以（斛斯）征治经有师法，诏令教授皇太子。宣帝（宇文赟）时为鲁公，与诸皇子等咸服青衿，行束修之礼，受业于征，仍并呼征为夫子。"②又曾从江陵萧氏征来的沈重受过教导③。"（宣）帝之在东宫也，高祖虑其不堪承嗣，遇之甚严。朝见进止，与诸臣无异。虽隆寒盛暑，亦不得休息。……帝每有过，辄加捶扑。尝谓之曰：古来太子被废者几人？余儿岂不堪立耶？于是遣东宫官属，录帝言语动作，每月奏闻。帝惮高祖威严，矫情修饰，以是过恶遂不外闻。嗣位之初，方逞其欲。"④尽管如此，专制主义国家政权，安危系于天子一人，无论是兄终弟及或立嫡长都不能保证政权的绝续。每当大位一落到恶少之

---

① 《周书》卷六《武帝纪（下）》。
② 《周书》卷二六《斛斯征传》。
③ 《周书》卷四五《沈重传》。
④ 《周书》卷七《宣帝纪》。

手，几乎无不乱亡。历代此例甚多，北周也就不免了。

宇文赟虽也受过良好的教育，却好酒色，更忌其叔齐王宇文宪。本来宇文宪既有文武才，平齐又有大功，故宇文赟刚一继位就把他杀了①。宇文赟又恨为太子时，大臣王轨、宇文孝伯、宇文神举等曾向宇文邕如实地奏明他的过失，尽管他们都有大功，也先后一一被杀掉了②。立杨妃为皇后，即以后父杨坚为上柱国大司马。继而又置四辅官，而杨坚以大司马又为大后丞，掌重权。在位不过半年多，他即于大象元年（579）禅位于七岁的太子宇文衍（周静帝，573—579—581）。当时他自己也不过二十一岁，却自称"天元皇帝"。自比为"天"、"上帝"，居所称"天台"。初立四皇后，杨后称"天元皇后"，朱后为"天元帝后"，元后为"天右皇后"，尉迟后为"天左皇后"。未几再立陈氏为"天中皇后"。又修建洛阳宫殿，改称东京。恢复佛道二教。更博采天下女子，恣意淫乐。这种荒唐的生活，既怕臣下规谏，而性又多猜忌，竟至派遣左右侦察群臣的行动。小有过失，动辄加罪，自公卿以下皆被楚挞，甚至诛戮。每次笞人都以一百二十为准，名之曰"天杖"，连内宫也不免。因此，内外恐惧，人心不安。而他也于次年（580）病死，年仅二十二岁③。当时宫官御正刘昉和内史郑译感到宇文衍这个八岁的小皇帝不可能担当这个重任，况且当时人心又不附，故矫制以杨皇后之父隋国公杨坚受遗诏辅政，从而出卖了北周的政权④。

杨坚（隋文帝，541—581—604）是西魏柱国杨忠之子，封隋国公。他袭父爵，在平齐战役中又立大功，晋位柱国。长女为

---

① 《周书》卷一二《齐炀王宪传》。
② 《周书》卷四〇《王轨、宇文神举、宇文孝伯传》。
③ 《周书》卷七《宣帝纪》。
④ 《周书》卷七《宣帝纪》。

宇文赟后，宇文赟即位，故得拜上柱国大司马。位望最高，故郑译、刘昉矫诏引之入总朝政，任都督中外诸军事，再拜大丞相，改朝换代的形势已形成。当时反对的只有北周的几个宗室，如赵王宇文招等人，但已被召至长安，无兵无势，杨坚即先后一一杀之。实际上只有宇文赟尉迟皇后的父亲、相州总管尉迟迥，因是重臣宿将，又握重兵，想与杨坚争权而起兵对抗；宇文衍（周静帝）的岳父、郧州总管司马消难，他和杨坚、尉迟迥都任过大后丞，地位相当，故也起兵响应尉迟迥。益州总管王谦因是北周大将王雄之子，也起兵响应。关东各州响应的也不少，兵力共达数十万①。不过，杨坚却得到大多数汉人的拥护，如：（一）开国重臣并州总管李穆及其兄子李询，首先表示拥戴。并州是重兵所在，故河东安然不动；②开国功臣于谨之子于翼、于义，及其孙于仲文，苏绰之子苏威。（二）名将韦孝宽、高颎、梁士彦等。（三）鲜卑旧臣窦炽及其侄窦荣定、豆卢宁之子豆卢勣、长孙俭之子长孙平、贺若敦之子贺若弼，北魏宗室元谐、元胄、元景山、元孝矩，甚至宇文氏的族人宇文忻、宇文弼、宇文威之子宇文述等。（四）文人如郑译、刘昉、柳裘等掌机密者，甚至宇文邕十分重视的北齐降臣李德林也竟对杨坚表示"誓死效忠"；（五）苟安于江陵的后梁小朝廷的萧岿因听了使臣柳庄的分析：尉迟迥虽是名将，但年老昏庸，司马消难和王谦也是平常之才，而北周将相都拥护杨坚，因此萧岿不敢妄动③。在这样的形势

---

① 《周书》卷二一《尉迟迥、王谦、司马消难传》。

② 《隋书》卷三七《李穆传》。

③ 《隋书》卷三七《李穆附兄子询传》，卷三九《于义传》，卷四一《高颎、于仲文传》，卷三八《刘昉、郑译、柳裘、皇甫续、卢贲传》，卷三七《梁睿传》，卷六一《宇文述传》，卷三九《窦荣定、元景山、豆卢勣传》，卷四〇《梁士彦、宇文忻、元谐、元胄传》，卷四二《李德林传》，卷五六《宇文弼传》；《周书》卷三一《韦孝宽传》，卷三〇《窦炽、于翼传》，卷四二《柳霞附庄传》。

下，杨坚用高颎、韦孝宽和宇文忻等出兵，很快平定尉迟迥；司马消难闻王谊进攻即不战而逃于陈；蜀中的王谦也被梁睿率军平定。又杀宇文氏子孙十五人，杨坚也就很顺利地取代周称"隋"，即皇帝位。改元为开皇元年（581）了①。

当宇文赟初即位，杨坚就以后父为上柱国大司马，掌兵权。故当宇文赟时即曾下过一些重要的诏令。如颁下州郡的九条诏制中，表彰孝顺义烈，即用儒家的伦理以稳定封建社会秩序；又诏访有文武才而沉沦的人才备用；命州举高才博学者为秀才、郡举经明行修者为孝廉，以恢复汉代的举秀孝之制。大象元年（579）正月朝会，君臣均服汉魏衣冠。② 到杨坚平定尉迟迥等之后，又以周静帝名义下诏：谓宇文泰时，文武群臣赐姓者众，乃是"权宜之计"，令诸改姓者悉数恢复旧姓③。这是杨坚篡周之前赶办的事，复旧姓后，他即皇帝位时就可不必袭用其父杨忠所受的赐姓普六茹氏，而仍姓杨了。自此之后，汉臣因可恢复原姓，鲜卑诸臣也可恢复魏孝文时所改的单姓，如拓跋氏仍可姓元了。

杨坚即位，立即废除周官体制，仍依汉魏之旧，置三公和尚书、门下、内史、秘书及内侍五省、御史、都水二台、太常等十一寺，左右卫十二府。至此，他把宇文泰的一些权宜的措施都加以改正了。

杨坚还进一步采取了一些汉化措施：（一）用人不分胡汉，一视同仁，消除民族偏见。杨坚虽为汉人，但其先世久居武川，与鲜卑骑士相习。后来他父亲又是随同贺拔岳入关的门阀之一，且多与鲜卑联姻。如他的皇后即另一柱国独孤信之女，他的长女

---

① 《通鉴纪事本末》卷一四九《杨坚篡周》。
② 《周书》卷七《宣帝纪》。
③ 《周书》卷八《静帝纪》。

又为周宣帝宇文赟的皇后①。其实，这种胡汉混合的家族自北魏孝文以来已很多。故他用人较之魏孝文以后以及北齐、北周更少民族间的偏见。如即位之初，就以窦炽为太傅、于翼为太尉、元岩为兵部尚书、元晖为都官尚书、长孙毗为工部尚书。这都是中朝的重臣和要职；伊娄彦恭为左武侯大将军、窦荣定为右武侯大将军，更是掌握宿卫禁军的大将。至于统率一州军事大权出任总管的更多，如元景山为安州总管、贺若弼为楚州总管、尒朱敞为金州总管等等，比比皆是。故在隋代，从未发生过统治阶级内部的民族矛盾，况且他又明令"前代品爵，悉可依旧"②。这就消除了北周文武百官的疑虑。

（二）平定江东，统一中国。杨坚于开皇七年废掉苟安于江陵一隅的后梁小朝廷，以傀儡萧琮为柱国，封莒国公。萧琮妹妹即为隋炀帝杨广的皇后。其女又嫁侯莫陈氏。宗亲都随才录用，故萧氏子弟布列朝廷。③ 次年杨坚又下令伐陈，出兵达五十一万，皆统于杨广。高颎为其长史，军事取决于他。贺若弼、韩擒虎等于开皇九年（589）正月分头渡江，陈国的末代皇帝陈叔宝是个浪荡文人，在一些佞臣的包围下醉心于声色。故不到三个月，国亡身擒。杨坚对陈叔宝也给予三品官的待遇，因他终日饮酒不能治事，故不授官职。他的子弟很多，杨坚都安置于边州，给田业，并不时赐衣服，以保全他们。陈的旧臣如姚察、袁宪④、许善心⑤、名将周罗睺⑥等，均予重用。从此，南北的经

---

①　《隋书》卷二《高祖纪（下）》。
②　《隋书》卷一《高祖纪（上）》。
③　《隋书》卷一《高祖纪（上）》，卷七九《萧岿附子琮、瓛传》。
④　《通鉴纪事本末》卷一五一"隋灭陈"。
⑤　《隋书》卷五八《许善心传》。
⑥　《隋书》卷六五《周罗睺传》。

学、文学等一切文化得以交流，南北汉人士大夫和已汉化的鲜卑人也日益密切。不仅使鲜卑人彻底汉化，也在政治上实现了将近四百年来全国空前的统一。

（三）重新制定礼乐。历代王朝统治者从来重视以儒家学说为指导思想的礼乐，深知这是从上层建筑（包括政治制度、法律、教育、宗法等）并通过五伦关系、生活方式及风尚等精神生活来维护封建等级制度和社会秩序的重要工具。杨坚即位后，也着手统一礼乐制度并消除残余的"胡风"。最初，太常卿牛弘指出长期没有可取的仪制，仅南朝齐初期王俭私撰仪注，齐梁两代即遵行之。西魏处于战乱中，也缺少宾礼、嘉礼。杨坚即命以北齐的仪注为准，略采王俭之礼以定新礼①。不久，太常少卿裴政也指出：大象元年元会时，虽说是用"汉魏衣冠"，但实际上"舆辇衣服，甚为迂怪"（大约也是参有胡制），请求改革。杨坚也诏令"采东齐之法"。② 到开皇五年，牛弘等修"五礼"成，即诏行"新礼"，③ 但到仁寿二年，又诏杨素、苏威和牛弘等同修"五礼"（按苏威是西魏苏绰之子。知其父在当时因财用不足故所定赋役过重，希望将来有人减轻，苏威即以为己任。故他首先请减赋役，杨坚说他"斟酌古今，助我宣化"。他参加修"五礼"，必然会反映关中学者的见解）④。可知隋代的"五礼"，虽以北齐之制为主，也必然带有南朝齐梁和西魏、北周的色彩。

隋初，颜之推认为礼乐崩坏久矣，今太常雅乐仍用北周之乐，请求参考梁乐。杨坚认为梁乐是"亡国之音"，不用。而命

---

① 《隋书》卷八《礼仪志（三）》。

② 《隋书》卷一二《礼仪志（七）》。

③ 《资治通鉴》卷一七六，陈长城公至德元年正月戊午朔条。

④ 《隋书》卷四一《苏威传》。

郑译、牛弘、何妥等定乐，却又久而不决①。开皇九年平陈后，得到了清商乐。这倒真是汉魏的旧曲，其后因战乱，辗转传到苻坚的前秦，刘裕灭后秦，才带往江南的。故杨坚命太常寺置"清商署"来管理。他认为这才是"华夏正音"。本来，牛弘即曾指出北周所造之乐，"杂边裔之声，戎音乱华，皆不可用"。他和晋王杨广都请求制定新乐。杨坚许可后，他们即重新制定了庙堂所用的歌辞。不过，任何民族的优秀文化都是有生命力的，杨坚时所定的七部乐中，实际上只有"清商伎"是"华夏之音"，其他六部实际上都是胡乐（如所谓"国伎"本是吕光、沮渠蒙逊等割据凉州时，把得到的龟兹乐改造而成的"西凉乐"，到北魏北周却称之为"国伎"而已）②。重新推广清商乐，也只是加强汉化的一个措施而已。

（四）彻底解放了北镇鲜卑战士的身份。北魏正光五年（524），六镇府户不甘心沦于"厮役"的地位，起而暴动，虽曾迫使魏明帝（元詡）下诏允许"诸州镇军户悉免为民，改镇为州"。③但暴动的广大群众，却遭到尔朱氏的残酷屠杀，被镇压下去之后，又分别被高欢和宇文泰等编为他们创立王业的武装工具。除了少数参加暴动队伍的酋长、队主等叛变后先后成为东西魏的元勋、大将外，六镇的府户仍然是身不由己的实际上与府户无异的士兵。杨坚于平陈之后，开皇十年（590）下诏："魏末丧乱，宇县瓜分，役车岁动，未遑休息。兵士军人，权置坊府。南征北战，居处无定。家无完堵，地罕包桑。恒为流寓之人，竟无乡里之号，朕甚愍之！凡是军人，可悉属州县，垦田籍帐，一

---

①　《隋书》卷一四《音乐志（中）》。

②　《隋书》卷一五《音乐志（下）》。

③　《魏书》卷九《肃宗纪》。

与民同。军府统领，宜依旧式。罢山东、河南及北方缘边之地新置军府。"① 这个诏书，不但写出了"府户"六十多年来的痛苦的生活，也使之真正得到了解放，实现了作为自由民的愿望。和汉族的人民一样，归州县管理，有了安定的家庭和乡里，可以受田耕作。只是和汉人的府兵一样，军籍由当地的府兵机构"骠骑府"管理（大业三年改称"鹰扬府"，唐改称"折冲府"）。从此他们和汉族人民错居，既易建立劳动友谊，也加速了他们的汉化。

杨坚采取这些措施，大大加速了鲜卑族汉化的过程。例如民族特征之一的语言，在鲜卑统治阶级中本已逐渐懂得而且使用汉语了。到北齐、北周时，鲜卑军人也许还不普遍懂汉语。例如，府兵即是胡汉合编的部队。为此，宇文邕特作《鲜卑号令》一书②，以备军中使用。至于鲜卑统治阶级只是偶尔在特殊情况下才用鲜卑语。例如梁岳阳王萧詧内附，初遣使到荆州。刺史长孙俭特具戎服，列军仪，用鲜卑语，命人传译以问客。"客惶恐不敢仰视。日晚，俭乃著裙襦纱帽引客宴于别斋，因序梁国丧乱，朝廷招携之意。发言可观，使人大悦。"③ 这只是为了威慑使臣而用鲜卑语。又如北周灭北齐后，"武帝（宇文邕）尝于云阳宫作鲜卑语，谓群臣曰：我常日唯闻李德林名，及见其与齐朝作诏书、移檄，我正谓其是天上人，岂言今日得其驱使，复为我作文书，极为大异"④。这是他对宫中近臣谈他得意的快事而又不愿让汉臣听懂，才偶一为之。由此可知当时朝臣相见已不用鲜卑语，故史官才作为特例记载之。自军坊解散，鲜卑战士散处州

① 《隋书》卷二《高祖纪（下）》。
② 《隋书》卷三三《经籍志（一）》。
③ 《周书》卷二六《长孙俭传》。
④ 《隋书》卷四二《李德林传》。

县，自不可能用人传译。在隋末山东农民起义时，各族人民共同战斗中，从未见有语言的隔阂。由此可知，鲜卑族的汉化历史任务，经历了四百年的漫长岁月和曲折道路，至此终于完成了。

除此以外，杨坚还在政治上经济上以及文化上作了许多的改革。在他励精图治之下，终于结束了三百年的分裂格局，依靠北方各民族（特别是鲜卑）和汉族的共同努力，使隋朝建成了统一的富强的大帝国。

从鲜卑族的整个汉化过程中，我们至少可以看出一些带有规律性的历史现象：

（一）由于汉族比之周边的各少数民族在经济和文化，以及生活水平方面为高，所谓"汉化"即是少数民族向汉族学习，终于和汉族融合的历史现象，不过汉文化是建立在比较发达的农业生产基础上的一整套封建宗法的政治制度和文化。因此，进入中原的民族（不管是被迁徙来的或是作为征服者进占而来的）汉化是比较容易的：居于近塞的民族如已进入农耕或农牧并行生产阶段，也可能接受汉文化的影响而得以加速他们的发展（如契丹、靺鞨等）。若居于塞北的游牧民族，或僻处于高原、深山、大漠而仍停留于氏族末期的小民族，则短期内还不易接受汉化（如柔然、獠族等），因而民族的发展则较慢，或分裂而被其他民族征服、同化。

从鲜卑族来说，他们在汉魏时已迁居于匈奴故地，虽与魏晋也偶有接触，但并不能理解汉文化的价值。故沙漠汗自晋回乡却被杀，直到猗卢移居近塞的盛乐城后，接触汉人渐多，才有所认识，但尚未有意识地学习汉文化。故到什翼犍时虽一度扩张而雄踞塞上，但瞬即崩解[1]。只有拓跋珪进入代北、建都平城后，才

---

① 《魏书》卷一《序纪》。

大力任用汉臣，从各方面开始进行汉化，并重视农业，才能顺利地强大起来。经过几代的继续努力，统一了北方。到拓跋宏（孝文帝）为了统一全国，更积极深入地推行全面汉化的改革。其后，虽一度逆转，但高氏和宇文氏已深知，要在全国进行统治，就非得继续汉化不可。历史几经曲折，终于在隋代完成了鲜卑全面汉化的任务。

（二）各少数民族的汉化，必须出于他们自觉的要求，主要还得靠他们君主带头来推动。因他们有条件接触汉王朝的统治者，也易于理解汉文化对统治国家的重要作用。所以他们首先学习汉文化，各民族的君主大都如此①。特别是他们建立了封建专制主义政权后，作为皇帝则具有任何奴隶主或封建领主所没有的至高无上的权力，可以任意利用汉人政治家，推行任何汉化的政策。所以他们在历史上的作用是比较大的。因之，他们的知识、才能甚至个人爱好和心理或病理状态，都有重要的影响。当然，汉化对一些民族的成员来说，开始是有矛盾的。如一些习惯于草原的民族只知道骑射的重要，而汉化不但要改变他们的生产劳动习惯，并且要改变他们的生活方式，甚至影响他们的政治地位和前途，这确是一个痛苦的过程。这种矛盾反映到政治上来即是胡汉两派（或文武两派）的对立，甚至导致政变或亡国。不仅北魏孝文帝以后，和北齐高洋以后出现过这种现象，其后，有些少数民族在中原建立的王朝也大都出现过。如金朝熙宗时即发生过完颜宗翰、宗干、希尹和韩企先等的汉化派与宗磐、宗隽和挞懒等保守派的斗争②。后又发生了完颜亮（海陵王）的大力汉化和

---

① 《廿二史劄记》卷八《僭伪诸君有文学》。

② 《金史》卷四《熙宗纪》，卷七四《宗翰传》，卷七六《宗干传》，卷七三《希尹传》，卷七八《韩企先传》，卷七六《宗磐传》，卷六九《宗隽传》，卷六六《挞懒传》。

代表保守势力的完颜雍（金世宗）的政变复辟[1]。虽然历史总是在矛盾中前进的，但在少数民族居统治地位的王朝中汉化与反汉化的矛盾，比之汉族王朝中改革与反改革的矛盾却要尖锐得多！

（三）任何少数民族居于统治地位的王朝之汉化，总是靠他的君主大力任用汉人文臣来进行的，紧随着的是主张汉化君主的兄弟和子孙。如北魏拓跋珪首先即靠燕凤、崔宏等，到元宏时，他竟以华夏正统自居，认为他们是皇帝之后，而改姓元，并且歧视"蜀"人而不许入"郡姓"。[2] 他和他的兄弟及其子孙大都能诗善文。北齐高欢的子孙也有不少读书知文的，北周宇文泰的子孙都曾习读经史，汉文化的素养更高。因此，他们的宗室大臣也不少跟着汉化了，如鲜卑人源师甚至被反对汉化的胡人骂为"汉儿"。[3] 到隋时，这些汉化已深的鲜卑人大都自称"河南人"（或"洛阳人"）或"京兆人"了。

不过，仅是统治阶级的汉化仍是不能提高整个民族的水平的，必须该民族的广大成员汉化才行。他们必须和汉族人民一样，杂居共处，共同劳动和通婚，才能从部族的纽带中解放出来，和汉族人民一样安居生活。北魏开国之后，即曾解散部落，使他们一同编户。不过多数恐仍是作为战斗部队（包括北镇的"府户"）。还有少数随同归附或俘虏来的塞上各部落成员以及征服区的汉人当作"新民"迁徙到某地后，即"计口授田"，也和当地人民一样成为农民。特别是隋开皇十年废除鲜卑部队的坊府组织，使那些沦同府户一样的鲜卑战士成为州县的民户，得和汉族人民错居而变成农民。也有些鲜卑人以及来自西域的少数民族

---

① 《金史》卷五《海陵纪》，卷六《世宗纪》。

② 《资治通鉴》卷一四〇，齐高宗建武三年正月。

③ 《北齐书》卷五〇《高阿那肱传》。

人民（或是被后凉的吕光，或是被北魏的拓跋焘迁来的）定居于河西一带，也因和汉族农民错居通婚而汉化了。如隋末山东农民起义中的翟让、单雄信、窦建德和刘黑闼等，即是少数民族汉化了的农民，翟让显然是高车族（丁零、勑勒）翟氏的后人①，单雄信显然是鲜卑阿单氏改姓单者的后人②，窦建德也是鲜卑纥豆陵氏改姓窦者的后人③，刘黑闼祖先也可能是匈奴屠各部随刘渊而改姓刘的。黑闼和宇文泰原名黑獭，显然是同名异译。④ 他们虽是农民，大约出身于北族的战士，故都骁勇善战。定居于河西一带的少数民族的农民，如西魏大统十三年的敦煌计账文书中的邓延天富之母白乙升、白丑奴、白丑女、侯老生等人⑤，也是汉化了的少数民族。姓白的显然是龟兹人⑥，侯老生也是鲜卑"胡古口引氏改为侯氏"的后人⑦。这些人和汉人农民杂居通婚，授田耕作，无疑都已汉化了。此外，还有些西域来的商胡、乐工等久住在洛阳，当然也汉化了⑧。总之，随着鲜卑的汉化，在北魏统治下的许多少数民族也都汉化了。

（四）还必须看到，在少数民族汉化中，汉族也不会摒弃少数民族的优秀文化。例如隋唐两朝，不但继承了北魏创立的均田制和北周创建的府兵制，而且也接受了由西域传来的艺术和音

---

①　《新唐书》卷八四《李密传》；《晋书》卷一〇四《石勒载记（上）》；《魏书》卷一〇三《高车传》。

②　《新唐书》卷八四《李密传附单雄信传》；《魏书》卷一一三《官氏志》。

③　《新唐书》卷八五《窦建德传》；《魏书》卷一一三《官氏志》。

④　《新唐书》卷八六《刘黑闼传》；《魏书》卷二三《卫操传》中的"桓帝纪功碑"；《周书》卷一《文帝纪（上）》。

⑤　转引自历史研究所编的《敦煌资料》第87—108页，斯泰因盗去的六一三号文件。此件经日本山本达郎教授考订为西魏大统十三年敦煌计账文书。

⑥　《北朝胡姓考》外篇九，西域诸姓"白氏"条。

⑦　《魏书》卷一一三《官氏志》。

⑧　《洛阳伽蓝记》卷三，城南四夷馆条。

乐。均田制和府兵制的重要作用已久为史学界重视，而石窟艺术和西域的歌舞，直到今天仍为我国和全世界的人民所欣赏。

石窟艺术是印度佛教文化的一种造型美术，经西域传到北凉，再传到北魏。拓跋氏统治者及其治下的臣民当时也是信佛的。因此，除西域外，西自敦煌、东向平城、洛阳、并州以至辽东，都开凿了许多石窟。其中都有大量的壁画和雕塑。进入北魏之后，这些壁画和雕塑都起了质的变化。虽然壁画内容大都是佛教故事，浮雕或立雕以及塑像也都是佛像，但一经中原的汉族或鲜卑的工匠之手，就逐渐使它民族化和现实化了。如敦煌莫高窟第二八五号窟内西魏大统初年的壁画中的菩萨和供养人像，都出现了瘦削的脸型、汉式长袍的褶纹和衣带；大同云冈的第六、第七、第十六等窟以及洛阳龙门的宾阳洞等处的立雕的佛像除"袒右肩式"之外，还出现了"冕服式"的服制。这显然是受到了魏孝文帝改服制的影响；在云冈古阳洞，更有比丘慧戒为其生父所造的立雕石像。又如莫高窟的壁画和云冈、龙门的浮雕中除佛的本生故事外，还有贵族出巡、战争、狩猎、捕鱼、耕作等内容。这些内容在两周的铜器和汉代的浮雕上都有过，因这正是常见的现实生活的反映。在甘肃天水的麦积山石窟的造像都是泥塑的，壁画大都是北周的作品，画上的伎乐、飞天、散花的姿态、衣饰和飘带，多用彩色涂绘，栩栩如生。北齐的石窟有太原的天龙山，河北邯郸附近的南北响堂山等处。响堂山石窟中的造像脸型圆浑、表情温和、衣服很薄，显出肢体的坚实而有起伏，洞口及佛龛上装饰花纹也很精美。这种石窟艺术，隋唐不但继承而且更有所发展。洛阳龙门的唐代立雕佛像艺术水平更高了[①]。但这

---

① 论述石窟艺术的论著，中外极多，此处恕不列举。仅根据作者参观所得，略加说明。

已不是印度艺术的原型，而是汉族和鲜卑族人民的再创造。

同样，北朝的歌舞也源出于天竺和西域各国，还有来自高丽的。北魏拓跋焘（太武帝）自河西得来，后又流传于北齐。这些丰富多彩的歌舞，为北齐高纬（后主）宫廷所沉醉，原不足怪。不过他因之而被大批的西域能歌善舞的乐工、歌舞人以及佞幸胡商等所包围，终于国破身亡①。北周末，郑译又奏请宇文赟（周宣帝）将北齐散乐人征入京师。到杨坚开皇元年即将"太常散乐，放为百姓，禁杂乐百戏"②。但到他定乐时，七部中就有"国伎"（实即西凉乐）、"高丽伎"、"天竺伎"、"安国伎"、"龟兹伎"、"文康伎"六部，实际上都是胡乐。此外，还有疏勒、扶南、康国、百济、突厥、新罗、倭国等伎。到杨广（隋炀帝）量定为九部乐时③，即全部继承了北齐的各种歌舞，到唐代更是风靡朝野了④。

（五）自古以来，中国历代许多少数民族都有不同程度的汉化，有一些和其他民族相融合（如北匈奴除大部分西迁外，有一些融合于鲜卑），还有如南匈奴、鲜卑以及留于河西及中原羯族（契胡）、乌丸、大部分突厥、库莫奚和契丹等都融合于汉族。也有不少民族虽受汉文化的影响很深，但仍保存了他们本民族的某些特征，至今仍作为我们多民族国家的兄弟民族而与汉族共存。有一些史学工作者过分重视封建王朝的兴亡，以致误认北魏的乱亡即由于魏孝文帝过分汉化。诚然，在鲜卑族的汉化过程中，拓跋魏、高齐和宇文周都先后灭亡了，帝室且多被屠杀。其实，这些王朝的乱亡，也和许多汉族王朝的覆灭一样，都是由于

---

① 《北齐书》卷八《后主纪》，卷五〇《韩实业传》。
② 《隋书》卷一五《音乐志（下）》，卷一《高祖纪（上）》。
③ 《隋书》卷一五《音乐志（下）》。
④ 向达：《唐代长安与西域文明》，第61—79页。

封建专制主义统治下各种矛盾激化的结果；北朝三姓的乱亡，与南朝四朝的乱亡并无二致。这种情况，即在当时的少数民族王国中也有，如匈奴屠各刘氏建立的前赵被靳准所篡而乱亡①，鲜卑的后燕慕容熙也因内政不修，致为冯跋所取代而建立北燕王国②。所有这类政权的兴废，都只是一姓一家的衰亡，不能把统治者的一姓一家和民族等同起来。刘汉、曹魏、司马晋以及江东的宋齐梁陈的灭亡，都不能看作汉族的灭亡，拓跋氏、高氏和宇文氏的覆灭，也未能影响鲜卑族的发展前进。至于鲜卑族的汉化而终于和汉族融合，历史昭昭在目，都是出于鲜卑族的提高物质和精神生活的要求；学习汉王朝的政治制度，参加农业生产以及改姓氏、改语言、改服制等等一切，也都是鲜卑族君长自觉、主动推行的，而不是被汉族以军事征服、强制改变的。且自北魏以来，鲜卑族与汉族通婚已久，两个民族中的血缘关系日深（特别是统治阶级的上层）；到北齐北周之末期，鲜卑人与汉人的生活方式已极接近。隋朝开国的君臣与北周的君臣无论是血缘或生活、文化已无显著的差别。隋代北周后的几项汉化措施，也只是普及和提高鲜卑的汉化程度而已。

（六）从广大的鲜卑族的成员来看，他们和汉族融合后，随同汉族的较高的生产力，使他们在政治、经济和文化各方面都发展到和汉人同样的高度，享受同样的生活，而绝未受到任何歧视。其中一些人的子孙，不少都成了富于教养的人。特别是鲜卑统治者的一部分人，如元氏、长孙氏、宇文氏、于氏、陆氏、源氏和窦氏，都成了隋唐关中的世族。③ 有一些且是隋唐两朝开国

---

① 《资治通鉴》卷九〇，晋元帝太兴元年六月、八月、十月、十一月、十二月。

② 《通鉴纪事本末》卷九八《冯跋灭后燕》。

③ 《新唐书》卷一九九《柳冲传》。

的元勋，或著名的将相和学者，如元景山、元晖、元岩①；长孙览、长孙炽、长孙晟②；宇文忻、宇文恺③；于义、于仲文④；陆爽及其子法言⑤；源雄、源师⑥；窦炽和窦荣定等⑦。甚至如西域何国来的胡商子孙如何妥、何稠，他们不仅通经学，何妥还是音律家，何稠也长于设计与服饰，建筑桥梁、宫殿⑧。这些人都是隋代的显贵。可知鲜卑等族的汉化对他们民族的后裔是大大有利的。从汉族而论，也不同于魏晋时的汉族，而是更壮大、更发展了的汉族，他们增加了新的血液和文化，北方民族的雄健之气也扭转了江南士族文弱之风，使隋唐帝国呈现了前所未有的繁荣富强的新气象。

① 《隋书》卷三九《元景山传》，卷四六《元晖传》，卷六二《元岩传》。
② 《隋书》卷五一《长孙览传附炽、晟传》。
③ 《隋书》卷四〇《宇文忻传》，卷六八《宇文恺传》。
④ 《隋书》卷三九《于义传》，卷六〇《于仲文传》。
⑤ 《隋书》卷五八《陆爽传》。
⑥ 《隋书》卷三九《源雄传》，卷六六《源师传》。
⑦ 《隋书》卷三九《窦荣定传》。
⑧ 《隋书》卷七五《何妥传》，卷六八《何稠传》。

武则天的真面目 [*]

——梁效《有作为的女政治家武则天》一文的批判

　　武则天是中国历史上的唯一的女皇帝，因而容易引起人们的注意。过去人们因她"知人善任"，赞赏她的智慧；做事果敢，钦佩她的勇气；或者因她阴鸷好杀，咒骂她的残暴；或者因她内多男宠，痛斥她的荒淫。故一千多年来，毁誉不一，迄无定论。对于这样一个历史人物，史学界试图对她作出正确的评价，根据"百家争鸣"的方针，进行深入的讨论；这是必要的，也是正常的。过去如此，今后仍应如此。

　　1974 年，大野心家、阴谋家、叛徒江青，妄图篡夺党和国家的最高领导权，复辟资本主义；为塑造"女皇"的先例，不得不乞灵于历史的亡灵。故她对吕后、武则天加以荒唐的吹捧。从此以后，"四人帮"和他们的死党，以及一小撮御用文人，便不惜歪曲史料、捏造史实，对武则天进行百般的美化。从而将这个历史问题变成了他们搞反革命阴谋的舆论工具。例

---

　　* 原载《社会科学战线》1978 年创刊号。

如梁效的《有作为的女政治家武则天》一文①，便是其中的代表作。为了扩大影响，他们还假借宣讲所谓"儒法斗争"为名，在工农兵群众中广泛的传播他们这类反动谬论，因而在政治上思想上造成了极为恶劣的影响。——当"四人帮"反革命集团被粉碎之后，广大人民群众迫切地要问"武则天到底是个什么样的人物？"因而揭露武则天的真面目便刻不容缓了。为此，作者拟先为她画一个简单的轮廓。

一　武则天是否是"反对儒家"的"法家女皇帝"？

为便于对武则天进行具体的分析，有必要首先揭掉加在她身上的一件外衣——"反对儒家"的"法家的女皇帝"。而这也是梁效的精心的"独创"。

众所周知，在春秋战国的"百家争鸣"时期，儒家和法家是比较显著并对后世影响较深的两个学派。当时，法家以其法治的思想和改革的政策，对维护新兴的地主阶级的利益，促成统一帝国的建立，是起了巨大的进步作用的。但必须看到，西汉中期，封建制的统一帝国已经巩固，而这时的儒家也吸取了法家、阴阳家和道家的部分思想内容。但它的本质始终是倾向于保守和复旧的，而这正有利于维护既成的封建制的社会秩序。故当时的中央集权的专制政府的统治者，遂采取了崇孔尊儒的政策（实质上却是"外儒内法"，亦即欺骗与镇压两手相结合的政策）。从此以后，遂成为历代封建王朝的传统。不过儒家的思想虽居于统治的地位，但历代的改革家或思想家，带有或多或少的法家思想倾向，甚至在特定的历史条件下出现个

_____

① 《北京大学学报》1974 年第 4 期。

别的近似法家的人物，也是不足为奇的。归根结底，无论儒家或法家的思想都是封建地主阶级的思想，都是为封建的统治阶级服务的工具。他们的作用随着封建社会的盛衰而不同，越到封建制的后期，他们的反动性就越为显著（特别是在封建王朝岌岌可危的时期，倾向法家的统治者就更反动、更残酷）。那种认为法家始终是进步而儒家始终是反动的论点，是违反事物的辩证发展的规律的。

可是从 1974 年以来，"四人帮"和他们的死党以及一些御用文人，打着"批林批孔"的旗号，别有用心地不顾时代的特征，不作阶级的分析，把唯物的、爱人民的、爱国的，甚至永远是"进步的"等等一切美好的赞词都加之于他们所认为的各个法家人物。在"四人帮"的帽子公司里，"法家"成了一顶古今通用的桂冠。凡属他们要借镜的或感兴趣的历史亡灵都美其名曰"法家"；凡属他们想打倒的党政军领导干部却都戴上等同于"走资派"的"儒家"的帽子。所以当江青吹捧吕后和武则天之后，梁效立即为武则天加上"法家女皇帝"的徽号，美化武则天实际是推戴江青，这真是一幕可悲亦可笑的丑剧。

梁效在他的黑文中乱拼硬凑了一堆证明武则天是法家的论据，并特别强调她"和历史上许多有作为的法家人物一样，武则天也有着十分鲜明的反儒色彩，她在思想政治战线上，一生坚持贬低、打击反动儒家"。——但一切谀词和谎言都是无济于事的。关键在于武则天的具体表现。

试从显庆五年（660）十月她正式受命"决百司奏事"起，看看她的言行能证明她是个什么样的角色：

（一）**热心崇孔尊经**——褒崇孔丘是唐开国以来的传统，故唐高宗在显庆二年（657）即尊崇孔丘为"先圣"，而当她掌握大权之后，乾封三年（668）陪同唐高宗于泰山封禅后到了曲阜，又追赠孔丘为"太师"。到总章元年（668），甚至连在孔庙配享的孔门之徒也予升级。追赠颜回为"太子少师"、曾参为"太子少保"①。——等到她自己在天授元年（690）篡唐做了"女皇帝"后，她更进一步提高孔丘的政治地位，从而追封孔丘为"隆道公"了②！这能说是"贬低、打击反动儒家"吗？

对于儒家的经典，唐代传统也是十分尊重的。在科举中即规定以《九经》取士，武则天也从无异议。上元三年（676）她上台，又请策试明经科，要习《孝经》、《论语》。不过因李唐自认为李聃的后代，她为了讨好高宗，同时建议王公以下百官也要习《老子道德经》。仪凤三年（678）又勒令"自今以后，《道德经》、《孝经》并为上经。贡举皆须兼通。其余经及《论语》，任依恒式"③。直到她登基前夕（690）她所下的《改元载初诏》仍令"九经文字，集学士详正，革其讹舛"④。这是何等的重视啊！就是在长寿二年（693）她下诏规定贡举要习读她所撰的《臣轨》并停止习《老子》时，也从未停废习经⑤。

我们试看看所谓她所撰著的二十多种书，经、史、子、集都有，分类纵略有出入，但"子部"的"法家类"却绝无武则天的著作⑥。——再从她的《臣轨》内容看：所分国体、至忠、守道、公正、匡谏、诚实等等十章⑦，亦可证明是儒家的正统思想。那有什么"反儒色彩"呢？

---

① 《唐会要》卷三五，"褒崇先圣"类。《全唐文》卷一二，唐高宗《赠孔子为太师诏》、《赠颜曾诏》。

② 《旧唐书》卷二四《礼议志（四）》，《唐会要》卷三五，"褒崇先圣"类。

③ 《唐会要》卷七五"贡举"上，"明经"门。

④ 《唐大诏令集》卷四。

⑤ 《通鉴》卷二〇五，长寿二年。

⑥ 《旧唐书》卷四六—四七《经籍志》；《新唐书》卷五七——六〇《艺文志》。

⑦ 阮元：《四库全书未收目提要》卷二。

（二）积极制礼作乐——标榜"礼治"或"法治"也是区别儒法的一个重要标志。从西汉以来，在儒家的思想体系中，礼乐是与刑政同样重要的。特别认为帝王受命改制，就应该制礼作乐，像封禅、祀明堂等等都是传统的国家大典。武则天是个虚荣心极重的人。对这类玩意儿一贯积极。例如她在咸亨二年（671）即以高宗的名义下诏访求精通礼乐的人才①。以后每有大典，都用"当时大儒祝钦明、郭山恽"等拟定仪注，甚至还要"少而精通《三礼》"的大世族韦叔夏最后审定再上奏②。特别是对那些歌功颂德足以提高威望的吉礼，她都是要亲自抓的。

例如"封禅"，从汉代以来都认为帝王立国"致太平"之后，就必须登上泰山向上帝报告成功。这种事情唐高祖和太宗都谦逊不敢办，但武则天却急不可待。等到她做了皇后之后，公卿屡请高宗封禅，她"又密赞之"。在乾封元年（666）那次封禅时，本来礼官拟定的仪式是原应由公卿担任"亚献"的。但她上表力争，终于打破惯例由皇后亚献，因而满足了她享受这种荣誉的欲望。以后她还想遍封五岳都因高宗患病未成。等到她做了皇帝之后，便于万岁登封元年（696）亲自到嵩山行了登封之礼，主持了这种只有皇帝所独有的盛典③。

又如"祀明堂"，儒家也认为是帝王的大典，但唐太宗高宗时却一直议而未行。武则天临朝之后，"诸儒屡上言请创明堂"，她就命拆掉东部（洛阳）的乾元殿盖起明堂来，名之曰"万象神宫"。于永昌元年（689）正月元旦，她便亲行了享祀之礼。高兴得又改元，又大赦；次年又再举行，并于明堂后面

---

① 《唐大诏令集》卷八一《访习礼乐诏》。
② 《旧唐书》卷一八九下《韦叔夏传》。
③ 《旧唐书》卷二三《礼仪志（三）》。

再建"天堂"，高达百尺，被风吹倒了又再盖。可是未完工却发生火灾，连明堂都烧掉了。到新明堂建成了，名曰"通天宫"，又铸成了"九鼎"，正好这年打败了契丹。因此又高兴的改元"神功"（697）。自此以后，年年举行这种庄严豪华的大典①，直到她下台。为封禅、祀明堂，也不知耗费了多少人民的血汗。

制礼必然同时作乐。她所作的乐，如"长寿乐"、"天授乐"等等，无不是为她歌功颂德的②。这类的乐章很多③，从内容看，如《享清庙乐章》之二，即有"隆周创业，宝命唯新"之类的歌词，不正是为她粉饰篡位的赞词吗④？这些玩意儿哪有半点"反儒色彩"？再从她所撰的《乐书要录》看，所引用的书如《月令章句》、《五经通义》、《三礼义宗》等等⑤，不都是儒家的著作吗？

这不是一个崇孔尊经、兴礼作乐的皇帝吗？不正是儒家心目中的"明主"吗？

当时也确有人说她是"尚法"。这就是卢照邻。他"自以为高宗尚吏，己独儒；武后尚法，己独黄老。（武）后封嵩山，屡聘贤士，己独废"⑥。不过因梁效忙于献媚，疏于读书，没看过这条材料。但这条材料也当不了梁效的救生圈。第一，这不过是落魄文人自杀前的牢骚话；第二，他不过是讽刺武则天的"权变""滥刑"而已。从历史的实质看，武则天一生的表演，并不

① 《旧唐书》卷二二《礼仪志（二）》。
② 《旧唐书》卷二九《音乐志（二）》。
③ 《旧唐书》卷三一《音乐志（三）》。
④ 《旧唐书》卷三二《音乐志（四）》。
⑤ 阮元：《四库全书未收书目提要》卷二。
⑥ 《唐诗纪事》卷七，卢照邻条。

取决于她的思想属于"法家"或"儒家"，而取决于她所代表的阶级以及这个阶级在她身上形成的权势欲。

（三）**梁效是怎样把武则天打扮成"法家女皇帝"的呢?**——看看该黑文第二节末段的一大堆论证究竟是些什么货色:

1. 篡改史料的文字、牵强附会，捏造唐高宗与武则天的"结合的思想基础"。——按《旧唐书·儒林传序》的原文是"高宗嗣位，政教渐衰，薄于儒术，尤重文吏"。本来只是说高宗不重视懂经学的人，只重用一些"习文法吏事"的、即惯于照章办事而又干练的人员。梁效却偷偷地将"文吏"改为"文史"，以便和《旧唐书·则天本纪》中说的武后"兼涉文史"合拍，因而作出"反对儒家是唐高宗武后结合的一个重要的思想基础"的结论，恍惚这两个人是志同道合的"法家"夫妻，这是多么下流的手法!

2. 为了把唐高宗硬派为"法家"，不惜将"薄于儒术"和"反对儒家"两个不同范畴的概念等同起来。如果这不是诡辩，那就是缺乏常识。简单地说:"儒家"是以孔丘为宗师、以五经为主要理论根据的一个在政治上思想上倾向于保守复古的学派;而"儒术"只是专指经学而言。这不需旁征博引，只要看看《旧唐书·儒林传序》:"故前古哲王咸用儒术之士，汉家宰相，无不精通一经。"便可了然。本来从东汉以后，《五经》已成为后人"由以出发的特定的思想资料"了，一如《圣经》那样，路德和孟采尔各有各的解释，在立场观点不同的人手中起着不同的作用。《五经》既可成为顽固派用作保守复旧的论据，也可成为改革家用以"托古改制"，故绝不能单纯的凭重视经学与否来作为划分汉代以后"儒""法"的标志。例如，王安石、王夫之、龚自珍、康有为、章炳麟等等，难道都是"薄于儒术"的人吗？其实，唐高宗很熟悉经学，也很熟悉《孝经》①。即使他不重用懂经学的人难道就能证明他是"法家"吗？

3. 更恶劣的是用偷换概念的伎俩，篡改史料。以一概全，夸大事实。——按《资治通鉴》第二〇四卷，垂拱二年二月载："太宗高宗之世，屡欲立明堂，诸儒议其制度不决而止。及太后称制，独与北门学士议其制，不问诸儒。诸儒以为明堂当在国阳丙巳之地，三里之外，七里之内，太后以为去宫太远。二月庚午，毁乾元殿，于其地作明堂。"（《旧唐书·仪礼志（二）》作"不听群言"）很明显，这只是针对商讨明堂的地点这个问题，才"不问诸儒"转而与北门学士商决。梁效却挖空心思，偷梁换柱，把议明堂地点这一件事，夸大为她"政事不问诸儒"。并由此作出结论：武则天"反对儒家"。舞文弄墨，弄虚作假，竟一至于此！

4. 采取含糊蒙混的手法，涂抹"北门学士"的政治面目。——梁效在捏造了"政事不问诸儒"的前提之后，紧接着就说武后组织了一批"北门学士"，并说他们"在武则天革新政治中发挥了很重要的作用"。乍一看来，恍惚这批人该是不同于诸儒的"法家"了。故武后才用他们来"参决朝政，分宰相权"。其实，略早于《通鉴》的《新唐书·武后传》恰恰说是她"大集诸儒内禁殿，撰定《列女传》等，大抵千余篇。因令学士密裁可奏议，分宰相权"。无论从北门学士这些人或他们撰的那些书来看，都无法证明他们是"法家"。"分宰相权"当然是武则天的意图。但史籍记载，他们"密裁可"的奏议，仅知为"议明堂"之类。有关国家大政的，只有"及豫王（李旦）立，（刘）祎之参预其谋"一事。实则刘祎之只是支持李旦，因唐高

----

① 刘肃：《大唐新语》卷六《贡举》。

宗曾委派他担任李旦的"相王府司马"这个职务，他只是想拥护他的老上司做皇帝，并不是附和武则天。故当武则天把李旦这个名义上的皇帝撇在一边，而她自己临朝称制时，刘祎之即很不满。私下对人说："太后既能废昏立明，何用临朝称制！不如返政，以安天下之心。"被人告发，武则天即借故捕他下狱。当祎之听说李旦上表为他申诉，即说："吾必死矣！太后临朝独断，威福任己。皇帝上表，徒使速吾祸也。"果然被迫自杀了①。此外，梁效还能举出哪件事足以说明这批人在政治上发挥了"很重要的作用"？梁效夸大北门学士的作用，目的不过在抬高自己，妄图博取高官厚禄。其实，这批北门学士除了刘祎之、范履冰曾短时期在人数很多的宰相班子里挂过名之外，其余的人也并不得意，而且大都没有好下场。六个人中就有刘、范和元万顷、周思茂四人先后都被她杀害了②。

5. 更可笑的是：梁效对反对武则天的人大都骂为"孔孟之徒"。其实，当时以《九经》和《孝经》、《论语》等取士，《孟子》根本不在内。虽然以前历代都崇祀孔丘，建庙追封。而孟轲终唐之世既没有封赠，也不像颜回曾参等能在孔庙里"配享"，甚至连七十子之徒的那种"从祀"的地位也没有。他根本还没进孔庙，当时哪来的"孔孟之徒"呢③？

武则天究竟算不算"法家"？史实作了如此无情的判决！——其实，在封建社会或资本主义社会，有些由统治阶级豢养的史学家，在他们的著作中充满了谀词曲笔，原是不足为奇的。但像梁效这样为了献媚求宠，践踏马克思列宁主义，败坏历

---

① 《旧唐书》卷八七《刘祎之传》。
② 《旧唐书》卷一九○中《元万顷传》及附传。
③ 《唐会要》卷三五"褒崇先圣"类，《文献通考》卷四三《学校考》，"祠祭褒赠先圣先贤"条。

史科学的声誉。无耻到如此程度，倒实是古今罕见的。

二　武则天及其宫廷奸党是哪个阶级的代表人物？

尽管有些历史人物在当时曾起过巨大的作用，但不管他有多大本领，归根到底，历史毕竟不是任由他个人创造的。任何伟大人物，都是某一阶级在某一时期的活动的体现者。同样，武则天及其建立的集团也只是唐初的士族地主阶级的代表人物。

唐初李渊建立的政权是以关中的士族地主阶级为中心，结合山东以及少数江南的士族地主阶级的联合政权。——北魏诸镇的大起义和梁末侯景的叛乱，特别是隋末的农民大起义，本已使日益腐朽的士族地主阶级遭到了严重的打击。加以北方的周、齐和江南的陈氏以及隋代这几个王朝为加强中央集权而采取了一系列的措施：如继魏孝文帝之后历代推行均田制，夺走了士族地主阶级的大部分依附农民；私人的武装部曲也因施行府兵制等措施而被消灭，北齐开始对地方官由中央任命，而隋代废止乡官（包括"中正"在内），又以科举制代替了中正制，更使他们在经济上、军事上和政治上的特权逐步消失。即使关中有些新起的士族地主，他们的威势也远不及六朝以来世族了。同时，隋末的农民起义虽然已被镇压下去，但庶族地主阶级经历了六朝长期的斗争，经济上政治上的力量增强，到唐初也已不可忽视了①。为此，唐太宗所采取的政策是：适当的压制山东士族地主阶级，同

①　六朝的阶级结构，是极其复杂的，由于当时文人或袭用旧词或滥造新词，以致名目繁多而阶级内容又不说明确。同时，也由于中日史学家多未能判清阶级、等级、阶层以及门阀观念和户籍制度的含义以及它们之间的联系与区别，因而长期使史学界弄不清这时期的阶级结构。作者另有十数万字的《六朝时期社会各阶级的分析》专著，将另找机会，提请史学界商讨。本文恕未能详述。

时也注意从庶族地主阶级中选拔人才，以扩大和加强政权的统治基础。故历史发展的形势，是士族地主阶级已趋向于没落。

任何一个腐朽的剥削阶级也不甘于灭亡。士族地主阶级依然梦想晋宋时期垄断一切的权势和门阀煊赫的光荣。他们中的大部人仍然拥有继承下来的"旧业"（历次均田都未触动他们的土地），还有婚姻关系等千丝万缕的社会联系和世代相传的家学（特别是与政治制度有关的"礼学"），以及社会上还存在着十分顽强的门阀观念。许多人又参与了唐王朝的创建，故唐初依然有其一定的政治力量和社会地位。这样一个统治阶级，非得有像唐末那样的农民大起义是不容易消灭的。

为了保持或恢复他们的权势和光荣，凭着他们数百年来的斗争经验，面对当前的士族地主阶级的李唐政权，还是基本上符合他们的阶级利益的。因而只有在这个政权的内部去寻找他们的强有力的代理人，从而用阴谋诡计的手段来攫取权力，以谋取本阶级的私利。那么，武则天既与关中杨李两大世族都有联姻关系，何况她又已混入宫中掌权，从主客观条件来说，都是士族地主代表最好的人选了。

梁效为了吹捧江青，不得不把武则天美化为"进步的"，所以首先要说武则天"出身庶族寒门"。——的确。她父亲武士彟出身为贩卖木材的庶族。但却是个爱好交官结府的富商，所以北周勋贵八柱国的后人唐国公李渊从山西来，才会住在他家里。他后从李渊起兵入关，便成了亲信，累官至工部尚书，封为应国公①，便变为开国元勋之一了。故武德初年他丧妻后，李渊才会亲自给他介绍隋朝宗室杨达的女儿（即武则天的生母），杨达父

①　《太平广记》卷三七，"武士彟"条引《太原事迹》；《新唐书》卷二〇六《武士彟传》。

亲是北周的刺史，杨达在北周也官至内史，入隋又官至纳言①。故李渊介绍说："有纳言遂宁公杨达，英才冠绝，奕叶亲贵。今有女，志行贤明，可以辅德。"② 所以武士彟早年虽是庶族，入唐后已变为显贵。又与关中大士族杨氏联姻。按照南北朝以来婚宦影响门第升降的社会习惯，则他已是唐初的"勋门"或"新门"③。故武则天的家庭成分已不是"庶族寒门"而是士族中的"新门"④。她本人更是出身于公侯之家的小姐了。唐高宗立她为皇后的诏书说"武氏门著勋庸，地华缨黻"⑤，倒是事实；至于骆宾王的檄文说她"地实寒微"⑥，不过是辱骂之辞而已。

再从武则天的阶级立场和思想倾向看，她也是士族高门的典型。她的门阀观念极浓。例如她要嫁女给薛绍。她以为薛绍的嫂嫂萧氏和弟妇成氏不是"贵族"，便想强迫她们离婚。说"我女岂可使与田舍女为姒娣耶"。后听说萧氏是梁代宗室萧瑀的侄孙女，又是隋杨的老亲戚，才作罢⑦。又如她的男宠薛怀义本是个洛阳卖药的流氓，武则天"又以其家寒微，令与驸马都尉薛绍合族，命绍以季父事之"⑧，以提高其门第的地位。——任用官吏她也非常重视门第。从她的任命的制书看，如授王方庆为《麟台监监修史制》称赞他"钟鼎高门，簪缨旧德"⑨；《授狄仁杰内史制》称赞他"地华簪组，材标栋干"；《授韦嗣立平章事

---

①　《隋书》卷四三《观德王（杨）雄传》附《杨达传》。
②　《册府元龟》卷八五三《总录部·婚好门》。
③　《南史》卷七二《卞彬传》；《新唐书》卷九五《高俭传》。
④　《新唐书》卷九五《高俭传》。
⑤　《通鉴》卷二〇〇，永徽六年九月。
⑥　《通鉴》卷二〇三，光宅元年九月。
⑦　《通鉴》卷二〇二，开耀元年七月。
⑧　《通鉴》卷二〇三，垂拱元年十一月。
⑨　《唐大诏令集》卷五五。

制》称赞他"当朝人望，奕代相门"①，这种例子很多。因而她对庶族寒门必然是要压制的。例如从北魏至梁陈都规定寒人只能任"流外之官"，不能任"清官"。到周隋两朝，统治者的政策已想做到"官无清浊"②，而武则天却规定"有从勋官品子、流外、国官参佐、视品等出身者，自今以后，不得任清要等职。若累限应至三品，不得进阶。每一阶酬勋两转"，她甚至禁止工、商乘马，后又下令禁止富商大贾衣服过制③。这不正是向南北朝甚至两汉开倒车吗？说她这样的人会"打击士族地主"，岂非怪事！这种人是"革新派"，还是"保守派"，不也是昭然若揭吗？

武则天之所以能夺权篡国，决不像江青所说的"不简单啊！不简单！"是凭她个人才能所能做到的。其实，她也并不懂多少"文史"。她的诗文大都是元万顷、崔融等做的④，许多她所"撰"的书，实出北门学士之手；至于草拟制诰，早期也靠北门学士，到万岁通天（696）以后，又多靠上官婉儿⑤。

她之所以能登上"女皇"宝座，第一，主要由于她有士族地主阶级作为她的社会基础；第二，是她利用宫廷中的地位，逐渐建立了一个"宫廷奸党"集团——"后党"⑥。列宁分析专制或半专制国家时曾说："实际上有两个政府：一个是公开的——内阁，另一个是幕后的——宫廷奸党。宫廷奸党随时随地都依靠社会上最反动的阶层即封建贵族……他们经济力量的来源是大地

① 《唐大诏令集》卷四四。
② 《魏书》卷五五《刘昶传》，卷八八《明亮传》；《隋书》卷二六《百官志（上）》，卷七二《陆师彦传》。
③ 《全唐文》卷九五，武后《定技术官进转制》；《唐会要》卷三一《舆服》；《唐大诏令集》卷四《改元载初诏》。
④ 《唐诗纪事》卷三，武后。
⑤ 《唐诗纪事》卷三，上官婉儿。
⑥ 《新唐书》卷二〇六《武士彟传》附《武承嗣传》。

产以及与之有关的半农奴制经济。这个软弱、荒淫、堕落的社会集团是最无耻的寄生虫的鲜明的典型。"他们"利用自己那种廷臣的无限权柄竭力把公开的政府即内阁也完全控制起来。而内阁的大部分的成员通常也就是他们的傀儡。但是大多数内阁成员往往不适合奸党的要求"①。在中国两千多年的封建的中央集权的专制国家中，从来就是分为内廷与外朝的。每当外戚宦官专政时，在内廷总是有这么一个宫廷奸党。因此，列宁这一精辟的理论，用于分析武则天的集团也是十分恰当的。

首先，看看她的宫廷奸党的组成吧：（一）武氏亲属：侄儿武承嗣、武三思、武攸宁、武懿宗、武攸宜、武重规和侄孙武廷秀、武崇训等等，以及她亲生的富于"权略"的太平公主，此外，还有一个在宫中长大的宫女上官婉儿，她"才华无比，恒掌宸翰，其军国谋猷，杀生大柄，多其决"②。到中宗时，是个危害性极大的女人。所有武氏诸人都是封了王爵的贵族，有些人且先后担任宰相或大臣，甚至掌握禁军③。（二）亲戚——武则天母家杨氏的侄儿杨执柔，也做了宰相④。武则天从姊之子宗秦客、宗楚客、宗晋卿，都是世族子弟，或官至宰相，或典禁军⑤。（三）男宠——主要的如薛怀义，原是洛阳卖药的、市井无赖们的头头；后来的张易之、张昌宗兄弟也是大世族的后人。薛怀义以白马寺主并做过大将军。而张氏兄弟受宠最深，权势最重。武则天晚年专门搜集了一批供她取乐的弄臣和文人，特设了一个类似内侍省的机构名曰"控鹤监"（后改为"奉宸府"），

① 列宁：《第三届杜马》，载《列宁全集》第13卷，第107页。
② 《太平广记》卷二七一"上官婉儿"条引《景龙文馆记》。
③ 《旧唐书》卷一八三《武承嗣传》及附传。
④ 《旧唐书》卷六二《杨恭仁传》附《杨执柔传》。
⑤ 《新唐书》卷一〇九《宗楚客传》。

张氏兄弟为首①。他们是宫廷奸党的中心人物。——其次，还有
（四）御用文人，如早期的北门学士，或是士族子弟，或者无行
文人②；后来有崔融、李峤③以及沈佺期、宋之问、阎朝隐等④。
也大都是出身士族，少数出身"寒士"，其中有些人也做到宰相
或大官。他们除起草制诰外，主要是写些歌功颂德的诗文。——
此外，还有一批（五）鹰犬。他们是最贪婪残酷的告密者和嗜
血鬼，主要的如来俊臣、周兴、来子珣、侯思止等。这些人是地
地道道的工具，她用完了就杀掉的。虽然大都出身于庶族，但却
都拜倒在士族的门阀之下，妄图与士族高门联姻来抬高自己的门
第地位。如来俊臣"父操、博徒……俊臣凶险不事生产"，做了
侍御史之后就"弃其故妻而娶太原王庆诜女"，"侯思止……贫
懒不治业，为渤海高元礼奴……不识字……迁左台侍御史……思
止亦请娶赵郡李自挹女"⑤。所以，这些不事生产的无赖，并不
能代表庶族，只能成为武则天的鹰犬。

　　宫廷奸党成员绝大多数即出身于士族的高门，少数鹰犬虽出
身庶族但思想也倾向于士族高门，故这个宫廷奸党集团在为武则
天的夺权篡位过程中起了决定性的作用。也因此，其中有些人权
势大了，政治野心甚至发展到也想做皇帝了。如武承嗣最早怂恿
武则天做"女皇"以便自己立为"皇嗣"继承帝位，不过未能
如愿，悒悒气死了。来俊臣在大批诬杀李氏宗室和大臣之后，估
计没有人敢惹他。"乃有异图，常自比石勒"，想诬告皇嗣李旦

　　①　《旧唐书》卷一八三《武承嗣传》附《薛怀义传》；卷七八《张行成传》附
《易之·昌宗传》。
　　②　《旧唐书》卷八七《刘祎之传》，卷一九〇中《元万顷传》。
　　③　《旧唐书》九四《李峤传》、《崔融传》。
　　④　《旧唐书》卷一九〇中《沈佺期传》、《宋之问传》、《阎朝隐传》。
　　⑤　《旧唐书》卷一八六上《来俊臣传》、《周兴传》、《侯思止传》、《来子珣
传》。

和卢陵王李显和南北衙官吏谋反，以便乘机得逞。但因他曾屡次找太平公主和张昌宗等的过失，这些人恨他，都证明他谋反的罪，终被武则天杀了①。甚至武则天最宠爱的张昌宗，长安四年（704）武则天卧病，宰相们不能进见的时候，也和他的死党"日夜谋为不轨事"，闹得路人皆知②。后来，还有武则天从姊的儿子宗楚客，中宗时做到了宰相，"尝密语其党曰：'吾始在卑位，尤爱宰相，及居之，又思天下，南面一日足矣'。虽外事韦氏，而内蓄逆谋"③。这些惯于诬陷别人"谋反"的人，倒真是些想"谋反"的野心家，这真是历史的讽刺！

像这样一小撮人，却掌握着政治军事监察的大权，操纵着内阁。

内阁——当时主要是宰相班子，试从这些成员的阶级出身和政治思想倾向，以及在武则天控制下所起的作用，不难判断它属于哪个阶级的工具。

武则天掌握大权后，先后任用了七十多个宰相。绝大部分是士族地主，而且有些是"累世冠冕"或"代有俊秀"的士族高门。如苏州的"世为著姓"的陆元方两度拜相，京兆旧门韦思谦及其二子承庆、嗣立，父子三人先后为相，刘祥道和李敬玄都是父子入相，"江左冠族"王方庆备受礼遇④，他们谁是"法家"？谁曾"打击士族"呢？——至于"先世无名宦"的"寒士"，倒有李义府、刘仁轨、傅游艺、苏味道、杨再恩、李怀

---

① 《旧唐书》卷一八三《武承嗣传》，卷一八六上《来俊臣传》。
② 《新唐书》卷一〇四《张行成传》附《易之·昌宗传》。
③ 《新唐书》卷一〇九《宗楚客传》。
④ 《旧唐书》卷八八《陆元方传》、《韦思谦传》及附传，卷八一《刘祥道传》、《李敬玄传》，卷八九《王方庆传》。

远、敬晖、张柬之、袁恕己①等，他们也是"士族"的下层，只是在高门看来属于"寒门"而已。可能属于出身庶族的也许只有史务滋、娄师德②等。内阁班子是这样的阶级成分和人数比例，它能"打击士族地主，扶植庶族地主"吗？

当然，这个宰相班子中并不都是武则天所信任或"适合"的人，所以内部也存在着矛盾。这些领导国家的最高行政机构的成员，从武则天对他们的使用来说，可分为不同的几种类型：（1）有意识地插进去控制或监视的宫廷奸党成员，如武承嗣、武三思、武攸宁、杨执柔、宗秦客、吉顼等等；（2）门第高华负有众望，足以装点门面的士族高门，如王方庆、韦思谦父子、陆元方等；（3）有才干，富于统治经验的政治家，如郝处俊、杜景俭、魏玄同、魏元忠、姚崇③等等；（4）具有远略、能够捍卫边疆的将才如裴行俭、刘仁执、娄师德、王孝杰、唐休璟④等等；（5）勇于任事，敢言直谏，既能纠正偏失又可表率群僚的直臣如李昭德、狄仁杰、王及善、朱敬则⑤等等；（5）特殊照顾的投机分子和圆滑的官僚——如"笑中有刀"外号"李猫"的李义府、善献符瑞的姚璹、庸碌圆滑的官僚豆卢钦望，外号"苏模棱"的苏味道、号称"两脚野狐"的杨再思等。还有少数是

①　《旧唐书》卷八二《李义府传》；《新唐书》卷一〇八《刘仁执传》，卷二二三上《傅游艺传》；《旧唐书》卷九四《苏味道传》，卷九〇《杨再思传》、《李怀远传》，卷九一《敬晖传》、《张柬之传》、《袁恕己传》。

②　《新唐书》卷一一四《豆卢钦望传》附《史务滋传》，卷一〇八《娄师德传》。

③　《旧唐书》卷八四《郝处俊传》，卷九〇《杜景俭传》，卷八七《魏玄同传》，卷九二《魏元忠传》，卷九六《姚崇传》。

④　《旧唐书》卷八四《裴行俭传》、《刘仁轨传》，卷九三《娄师德传》、《王孝杰传》、《唐休璟传》。

⑤　《旧唐书》卷八七《李昭德传》，卷八九《狄仁杰传》，卷九〇《王及善传》、《朱敬则传》。

大力诬陷政敌或积极拥戴登基的走狗，如骞味道、崔詧和李景湛因诬杀裴炎有功，立即拜相；上书力请登基的傅游艺，青云直上，一年中连续超升换了四次官服，终于做到宰相。当时人给他取了一个外号"四时仕宦"。像骞味道、崔詧以及傅游艺等都是立即酬功行赏，用完了就除掉的工具。杀掉这种昙花一现的丑角还可为她博得人们的好评①。

由此可知，她配备这个宰相班子是用心周密的，特别是在她的奸党的监督下，选用第二、三、四、五几类人，足以把国家日常行政支持下去而不至大乱。这些人虽然不及贞观永徽时期的宰相人选，但也说明她确是"知人善任"，不过却要以对于她个人的利害为定。例如对李昭德，她曾驳斥武承嗣说："自我任昭德，每获高卧，是代我劳苦，非汝所及也。"评价多高啊！但因李昭德经常驳斥妄献祥瑞和制裁告密的无赖，以及劝武则天还政，这都是她所痛恨的，结果，明知他无罪，还是和来俊臣同一天杀掉了②。故正直的杰出人才，如姚崇等，在她手下也是得不到重用的。

出身庶族地主阶级的陈子昂评价这个政权的人选，曾说"宰相或卖国树恩，近臣或附势私谒，禄重者以拱默为智，任权者以倾巧为贤；群居雷同，以徇私为能；媚妻保子，以奉国为愚"③。这样一个班子不正是阴谋家、野心家适用的工具吗？武则天数十年从阴谋篡夺政权到她巩固政权，就是靠了这样一个宫廷奸党和奸党们控制的一个这样的内阁班子。

---

① 《旧唐书》卷八二《李义府传》，卷八九《姚璹传》，卷九〇《豆卢钦望传》，卷九四《苏味道传》，卷九〇《杨再思传》，骞味道崔詧事见《通鉴》卷二〇三，光宅元年十月，卷二〇四，垂拱四年十二月。
② 《旧唐书》卷八七《李昭德传》。
③ 《全唐文》卷二一一陈子昂《上军国机要事》。

三 武则天是怎样登上"女皇"宝座的?

武则天是怎样登上"女皇"宝座的,梁效说她是在代表庶族地主的法家和代表士族大地主的儒家的斗争风浪中,"大步地登上政治舞台的",显然是违反历史实际的弥天大谎。如果像江青那样夸大她的个人能力,也是可笑的。——当然,武则天作为一个阶级的代理人出现于历史舞台,决不能把她理解为一台简单的机器,虽然客观上士族地主阶级的利益决定了她的活动的总方向,但在当时错综复杂的斗争中,她的知人善任、机智果敢以及诡诈、残酷等主观上的思想、性格的特点,对她的成功与失败,也是不可忽视的因素。

武则天的"机智"活动创造了她自己的历史。

(一) 以阿谀奉承的手段骗取信任,首先达到了立为皇后掌握大权的目标

武则天从小在她的新兴的显贵家庭中学会了一套阿谀奉承的手法,她父亲武士彟就是靠这一手起家的。当初他是太原留守李渊的亲信,入关后即任光禄大夫、封太原郡公,但他并未参与起兵的密谋。他为固宠起见,便说早曾梦见李渊到西京做天子。李渊听了好笑,当面揭穿他阿谀拍马的谎言[1]。可是他始终能取得李渊的信任。——在这样的家庭教养下,故武则天"素多智计"[2],从小即野心勃勃。当唐太宗看见她美丽要召她入宫为"才人"时,她才十四岁,母亲舍不得,临别痛哭,而她却说:

---

① 《旧唐书》卷五八《武士彟传》。
② 《旧唐书》卷六《则天皇后纪》。

"见天子安知道不是福气，哭什么！"入宫后号"武媚"。唐太宗死后，她和其他的殡御都被遣入佛寺为尼，不过她与当时做太子的李治早有关系。等到李治即位（即唐高宗）后来偶在寺中遇见她，她便设法重新混进了宫内。由于她"有权数，诡变不穷"，最初她利用王皇后与肖淑妃的矛盾，讨好王后。王后称赞她，因而得升为"昭仪"。等到她一旦得宠了，又设法陷害王皇后，甚至不惜扼死亲生的女儿，诬为王皇后所害死。故永徽六年（655）唐高宗决定废掉王皇后而想立她，进号"宸妃"①。

在废立皇后这个问题上，士族地主阶级出身的大臣，内部意见是有分歧的。——受唐太宗遗诏的顾命大臣如长孙无忌和褚遂良等反对，第一天说的还只是表面理由：即王后出身名家，没有大的过失不应废掉；第二天，褚遂良力谏，只好说"武后经事先帝，众所共知，天下耳目，安可蔽也！……"武后最怕人揭她这段历史，立即大怒，在帘后大叫"何不扑杀此獠！"韩瑗、来济等也都反对。可是对长孙无忌有私恨的李义府和老奸巨猾的李勣以及逢迎求荣的许敬宗等人却极力支持她，故武则天终于立为皇后②。许敬宗、李义府不久也先后升为宰相了。

虽然武则天对反对她的人恨之入骨，可是就在册立她为皇后的当天，她立即上表说韩瑗来济过去曾反对封她为"宸妃"，这种"面折庭争"是"深情为国"，请加褒赏。高宗即将这表给韩瑗等看了，表面上她是多么宽宏大量啊③！可是她立即惨杀了王皇后与肖淑妃。事隔一年（657），即使人诬陷韩瑗等与褚遂良"谋为不轨"，贬为远州刺史，再隔一年（659）又诬长孙无忌等

---

① 《新唐书》卷七六《则天武皇后传》。

② 《通鉴》卷一九九，永徽六年。

③ 《通鉴》卷二〇〇，永徽六年。

"谋反"。这些人先后或流或杀,一个不免。——但是到上元元年(674)高宗终于追赠长孙无忌的官职①,临死遗诏又把褚遂良的被流放的子孙放回本乡,甚至武则天临死的遗诏也恢复了他的爵位②。如果这些人真有"谋反"之罪,还会给他们平反吗?

可是梁效却把这次士族地主阶级内部的矛盾,歪曲为"士族地主集团"与"庶族地主集团"的斗争,其实除李义府先世只有祖父做过"县丞",他可能属于"寒士"出身外③,像李勣(本姓徐)他祖父在北齐官至谯郡太守,父亲曾任散骑常侍、陵州刺史、上柱国、舒国公;他明明是个"业传弓冶、代列簪裾"的山东大士族④。许敬宗是"世仕江左"的"隋礼部侍郎许善心之子"⑤,这样一些人都被梁效硬派为"庶族地主集团的代表人物",以便渲染为武则天在"顽固派"与"革新派"的斗争的第一次"高潮"中代表"革新派",这是何等无耻的手法!

由于高宗多病,武则天立为皇后不过两年,高宗便"隔日视事"。到显庆五年(660)就命武则天处理百司的奏事。从此大权在握了⑥。——自此她渐跋扈,麟德元年(664),高宗曾一度想废掉她,却又被她蒙混过去。反而诬杀了奉命草诏的宰相上官仪,从此她的权势等于皇帝,故中外称为"二圣"⑦。从这些事,即可以看出她确是个搞阴谋诡计的能手。

她玩弄两面派的手段,始终想方设法骗取当时君臣的信任,讨好群众。上元元年(674)高宗称"天皇",她被称为"天

---

① 《旧唐书》卷六九《长孙无忌传》。
② 《旧唐书》卷八〇《褚遂良传》。
③ 《旧唐书》卷八二《李义府传》。
④ 《金石萃编》卷五九《李勣碑》。
⑤ 《旧唐书》卷八二《许敬宗传》。
⑥ 《通鉴》卷二〇〇,显庆五年。
⑦ 《通鉴》卷二〇一,麟德元年。

后"之后，她又上书"建言十二事"①。这是被梁效美化为她的"施政纲领"的东西。我们看看它贯彻的情况如何？在"十二事"中：

（1）"一、劝农桑，薄徭赋。"梁效仅对这一条的"劝农桑"硬扯了十年之后的一件《赦书》来作证明，牛头不对马嘴。实则她从未有过任何劝农桑的具体措施。在她临朝称制之前已是"横徭细役"烦多②，到她称制后，更是"赋敛繁重"③。

（2）"二、息兵"，可是她搞坏了与契丹、突厥及吐蕃等少数民族的关系，以致连年战争不绝，故后来陈子昂力劝她"息兵"④。

（3）"四、南北中尚，禁浮巧。"实则在她当权后，领导中尚方等机构的"少府（监）聚天下之伎而造作不息"⑤。

（4）"五、省功费力役"，恰恰相反，"及中书令李义府侍中许敬宗用事，役费并起"⑥，以致"土木之作，丁匠疲于来往"⑦。她修明堂、天堂、殿阁、佛寺，铸九鼎，造天枢等等，不是惊人的浪费力役吗？

（5）"六、广言路；七、杜谗口"，更是空前的骗局，自她掌权后，人们只能"道路目语"⑧，她大兴告密之风，奖励特务造谣诬蔑，杀人如麻。

（6）"八、王公以降，皆习《老子》"，这是为了讨好高宗，

① 《新唐书》卷七六《则天武皇后传》。
② 《唐会要》卷八三，"赋税"上，永淳元年裴守真上表条。
③ 《新唐书》卷一一五《朱敬则传》。
④ 《新唐书》卷一〇七《陈子昂传》。
⑤ 《唐会要》卷八三，"赋税"上，永淳元年裴守真上表条。
⑥ 《新唐书》卷五一《食货志》（一）。
⑦ 《唐会要》卷八三，"赋税"上，永淳元年裴守真上表条。
⑧ 《新唐书》卷七六《则天武皇后传》。

等她当了"女皇",长寿二年（693）即变了卦，命"罢举人习《老子》。"改习她撰的《臣轨》①。这十二件事中，大约只有"三、给复三辅地；九、父在，为母服齐衰三年；十、上元前勋官已给告身者免追；十一、京官八品以上益禀入；十二、百官任事久，材高位下者得进阶申滞"可能实行了，因三辅在京城附近，徭役等负担较多；父在为母服丧三年，不过是从"孝道"上在家庭中提高"女权"；至于其余等项则可以收买人心。所有这些，又有哪些能证明是梁效吹嘘的"法家路线"呢？武则天当时的骗局，却又被梁效拿来欺骗今天的人民群众！一经检查，只能充分说明武则天的言行不一；假话说尽，坏事做绝而已。

（二）抬高自己的门阀地位，培养党羽，建立宫廷奸党集团

先前，唐太宗在修《氏族志》时，有意贬低那些已经腐朽而又自高身价的山东崔卢、江南王谢等士族地主中的高门士族，为推重唐代的人物，规定以现今的官爵高下定等级。这对于提高现政权的威信，加强皇权，显然系具有进步意义的。

武则天这一家在唐开国后虽然显赫，但从唐代来说，只能算作"新门"，在门阀观念浓厚的人看来，当然不及六朝以来的"旧门"的社会地位高。因此《氏族志》中，没有列入武家的氏族。许敬宗是个"门阀迷"，知道《氏族志》中没有武家，显庆四年（659）立即提出重新修改以便向武则天献媚；而李义府也由于《氏族志》中没有他家的地位，也"奏改此书"②。武则天在立皇后时褚遂良等说王后是"名门"出身，故她深感有再提

① 《通鉴》卷二〇五，长寿二年。
② 《旧唐书》卷八二《许敬宗传》、《李义府传》；《新唐书》卷二二三《许敬宗传》。

高自己社会地位的必要，这时既已做了皇后，反对她的长孙无忌等都已打倒了，所以也很高兴。在这些人的这样的思想指导下编成的书，改称《姓氏录》。其内容不过将武家列入了第一等，其余的仍然按本朝官品高下分为九等，从而"皇朝得五品官者，皆升士流，于是兵卒以军功致五品者尽入书限"①。其实，到唐初多数人（包括士族）已不很轻视武职和军勋②，只有山东江南不会打仗的腐朽"缙绅士大夫"才会故作矜持，因此把军勋入录的《姓氏录》贬作"勋格"。梁效也因不读书，才把这当作新现象。——再说，《姓氏录》以五品入士流（包括军功者在内）不过扩大了士族的队伍，并没有打击或贬抑士族，有何进步可言？梁效却欢呼"大量的庶族地主可以通过军功做官等途径，获得很高的社会地位"，照他这样说，难道在资本主义社会，大量的工人提升为工头成监工算是提高了工人阶级的社会地位？这正是梁效的修正主义思想的大暴露。

阴谋家野心家总是要结党营私的。武则天刚一入宫，为了争宠，即对一些宫人"倾心相结，所得赏赐分与之，由是王后及淑妃动静，（武）昭仪必知之。皆以闻于上"③，当她知道被降职的李义府密表请立她为皇后，就"密遣使劳勉之，寻超拜中书

---

① 《旧唐书》卷八二《李义府传》；《唐会要》卷三六《氏族》。

② 按汉末魏晋以来，士族耻任武职，但南北朝许多庶族通过军功为大官，后代渐成了"士流"，如徐州到氏、吴兴沈氏、齐州房氏等等甚多。北周、北齐、肖梁时也有许多士族高门以军功自显，何况"周代公卿、类多武将"（《隋书》卷七二《陆彦师传》）；"周室尚武，贵游子弟咸以相矜"（《隋书》卷五一《长孙晟传》）。甚至隋开皇"十九年，文官并加武秩"（《大业七年刘暨妻高氏墓志》见《汉魏南北朝集释》图版四四六之二）。南北朝习惯，凡官至五六品，只要不是"流外"等，即成为门阀——当然，轻视武职的人以后还有，如徐彦伯（《隋唐嘉话》卷下）等少数顽固分子。

③ 《通鉴》卷一九九，显庆五年。

侍郎。于是卫尉卿许敬宗、御史大夫崔义、中丞袁公瑜等皆潜布腹心于武昭仪矣"①。她就靠了这个宫廷奸党和李勣得立为皇后，不久并参决国事了。——但当上元二年高宗因晕眩想命她"摄知国政"却被宰相郝处俊等反对而未成，她便招引"北门学士"秘密参决奏议，企图"分宰相之权"②。她这样的不断地扩大宫廷奸党作为她篡权窃国的主要力量。

（三）继续用两面派的手法，打着李唐"朝廷"的旗号，扩大权势，消灭异己

无论在唐高宗生前或死后，武则天篡唐之前始终是以李唐"朝廷"的名义行事。她一贯用两面派的手法搞阴谋诡计。表面上做得"光明正大"，合情合理，仿佛是衷心维护李唐的政权；不管她消灭李氏宗室，元勋宿将，甚至暗害唐高宗，都是采取这种毒辣的手段。

例如唐高宗本有四个儿子，大儿子李忠，原是"太子"，显庆元年（656）她既做了皇后，为要立她的亲生儿子李弘为太子，便把李忠改封梁王，以后又借故废为庶人，最后诬他与上官仪等"谋反"而赐死了；高宗第二个儿子早死了，第三个儿子李上金，第四个儿子李素节，在天授元年（690）武则天将登基称帝的前夕，也都被周兴诬告"谋反"害死了③。——她亲生的大儿子李弘，本已立为太子，且曾一度受命"监国"，因曾请求将两个生母犯罪年长未嫁的公主嫁出去，因而引起武则天的不满，并感到他或许是她篡权窃国的障碍，故于上元二年（675）

---

① 《通鉴》卷一九九，显庆六年。
② 《通鉴》卷二〇二，上元二年。
③ 《旧唐书》卷八六《燕王忠传》、《泽王上金传》、《许王素节传》。

暗地里将他毒死了①，可是表面上却追谥他为"孝敬皇帝"，并以高宗名义撰《孝敬皇帝睿德碑》，立碑墓前。赞美他至孝、至仁等九种美德，以表示她的哀思。真是虚伪透顶！正如宋人范祖禹所揭露："皇帝者有天下之号，非所以为赠也。父没而后子为立；今父在而追尊其子，岂礼也哉！盖武后谋篡国、酖太子而加之尊名，以掩其迹；李泌之言，信矣！"② 其实，到她要做"女皇"时，连李弘的岳父裴居道也杀掉③，真正诛尽杀绝！

她第二个亲生之子李贤继立为太子。因他英武很像唐太宗，而宫人又造谣说他是武则天姊姊所生，使他自己也怀疑。因而武则天又要下毒手了！可是事先还为他著了《少阳正范》和《孝子传》，似乎是对他耐心地进行教育，不久却暗中使人诬告他"谋逆"，废为庶人，后又迁之于巴州。到高宗死后武则天临朝（684），便派左金吾将军丘神勣去保护李贤的住宅，实则逼他自杀了。她一方面为他举哀，一方面贬丘神勣④，表面看来也仁至义尽了，可是不久丘神勣召回复职，更加重用他审判"制狱"。到她做了女皇后（690）连李贤的两个儿子也被杀了⑤。李贤第二个儿子李守礼和李旦的儿子等也关禁在宫中十多年，每年要奉命遭受几次毒打，以致内伤终身不愈⑥。这不是她也想斩草除根吗？天授二年又杀掉丘神勣以灭口⑦。

即使对她丈夫唐高宗（李治），她也表面上假装护理而实则

---

① 《新唐书》卷八一《孝敬皇帝弘》，刘肃《大唐新语》卷一二《酷忍》门："孝敬因是失爱，遇毒而薨"。

② 《金石萃编》卷五八《孝敬皇帝睿德碑》。

③ 《新唐书》卷八一《孝敬皇帝弘传》附《裴居道传》。

④ 《旧唐书》卷八六《章怀太子贤传》。

⑤ 张鷟：《朝野佥载》卷三（唯两《唐书》仅谓李贤子光顺被杀）。

⑥ 《旧唐书》卷八六《章怀太子贤传》。

⑦ 《旧唐书》卷一八六上《丘神勣传》。

要促他早死。如弘道元年（683）"帝头眩不能视，侍医张文仲秦鸣鹤曰：风上逆，砭血，头可愈。（武）后内幸帝殆得自专，怒曰是可斩！帝体宁刺血处耶？医顿首请命，帝曰医议疾，乌可罪！且吾眩不可堪，听为之！医一再刺，帝曰吾目明矣。言未毕，后帘中再拜谢曰：天赐我师！自负缯宝以赐"[1]，这幕戏表演得多么逼真！

凡是反对过她，或她怀疑的人，多是以"谋反"之罪杀掉，无一幸免，甚至人死了也要报复。如反对让她"摄知国政"的郝处俊已死了，来不及报复，但到垂拱元年（685）却把他孙子以"谋反"罪处死。父母坟墓也要焚尸，连郝处俊也要斲棺毁柩。犯人临刑时大骂，为此，以后杀人时便先将木丸塞住口[2]，何等的毒辣！

两面派手法表演得最充分的莫如她对待刘仁轨的态度，光宅元年（684）刘仁轨这位东征名将当时身任宰相又兼西京留守，他听见武则天废李显（中宗）立李旦（睿宗），又临朝称制，便上疏请求退休，同时劝她注意吕后祸败的教训。武则天因他威信太高一时不能下手，立即派了侄儿武承嗣带了信去慰问，信上说"今日以皇帝谅闇不言，眇身且代亲政，远劳劝诫，复表辞衰疾，惓望既多，徊皇失据，又云吕后见嗤于后代、（吕）禄（吕）产贻祸于汉朝；引喻良深，愧慰交集。公忠贞之操始终不渝，劲直之风古今罕比！初闻此语，能不罔然？静而思之，是为龟鉴。……"并加封他为郡公，不料次年他便老死了，她来不及报复，但隔一年便把他的儿子刘濬诬杀了[3]。若光看她的信，说得

---

　　① 《新唐书》卷七六《则天武皇后传》。
　　② 《通鉴》卷二○四，垂拱四年，又《旧唐书》卷八四《郝处俊传》。
　　③ 《旧唐书》卷八四《刘仁轨传》（据《全唐文》卷九七武后《喻刘仁轨玺书》校正文字）。

多么恳切，而又多么的虚心接受批评。无怪乎后人称赞她"知人纳谏"。可是不到几年，她不是比吕后更进一步，做了"女皇"吗？

她这种废立称制，夺权篡国的阴谋已经明朗化了，当然会引起内外的反对。这时，李勣的儿子徐敬业等便以"恢复卢陵王（中宗李显）"为号召在扬州起兵反对武则天，——而在朝的宰相裴炎，也反对过她按照皇帝的制度为武氏立七庙。这时他又想利用徐敬业起兵的形势，迫使武则天还政。所以武则天便使人散布"一片火、两片火，绯衣小儿当殿坐"的儿歌。暗射裴炎要想做皇帝；同时又造谣说裴炎打算趁武则天赴龙门时，用兵逮捕她，以扶李旦复位为名而"谋反"。其实，早在北齐武平三年（572）北齐的祖珽和北周的韦孝宽即采用这种以儿歌式的政治谣言，内应外合的陷害了北齐善战的宰相斛律光①。武则天诬陷裴炎，所用的不过是这套老把戏。她利用投机分子崔詧"告变"，骞味道审判，李景谌作证人，把裴炎杀掉。可是到睿宗，终于为他平反了②。实则中国两千多年中，哪有过未先总揽兵权的宰相"谋反"的？这明明是冤狱。至于徐敬业那些仓皇组成的部队，也被武则天派的三十万大军很快消灭了③。等到垂拱四年（688）琅邪王李冲越王李贞等先后起兵，当然也很快失败④，本来，在中央集权的封建专制国家里，重兵都集中在中央。徐敬业等的失败是必然的。以前肖道成的儿子肖嶷即对他父亲说过"外州起兵，鲜有克捷"⑤，事实也确如此。两千多年来，除了梁

---

① 《北齐书》卷十七《斛律光传》。
② 《旧唐书》卷八七《裴炎传》。
③ 《通鉴》卷二〇三，光宅元年。
④ 《通鉴》卷二〇四，垂拱四年。
⑤ 《南史》卷四二《肖嶷传》。

武帝肖衍和明燕王朱棣两次都有特殊条件外，外地起兵从来没有能取得政权的。

这次反对武则天篡权窃国的斗争，却被梁效说成是武则天对士族地主的顽固派斗争的第二次"高潮"。梁效本曾强调武则天继承了唐太宗的政治路线，可是却把这次维护李唐政权的徐敬业和裴炎说成是"顽固派"的"反叛"的政变，而大杀唐太宗子孙和功臣、篡夺唐太宗打来的天下的武则天，倒反而说成是继承唐太宗的路线。这种荒谬的逻辑，只是江青阴谋篡党夺权的谬论在历史学领域里的反映而已。

（四）任用酷吏，以告密和滥刑实行恐怖政策，这是她篡权窃国的关键性的一步

武则天从她临朝称制，遭到徐敬业和裴炎的反抗后，当然意识到她篡权窃国的阴谋已经暴露，再靠搞一些个别的冤狱，已不能镇压住更多的反抗了。因而她开始奖励告密，多用特务，以严刑峻法进行大规模的屠杀，实行血腥的恐怖政策。——她规定有告密的人，任何宦吏不许问。可用公家驿马送到京城来，不管是什么人都召见，沿途供应五品官标准的伙食，告密如合她意的可以超授官职，所告不实的也无罪。于是各地告密的人蜂起。有个胡人索元礼。因告密而得任游击将军，并命他审判"制狱"（即不经过三个司法机构而直接由天子"制书"交办的政治案件）。索元礼极残暴，审判一人必牵连扩大到几十甚至几百人，故武则天屡次召见并赏赐他。因此有很多人，如周兴、来俊臣之流都向他效法。他们私养了好几百个无赖之徒专门告密，如果想陷害某一个人，便命几处揭发，内容一致；来俊臣和万国俊而且编了一本《罗织经》，专讲陷害人时如何扩大化的办法，教他们的党徒如何制造冤狱，捏造成"谋反"的案情。武则天每接到告密案

件即交给索元礼等审判，这些人制造了种种极端残酷的刑具，使犯人一见，便只好被迫招认①，许多案件都是"构似是之言，成不赦之罪"②。而审判的人又必须是符合武则天的意图，否则便撤换掉。如她想杀掉宗室韩王李元嘉鲁王李灵夔等，叫监察御史苏珦审判，苏珦力争他们无罪，她便说："公大雅之士，朕别有任使，此狱不必卿也！"另派周兴审判，于是韩王等很多人都自杀了。③

甚至在她做"女皇"已很久了，杀人已很多了，仍然如此。——神功元年④有一个相面的术士，诳骗一个洛州的七品小官吏"有天命"，希图谋反，被吉顼向来俊臣告密，武则天即派她侄儿武懿宗去审判。本来这只是一个不大的反动迷信案件，可是武懿宗为要多杀人报功，他唆使被告胡乱咬人，使案情扩大化，以致牵连到宰相李元素等三十六家，都被族诛，亲友流放者上千人⑤。梁效却把这次大屠杀说成是武则天对士族地主"顽固派"斗争的第三次"高潮"。其实，连同杀害长孙无忌、裴炎等三次"冤狱"中，只因这几个被害者都是宰相，明眼人一望而知，这不过是梁效为"四人帮"蓄意陷害周总理所放的冷枪而已。

在这种恐怖政策下，放手使用酷吏，被杀的或被流放的动辄几十、几百甚至几千，大致不外这几类：（1）李唐的子孙，除李显、李旦的子女尚能保全一些外，只有一个千金公主因百般献

① 《通鉴》卷二○三，垂拱二年；《新唐书》五六《刑法志（上）》。
② 《旧唐书》卷八八《韦思谦传》附《韦嗣立传》。
③ 《通鉴》卷二○四，垂拱四年。
④ 《旧唐书》卷一八三《武承嗣使》附《武懿荣传》；《通鉴》卷二○六，神功元年。
⑤ 《通鉴》卷二○四，天授元年。

媚得以不死，其余的或自杀或被杀，有些他们的幼孙和亲戚流放在岭南的，到武则天正式做皇帝时也被杀掉了①。自从刘裕屠杀晋朝司马氏的子孙开了先例后，历次改朝换代都是尽杀前代宗室的，武则天当然不会例外。（2）大臣不问是太宗或高宗的旧臣，连她提拔的在内，也不问文武或功劳大小，凡是曾反对立她为皇后、或曾反对她临朝称制、或反对她的倒行逆施的措施的；或她所忌刻、怀疑的；或被来俊臣周兴等特务诬告的，甚至连这些被害者的家属、亲友都不能幸免。（3）还有些曾参与她篡权窃国的阴谋的，协助她制造冤狱的，无耻上书劝进的（如傅游艺），特别是那些杀人最多的酷吏等，这类人在完成了她的意图后，也都先后杀掉，以平民愤，收买人心②。（4）无辜的人民，这些人或因酷吏们夸大案情虚报立功，或因酷吏们勒索不遂等各种私仇，冤杀的也很多。甚至有捏造案情杀人立功的，如告密升官的特务王弘义，"又游赵贝，见闾里耆老作邑斋，遂告以谋反，杀二百余人"③，像这样被滥杀的人民更不知有多少。

在恐怖政策下，"朝士人人自危，相见莫敢发言，道路以目；或因入朝密遭掩捕，每朝辄与家人诀曰：未知复相见否"?④ 马克思说："专制制度必然具有兽性，并且和人性是不相容的，兽的关系只能靠兽性来维持。"⑤ 武则天的专制朝廷就是靠这种兽性来维持的，可是她这个两面派，自己却掩饰得十分巧妙，还说"古人以杀止杀，我今以恩止杀"⑥，她常"大赦"或面赦，实际上，

----

① 《旧唐书》卷一八六上《酷吏传》（上）。
② 同上。
③ 《通鉴》卷二○四，天授元年。
④ 同上。
⑤ 马克思：《摘自〈德法年鉴〉的书信》，见《马克思恩格斯全集》第1卷，第414页。
⑥ 《旧唐书》卷八五《徐有功传》。

"每有赦令，（来）俊臣辄令狱卒先杀重囚，然后宣示，太后以为忠，益宠任之"①。经过十几年的恐怖统治，她作"女皇"也多年了。感到统治已经巩固了，她还假装不知这些都是冤狱。"圣历初（698）则天诏侍臣曰，往者周兴来俊臣推勘诏狱，朝臣递相牵引，咸承反逆、国家有法，朕岂能违……近日周兴来俊臣死后，更无闻有反逆者，然则以前就戮者不有冤滥耶？姚元崇曰：自垂拱已后，被告身死破家者，皆是枉酷自诬而死。告者特以为功，天下号曰罗织。……陛下令近臣就狱问者，近臣亦不自保，何敢辄有动摇？被问者若翻，又惧遭其毒手。……则天大悦曰：以前宰相皆顺成其事，陷朕为淫刑之主……"② 其实多年来陈子昂、李嗣真、徐坚、朱敬则等许多人向她反映过冤狱的情况，她也亲自面讯过狄仁杰的冤狱③。而她却把这些她亲手制造的冤狱，推得一干二净，反而归罪于宰相们坑害了她。狡猾到何等程度！

梁效居然歌颂武则天鼓励告密的伎俩，说她"还设铜匦，让四方百姓上书……有检举的虽农夫樵者皆得召见……"按铜匦分四格，分别收纳献颂求官的、指出政治得失的、请求伸冤的、报自然灾害或军事秘计的意见。——梁效能举出哪个农夫樵子被召见过？例如当时有个庶族（或寒士）出身的书呆子苏安恒投匦上书，请她还政于李哲，结果是"书闻，不报"④。大臣面谏且不听，她会召见农夫樵子听取意见吗？至于说到"伸冤"，也是骗局。有一次侍御史徐有功上疏即说："陛下令朝堂受表，设匦投状，空有其名，未见其实。……延牵岁月，拖曳来

---

① 《通鉴》卷二〇三，光宅二年。
② 《旧唐书》卷九六《姚崇传》。
③ 《旧唐书》卷八五《狄仁杰传》。
④ 《新唐书》卷一一二《苏安恒传》。

去。叩阍不听，挝鼓不闻，抱恨衔冤，吁嗟而已。"① 事实上铜匦只便利了无赖告密、酷吏升官，便利了武则天巩固她的反动统治。武则天也只接见告密的人而已。

（五）最后利用宗教迷信，制造舆论，愚弄人民，登上了皇帝宝座

武则天在唐高宗时已掌握大权二十四五年，到她"临朝称制"实际上已等于皇帝了，不过少个正式名义而已。可是从汉朝吕后以来，太后临朝的历代都有，却没有做"女皇"的。为此，除大肆镇压推行恐怖政策外，还必须设法制造舆论，才能名正言顺的满足她做"女皇"的政治野心。

最初，她也想学历代皇帝那样搞些自我陶醉的"祥瑞"，但这一手在唐初吃不开，因唐太宗和唐高宗不但看不起这类迷信，而且公开加以嘲笑②。故当她临朝称制时有些投机分子争献"符瑞"，朝臣冯元常即奏云："状涉诡诈，不可诬罔。"第一次她就碰了钉子③。——等到垂拱四年（688）那个急于想做皇嗣的侄儿武承嗣，叫人刻了"圣母临人、永昌帝业"八个字，使人奉表上献。说是得自洛水。武则天大喜，称这块石头为"宝图"，下令要亲自去拜洛水受宝图，命令各地都督刺史宗室外戚都必须参加典礼。自己又加上"圣母神皇"的尊号以应宝图的符瑞。到十二月举行了空前盛大的"拜洛受图"的仪式④，表示她已"受命于天"了，次年即改元为"永昌"。同时加紧屠杀李唐宗室和官民，为正式登基作准备。因她父亲武士彟早已改封为

----

① 《唐会要》卷五五《匦》。
② 《唐会要》卷二八，"祥瑞"上。
③ 《通鉴》卷二○三，光宅元年。
④ 《通鉴》卷二○四，垂拱四年。

"周国公"，故历法也将永昌元年的十一月改为"周正"的正月。以便正式改朝换代①。

不过无论什么"符瑞"都难在当时"男尊女卑"的传统观念下证明妇女可以做皇帝，无论在"儒家"或"法家"的著作中也找不出理论根据。——恰巧后凉昙无谶所翻译的《大方等大云经》（即《大云经》）中，记载有菩萨"为化众生，现受女身"的说法，并说南天竺有个无明国即由女主继承，"威伏天下，阎浮提中所有国王悉来奉承，无拒违者"。利用这个故事，薛怀义和法明等一些投机的和尚便作了《大云经疏》上献。在《大云经疏》中即附会武则天应该代替李唐作皇帝②。在当时的社会中，佛教的信仰在各个阶级中都是相当广泛的。所以这是最有利于武则天的舆论工具。为此，她下令各州都要建立大云寺，藏一部《大云经》，由僧人升高座向群众宣讲③，利用这种宗教的鸦片以证明她篡夺唐朝帝位确是"天授"的。何况佛经中还说弥勒下降，将要在龙华会上说法，普度众生。这么说来这是多么的令人神往啊！那么武则天的即位该是人民多大的幸福啊！

刚颁布《大云经》于天下，那个专献符瑞因而连升三级的侍御史傅游艺，便带了九百多人上表请求改国号为"周"。武则天还假装不许，但却又升他的官。于是一些无耻之徒约六万多人都要求傅游艺代表他们申请，这时连挂名的皇帝李旦也为了免祸，请求赐他姓武。于是武则天才同意改国号为"周"。改元"天授"（690），自己改尊号为"圣神皇帝"了。并赐李旦姓

---

① 《通鉴》卷二〇四，垂拱四年，永昌元年，天授元年。
② 陈寅恪：《武曌与佛教》，《历史语言研究所集刊》第5本第2分册；《旧唐书》卷一八三《武承嗣传》附《薛怀义传》。
③ 《通鉴》卷二〇四，天授元年。

武。同时把武家的子孙都封为"王",傅游艺也就一跃而为宰相了①。

　　以前李唐自认为李珥的后代故尊崇道教,唐太宗曾下《道士女冠在僧尼之上诏》。武则天靠佛教登基,故下了《释教在道法之上制》。说"朕蒙金口之记,又承宝偈之文……《大云经》开奥,明王国之祯符;《方等》发扬,显自在之丕业……爰开革命之阶,方启维新之运。……自今已后,释教宜在道法之上,缁服处黄冠之前……"②这明明是尊佛抑道,梁效却胡说她"利用佛教打击儒家",真是梦中说梦!——从此,她大力推行佛教,甚至皇帝的尊号也利用佛教的典故。如长寿二年(693)加她尊号为"金轮圣神皇帝"③(即利用佛经中转轮圣王的故事,说圣王即位时得七宝。第一件即金轮宝,转动它就可威伏天下)。到天册万岁元年(695)又加她尊号为"慈氏越古金轮圣神皇帝"(因弥勒名又译作"慈氏")。不到两个月,大约觉得"慈氏"和"金轮"合不到一起,又取消"慈氏越古"等字改为"天册金轮大圣皇帝"④。总之,在她做"女皇"的年代里,佛教大大发展,她自己建佛寺,造佛像;各寺院的僧侣地主也大肆搜刮。人民没有在龙华会上得到超度,却饱受了她所赐予的人间的苦难。

(六)扩大禁军,并派亲戚插手军队,以便巩固她的天下

　　军队是专政的重要工具,唐代的首都的警备部队尤为重要。当时京城有两种部队:一种是警卫"南衙"(中央政府机构)的

---

①　《通鉴》卷二〇四,天授元年。
②　《唐大诏令集》卷一一三《释教在道法之上制》。
③　《通鉴》卷二〇五,长寿二年。
④　《通鉴》卷二〇五,天册万岁元年。

由诸卫轮番上调的卫士，一种是保卫"北衙"（宫廷）的禁军。——禁军尤为重要，都是跟从李渊起事的元从兵的子孙，本来共有七营，属于"屯卫"的编制。唐太宗曾挑选其中一部分精锐号为"飞骑"，又挑"飞骑"中一百多矫健善射的号为"百骑"，作游幸时的随身警卫。——龙朔二年（662）武则天扩充"北衙屯营"，改为"羽林军"，又将"百骑"扩充为"千骑"（韦后时又扩充为"万骑"）①。她派最亲信的人插手进去，如侄儿武攸宁、武攸宜先后担任过左羽林大将军。——至于南衙诸卫的卫士，也先后派了武三思任右卫将军，武载德为左卫亲军府中郎将，武攸宜为右卫勋二府中郎将。武懿宗也担任过金吾左卫大将军，甚至男宠薛怀义也担任过右卫大将军。

不过她插手军队的阴谋终于失败了。不但禁军是元从兵的子孙，对李唐有深厚的感情。南衙诸卫的卫士，又都是各地军府征来的农民，他们身受当时贪官污吏的勒索虐待，对于武则天的统治早已不满。故在神龙元年（705），禁军和卫士都分别在张柬之袁恕之等人的率领下，同心协力地把武则天从"女皇"的宝座上推了下来。

武则天一生靠两面派的手法搞阴谋诡计，夺取了政权，但最后她终于失败了。

四　武则天的"革新措施"及其后果如何？

和梁效别有用心的黑文根本不同，过去有许多人是从同情妇女的处境或支持妇女解放运动着眼而赞赏武则天，这是完全可以理解的。几千年来，在"男尊女卑"的观念下根本不许妇女参

---

①　唐长孺：《唐书兵志笺证》第3卷，第83—92页。

加政治，多少有才干的妇女被压制得不能施展。纵使是皇太后临朝也被认为是"女祸"，遭到封建史家笔下尽情地诬蔑。实则在历代临朝称制的太后中，除吕后、韦后和慈禧等确系祸国殃民的大野心家外，有的在历史上也确起了进步的作用。如北魏文成帝冯后，她在献文帝和孝文帝时两度临朝，实际上"省决万几"二十多年，诛权臣乙浑，立郡县学、罢门房之诛，禁同姓为婚，开始实行均田制，立三长，均赋调，屡败宋齐和柔然等等；无论在政治上经济上文化上都进行了重大的改革。后来孝文帝迁都和改制也只是沿着她开辟的道路前进的。尽管封建史家也指责她"内行不正"、"猜忌好杀"和"威福兼作"等等，实则她毕竟推动了历史的前进①。武则天更大的突破在于自立为帝，影响当然更大。唐人如陆贽李绛等赞许她"知人善任"外，诗人李商隐甚至写了一篇小品，借一个宫女的口吻说："后世娘姥有出闺阁断天下事者，皆不得其正。多是辅昏王，不然抱小儿，独大家革天性，改去钗钏，袭服冠冕……大臣不敢动，真天子也！"②实是一首对她推崇备至的赞歌。如果文学家为赞美她，抓住传统观念与叛逆精神的矛盾为主题；虽然她最后失败了，也未尝不能将她写成令人同情和惋惜的悲剧。

　　然而，历史的发展毕竟取决于阶级矛盾和斗争，而不取决于男女性别的对立。妇女受压迫只是阶级压迫的一个侧面。要全面的评价一个历史人物，就不能仅凭男性或女性来判断，而只能看他是站在哪个阶级的立场上，他的措施对哪个阶级有利，是否发展了生产，归根到底，看他是否有助于推动历史的前进。离开了

----

　　① 《魏书》卷一三《文成文明冯皇后传》，卷六《献文帝纪》，卷七《孝文帝纪》等。

　　② 《李义山文集》卷四《宜都内人》。

这些原则，一切义愤和同情，对于历史科学而言都是没有意义的。

武则天虽然长期专政，但她并没有在任何方面采取什么措施以提高妇女的地位或权利（仅从"孝道"上规定了父在为母服丧三年。实际上在她当权后，妇女甚至也被迫承担修路的劳役了）。她斗争的矛头从未针对着男尊女卑的旧观念，相反的，她因宗法制度下的宗庙里，只有儿子祭祀母亲没有侄儿祭祀姑母的习惯，最后不立武家子侄为嗣而又重新扶立李显为继承人，终于屈服于传统的旧观念之下①。

梁效说武则天进行了许多"革新措施"，的确，她有许多措施，但绝不是什么"革新"。如她要改官制，从龙朔二年（662）改"尚书省"为"中台"，"中书省"为"东台"，"门下省"为"西台"，"秘书"为"兰台"，"御史台"为"宪台"等等。到咸亨二年又恢复原样。在她临朝称制后又改"尚书省"为"文昌台"，"门下省"为"鸾台"，"中书省"为"凤阁"等等。垂拱二年（686）改"秘书省"为"麟台"等等②。弄得看不出机关的职能。——又屡改年号，从她做皇后到她下台四十九年中，先后下诏改元三十三次，甚至一年改两次，比历史上任何皇帝都改得多，弄得混乱不堪。——甚至她做了"女皇"，还采用奸党所造的十几个奇奇怪怪的新字。如她自名为曌（音照），为了避她的名讳，把"诏书"也改称"制书"③。还有改尊号，改服色等，诸如此类的改革，徒然制造混乱。除反映了她好大喜功的虚荣心之外，有何进步可言？当然，我们也不致凭这些事来衡量

---

① 《通鉴》卷二〇四，天授二年。
② 《旧唐书》卷四二《职官志》（一）。
③ 《通鉴》卷二〇四，天授元年一月。

她，但这也可看出她的"改革"的一个侧面。

梁效说她的革新"首先在政治领域里"，这是对的，剥削阶级的统治者的改革，总是从上层建筑（特别是国家机构）着手的，但他说"她坚决打击士族地主，大力扶植庶族地主"并先举了重修《氏族志》为证，这在前面我们已论证它的虚妄，接着他又举她"尽力选拔庶族地主人士做官，是武则天又一项重要措施，她大开制科，扩大录取名额"，更是弥天大谎。武则天时期的制科每科的名额、姓名都有案可查：即使从显庆三年（658）算起到长安二年（702）为止，共开制科十四次。每科少的一人，多的也不过八人，总共也只三十一人①，这即使有遗漏，也不会多，怎么能说"扩大了名额"呢？再从那个名单中可以考察的人来看：第一，应制举的不是"白身"而多是现任官，因"制科"不同于"常选"，是因要选拔某种特殊人才而由天子下"制书"开科并由天子策问的。中举者易得美官，故当任小官也愿参加；第二，中举的这些人大都是士族高门，如苏环父子是关中旧门，薛稷是河东世族，卢从愿是山东著姓②等等，有几个是庶族地主呢？——梁效既区别不清"贡举"（"贡士"，即考选候补官吏）和"铨选"（"举官"，即在有候补官吏资格的人中，亦即所谓"选人"中分别由吏部或兵部来选拔官吏），也不了解"自举"。因此他那一段黑文只是乱凑一通。他根本不可能考察武则天选拔官吏的政策和路线，我们不得不另行进行分析：

1. **任人唯亲**——武则天掌权后对武家子孙先后任官封王，甚至连母家的亲戚亦如此，她自己说"要欲我家（武家）及外

---

① 《唐会要》卷七六"制举"。

② 《新唐书》卷一二五《苏环传》附《苏颋传》，卷九八《薛收传》附《薛稷传》，卷一二九《卢从愿传》。

氏（杨家）常一人为宰相"，故以杨执柔为相①，这不是从儒家的"亲亲"之义出发吗？而且她把她所选用的人也都当作"我的人"，如说"（刘）祎之我所引用，乃有叛我之心"②；对最后参加推翻她的李湛说"我于汝父（李义府）子恩不少，何至是也"！对崔玄晖说"诸臣进皆因人，而玄晖我所擢，何至是"③！这哪有一点法家的唯才是举的遗意？

2. 收买人心——唐初官少，到高宗时已很多了，她却屡下《求贤诏》、《搜访贤良诏》、《求访贤良诏》等，还说"无论士庶，具以名闻"④，"及（武）则天临朝，以权道临下，不惜官爵，取悦当时"⑤，甚至令官吏和百姓可以"自举"，这就是梁效欢呼的"革新措施"，其实自举仍须经过"铨选"。这些，当然都是大开方便之门，但庶族地主也并不容易得官。有个孤儿出身的员半千，很有文才，"凡举八科皆中，咸亨中上书自致：臣家赀不满千钱，有田三十亩，粟五十石，闻陛下封神岳，举英豪，故鬻钱走京师。朝廷九品，无葭莩亲；行年三十，志怀高洁，未蒙一官。……陛下何惜玉阶方寸地，不使臣披露肝胆乎？……"不答复，后给了个"从九品"（最末一级）的县尉⑥。

其次，她即将登基之前，为了收买人心，又"殿试贡生"——本来"常选"时，"乡贡"（包括明经、进士等等）及生员（包括国子监所管的学校及外地州县学的生徒）每年都要

① 《旧唐书》卷一八三《武承嗣传》及附传；《新唐书》卷一〇〇《杨恭仁传》附《杨执柔传》。
② 《旧唐书》卷八七《刘祎之传》。
③ 《旧唐书》卷八二《李义府传》附《李湛传》；《新唐书》卷一二〇《崔玄晖传》。
④ 《全唐文》卷九五《求贤制》，卷九六《搜求贤良诏》、《求访贤良诏》。
⑤ 《旧唐书》卷一八九上《儒学传序》。
⑥ 《新唐书》卷一一二《员半千传》。

报到尚书省，由吏部派考功员外郎来考选，这时她却亲自殿试，其实这等于尚书省的考试，本无多大意义①，但及第的人认为自己是"天子门生"了，当然对她感恩戴德，所以后来的皇帝在"礼部试"之后也举行"殿试"。

第三，本来，唐高宗曾下《严考试明经进士诏》，且明说要"严加捉搦"②，所以武则天"乃令试日自糊其名，暗考以定等第"③。可是等她做了"女皇"的第六年（695）却破坏高宗严格考试的精神，下令废止对"选人"考试糊名的办法④。滥收官迷，收买人心。

第四，始置"试官"——天授二年（691）又派人到七道，选了一些举人、县令、录事、参军等授给拾遗、补阙、侍御史、著作郎等职，"盖天后顺人望也。故当时谚曰补阙连车载，拾遗凭斗量，把推侍御史、腕脱校书郎"⑤，把地方上的卑官，提升为朝廷的美官；编制不足，乃增加名额曰"试官"实习官之意。

第五，扩充宦官——本来唐初"内侍省"宦官人数很少，而且唐太宗规定不设置三品官，武则天时却不断增加人数，竟多达三千人⑥，此举显然是为结好内侍，但却种下了唐代后期宦官专政的祸根。

3. 奖励特务，不次授官——从她开始鼓励告密起，对这类无赖，甚至可由"白身"一跃而为五六品的高官，索元礼、侯思止、王弘义等都一跃为游击将军（从五品）。原来是卑官的则

---

① 《文献通考》卷二九《选举五》"唐举士"条。
② 《全唐文》卷一三。
③ 刘𫗧：《隋唐嘉话》。
④ 《唐会要》卷七五"杂处置"。
⑤ 《唐会要》卷六七《试及斜滥官》。
⑥ 《唐会要》卷六五《内侍省》。

可飞跃的提升，来俊臣几年之内由侍御史（从六品入左台御史中丞（正五品）最后为司农少卿（从四品）；周兴由时尚书省都事（从七品）累迁至秋官侍郎（正四品）；甚至像吉顼由明堂尉（正九品），因告密得宠直升到宰相①。而按正途的明经进士再经吏部铨试，也不过任命为九品的县尉之类。除这些告密的特务和上书劝进的无赖之外，武则天对谁"破格用人"了？有哪些正派的庶族地主曾"破格"的"不次授官"了？

4. 纵容奸党贪污卖官——在武则天当权后，真正由明经进士及第或诸学生徒做官的很少，而"杂色入流"的（包括台、省、寺、监、军、卫的各种各色的胥吏）极多，这类人中确多是"庶族地主"。但他们是因她的"唯才是举"的"法家路线"做官的吗？不！是靠贿赂！虽然这类人也经过铨选，但实际上是"假手冒名、势家请托；手不把笔，即送东司；眼不识文，被举南馆；正员不足，权补试、摄、检、校之官；货贿纵横，赃污狼借；流外行署，钱多即留……"②而这种卖官鬻爵的贪污之风，主要是她的宫廷奸党如李义府等带头搞得大盛的。如"张昌仪为洛阳令，借（张）易之权势，属官无不允者。风声鼓动，有一人姓薛，赍金五十两，遮而奉之。仪领金受其状，至朝堂付天官侍郎张锡。数日失状，以问仪，仪曰'我亦不记得，但有姓薛者即与！'锡检案内姓薛者六十余人，并令与官，其蠹政也如此"③。

武则天是士族地主阶级的代理人，从来是压抑"庶族"的。庶族通常只能以"吏劳"而为"令史"等"流外"之官，她仍按照南北朝世族专政的旧例，严格限制这类人的官品。如当时有

---

① 《旧唐书》卷一八六《酷吏传》（并请参阅《旧唐书》的《职官志》）。
② 《朝野佥载》卷一。
③ 《朝野佥载》卷三。

个令史张衡，已位至四品了，再加一级便应入三品，武则天即降敕："流外出身不许入三品"①。又下诏详细规定各种技术官如天文、医术等等不得任"清要"之官②。而许多做了官的"庶族"是什么人呢？如前所述，只有告密的特务，劝进的无赖，和有钱行贿的"庶族地主"，显然，这样一些"庶族地主"只能作为"士族地主"的附庸，而并不是以"士族地主"的对立面出现于政治舞台的。像陈子昂这样一个杰出的诗人，出身是地地道道的庶族地主阶级，尽管有才识，中过进士，上书多次召见；武则天做女皇，他甚至也上过《周受命颂》，最后也只做到从八品的"右拾遗"。父死还家，竟因当地县令勒索不满足，而被关死在狱中③。在武则天的时期，庶族地主的政治地位和社会地位也由此可见一斑了。

如果说武则天在选任官吏方面有什么"革新措施"，只有置"武举"还有一定意义。唐肃宗代宗时的大将郭子仪即是"武举"出身的④。故这个制度直到清代，仍断断续续地继承下来，但也不可估计过高，因历代的名将无论出身文人或武人，都是在战争的实践中锻炼出来的。

由于她这些措施，大大扩充了国家机构的编制，使官僚队伍恶性的膨胀，这种"滥以禄位收天下人心"的政治意图就在于实现她的篡权窃国的阴谋，后果却十分严重。最明显的是：

1. 贪官污吏的残酷剥削，造成人民大量流亡——贪污之风大盛主要是她和她的宫廷奸党造成的。如"（李）义府贪冒无厌，与母妻及诸女婿卖官鬻狱，其门如市"，"（张）易之等益自

①　《朝野佥载》卷四。
②　《全唐文》卷九五，武后《定技术官转进制》。
③　《新唐书》卷一〇七《陈子昂传》。
④　《文献通考》卷三四，"武举"。

肆，奸赃狼藉"，"（来）俊臣用事，托天官得选者二百余员"①，
他"剥夺甚萑蒲之盗，赃贿踰丘山之积"②。至于那些出钱买官
的"庶族地主"更是饿虎。故"皆不事学问，惟求财贿"③。本
来武则天就"重内官，轻外职"④，中央如此，地方就更糟。故
"州牧县官，选授多不得人；自余寮佐，鲜有称职，不务公谨，
专于剥刻"⑤。由于官吏的贪污，相应的地主高利贷者的剥削也
必然加强。本来均田制下的小农土地不多，经济力量十分单薄，
故秋收后"纳官之外，半岁无粮"⑥。早在永淳元年已因赋调繁
重"民无以堪"⑦。农民为了逃避过重的赋役便采取"析户"办
法，即分家以求降低户等。可是武则天于万岁通天元年（696）
即下令规定凡是"外继别业"者"所析之户，等第并须与本户
同，不得降下。共应入役者，共计本户丁中用为等级，不得以析
产生蠲免，其差科各从析户祗应，勿容递相影护"⑧。连走这一
步也不通的农民就只好逃亡了。农民本是安土重迁的小生产者，
他们经历了南北朝几百年来的战乱，到唐初有了少量的土地可
耕，社会秩序安定了，故"百姓思安久矣"⑨。但在武则天的统
治下社会就开始动荡了，她只好下令警告地方官"若为政苛暴，
户口流移，盗发而罕能自擒，逆谋为外境所告，轻者年终贬考，

①　《旧唐书》卷八二《李义府传》；《新唐书》卷一〇四《张行成传》附《易
之传》卷二〇九《来俊臣传》。

②　《全唐文》卷九五武后《暴来俊臣罪状诏》。

③　《朝野金载》卷一。

④　《旧唐书》卷八八《韦思谦传》附《韦嗣立传》。

⑤　《唐会要》卷六七《员外官》。

⑥　《全唐文》卷一六九，狄仁杰《乞免民租疏》。

⑦　《唐会要》卷八三《租税（上）》。

⑧　《唐会要》卷八五《定户等》。

⑨　《全唐文》卷二一三陈子昂《申宗人冤狱书》。

甚者非时解替"①，这种官样文章，当然是无效的，垂拱元年
（685）陈子昂即向她反映："自剑以南，爰至河、陇、秦、凉之
间，山东则青、徐、曹、汴，河北则沧、云、恒、赵……流离分
散，十之四五，可谓不安矣"②，十三年后又说四川"今诸州逃
走户三万余……蜀中诸州百姓所以逃亡者，实缘官人贪暴，不奉
国法，典史游客，因此侵渔，剥夺既深，人不堪命，百姓失业，
因而逃亡，凶险之徒，聚为盗贼"③，这时韦嗣立甚至说"今天
下户口，逃亡过半"④ 了。即使对流亡户加以搜检，他们便转到
别处，官吏虽定出办法要他们自首，谁也不信任⑤，武则天虽然
曾派十道括户的使臣，也因无效而罢去⑥。直到她统治的最后，
宰相们也不得不承认"户口尚有逋逃，官人未免贪浊"⑦。——
多年情况已如此，可是梁效却根据《唐会要》的记载，说"永
徽年间，全国登记户数三百八十万户，到她死时的这年已增至六
百一十五万户"，来证明"在武则天当政的四十多年间，社会经
济得到发展"。不是荒唐吗？这个统计只有"户"数，没有
"口"数，是否是普遍"析户"所致？或是官僚们的浮夸虚报？
在边境连年战争不断，农民不断大量逃亡下，人口纵有增加，又
能增加多少呢？何况她死后五年（710），仍是"诸州百姓多有
逃亡"⑧；次年仍是"人多失业，流离道路……不可胜纪"⑨。从

---

① 《唐大诏令集》卷一一〇文明元年《诫励风俗敕》。
② 《全唐文》卷二一一陈子昂《上军国利实事》。
③ 《全唐文》卷二一一陈子昂《上蜀川安危事》。
④ 《旧唐书》卷八八《韦思谦传》附《韦嗣立传》。
⑤ 《唐会要》卷八五，"逃户"类，李峤证圣元年疏。
⑥ 《新唐书》卷一二五《苏环传》。
⑦ 《旧唐书》卷八八《韦思谦传》附《韦嗣立传》。
⑧ 《唐大诏令集》卷一一〇唐隆元年《诫励风俗敕》。
⑨ 《唐会要》卷八五《逃户》，景云二年韩琬疏。

武则天时开始，人民逃亡已成了唐代封建王朝不治之症了。

2. 加速了"均田制"的破坏，官僚、地主、寺院的兼并日烈——均田制原是建立在土地私有制的基础上，从未触动过任何人的私有土地，只是无地或少地的农民分得了一些土地；虽然多不足规定数，但社会秩序安定下来了，农民有地可耕，勉强可以生活并交纳租调。故唐初的极其凋敝的经济情况有所恢复；唐太宗时社会经济能得到初步的发展，到高宗初年局势更趋于上升。但在封建的生产关系下，土地的转移是必不可免的，均田制本身已蕴蓄着崩溃的因素，自从武则天当权后，官僚队伍逐渐庞大，贪污成风，加以边境战争不断，征调力役增加，农民无法负担这种沉重的剥削，不能不抛荒卖产而逃亡。均田制本就规定了在某些特殊情况下允许出卖"永业田"，甚至"口分田"的，农民大量流亡就为官僚地主创造了土地兼并更有利的形势。

唐玄宗后来也承认"百姓逃散，良有所由，当天册神功之时，北狄西戎作梗。大军之后，必有凶年。水旱相仍，流亡滋长，自此成群，至今患之，且违亲越乡，盖非得已，暂因规避，旋被兼并，既冒刑网，复捐产业，客且常惧，归又无依，积此艰危，遂成流转，或因人而止，或用力自资"①；狄仁杰当时即说过"近缘军机，调发伤重，家道悉破，或至逃亡，剔屋卖田，人不为售"②。直到武则天下台的前夕，李峤也反映"今天下编户贫弱者众，亦有庸工客作，亦有卖舍贴田，以供王役"③。除中央外，"诸州县官……皆依倚形势，侵行侵剥……逃人田宅，因被出卖"④，丧失土地的农民只好逃亡，"佣力"，"客作"，这

---

① 《唐大诏集集》卷一一一开元十二年《置劝农使抚户口诏》。
② 《旧唐书》卷八九《狄仁杰传》。
③ 《旧唐书》卷九○《李峤传》。
④ 《唐大诏令集》卷一一○唐隆元年《诫励风俗敕》。

又为官僚地主的庄田提供了补充劳动力的有利条件。社会生产遭到如此严重的破坏，人民生活如此困苦，梁效却赞美武则天时"社会经济继续得到发展"，不是站在官僚地主的立场上了吗？

武则天临朝时看到人民流亡、甚至发生起义的情况，迫使她透过于地方官，下诏说"若田畴垦辟，家有余粮"，将来可提升，"若为政苛暴，户口流移"，年终时就要"贬考"或解除职务①，究竟有哪些效果呢？梁效竟然将这个官样文章作为武则天"奖励农桑"的证据，真是浑水摸鱼的手法。——当时，确有几个边将如娄师德、郭文振、黑齿常之等在边地屯田，取得了很大的成绩②。梁效却归功于武则天的奖励，可是为什么内地郡县却没有这现象呢？本来李唐开国以来地方官兴修水利是很积极的，但从各地每年修建的水利工程项目的比例看，她当权时，上不及高宗永徽时，下不及玄宗开元时③。她的那些地方官都忙于贪污去了。连仅有的一个认真"劝课农桑"的魏州刺史苏干，也被来俊臣诬陷下狱死了④。

必须指出：在她的纵容下，不但官僚地主加紧剥削，僧侣地主也趁她提倡佛教，因而用迷信手段，"化诱所急，切于官征"⑤，进入兼并的行列。故寺院也"膏腴美业，倍取其多；水碾庄园，数亦非少"⑥，直到睿宗李旦即位时，因"寺观广占田地水碾，侵损百姓"。想叫市施的田宅交官分配给贫下课户⑦，

---

① 《唐大诏令集》卷一一〇文明元年《诫励风俗敕》。
② 《旧唐书》卷九三《娄师德传》，卷九七《郭元振传》、《黑齿常之传》。
③ 据《新唐书·地理志》高宗永徽仅六年，地方修筑水利有十处；开元仅二九年，共修筑三十处；武则天当权共四十九年，仅修了三十四处。
④ 《新唐书》卷一二五《苏干传》。
⑤ 《唐会要》卷四九，"像"条，引久视元年狄仁杰疏。
⑥ 《旧唐书》卷八九《狄仁杰传》。
⑦ 《唐大诏令集》卷一一〇唐隆元年《诫励风俗敕》。

这当然也是空话。——官僚、地主如此猛烈的兼并土地，均田制必然加速崩溃，地主庄园经济因而日益发达，从未见武则天采取任何措施来巩固均田制，相反的，却也和官僚地主们经营庄园一样，她开始设置了"内庄宅使"，来管理内廷所有（皇帝本人所有）的土地宅宇了①。大量农民丧失土地而促使地主阶级的大地产的发展，这就是武则天在经济领域里的"成绩"。

3. 贪污浪费，人民流亡，造成财政危机——士族地主阶级本身就是个腐朽的寄生阶级。贪污浪费是他们阶级性的反映。武则天是代表这个阶级利益的政权，必然更纵容他们而使之更加发展。她本人就是穷凶极恶的豪华浪费的榜样，如封禅、建明堂、铸九鼎、造天枢、广建佛寺、修造佛像等等，加以对民族矛盾处理失当造成连年的征战，军事费用和远道转运，都不知耗费了多少人民的血汗。而她的奸党的贪污浪费现象也是同样惊人的。

封建小农的经济力量是十分薄弱的，很难有多少剩余资力来扩大再生产。剥削稍重，就连原规模的简单再生产也困难。他们上交的赋调也被政府供军国之需消费掉了，不可能给他们生产上有任何帮助，若再加重他们的负担，当然更受不了。但武则天做了皇后，"及中书令李义府，侍中许敬宗用事，耗费并起；永淳以后，给用亦不足，加以武后之乱，纲纪大坏，民不胜其毒"②。农民丧失土地，到处流亡。政府的赋调收入必然下降。因而逐渐造成唐开国以来所未有的财政危机。最初，武则天就想采取通货膨胀的政策来增加财源。——本来唐初所铸的"开元通宝"铜质好，分量足，后来已有盗铸现象，武则天在封泰山后，就改铸

---

① 加藤繁：《内庄宅使考》，《支那经济史考证》上卷。
② 《新唐书》卷五一《食货志》（一）。

"乾封通宝"。虽然比旧铸稍重，但却规定"新铸一当旧钱
十"①。可是她不懂得"君主们在任何时候都不得不服从经济条
件，而且从来不能向经济条件发号施令。……如果君主们要想伪
造铸币，那末他就会遭到损失"②。果然由于新钱的表面价值与
实际重量分离，终于导致贬值。同时又更招致盗铸，所以不过一
年就使得"商价不通，米帛增价，乃议却用旧钱"③。但反动阶
级总是不能接受教训的，不久她又再铸，因而货币一直混乱了，
这一招她就失败了。

　　到永淳元年（682）裴守真上表指出了贪污剥削和浪费以及
战争造成的财政危机的严重性，"黠吏因公以贪求，豪强恃私而
逼掠；以此取济，民无以堪，又以征戍阔远，土木兴作；丁匠疲
于往来，饷馈劳于转运，微有水旱，道路遑遑，岂不以课税殷
繁，素无储积故也，夫大府积天下之财而国用有缺，少府聚天下
之伎而造兴不息，司农治天下之粟而仓庚不充，太仆掌天下之马
而中厩不足"④。武则天并无办法，却只想加强剥削。本来已是
"征税横夺，商旅不行，贸迁有无，廛肆半绝"了⑤，可是后来
（702）竟有人提出"关税"，"不论工商，但是行人尽税"，即
不但要收工商的关税，连各种来往的人也要过路钱，这真是千古
未有，后来被崔融谏止了⑥。在她统治的最后一年（704）她竟
然又下令，要在登、莱地方设立机构，出卖河南、河北的牛羊和
荆、益两州的奴婢，以充军费。幸而张延珪上疏，指出"荆益

---

①　《旧唐书》卷四八《食货志》（上）。
②　马克思：《哲学的贫困》，见《马克思恩格斯全集》第4卷，第121页。
③　《旧唐书》卷四八《食货志》（上）。
④　《唐会要》卷八三"租税"类上，引永淳元年裴守真表。
⑤　《全唐文》卷二一五陈子昂《汉州雒县令张君吏人颂德碑》。
⑥　《旧唐书》卷九四《崔融传》。

奴婢，盖国家户口，奸豪掠卖，一入于官，永无免期"。故极力谏阻，才把这种残暴野蛮的倒退措施取消了①。

4. 府兵制的加速破坏——府兵制是唐代建立在均田制基础上的专政工具。农民本是要自备衣粮应征的；平时定期番上宿卫，战时即由将帅率领出征；战争中有功的可以受勋，备受免役等政治上的优待，甚至可凭军功入仕，故小农多争取参军，勇敢作战。但自武则天一当权，她所用的奸党及地方官只顾争权夺利，贪污剥削，毫不关心战士的生活与政治待遇，因而部队士气突然下降。麟德二年（665）亲自统兵在海东的名将刘仁轨奏报："臣看现在兵募，手足沉重者多，勇健奋发者少；兼有老弱，衣服单寒；唯望西归，无心展效。——臣往在海西，见百姓人人报募，争欲征行，乃有不用官物请自办衣粮报名义征，何因今日募兵如此佇弱？皆报臣云：今日官府与往不同，人心又别，贞观永徽中，东西征役，身死王事者，并家敕使吊祭，追赠官职；亦有回亡者官爵与其子弟。从显庆五年（660，即武则天开始掌权的一年）以后，征役身死，更不恤问，往前渡海者即得一转勋官。从显庆五年以后，频经渡海，不被记录，州县发遣兵募，人身少壮家有钱财参逐官府者，东西藏匿，并即得脱；无钱参逐者，虽是老弱，推背即来，显庆五年破百济勋及向平壤苦战勋，当时军将号令并言与高官重赏，百方购募，无种不道，洎到西岸，唯闻枷锁推禁，夺赐破勋；州县追呼，求住不得，公私困弊，不可言尽，发海西之日，已有自害逃走，非独海外始逃，又为征役蒙授勋级，将为荣宠；频年以来，唯取勋官牵挽，辛苦与白丁无异，百姓不愿征行，特由于此。"② 这是最深刻最生动的

---

① 《新唐书》卷一一八《张廷珪传》。
② 《旧唐书》卷八四《刘仁轨传》。

描写。事实迫使诏书也不得不承认"或频年经阵，毫无优赏；或不当矢石，便获勋庸……差点兵防，无钱则老弱先行，有货则富强获免"①。上上下下官吏的贪污，严重地影响府兵的应募和士气。

当时奴隶尚相当多，但法律上照例是禁止掠卖良人为奴的。武则天对掠卖奴婢却采取纵容的态度，甚至一个小小的县尉居然掳掠本县人民做奴婢，送给朋友，多达上千人。武则天竟以为奇而不加罪②。万岁通天元年（696）因河北败于契丹，她居然下令"免天下罪人及募诸色奴充兵"③。按"以奴为兵"原是东晋腐朽王朝一度施行过的臭名昭著的措施，久已不行，只有地方野心家仓促发动政变时，偶尔才有。武则天竟不惜倒退到走东晋的腐朽士族的老路，败坏"良家子"出身的府兵的声誉，故陈子昂说："损国大体，臣恐此策不可威示天下。"④

府兵制本身也存在着一个根本性的矛盾：即农民的定期番上与长征久戍的矛盾。如果定期服役的农民因长征或久戍不归，势必影响农业生产，增加农民的困难，故募常备兵也是难免的。但当圣历元年（698）突厥的默啜可汗进攻河北时，武则天仓促下令招募，月余也募不到一千人⑤，这显然与她丧失人心有关，但到后来，甚至连番上宿卫的兵，都成了问题。如同州因天旱，使农民穷得无力准备口粮而不能番上⑥。由此也可见农民被剥削过重，对府兵制的破坏多么严重！

---

① 《全唐文》卷一一高宗《申理冤屈制》。
② 《旧唐书》卷九七《郭元振传》。
③ 《通鉴》卷二〇五，万岁通天元年。
④ 同上。
⑤ 《通鉴》卷二〇六，圣历元年。
⑥ 《新唐书》卷一二五《苏瑰传》。

武则天为消灭异己又杀了程务挺、王方翼、黑齿常之、泉献诚等许多大将①，同时，"诸卫将军自武太后之代，多以外戚无能者及降虏处之"②，更是直接地影响了府兵的战斗力。

武则天为篡权窃国的野心所驱使，建立宫廷奸党，收买人心，扩大官僚队伍，纵容贪污之风。从而迫使农民失业流亡，均田制遭到破坏，这是上层建筑的腐败严重地影响了经济基础，反过来，经济基础又影响到上层建筑，故财政、府兵又濒于崩溃，一个政权到了这样的局势，也就难以存在了。

五　武则天的失败和她的奸党的一再复辟及其最后的覆灭

历史已表明：和梁效的说法相反，武则天在政治上经济上的措施都是倒退的反动的，因而招致了最后的失败。此外，还应看到她的荒淫的宫廷生活，在当时社会上也引起了极大的反感。——于此必须指出：过去在这方面指责她的人确带有落后的"男尊女卑"的偏见。本来，历代的皇帝都是后宫妃嫔很多的，武则天不过有薛怀义、张昌宗、张易之以及御医沈南璆几个男宠，为什么独苛责于她？再则，唐代的男女关系也不像北宋以后那样片面的拘束妇女，而过去为她辩护的人又从年龄上证明她临朝时已年老，不可能有那些事（这一点却很难说，像她在那样的安富尊荣的豪华生活中，又威福任己，毫无忌惮，从而形成了那种变态的心理和生理状态，也不是不可理解的）。至于有的人说，在评价历史人物时不应去讨论私事，这却应进行具体的

---

① 《新唐书》卷一一一《程务挺传》、《王方翼传》，卷一一〇《黑齿常之传》、《泉男生传》附《泉献诚传》。

② 《玉海》卷一三八，引《邠侯家传》。

分析。

如果一个普通人，纵使生活荒淫也无关大局，确无须去涉及。但如果是统治阶级的上层人物，由于生活荒淫而影响到政治和社会生活，那就不同了。恩格斯曾驳斥那种认为历史不许写私事的谬论，他指出"如果这样无条件地运用这条规则，那就只得一概禁止写历史。路易十五与杜芭丽或彭帕杜尔的关系像是私事，但是抛开这些私事，全部法国革命前的历史就不可理解"。他又举西班牙女王伊萨伯拉宠爱年轻的军官塞拉诺，最后塞拉诺成为西班牙的独裁者为例，说："在这种情况下伊萨伯拉和塞拉诺的私人历史就成了西班牙历史的一章，如果有谁想写现代西班牙的历史，而又有意地不向自己的读者提这段情节，他就是伪造历史。"① 武则天的那些男宠，如薛怀义这个市井流氓得宠后，朝臣见到他都得低头拜谒，甚至武承嗣等也为他"执辔"。他跋扈横暴，过路的人看见他都走避，靠近了的都被打得头破血流。他还度了一批无赖做和尚，纵横犯法，无人敢问。有个右台御史干涉了也被打得半死②。至于张易之张昌宗兄弟都任大官，封国公，贵震天下，连武氏子侄对他们都小心奉承，如李显的子女私下说了几句不满的话，都被迫自杀。到武则天病重时，他们甚至还想抢夺政权，他们的影响多么严重！再说，武则天的荒淫生活，已不是宫闱秘事，早闹得朝野皆知，因而有人当朝上谏时竟赤裸裸地讲出来③。即使写历史不提，就能抹煞当时她在社会上造成的反感和恶果吗？

可是江青和梁效却还胡说武则天"得人心"，梁效甚至说她

---

① 恩格斯：《流亡者文献》（二），见《马克思恩格斯全集》第18卷，第590—591页。

② 《通鉴》卷二○三，垂拱元年。

③ 《旧唐书》卷七八《张行成传》附《易之昌宗传》。

的"统治基础比唐太宗更宽",并举出六万人上表拥戴她做皇帝一事为证,真是无耻之尤!这种上书拥戴的丑剧,从大阴谋家野心家王莽首演后,直到1916年北京安福胡同的全国请愿联合会,请求改民国为帝国以拥戴袁世凯做皇帝,两千年来不知排演了多少次。还没看腻吗?号称马克思主义者的梁效竟热心谈这事,不是艳羡筹安会的六君子吗?——马克思曾说:"要判断历届政府及其行动,必须使用他们时代的尺度,求助于他们同时代人的良知。"① 我们根据这个科学的原理,看看当时各个阶级的人们对她的反映吧!

首先,反对武则天最坚决的是劳动人民。他们在武则天的统治下饱受了压迫、剥削,以致丧失土地而大量的流亡,早在她临朝称制时就开始了武装反抗,她自己也说"绥宋二州,屡奏乱常之党;荆并两府,频言构逆之徒"②。神功元年(697)狄仁杰奏"今关东饥馑,蜀汉逃亡,江淮以南,征求不息,人不复业,相率为盗"。次年又奏"山东群盗,缘兹聚结"③,陈子昂反映蜀中情况也说"其中游手惰业之徒,结为党火大贼,依凭林险,巢居其中。……有人说逃在其中者攻城劫县,徒众日多"④。这期间,最大的一次农民起义是"宣州贼锺大眼乱,百姓溃震",吓得常州的刺史薛登也"严勒守备"⑤。连续不断的人民武装斗争,这不是对武则天"得人心"的有力的驳斥吗?

其次,无论是士族地主或庶族地主后来也反对她——士族地主阶级本来是拥护她的,这不仅表现在李勣许敬宗等拥护她做皇

① 马克思:《十八世纪外交史内幕》第3章,世界史研究所摘译稿。
② 《唐大诏令集》卷一一〇文明元年《诫励风俗敕》。
③ 《旧唐书》卷八九《狄仁杰传》。
④ 《全唐书》卷二一一陈子昂《上蜀川安危事》。
⑤ 《新唐书》卷一一二《薛登传》。

后，而且她做"女皇"也得到一些大世族的支持。如苏州"著姓"陆元方在她登基后竟不惜冒风涛之险去为她安抚岭南，他两度拜相，武则天用人也多与他密商①。故她重用士族，甚至有的人父子为相或兄弟为相，又放任他们兼并土地，发展庄园。从阶级利益上说，她是足以代表他们的，有的人上书规谏也是希望她改正错误以便稳定局势。后来许多士族地主反对她，主要是因为她竟然篡唐，这势必引起社会的大动乱，是违反人心的。因此不仅士族高门，也包括许多"寒士"或庶族地主（如刘仁轨、薛讷、张柬之、敬晖、袁恕己以及无官无位的苏安恒②等），都认为唐太宗的政策还是符合形势的，甚至以告密而成亲信的吉顼也劝张易之兄弟"天下思唐久矣……公盍从容请复相王（李旦）卢陵（李显），以付人望"③。其次，士族地主许多人反对她选官太滥，贪污成风，特别是反对她重用特务制造冤狱，株连太广，诛戮太多，使他们也有自身难保之感。这样，事物就走向反面，他们感到不能不换马了，甚至连她提拔的人也愿参加了。

除汉族外，连边疆的少数民族也对她深为不满。她用的贪官污吏，在万岁通天元年（696）首先激起了契丹的反抗。次年，他们发檄文，提出"还我卢陵王"的口号。即不承认她的统治了——就在这年，突厥默啜可汗提出愿意以女联姻，武则天派了侄儿武延秀去，却遭到拒绝，说"我欲以女嫁李氏，安用武氏儿耶？此岂天子之子乎？我突厥世受李氏恩，闻李氏尽灭，唯两儿在，我今将兵辅立之"④。由此，可知唐初的政策还是得到当

---

① 《旧唐书》卷八八《陆元方传》。
② 《旧唐书》卷八四《刘仁轨传》，卷九三《薛讷传》，卷九一《张柬之传》、《敬晖传》、《袁恕己传》，卷一八七上《苏安恒传》。
③ 《新唐书》卷一一七《吉顼传》。
④ 《通鉴》卷二〇六，圣历元年二月、八月。

时各民族拥护的。

由于武则天的倒行逆施，丧尽人心（甚至她的侄儿武攸绪，虽然封了王，也及时的辞官，买田隐居，以免将来牵连受祸①）。所以到神龙元年（705）趁她患病，张柬之等立即率领禁军，以诛张易之兄弟为名，轻易地就把她推下了"女皇"的宝座，而她不久也就寂寞地死去②。

武则天虽然被打倒了，但祸根未除。因除了张易之兄弟外，她的宫廷奸党仍在，她的政治思想影响也仍在③。

张柬之等虽然把李显重新扶为皇帝（中宗），恢复了"唐"的国号，但他们书生气十足，没有及时地消灭她的奸党，以致上官婉儿立即把武三思藏入宫中，直接勾结了中宗的韦后，在她和武三思等的策划下，立即进行复辟活动。首先她起草的敕令中即为武则天辩护："则天大圣皇帝……在朕即为慈母，于士庶即是明君……周唐革命、盖将从权；子侄封王，国之常典"。完全肯定了武则天篡唐窃国的合法性。不久，连"中兴"二字也不许提了④，张柬之等虽做了宰相，几个月就把他们封"王"而"罢知政事"，不到一年，就诬他们"谋反"，连同家属或杀或流放了。——因而以韦后为中心，奸党复辟了，韦后虽无能而野心却不小。武则天称"则天皇后"，她也称"顺天皇后"了。照样，奸党们又开始了恐怖统治，连驸马都尉王同皎也杀了。不久，太子李重俊因不满韦后和武三思等，率领禁军杀了武三思父子，但

---

① 《新唐书》卷一九六《武攸绪传》。

② 《通鉴》卷二〇七，神龙元年。

③ 韦后与太平公主复辟经过，除另有注外，基本上以《通鉴纪事本末》卷一七八下《武韦之祸》（下），卷一七九《太平公主谋逆》两篇为主。

④ 《全唐文》卷一七，中宗《答敬晖请削武氏王封表敕》；《唐大诏令集》卷一一四神龙三年《不许言中兴敕》。

最后也失败了。——卖官鬻爵也照样风行，特别是韦后亲生的安乐公主等，更是毫无忌惮。由宫内侧门发出墨敕，就直接授官，故当时叫这些人为"墨敕斜封官"。这些奸党卖官简直就像做买卖，因此"倡优之辈"、"富商豪贾"、"鬻伎行巫"都做了美官，甚至连宰相、御史和员外官多到办公处都坐不下，故这三处称为"三无坐处"①，演唱的、卖伎的、大商人等等都做了官。——韦后、公主们以及奸党又大修园林、府第。泛舟、击球，生活豪华奢侈无比，人民生活就更恶化，公主们甚至纵容僮奴掠夺百姓子女为奴婢②。——由于韦后和安乐公主母女生活糜烂怕被中宗发觉，景云元年（710）她们竟把中宗毒死，一方面调集重兵，派韦氏子侄率领加强警卫；一方面立个小皇帝，由韦后临朝称制。可是奸党宗楚客又献符瑞，怂恿韦后为"女皇"。正当她们准备改朝换代的时候，李旦的儿子李隆基组织了禁军"万骑"中的一些下级将校，及时地发动了反复辟的斗争，迅速地消灭了韦后和宫廷奸党，再扶立李旦（唐睿宗）为皇帝，李隆基也做了太子。

　　一波未平，一波又起。武则天奸党中的重要人物——她亲生女儿太平公主，在消灭张易之兄弟和韦后等的两次斗争中，她都投机立了功。而唐睿宗对这个仅存的同胞姊妹又特别照顾。因此她权势极大。她也像她母亲一样能干，也是个大阴谋家、野心家，就趁机建立自己的小集团。七个宰相五个是她的亲信，禁军的左右羽林大将军也都成了她的帮凶。她又想借机搞掉李隆基，可是唐睿宗已让李隆基作了皇帝（唐玄宗），正当她要发动复辟政变时，唐玄宗采取了断然的袭击，把她和死党都消灭了。——

① 《新唐书》卷四五《选举志》。
② 《通鉴》卷二〇九，景龙三年。

武则天打倒后，又由于她的奸党的挣扎，连续进行了两次复辟的政变，人民又多受了七八年的灾难。

武则天虽然死了一千多年，但她的阴魂不散。直到清末慈禧太后仍学她"垂帘听政"，祸国殃民几十年。而大阴谋家、野心家、叛徒江青又对她顶礼膜拜，精心模仿，也妄图篡党夺权，阴谋复辟资本主义。江青的梦想当然破灭了，但这也是一个深刻的历史教训。

武则天的面目就是如此，为评价她在历史上的作用，看看她同时代的韩琬的奏疏吧，正当韦后和上官婉儿、宗楚客等奸党覆灭的前夕（710），他说："贞观永徽之间，农不劝而耕者众，法不施而犯者寡。……吏贪者士耻同列，忠正清白者比肩而立。……自兹以来，任巧智、斥謇谔；趋势者进，守道者退；谐附者无黜剥之忧，正直者有后时之叹；人趋家竞，风俗沦替。……贞观永徽之天下，亦今日之天下，淳薄相反，由治而然。夫巧者……口是而心非，言同而意乖。……永淳时（682）雍丘令尹元贞坐妇女治道、免官，今妇夫女役，常不知怪……往选司从容有礼，今如仇敌贾贩……往商贾出入万里，今市井至失业……往夷狄款关，今军屯积年；往召募人鼓其勇，今差勒阖宅逃亡；往仓储盈衍，今所在空虚。"[①] 他对武则天及其宫廷奸党的统治，和唐初作了一个鲜明的对比。这五十多年中，政治经济军事以及社会风气显然呈现了全面的倒退，这不能不说是历史的一次逆转。

但历史终归会不断地曲折地前进，经过唐玄宗上十年的整顿，唐代再度出现了杜甫歌颂的"开元全盛日"了。

---

① 《新唐书》卷一一二《韩琬传》。

武则天评价问题答客难[*]

客：我们一些同志读了你的《武则天的真面目》，都认为揭露"四人帮"和他们的御用文人美化武则天的反革命意图，是十分必要的。也只有恢复武则天的本来面目，才能揭透批深。不过，你对武则天的评价，我们觉得有些问题还值得讨论，如对武则天在经济方面措施的估价问题。我们认为她是很重视农业的。在她的《臣轨》中即可看到这类的话，而且她向朝集使颁发了她编的《兆人本业记》这部农书。事实上，在她统治期间仍继续施行均田制，敦煌文书中即可找到物证。

主：我们判断一个人，不是根据他自己的表白，而是要根据他的行动。历代君相都说过不少忧国、爱民、重农、崇文之类的好话，但实际上所干的未必如此。故我们要听其言而观其行。比如我们评价唐太宗，也不能仅凭《贞观政要》中他说的如何如何，而要看他有什么具体措施。像武则天这样的两面派，确有不

---

[*] 熊德基同志曾有一篇长文《武则天的真面目》发表在《社会科学战线》1978年第1期上。有的同志对该文的一部分论述提出一些问题，本文是作者对这些问题的答复。——编者

少自我表白的好话，可是实际上她的所作所为往往相反。《臣轨》中所说的是一回事，我却找不到她有什么实际措施。至于她向那些每年年初来京奉献的诸州长官或上佐发给《兆人本业记》，要求他们注意农事，而除苏干之外还有哪个地方官认真劝农的事例？足证这只是她的表面文章。（当然，我在前文中没有重视它，因而文章中未交代一笔，也是个疏忽。）

在她统治时期仍施行均田制，我也从敦煌的户籍文书中见过这类材料。本来也没有人说过她废止均田制。问题在于她对均田制是否起了巩固或加速它的作用？——当然，在土地私有制下，均田制的崩溃是不可避免的。而且谁也不认为这是一种什么理想的土地制度。但在她的统治下，奸党、贪官、寺院和地主纵情地浪费，残酷地剥削，使得农民大量逃亡，而政府和地方官又不让他们得以安身，这就不仅使农民遭受饥寒之苦，也使农业生产受到严重的损害。

客：可是当时的农业是很发达的啊！你看长安四年杨齐哲即说，"神都帑藏储粟，积年充实"。又如前几年洛阳发掘的含嘉仓，即有大量的粮食，其中不少就是武则天时入仓的。洛阳一地储粮这么多，足见武则天时期农业很发达，否则，安能至此！

主：事实和你说的恰恰相反，《唐会要》中所载杨齐哲的话，出于他劝阻武则天不要行幸西京的谏疏，因怕她劳民伤财。谏疏很长，让我们多读几句吧："陛下今幸长安也，乃是背逸就劳，破益为损。何者？神都帑藏储粟，积年充实。淮海漕运，日夕流衍；地当六合之中，人悦四方之会。陛下居之，国无横费；长安府库及仓，庶事空缺，皆借洛京转输，价直非率户征科，其物尽官库酬给，公私靡耗，盖以滋多，陛下居之，是国有横费，人疲重徭……"故他虽然说了洛阳仓储充足，同时也明明说了法定的国都长安即仓库空虚。由此也可想见全国的情况了。即以洛阳储粟而言，也并不全是本地所产，而是积年由淮海漕运而来的。况且中央集权的专制国家，历代无不储备大量粮食于首都，以供应百官和重兵。即使是隋末天下大乱，饥民遍野时，洛阳也有大量的储粮。故武则天时洛阳粮食多，绝不能证明当时的农业发达。

客：如果你认为武则天时期的农业生产不发达，那么所谓"开元全盛"之局不是靠了武则天时期奠下了基础，难道是骤然出现的吗？

主：要谈这个问题，我觉得不妨先探讨一下中国封建社会小农经济的一个发展规律。

我们知道，封建社会的农业生产是以一家一户的小农经济为基础的（即使在魏晋南北朝时期的屯田和庄园中，也不是组织大规模的集体耕作，而是让每家农民种一块土地，每年榨取他的生产品的十分之五、六、七作为实物地租的）。小农的再生产是靠他的必要劳动来进行的，因为他们的剩余劳动已被当作地租和赋税被地主、官僚和封建国家消费掉了。小农的必要劳动很有限，当然没有可能来改善他的生产条件。因而劳动生产产品也是很少的，在正常的情况下，他们也只能在原来的规模上进行简单的再生产。如果是自耕农（包括均田农民）倒不必交纳地租，剩余产品只要向封建国家交纳一点赋税，一般说，剥削率还是较低的。如果是无地或少地的农民（包括荫户或分田不足的均田农民），他们耕地是地主的，则必须将劳动产品的半数以上交纳地租，剥削率就很高了。——若遇到封建的专制国家的徭役过于繁重，每每就妨碍农时（魏晋南北朝以来的屯户、荫户等多半是为逃避徭役而依附于人。当然，宋以后由于役法的不断改革，徭役是大大地减轻了）。再加上贪官污吏的法外诛求，农民连最低限度的劳动也无法保持，则不但难以进行再生产，连生活也无法过下去，就不得不鬻妻卖子，甚至脱离土地而流离失所。大量的农民流亡，整个社会的农业生产必然受到影响，从而形成社会危机，甚而导致大规模的农民战争，使社会得到某种程度的革命改造。

不过，小农经济为基础的农业生产遭到破坏后，也容易恢复。因为在封建社会，农民的再生产主要的支出是维持劳动力再生产的生活费用。而用于生产资料的支出，不像现代农业需要昂贵的设备和化肥、电力等等。它需要的不过是一点种子、农具和饲料而已，故这种农业经营的有机构成是极低的。农民靠借贷、帮工或国家的一点赈济等办法，就得以度命，凭了体力和简陋的农具，就可男耕女织地进行再生产。只要社会稍稍稳定，如果新政权能采取轻徭薄赋的政策并保证不误农时，几年时间，不论多大的天灾，农业生产也不难恢复。农业从来就是封建社会的经济基础，农业兴旺，整个社会经济也可随之逐渐发展起来，经过十年、十几年、最多五六十年，即可望出现一个相对繁荣的局面。如汉初经过了五六十年，东汉经过了二三十年，隋初经过了二十多年，唐初在大乱之后，也只经过了二三十年。至于它恢复和发展所需要的时间的长短，则取决于原先破坏的程度、劳动力（人口）的多寡，以及当时农业技术水平的高低等等。

由此可见，这种小农经济为基础的农业生产，既容易破坏，也容易恢复。这是中国历史上常见的现象。其根源固然在于地主经济较之欧洲中世纪的领主经济缺乏那种相对的稳定性（当然，这不意味着是坏事）；同时，也表明了封建的中央集权的专制国家较之松散的领主国家更强有力，因为它集中了整个地主阶级的意志和力量，它的上层建筑对于农业的发展或破坏都有巨大的影响。往往因地主官僚的剥削过甚，封建国家的政策和措施失当，从而促使中国社会反复出现周期性的农业生产危机和社会危机，在政治上则反映为王朝的不断盛衰更替。——不过，表面看来，农业总是这样循环往复地进行着简单的再生产，社会呈现长期停滞的状态。可是历史事实证明，在漫长的封建社会中，由于广大农民的经验积累，生产工具和技术的改进，故社会的生产力仍在默默地缓慢地提高。尽管两千多年中封建的生产方式并无质的变化，但由于生产力的迂回发展不断地冲击不相适应的生产关系，因而往往会发展为农民战争。而每一次大规模的农民战争，使阶级关系得到某种程度的调整，终归把社会向前推进一步，故中国历史也就在这种螺旋型的进程中不断地发展。

当然，这里说的只是一个概括，具体的情况还比这复杂得多。如果这个看法大体不错的话，我们可以回过头来解答你所提出的问题。

我们都承认武则天统治的初期，经济形势是很好的。但这只是她享受了贞观永徽年间的遗惠，在她和她的奸党们大手大脚地挥霍之下，表面上看来仿佛当时很繁荣，其实这正是他们奢侈浪费造成的虚假"繁荣"的现象，所以到她统治的中期即府库空虚，入不敷出，晚期甚至挪用民间备荒的义仓，再经韦后的几年统治，连义仓也光了①。故玄宗即位之初，已是民穷财尽，还有何基础之可言？玄宗和大臣们最初是进行了一系列的改革的，特别是抓紧了两个关键环节：一则减轻徭役，不误农时，切实保证农业生产；二是澄清吏治，严惩贪污，减少官吏的法外诛求，这些都是曾见之于行动的，不像武则天那样光

---

① 《旧唐书》卷四九《食货志》(下)、《通典》卷十二《食货典·轻重》均谓高宗武太后数十年间，义仓不许杂用，其后渐支用。神龙之后义仓向尽。二书文字略同，当据唐代《实录》、《国史》的原文。《新唐书》卷五二《食货志》(二)则谓"高宗以后，稍假义仓。以给他费，至神龙中略尽"，唯据《旧唐书》卷九三《薛讷传》，即可知武则天时已有人乱支用义仓，足见《旧唐书》等有所回护。

说好听的空话。从当时的条件而言，武则天时期主要是因剥削太重农民流亡而造成农业衰退，但当时尚无大规模的天灾和国内战争；户籍大增虽不可信，但人口（劳动力）还可能有所增加；水利和运输也并未破坏，故开元之初农业生产很快得以恢复，社会经济的发展是较顺利的。特别是到开元中期正式承认"客户"可在当地编户，给予照顾，使他们得以合法地定居生产①，更是顺应了客观形势。故经过了十几年之后，即出现了"开元全盛"的局面。

客：我以为不能抹杀武则天"知人善任"的才具，当时确出现了不少人才，故"累朝得多士之用"，开元初期许多有作为的政治家都是她留下来的，"开元全盛"之局是和她分不开的。

主：陆贽确说过她"当时谓知人之明，累朝得多士之用"。但必须注意：他说这些话是因当时唐德宗多疑自用，不辨贤愚。特别是在经过几次事变受到打击后，在用人问题上拿不起放不下，故陆贽特意强调武则天放手选用人才，以激励他。事实上，我前者的文章中也承认她有"知人之明"，但不完全肯定她"善任"。因为她出于夺权窃国的需要，只要跟着她走的都用。一些阿谀献媚的无耻之徒，老奸巨猾的无能官僚，告密者，嗜血鬼，都给予崇显的要职。陆贽说她"课督既严，进退皆速，不肖者旋黜，才能者骤升"。这只是他向德宗暗示用人之道，却并不符合武则天用人的实际情况。例如她重用武承嗣、武三思这种"不肖"，有何"才能"？宠爱张易之兄弟，许多人进谏都不听，甚至要图谋政变，她依然百般庇护，何尝"旋黜"？诨号"四时仕宦"的傅游艺，可说是"骤升"，他除了投机劝进外，有何"才能"？索元礼、周兴、来俊臣等确是不讲资格的不次"骤

---

① 《唐会要》卷八五《逃户》，卷八四《移户》。

升",他们有何"才能"?这种例子太多了,她不仅"进退皆速",而且"朝与之亲,夕与之仇",正好说明她刚愎自用,对于臣下生杀荣辱,十分轻率!我们当然不能要求封建帝王尊重其臣下,但历代识大体的君主也还是能"敬礼大臣"的。而她对待宰相重臣又如何呢?例如魏元忠被周兴、来俊臣诬陷,先后两次失败。到拜相之后,又被张易之兄弟陷害下狱,虽经她面讯得实,仍远贬高要县尉,刘祎之、魏玄同、李昭德等等许多宰相都无辜被杀,更不用说了。即以一般人认为她最信任的狄仁杰而论,他初被张光辅所诬,左迁复州刺史;入相后,又被来俊臣诬陷几死,武则天当面讯明,已知他是冤枉,仍远贬彭泽县令。由此也可知她是如何对待人才,对待臣下的。

至于说在她统治时期出了不少人才,因而"累朝得多士之用",倒是事实。但这一点必须从专制国家中的地主与官僚的关系上去理解。

在中国的封建的专制国家中,历代王朝都必须有一支庞大的官僚队伍作为统治的工具。而中国的地主阶级不同于欧洲中世纪的领主,领主的封爵与土地和治下之民是三者结合密不可分的,中国自汉武帝后,封爵只能衣食租税,而不能据土临民,故历代的地主必须取得官职才能与政治权力相结合,官吏是专制国家政权的代表和执行人,地主有了官位才有可靠的特权来保持财富和对农民的支配,而且在不同程度上得到赐田宅、奴婢、食户和免役等等经济上的特殊利益,故"做官发财"是相联系的,在政治待遇上也可以追赠父祖、封妻荫子,以及宗亲、师友甚至门客和得宠的家奴都能沾光,真是"一人得道,鸡犬升天"。此外,在社会上还拥有较高的地位和声势,因此,不问是哪种等级的地主,也不管施行的是哪种选任官吏的制度,都必须千方百计地求官。即使在当时所谓的"异族"或暴君的统治下,也都一样。

南北朝时不是有许多汉族地主在匈奴、鲜卑等族的君主治下任职吗？元初的理学家姚枢、许衡之流不也仕于元世祖而不管儒家的"华夷之防"了吗？清初的遗民自己不做官也不能不让子孙应举求官，所谓"遗民不传代"。暴君如孙皓，石虎等等的治下，地主不是照样地不怕杀头也要做官吗？北齐的残暴而又疯狂的皇帝高洋也看透了这一点，说"何虑无人作官职！"① 武则天尽管残酷，她的措施尽管是倒行逆施，但她实际上统治了四十五年，在这么长的时期内，士庶地主也不能不谋晋身之阶，其中，当然会有不少的人才，这是历史的必然。何况她又滥用官禄收买人心，故问题不在于她那时有没有多少人才，而在于她能不能使用人才，正直而有作为的人才愿不愿甘心跟着她的政策走。姚崇、宋璟等等不少人确是她所留下来的，但他们在她手下无所作为而在唐玄宗时却能人尽其才。这只能说明唐玄宗早年励精图治时，倒是能做到"知人善任"。

客：不管你对这个问题如何看法，但《新唐书》中明明赞她"僭于上而治于下，故能终天年，阽乱而不亡"，这符合当时的情况吧！事实上在她统治时期，农民流亡的渐多，也确有些农民起义，但毕竟规模很小，还远不及高宗初年的陈硕真的起义，至于徐敬业的起兵，史籍上明明说他是别有用心的。

主：《新唐书》中的《则天武皇后传》，确说过这几句话。但请你也看看《新唐书》的《则天皇后本纪》的论赞，不是又说了"武后之恶，不及于大戮，所谓幸免者也"吗？可见宋祁的传赞与欧阳修本纪的论赞意见并不一致。再说，"僭于上而治于下"这句话是光看表面现象的形而上学，也是唯心主义的，在任何时期统治阶级上层发生了尖锐的斗争，即使是没有明显地

---

① 《北齐书》卷二三《魏兰根传》。

代表着不同阶级利益而是所谓的官僚中的"争权夺利"，也不可能不影响到社会下层的广大人民。因为隐藏在斗争的后面的毕竟是物质利益，即土地与劳动产品的分割。归根到底，受害的终是农民，从而才会引起农民的流亡和反抗。诚然，武则天时的农民起义队伍是很小的，分散的，但流亡人数之多，起义地区之广，自北而南，且包括了汉族和少数民族在内，形势且在发展中，到韦后时钟大眼的起义，声势就较前大得多了，如果没有唐玄宗在开元初及时的改革，扭转局势，必将成为燎原的烈火。——陈硕真的起义虽然规模较大，但那是孤立的地方事件，当时大局并未乱，故很容易被镇压下去，对统治阶级的危险性远不能和武则天时的社会危机相比。

至于徐敬业的起兵，他确带有个人野心，但不能认为这支队伍中的魏思温、骆宾王等都如此。再说，他们所以打起"勤王"的口号，也正是估计了当时人们存在着维护李唐政权反对武则天的思想倾向。

客：我再问一问，你所根据的原始史料出于封建文人之手，他们有没有男尊女卑的思想因而对武则天曲加诬蔑？

主：封建文人具有男尊女卑的思想，这是毫无疑问的。但我们今天所能见到的一些较早的史料，如《旧唐书》，恰恰对她有所回护。《旧唐书》的前半部都是根据韦述的史稿，韦述又是根据吴兢的《唐书》稿①。开元十四年吴兢说，长安神龙年间他在史馆时，先后由武三思、张易之、张昌宗、纪处讷、宗楚客、韦温等监修国史，他不能据事直书，故他个人另撰《唐书》②。吴兢曾有心改正一些，不过据唐德宗时沈既济说，他看到的吴兢的

---

① 《二十二史劄记》卷十六《唐实录国史凡两次散失》。

② 《唐会要》卷六三《在外修史》。

国史，即把武则天列入本纪，记载不免隐讳，他请求修改，都未获准①。由此可知吴兢的书和我们所见的《旧唐书》差不多。——再说，吴兢也不能完全脱离《实录》，而当时《高宗实录》是许敬宗等监修的，乾封以后部分是刘知几、吴兢等续修的。还有武则天所定的《高宗实录》，韦述的《高宗实录》，而《武则天实录》则是魏元忠、武三思、祝钦明、徐彦伯、柳冲、韦承庆、崔融、岑羲、徐坚等修的（据说，刘知几、吴兢改正，可是刘知几的本传却未说他修过实录），《中宗实录》则是岑羲、吴兢修的②。

由此可见，这些《实录》和《国史》的监修和修撰者的部分人，大多数是武则天的奸党和旧臣。即吴兢、韦述的书稿也成于开元年间。唐玄宗是武则天的孙子，则难免如沈既济所说"义以亲隐，礼以国讳"③。而《旧唐书》前半部多用当时的《国史》和《实录》的原文，故对武则天多所回护是不足怪的。例如对她暗害李弘、李贤及薛怀义等事，都未如实直书④。到《新唐书》才有所修改。特别是我们所引据的当时人的奏疏，是直接送给武则天和高宗韦后看的，不比传闻或私议，难道他们敢于无中生有当面诬蔑她吗？

客：你是否承认，在武则天的评价问题上，目前存在着两种倾向：一种是因江青等别有用心地吹捧武则天，引起反感，从而对武则天也有憎恶情绪，故对她全盘否定；另一种也因江青等吹捧过武则天，而不敢肯定武则天，怕被误认为中了"四人帮"的流毒，我认为这都不是科学的态度。

---

① 《唐会要》卷六三《修国史》。
② 《二十二史劄记》卷十六《唐实录国史凡两次散失》。
③ 《唐会要》卷六三《修国史》。
④ 《二十二史劄记》卷十六《旧唐书前半全用实录国史旧本》。

主：我认为你这种看法是对的。史学工作者也难免有个人爱憎。但爱憎毕竟不能改变历史的事实，且易流于主观唯心主义，无助于科学研究工作。因憎恶江青等而贬低武则天，这当然是不对的。至于怕人误认为中了"四人帮"的流毒，不敢肯定武则天的某些可取之处，也是缺乏理论勇气。评价历史人物，问题不在于可否肯定或否定某些方面，而在于作者站在什么立场，从哪个角度，肯定或否定他哪些方面。托尔斯泰死后，全世界资产阶级纷纷肯定他的成就，列宁也连写了两篇文章评论托尔斯泰，肯定了他某些方面的贡献，但和资产阶级的论点截然不同。总的来说，我认为武则天在思想倾向上政治上是代表了趋于没落的士族地主阶级中最腐朽的一部分势力，她又篡权窃国，故她的政策措施是落后的倒退的，因而使唐代历史的发展过程中一度出现逆转的现象。但她也不是毫无可肯定之处。如她设武举、开南选，在她当政时也有不少地方兴修了一些水利，虽然比例上不及永徽和开元时高，但毕竟也是好事。

除了你所举的种种倾向外，是否还有另一种不同的倾向？即有的同志觉得武则天是中国唯一的女皇帝，难能可贵；或受了近一二十年来某些文章或戏剧的影响，出于善意的偏爱，因之即使也认为武则天做了不少坏事，但仍用"断章取义"或"增字解经"的方法，来找一些在史料上理论上经不起分析的"肯定"，而搞个"三七开"或"二八开"，以示公正。这是否符合"实事求是"的精神呢？

我认为：评价历史上的武则天应当与江青或她的"御用文人"笔下的武则天区别开，力求恢复武则天的本来面目，是个什么样就是什么样。其次，武则天不是可以孤立地看待的人，对她的评价问题牵涉到唐代五六十年间历史的各个方面，需要大家来做大量的工作，再通过"百家争鸣"，在讨论中，使我们的认识由不全面到较全面，由不正确到较正确，最后，终于可以作出恰如其分的科学的评价。我个人读书不多，也读得不细，看法不一定都对，这次你给了我不少的启发，谢谢你。今后仍望继续赐教。

唐代民族政策初探[*]

一　唐初民族怀柔政策的形成及其在统一全国中的作用

唐代是中国历史上一个繁荣富强的封建王朝，它延续了近三个世纪，具有高度发展的经济和文化。这固然是社会生产力高涨的结果，但唐王朝的统治政策也起了重要的作用，特别是它的开明的民族政策，激发了各民族的力量和智慧，不仅进一步巩固了多民族的大国，而且在文化上也呈现出奇异的光辉。

这种开明的民族政策，简言之，即当时所谓的"怀柔"政策。从现象看，它是唐高祖和唐太宗相继提出并制定的，实际上是接受了汉代以来数百年的经验和教训的结果。也即是说，这是长时期的历史的产物。本来，中国从古以来就聚居着许多民族，到秦汉时期，特别是汉武帝以后，即已形成一个比较稳定的多民族的大国。不过从 4 世纪开始，陷入了长时期的战乱和分裂。不仅散居中原的一些少数民族起而反抗当时的晋王朝的统治，而且边境少数民族大量内迁或逐渐疏远，以致许多边境的民族地区与中原

---

　　* 原载《历史研究》1982 年第 6 期。

各王朝处于若即若离的状态。加以中原地区先后建立王朝的各民族统治者又有意无意地加深了民族间的矛盾和歧视，甚至发生民族间的大流血，最著者如石虎、赫连勃勃对汉人的摧残，冉闵对羯胡的大屠杀的惨剧①，都给各族人民造成了极大的损害和痛苦，这都是惨痛的历史教训。另一方面，自汉朝以来实行的和亲、互市、朝聘、册封、招抚和盟誓等有效措施，也是一些宝贵的历史经验，有助于各族人民的共处、通婚和友好往来。在相互了解和影响下，由于汉人文化较高，人口众多，历史即不可避免地形成了以汉人为主体的民族大融合，故到七世纪，汉族已是融合了不少匈奴、鲜卑、羯、氐等族人的血缘和文化的更健康更伟大的民族。

唐皇族李氏是民族融合的典型。他的祖先即已和鲜卑人生活在一起，唐太宗的祖母独孤氏、母亲窦氏和他的皇后长孙氏都是鲜卑人②，他的姊妹襄阳公主嫁给窦诞，长沙公主嫁给豆卢怀让，他自己的女儿也有六个嫁给这几家汉化了的鲜卑人③。这样的家族中民族偏见比较淡薄，容易接受历史的经验教训。唐初的大臣和北方人民中这类胡汉结合的家族当是不少的，故李唐开国二帝才能提出这种民族"怀柔"政策。

唐高祖建国之初，中原地区战乱未息，而北面的突厥是一个很大的威胁，四周还有许多少数民族，若不及时稳定他们，则不仅将来难望统一全国，即中原地区也难平定。为此，在武德二年（619）闰二月即下诏说："画野分疆，山川限其内外；遐荒绝域，刑政殊于函夏。是以昔王御宇，怀柔远人，义在羁縻，无取

① 《晋书》卷一〇七，石季龙载记附冉闵；卷一三〇，赫连勃勃载记。
② 《新唐书》卷一，高祖纪；卷七六，太穆窦皇后传、文德长孙皇后传。
③ 《新唐书》卷八三，高祖十九女、太宗二十二女传；《旧唐书》卷六一，窦诞传。

臣属……朕祇膺宝图，抚临四极，悦近来远，追革前弊，要荒藩服，宜与和亲。……静乱息民……布告天下。明知朕意。"① 这是一个具有远见卓识的战略措施，同时，也奠定了唐代民族政策的基础。贞观七年（633）宴会时，突厥颉利可汗起舞、南蛮酋长冯智戴咏诗，对这种"胡越一家，自古未有"的情景，唐高祖十分高兴②。唐太宗在思想上更进一步，他曾说"夷狄亦人耳……不必猜忌异类，盖德泽洽，则四夷可使如一家，猜忌多，则骨肉不免为仇敌"③。晚年他平定薛延陀后，回鹘各部族都请求归附，他问群臣，自古帝王不能服四夷，我才智不及古人，何以成功了？大臣们只是歌功颂德，他自己才说："自古皆贵中华，贱夷狄，朕独爱之如一，故其种落皆依朕如父母。"④ 在行动上，他确如此，如"贞观中，有突厥史行昌，直玄武门，食而舍肉，人问其故，曰归以养母。太宗闻之而叹曰：'仁孝之性，岂隔华夷。'赐昌乘马一匹，诏分给其母肉料"⑤。这种思想也贯彻在他统一各民族的过程中，成为唐代民族政策的传统指导思想，这在封建社会实是很开明的进步思想。

不过，任何统治阶级的政策都有其阶级局限性。唐李氏出身于关中"八柱国家"之一的大世族，他们的政策必然从他们的阶级利益出发，民族政策力求"四夷降伏，海内乂安"⑥，也是为达到统治阶级长治久安的目的。如唐太宗告诫突厥的突利可汗："善守中国法，勿相侵掠，非徒欲中国久安，亦使尔宗族永全也。"⑦

---

① 《册府元龟》卷一七〇，帝王部，武德二年闰二月诏。
② 《资治通鉴》卷一九四，贞观七年十二月戊午条。
③ 《资治通鉴》卷一九七，贞观十八年十二月；《唐会要》卷九四，北突厥。
④ 《资治通鉴》卷一九八，贞观二十一年五月庚辰条。
⑤ 《贞观政要》卷五，孝友。
⑥ 《贞观政要》卷十，灾祥。
⑦ 《资治通鉴》卷一九三，贞观四年五月辛未条。

后告诫薛延陀，要求他与突厥利俟苾可汗相处，"各守土境，镇抚部落，若其逾越，故相抄掠，我即将兵各问其罪。此约既定，非但有便尔身，贻厥子孙，长守富贵也"①。即从维护各民族的统治阶级的共同利益出发，来保持各民族之间的和平安定。为此，他们采取了切合实际而又比较开明的措施来贯彻民族怀柔政策，首先贯彻在唐太宗统一各边疆少数民族地区的过程中。

唐王朝开国后，唐高祖仅平定了汉人地区的割据军阀和农民起义军，而唐太宗却费了毕生的精力才统一了东北到辽东（包括靺鞨、室韦等等）、西逾葱岭、北越大漠、西南到吐蕃的广大地区。到他儿子唐高宗再度平定西突厥的贺鲁后，西突厥全境即属于唐，疆域更加广阔。

唐初在统一各民族地区过程中绝不是单纯地靠武力征服，而是根据怀柔政策分别从政治和军事两方面，有步骤地以各种方式进行的：（一）首先是招抚，因为这也符合许多少数民族的愿望。如东北许多民族因为历史上关系密切，唐初即主动遣使入贡，如奚部、契丹、室韦、靺鞨等等，武德年间即先后遣使来唐②。唐对这些使臣都给以优厚的接待。有些民族则由唐主动遣使招抚，如党项羌经贞观三年（629）招抚后，"其酋长细封步赖即举部内附，太宗降玺书慰抚之。步赖因来朝，宴赐甚厚，列其地为轨州，拜步赖为刺史"③。这样争取了不少民族的归附。（二）对一些强大而有威胁的民族，也采取了区别对待的策略，争取他们中的一部分力量，而对于敌对的势力才以大军征服之。如突厥族当隋末唐初，据地东西万里，十分强大。隋末分裂为东

---

① 《旧唐书》卷一九四上，突厥上。
② 《旧唐书》卷一九九下，奚、契丹、室韦、靺鞨。
③ 《旧唐书》卷一九八，党项羌。

西两部，东突厥横跨大漠，并操纵北边的一些小军阀，唐高祖起兵时也不得不向他称臣以免威胁；到唐太宗，他们甚至以兵进逼长安。太宗一方面与颉利可汗会谈，一方面又极力争取其部下的突利可汗。到贞观四年（630）太宗趁其内部动乱和饥荒，出兵分路进击，一举而擒颉利可汗①。后平薛延陀也是靠争取了回纥诸部的助力②。其他的征服战争也多如此，或争取其一部，或联合其他民族，然后击败之。故唐初的统治者绝不是黩武主义者。

（三）对于远阻西南的新兴的吐蕃王国，其赞普（王）松赞干布（弃宗弄讚）于贞观八年（634）遣使来朝时，唐立即派人前往慰抚，松赞干布羡慕突厥与吐谷浑等娶唐公主而派使臣献金宝等求婚，唐太宗即采取了和亲政策，以文成公主妻之。自此吐蕃即以舅甥关系，一再向唐表示忠诚。到唐高宗时，又封其为西海郡王③。

根据各民族地区不同情况，灵活地采取了招抚、争取、和亲或战争等各种不同的方式，唐代终于建成了超过秦汉的多民族的强大王朝。唐太宗确实做到了"前王不辟之土，悉请衣冠；前史不载之乡，并为州县"④。

二 怀柔政策的诸种具体措施

唐王朝面对这样一个有着众多民族、幅员辽阔的大国，这些

---

① 《旧唐书》卷一九四上，突厥上。

② 《旧唐书》卷一九五，回纥。

③ 《旧唐书》卷一九六，吐蕃上；《大事纪年（藏文）》开首部分载迎文成公主事（王尧、陈践译注：《敦煌本吐蕃历史文书》，民族出版社1980年版，第101页）。

④ 《唐大诏令集》卷十一，太宗遗诏。

民族分别处于各种不同地形的边疆，社会发展阶段也各不同，只有根据各地区各民族不同的特点，按照开明的怀柔政策，采取不同的形式和多种的策略措施，才有可能稳定它的统治：

（一）对于汉人统治该处较久、汉人较多、汉文化已较深的地区，则如中原一样，设立州县。例如吐鲁番盆地的高昌国，本是汉代车师前王廷，东汉立戊己校尉的故地。北魏时即已设立了郡县，汉文久已通用；不久又为金城豪族麴氏所统治，他们所设置的官职一如中原王朝，在隋及唐初也照例遣使贡献。贞观四年（630）其王麴文泰又入朝，唐对他赏赐甚厚，其妻宇文氏请属王室，唐即赐之姓李并封为常乐公主。后来他却阻塞西域诸国入朝之路，又拒不送还隋末陷在那里的汉人，而且攻掠邻国焉耆，焉耆向唐申诉。唐太宗乃于贞观十四年（640）出兵征服之，即将其地改设为西州。同时，附近的役属于突厥的可汗浮图城也来降，唐也改设为庭州。这二州即如内地的建制一样①，不过，在西州还设立了安西都护府，留兵镇抚，这是很切合当地实际情况的。

（二）其他先后归附或被征服的四方边境民族地区，分别居住着奚、契丹、室韦、靺鞨、突厥、吐谷浑、薛延陀、回纥、党项羌以及西域诸小国，还有西南及南方的许多蛮族，语言文化不同，社会结构各异。从地形而言，大多为森林、草原、沙漠、丘陵、高原或绿洲，情况极不相似，有些地方交通较便，有的则十分艰阻。虽然从秦汉以来他们与中原多有或深或浅的联系，但这些地区汉人均较少，如果也如中原一样建立州县治理，是不切合实际的。因此，唐王朝对这些地区分别设立了许多羁縻州，其大者则置都督府，按地区分别由关内、河北、陇右、剑南、江南和

---

① 《旧唐书》卷一九八，高昌。

岭南等道管辖。有少数羁縻州下还分设了县（如剑南道的戎州都督府下的昆州，即设立了四个县）。全国约有八百多个羁縻府、州。所有的都督府和羁縻州，均由该地区的民族酋长担任都督和刺史①，他们可按本民族的习惯去统治当地。例如贞观二十年（646）回纥归附，"太宗为置六府、七州，府置都督，州置刺史。府、州皆置长史、司马已下官主之。以回纥部为瀚海都督府，拜其俟利发（按：该族的官职）吐迷度为怀化大将军兼瀚海都督，时吐迷度已自称可汗，置官号皆如突厥故事；以多览为燕然都督府，仆固为金徽府"②，这些羁縻州实际上类似民族自治的州县，这确是前代未有的开明措施。不过，唐王朝从国防着眼，在各边境地区军事要冲又设立了都护府，派汉人大将任都护（间有少数民族将领为副都护，如高仙芝为安西副都护、哥舒道元亦曾为安西副都护）③。都护职责为"抚慰诸蕃，辑宁外寇，觇候奸谲，征讨携贰。长史、司马贰焉。诸曹如州府之职"④。始于贞观十四年平高昌，即"置安西都护府于交河城，留兵镇之"⑤，以巩固天山南路地区。贞观二十一年回纥归附后，又"置燕然都护府，统瀚海等六都督，皋兰等七州"⑥。其后，经过调整，太宗和高宗先后建立了单于（镇抚漠南）、北庭（镇抚天山北路）、安西、安北（镇抚漠北）、安东（镇抚辽东）、安南（镇抚交州）等六个都护府⑦。到唐代中叶设置节度使后，都护

---

① 《新唐书》卷四三下，地理志下，羁縻州。

② 《旧唐书》卷一九五，回纥。

③ 《旧唐书》卷一〇四，高仙芝传，哥舒翰传。

④ 《唐六典》卷三〇，都护条；《旧唐书》卷四四，职官三上部护府条载其职掌全同。

⑤ 《资治通鉴》卷一九五，贞观十四年九月。

⑥ 《资治通鉴》卷一九八，贞观二十一年四月。

⑦ 《唐会要》卷七三，各都护府条；《文献通考》卷三二，都护条。

亦未废止。有的即由节度使兼任。例如建中二年（781），因伊
西北庭节度使李元忠、四镇留后郭昕，自吐蕃攻陷河陇后，仍艰
苦地据守其地，乃加李元忠为北庭大都护、郭昕为安西大都
护①。晚唐如李琢、高骈即先后任安南都护②。可知各羁縻州虽
由各族酋长统治，只要设有都护，仍可维持唐王朝对该地区的
主权。

（三）册封以定"君臣之位"，也是唐代沿袭前朝的一种羁
縻方式。对于某些民族的君长，不论是征服或归附的，如果他的
家族统治该族已久，或他在本民族中确有威信并已被推举为可汗
者，唐王朝即实事求是地承认他的地位，再按照周代领主制的统
治形式，由天子以隆重的仪式加以册封。受册封者即成为唐天子
之"臣"，要服从唐天子的命令，有接收征调的义务并效忠于
唐。如天宝四年（745）曹国王上表，自陈"尝受征发，望乞兹
思，将奴国土，同为唐国小州，所须驱遣，奴一心忠赤，为国征
讨"③，因而即构成了唐帝国的组成部分。而唐的册封，对于某
一民族的君长来说，足以提高他在本民族中的威信。如贞观二年
（628）薛延陀酋长夷男，叛突厥颉利可汗，诸部多依附之，共
推为主，"夷男不敢当"。唐太宗正考虑对付颉利，故及时遣使
册拜他为真珠毗伽可汗，赐以鼓纛，夷男大喜，立即遣使入贡方
物，建牙于悒都军山下④，即其明证。此外，唐还要尽力维护他
们的统治，如贞观九年（635）唐征讨吐谷浑，其老王兵败自
杀，国人推其子慕容顺为可汗，他即降唐。唐因其"建国西鄙，
已历年代"，故仍封他为西平郡王，授可汗之号。但不久他为臣

① 《唐会要》卷七三，安西都护府条；《资治通鉴》卷二二七，建中二年七月。
② 《旧唐书》卷一八二，高骈传。
③ 《册府元龟》卷九七七，外臣部降附。
④ 《旧唐书》卷一九九下，铁勒。

下所杀，子诺曷钵嗣位，因年幼，国内动乱，唐太宗又出兵为援，封为河源郡王，仍遣使册拜为可汗，赐以鼓纛。诺曷钵因入朝请婚，到贞观十四年太宗即以弘化公主妻之，资送甚厚①，极力支持他们，这样也便于唐王朝巩固对这个民族地区的统治。又如突厥平定后，贞观十三年（639）命颉利可汗族人李思摩率领颉利旧部还其故地，使之居黄河北岸。李思摩本已任右武卫大将军、化州都督、怀化郡王。为此又册为乙弥泥孰俟利苾可汗，赐之鼓纛，以便他能率本族守护漠南之地②。对于西突厥也如此，自贞观七年（633）起，先后册封泥孰可汗及其弟同娥、同娥之子薄布特勤为可汗。薄布特勤被杀后，唐又立乙毗射匮可汗，但到唐太宗死，贺鲁叛变，吞并了射匮的部落。直到唐高宗讨擒贺鲁，西突厥灭亡，都是采取册封的政策③。这是因为阿史那这一家族统治突厥最久，唐不能不照顾他们在本族中的威信。其他如对突骑施、回纥、渤海、南诏以及龟兹、焉耆、疏勒、于阗和康国等等，唐王朝都是采用册封方式来巩固边疆民族地区。少数民族统治者因唐是大国，受册封后，不仅可在经济、文化各方面得到好处，而且有助于维护他们的统治。即使在唐代中期衰弱之时，新兴的黠戛斯虽攻灭了回纥，兵力甚盛，也一再请求唐的册封，故唐武宗终于册其可汗为宗英雄武诚明可汗④。

（四）和亲——中国从古以来，各民族多已通婚，统治者从政治需要出发而联姻更是常见。汉代的和亲政策最为明显，北朝诸君主更以公主和各民族的酋长联姻作为传统的国策。唐代接受

---

① 《旧唐书》卷一九八，吐谷浑；《册府元龟》卷九六四，外臣部册封。

② 《旧唐书》卷一九四下，突厥下。

③ 同上。

④ 《资治通鉴》卷二四七，武宗会昌三年二、三月，四年三月；卷二四八，会昌五年五月；《唐大诏令集》卷一二八，黠戛斯为可汗制。

了这个有效的经验作为一种羁縻措施。如吐蕃的松赞干布娶文成公主之后，即执子婿之礼，上表自称"奴忝预子婿"。贞观二十二年（648）唐遣使臣王玄策往西域，途中为中天竺劫掠，吐蕃即发兵助王玄策大破天竺。到唐高宗即位时，他又上书司徒长孙无忌等，云"天子初即位，若臣下有不忠之心者，当勒兵以赴国除讨"，表示他对唐王朝的忠诚。景龙四年（710）唐中宗因吐蕃再度请婚，又以金城公主嫁之，诏书即说："隆周理历，恢柔远之图；强汉乘时，建和亲之议；斯盖御宇长策，经邦茂范……睠彼吐蕃，僻在西服，皇运之始，早申朝贡，太宗文武圣皇帝……思偃兵甲，遂通姻好。"① 而对于少数民族来说，认为是无上光荣，松赞干布即说："我父祖未有通婚上国者，今我得尚大唐公主，为幸实多，当为公主筑一城；以夸示后代。"② 也因此，各民族酋长都极力争取这种宠遇，如突厥在武则天时本已与唐关系恶化，到开元时又请求为唐玄宗之子，玄宗许之，但因其反复故未同意其联姻请求。开元十三年（725）唐使臣袁振至突厥，其可汗宴请时问："吐蕃狗种，唐国与之为婚，奚及契丹旧是突厥之奴，亦尚唐家公主，突厥前后请结和亲，独不蒙许，何也？"袁振答以"可汗既与皇帝为子，父子岂合为婚姻？"可汗等说："两蕃亦蒙赐姓，犹得尚主，但依此例，有何不可？且闻入蕃公主，皆非天子之女，今之所求，岂问真假？频请不得，实亦羞见诸蕃。"袁振只好答应代为奏请③。唐统治者深知此种情况，故历代多以公主和亲，如宏化公主嫁吐谷浑；文成、金城等公主先后嫁吐蕃；宁国、崇徽、咸安、太和等公主先后嫁回

---

① 《旧唐书》卷一九六，吐蕃上；《册府元龟》卷九七九，外臣部和亲二；《大事纪年（藏文）》（《敦煌本吐蕃历史文书》，王尧译本，第110—111页）。

② 《旧唐书》卷一九六，吐蕃上。

③ 《旧唐书》卷一九四上，突厥上。

纥；还有分别嫁给奚、契丹、突骑施等民族的①。公主和亲不单纯是民族联姻而已，而且她有责任安抚少数民族，维护和平。即"公主出降蕃王，本拟安养部落"，且应"善修嫔则，载叶蕃情，实资辅佐之功，广我怀柔之道"②。例如开元四年（716）八月，吐蕃请和，唐许之，并赐金城公主及赞普锦帛器物等，公主奉表谢恩曰："金城公主奴奴言：仲夏盛热，伏惟皇帝兄起居万福，御膳胜尝。奴奴奉见舅甥平章书云：还依旧日重为和好，既奉如此进止，奴奴还同再生……"③即通过这种形式表示接受和好的指示。开元十八年（730）吐蕃上书则云："外甥是先皇帝舅宿亲，又蒙降金城公主，遂和同为一家，天下百姓，普皆安乐。……外甥以先代文成公主、今金城公主之故，深识尊卑，岂敢失礼，又缘年小，枉被边将谗构斗乱，令舅致怪。……伏望皇帝舅远察赤心，许依旧好，长令百姓快乐。如蒙圣恩，千年万岁，外甥终不敢先违盟誓。"这样通过舅甥关系，几经使臣往返，唐代终于同意在开元二十二年两国立碑分界④。如果和亲的两国失和，公主也要负一定的责任，例如唐穆宗时以太和公主嫁回纥，后回纥为黠戛斯击溃，公主被回纥将领挟持到振武城外，被迫上表请借此地驻扎。太和公主虽是唐武宗的姑母，可是武宗却以书责备她说："先朝割爱降姑，义宁国家，谓回纥必能御侮，安静边塞，今回纥所为甚不循理，每马首南向，姑不畏高祖太宗之威灵，欲侵扰边境，岂不思太皇太后之慈爱？为其国母，足得指挥，若回纥不能禀命，则是齐绝姻好，今日以后，不得以姑为词。"不久，公主由唐将夺回，可是她到长安"诣光顺门，

---

① 《唐会要》卷六，和蕃公主。
② 《唐大诏令集》卷四二《止和蕃公主入朝制》、《册和回纥公主文》。
③ 《册府元龟》卷九七九，外臣部和亲二。
④ 《旧唐书》卷一九六上，吐蕃上。

去盛装，脱簪珥，谢回纥负恩、和蕃无状之罪。上遣中使慰谕，然后入宫"①。这是个典型的事例。

不过从政治上看，和亲与册封是很不同的。册封是建立君臣关系，受封的君长们有服从唐帝的义务。和亲却是建立舅甥关系，仅有尊卑之别。所以有些少数民族不肯处于臣属地位，却愿意和亲。如开元之时"吐蕃自恃兵强，每通书疏，求敌国之礼"，并多次要求划定国界。历年争执，始于开元二十二年分界立碑②。"安史之乱"后，唐代开始衰弱，吐蕃多次背盟，到长庆元年（821）盟会，誓词说"中夏见管，维唐是君；西裔一方，大蕃为主。自今而后，屏去兵革……追崇舅甥，曩昔结援"，虽行平等之礼，却仍愿以舅甥关系来保持和平与联系③。又如南诏，唐末多次侵边，到僖宗乾符四年（877）请和，次年又请和亲，但始终不愿上"表"，只有一"牒"，请求称"弟"不称"臣"。唐使到南诏，他们再申称愿约为兄弟或舅甥，次年（880）唐才允许和亲而不称臣④。其后几年仍请求和亲⑤，当僖宗允以安化公主嫁之，南诏即大喜。由这些事例即可知：少数民族始终是愿与唐联姻的。又如回纥虽自恃强盛，"安史之乱"发生后，唐肃宗刚即位，命敦煌郡王李承寀向回纥借兵，回纥毗伽可汗即以女嫁承寀，并请和亲，同时即派太子领兵助唐⑥。唐末回纥已分崩，到五代时，一部分在甘州者，每次来唐朝仍称

---

①　《资治通鉴》卷二四六，武宗会昌二年十一月；卷二四七，会昌三年二月。

②　《旧唐书》卷一九六上，吐蕃上。

③　《旧唐书》卷一九六下，吐蕃下。

④　《资治通鉴》卷二五二，僖宗乾符四年闰二月，五年二月，六年正月、二月，广明元年六月。

⑤　《资治通鉴》卷二五四，中和元年八月、二年七月、三年七月。

⑥　《旧唐书》卷一九五，回纥，卷八六，李守礼传；《册府元龟》卷九七九，外臣部和亲二。

"舅"，唐朝答书亦称为"甥"①。由此可知和亲确是有效的羁縻政策，使唐始终能与各民族保持长久的联系。

（五）优待各民族的君长，归附后入朝的可汗或国王，唐大都授予显贵的武职或封爵，死后致祭，且令子弟袭职，有的并赐姓李，作为宗室看待。例如贞观三年突厥的突利可汗自请入朝，太宗待之甚厚，次年即授右卫大将军，封北平郡王，贞观四年又以其兵从设置顺、祐等州，由他率领统治其故地，死后为之举哀，其子袭爵②。贞观二十二年（648）契丹酋长窟哥归附，即置松漠都督府，授以左卫将军兼松漠部督，封无极县男，赐姓李。奚酋长可度者归附，亦置饶乐都督府，以他为右领军兼饶乐都督，授楼烦县公，赐姓李③。故他们是以中朝的将军身份出兼羁縻地区的都督，从政治上使中央与民族地区联成一体。诸如此类的情况是较普遍的，甚至远在西域的康国国王，武则天时虽予以承认并封之为康国王，又拜左骁卫大将军，子孙世袭。开元十九年，其王又请准册封其二子，一为曹国王，一为米国王④。不仅如此，唐代对于战败投降或被俘的可汗们也同样予以优待。如唐初大敌颉利可汗被俘后，唐太宗责其反复，但仍归还他的家属，后也授右卫大将军，赐田宅，死后，仍赠为归义王，其子嗣爵⑤。高昌王鞠智盛直到兵临城下才投降，仍授左武卫将军，封金城县公，其弟为右武卫中郎将、天山县公。龟兹王诃黎布失毕被俘，以为右武翊卫中郎将，到永徽元年（650）唐高宗又升他

---

① 《新五代史》卷一七四，四夷附录三、四，回纥条。
② 《旧唐书》卷一九四上，突厥上。
③ 《旧唐书》卷一九九下，契丹、奚国。
④ 《旧唐书》卷一九八，康国。
⑤ 《旧唐书》卷一九四上，突厥上。

为右骁骑大将军，并令他回国为王，且赐物一千段①，可说是优待备至。

（六）对各民族君长的子弟及他们的酋长也都予以优待，无论是内附或投降者，只要入朝，也大都授以武职，和汉官受到同等的待遇。如贞观四年（630）平定东突厥后，"其酋首至者，皆拜为将军、中郎将等官，布列朝廷，五品以上者百余人，因而入居长安者数千家"②。且采纳温彦博的建议，"选其酋长，使入宿卫"③。大臣子弟宿卫即汉代的郎官制度，按唐代制度：凡十二卫官应入宿卫，唯蕃人任武官者并免，但选入左右卫等的亲卫、勋卫和翊卫府（即所谓"三卫"）者，则配于玄武门番上④。当时规定入"三卫"的必须是五品以上清官的青年子弟，可汗入朝者多授诸卫大将军（正三品、相当于各部尚书）或将军（从三品），故其子弟可能选入宿卫⑤。如果宿卫玄武门（宫苑北门），更是最大的信任和荣誉。如突厥处罗可汗之子阿史那社尔即其一例，他娶皇妹南阳长公主，典屯兵于苑内⑥。其他如阿史那忠为左屯卫将军，尚宗室女定襄县主，后升右骁卫大将军宿卫；契苾何力为铁勒可汗之孙，诏宿卫北门，检校屯营事，尚临洮公主。这些人不但宿卫、尚公主，有的且领兵为大将出征，阿史那社尔即曾任交河道总管，平高昌；后又任昆丘道行军大总管，平龟兹，故他们无不尽忠于唐。如契苾何力平高昌后，诏赴凉州省母，被薛延陀劫持，何力自割左耳誓不屈降。唐廷诸臣有

---

① 《旧唐书》卷一九八，高昌、龟兹。
② 《旧唐书》卷一九四上，突厥上。
③ 《资治通鉴》卷一九三，贞观四年四月戊戌条。
④ 《唐六典》卷五，兵部尚书；卷二四，宿卫。
⑤ 同上。
⑥ 《资治通鉴》卷一九四，贞观十五年五月。

的估计他必降，唐太宗却说"不然。若人心如铁石，终不背我"，不久果然回朝①。由此可见他们对唐的感情至深。

也因此，不少民族的君长愿意遣子入侍，如贞观十五年（641）三月吐谷浑即遣子入侍②。有些侍子也可以宿卫，开元二年（714）唐玄宗下诏即谓"今外蕃侍子，久在京国。虽威惠之及，自远毕归，而羁旅之志，重迁斯在。宜命有司勘会诸蕃充质宿卫子弟等，量放还国"③。虽名为质子，唐朝绝未把他们当作人质看待且多予以优遇。如天宝四年（745）南诏王子凤伽异入朝宿卫，授鸿胪少卿④。他们受到宠遇，故不愿背唐。如渤海王子大门艺曾充质子，开元初回国，其兄渤海郡王大武艺欲背唐。门艺坚决不同意，甚至被迫奔唐。到德宗时，渤海王仍遣其子大贞翰来朝，请备宿卫⑤。由此可知唐代优待各民族酋长之子弟的措施是很成功的。

（七）优待各少数民族的人民，不征赋税。这是唐王朝绝不同于其他民族的统治者的明显的标志。别的民族，无论是东西突厥、回纥或吐蕃，他们都是凭军事征服而建立的许多民族的结合体。他们对被征服地区的人民，均重加赋敛，以致很快即引起被征服者的反抗。例如隋时西突厥处罗可汗强大，铁勒诸部均臣属之，"处罗征税无度，薛延陀等诸部皆怨，处罗大怒，即诛其酋帅百余人，铁勒相率而叛"⑥。东突厥当贞观初年因兵革频动，又连年大雪，国中大饥，而"颉利用度不给，复重敛诸部，由

① 《新唐书》卷一一〇，阿史那忠、契苾何力、阿史那社尔传。
② 《唐会要》卷九四，吐谷浑。
③ 《册府元龟》卷九九六，外臣部纳贡。
④ 《蛮书》卷三，六诏第三。
⑤ 《旧唐书》卷一九九下，渤海靺鞨。
⑥ 《旧唐书》卷一九九下，铁勒；卷一九五，回纥。

是下不堪命，内外多叛之"①。西突厥统叶护可汗称霸西域时，对于诸国"并遣吐屯一人监统之，督其征赋……部众咸怨，歌逻禄种多叛之"②。唐德宗时，回纥对北庭诸部、沙陀、葛禄及白眼突厥等部"征求无度"，故吐蕃乃诱之而叛降吐蕃③。天宝年间南诏被唐边将所迫而降吐蕃，"吐蕃役赋南诏蛮重数"，致南诏终于再度附唐，并夹击吐蕃④。唐王朝深知民族压迫和剥削的恶果，因而对归附或征服的边疆少数民族的人民，都不征税。各羁縻州的户口往往不登记于版籍，即使某些羁縻州有版籍，也不呈报户部⑤，足证是不征赋税的。有的入居汉地者也未征税，如白居易说："党项久居汉地，曾无征税，既感恩德，未尝动摇。"⑥

不仅对羁縻州的人民如此，唐武德七年（624）定赋税时，又特别规定诸州的"夷獠之户，皆从半输。蕃人内附者，上户丁钱十文，次户五文，下户免之。附经二年者，上户丁输羊二口，次户一口，下三户共一口"⑦。对庸调的输纳期限也予以通融，明文规定："诸边远州，有夷獠杂类之所应输课役者，随事斟酌，不必同之华夏。"⑧ 可见连同聚居汉地偏远之处的少数民族，也予以适当照顾。至于少数民族君或使臣入朝，也仅进贡一些珍奇、鸟兽、花木等作为礼物⑨，而唐廷的回赐都较贵重。此

① 《旧唐书》卷一九四上，突厥上。
② 《旧唐书》卷一九四上，突厥下。
③ 《旧唐书》卷一九五，回纥。
④ 《旧唐书》卷一九七，南诏蛮。
⑤ 《新唐书》卷四三下，地理志七下，羁縻州。
⑥ 《全唐文》卷六七四白居易《代王泌答吐蕃北道节度使论赞勃藏书》。
⑦ 《册府元龟》卷四八七，邦计部赋税一。
⑧ 《通典》卷六《食货六》赋税下。
⑨ 《册府元龟》卷九七〇，外臣部朝贡三。

外，又规定各都护府每年的常贡，也只是极少的土特产。譬如安东都护府每年仅贡人参五斤，安西都护府贡硼砂五十斤、绯毡五领而已。若按绢折价，都不得超过五十匹绢。并且规定"以官物充贡，不得征科"①。可知唐对少数民族人民确很优待。故唐德宗时，南诏的清平官郑回力劝其王异牟寻说："自昔南诏，尝款附中国，中国尚礼义，以息养为务，无所求取。今弃蕃归唐，无远戍之劳、重税之困，利莫大焉。"异牟寻终于弃吐蕃归唐②。郑回的话当然是有根据的。

唐代之所以普遍优待少数民族人民，一方面固然由于拥有丰富的农产品和手工业产品，并无重要的生活或生产资料必须靠剥削他们；另一方面也出于着眼长远利益，目的只是在羁縻他们而已。国外有些人一看到"唐帝国"这个名词，即认为是"帝国主义"，将 imperial 和 impelialism 混同起来，因而误认羁縻州和藩国即是被剥削的殖民地。这如果不是对中国历史缺乏常识，便是别有用心。

（八）改善少数民族人民的生活，救济他们的困难。如果来归附的民族原聚居地区荒远或受到侵掠，则将为他们所设的羁縻州侨治于近塞的州县。例如河北道的羁縻州中的鲜州，即武德五年（622）析饶乐都督府为奚族所置，侨治于潞州的古城县；同时所设置的崇州于贞观三年改为北黎州，也侨治于营州之阳师镇，八年恢复旧名，后与鲜州都侨治于潞州之古城县；为契丹所设之玄州，乃贞观二十年（646）置，侨治于范阳之鲁泊村；威州是武德二年置，本称辽州，初治燕支城，后侨治于营州城中；昌州贞观二年以松漠部落置，侨治于营州之静蕃戍；为靺鞨所设之慎州，

① 《通典》卷六《食货六》赋税下。
② 《旧唐书》卷一九七，南诏蛮；《资治通鉴》卷二二二，贞元三年。

武德初以涑沫乌素固部落置，侨治于良乡之故都乡城；为突厥所设之顺州乃贞观四年（630）置于幽、灵之境，六年乃侨治于营州南之五柳戍。关内道之突厥羁縻州中之定襄都督府，贞观四年析颉利部为二，以左部置，侨治宁朔；云中都督府以颉利右部置，侨治于朔方境①。皆使之生活于自然条件较好之地。诸如此类情况是很多的，又如吐谷浑，唐高宗时其地为吐蕃所吞并，唐乃迁其部落于灵州之地，设置安乐州，即以其王为刺史②。

有些民族的人民被其他民族所俘掠，唐王朝也尽可能地赎之送还其本籍。如唐平定高昌后，对一些被高昌所掳掠去的焉耆人，全部发还焉耆③。唐破薛延陀后，对原被他们掳掠去的室韦、乌罗护和靺鞨人，也全令赎还④。

对于回国路阻的胡客也设法安置。如德宗时，长安许多安西、北庭奏事者及西域使臣，由于吐蕃攻占了河陇地区而不得回乡，都由鸿胪寺供养。贞元三年（787）查明其中有妻儿、田宅的四千多人，虽劝他们转道回去也不愿离开，便把其中的王子和使者等，安排在神策军中任军校，其余的则为士兵，剩下的十几个人仍由鸿胪寺供给⑤，都不使流离失所。特别是在会昌元年（841）回纥被黠戛斯破灭后，一部分人东奔到天德军附近求援，唐武宗也念"回鹘屡代姻亲，久修臣礼……尝以国难，识其忠良。……寓居塞下，告穷请命。……今欲救恤穷困，抚慰伤痍。使四方知朕不忘旧勋，报其大顺"⑥。决定给予救济。次年，由

① 《新唐书》卷四三下，地理志七下，羁縻州。
② 《旧唐书》卷一九八，吐谷浑。
③ 《旧唐书》卷一九八，焉耆。
④ 《资治通鉴》卷一九八，贞观二十一年六月丁丑。
⑤ 《资治通鉴》卷二三八，德宗贞元三年七月。
⑥ 《唐大诏令集》卷一二九，《遣使赈抚回鹘制》。

嗢没斯率领的文武二百余人来降，均授以官职，并赐其众米五千斛，绢三千匹①。所以唐亡之后，在甘州的回鹘仍念念不忘唐朝②。

不过，有必要指出：唐王朝虽对各民族的君长、豪酋备极优待，对各民族的人民也予以适当的照顾，但不可能"一视同仁"；归根到底，"意在羁縻"，以求唐代君臣"长守富贵"。故唐对各民族君长奴役其征服、俘掠的他族人民绝不过问，对聚居于汉人地区的少数民族处于被剥削被奴役的命运也视为当然。因此，西南的獠夷和岭南的蛮族被迫起义的，史不绝书③。西北的稽胡白铁余④和兰池胡康特宾等降户⑤，也被迫起而反抗，但都被残酷镇压下去了。这都是典型的例子。封建王朝的民族怀柔政策，不管如何开明，都要受到不可逾越的统治阶级利益的制约。

（九）充分发展各民族间的通商，这也是接受了汉代以来"通关市"的经验，不仅加强了彼此的经济联系，满足了各民族的生活需要。同时，也可增进民族间的友好感情。正如唐玄宗给突厥的玺书所说，"国家因与突厥和好之时，蕃汉非常快活，甲兵休息，互市交通，国家买突厥马羊，突厥得国家彩帛，彼此丰足，皆有便宜"⑥。

自汉以后，历代王朝与各民族在政治上虽处于或亲或疏的状态，但始终存在着多少不一的商业往来，至隋唐则更加频繁。唐是空前富强的封建大国，有高度发展的农业和手工业，有稳定的

---

① 《资治通鉴》卷二四六，文宗开成五年九月、十月；武宗会昌元年八月、十一月、十二月，二年四月、五月；《唐大诏令集》卷一二八《嗢没斯怀化郡王制》。

② 《册府元龟》卷九一七，外臣部朝贡四。

③ 《新唐书》卷二二二，南蛮传。

④ 《资治通鉴》卷二〇三，永淳二年四月。

⑤ 《资治通鉴》卷二一二，开元九年。

⑥ 《册府元龟》卷九八〇，外臣部，通好。

货币，社会秩序良好，交通也四通八达。这就创造了通商的良好
条件，唐统治者又有意地招徕远商。首先是朝贡形式的官方贸易
很多，各民族的使臣来朝时贡献一些珍宝和土特产，表示"臣
礼"，而唐王朝的"赏赐"都很丰厚，价值往往超过贡品，因之，
各处使臣往往人数很多。如天宝十二年（753）"四月，三葛禄遣
使来朝，凡一百三十人，分为四队相继而入。各授官赏，恣其请
求，皆令满望"①，显然是为了"柔远"。值得指出的是，有些使
者可能是商人冒充的②。"安史之乱"后回纥使者特多，其中可能
有不少昭武九姓胡冒充回纥者③。契丹、渤海也有此现象，贞元十
一年契丹使人达二十五人，元和八年二十九人；九年正月渤海使
者三十七人，十一月又有人来，十二月又来五十九人，十年七月
渤海达一百〇一人④。朝贡何需一年数次？使臣又何需如此之多？

　　除朝贡贸易外，还有两国的互市。唐王朝需要的是牛马，曾大
规模地输入。如武德八年（625），"突厥、吐谷浑各请互市，诏皆许
之。先是，中国丧乱，民乏耕牛。至是资于戎狄，杂畜被野"⑤。特
别是和回纥的马绢交易，数目极大，"安史之乱"后，回纥出兵援
唐时，借此勒索⑥。如"大历七年（772）八月，回纥使还蕃，以国
信物一千余乘遣之。回纥恃功，自乾元后，仍岁来市，以马一匹易
绢四十匹，动至数万马。其使候遣，继留于鸿胪寺者非一，番人欲
帛无厌，我得马无用，朝廷甚苦之。时特盈数遣之，以广恩惠，使
其知愧"⑦。唐朝国计民生皆困，只好顾全大局。

---

① 《册府元龟》卷九七一，外臣部朝贡四。
② 沙畹：《西突厥史料》，中华书局1958年版，第263页。
③ 向达：《唐代长安与西域文明》。
④ 《册府元龟》卷九七二，外臣部朝贡五。
⑤ 《资治通鉴》卷一九一，武德八年三月。
⑥ 《册府元龟》卷九九九，外臣部互市。
⑦ 《唐会要》卷七二，马。

对于民间贸易，唐王朝也是鼓励的。贞观时，安国贡方物，"太宗厚慰其使曰：'西突厥已降，商旅可行矣。'诸胡大悦"①。唐的丝织品和瓷器富于魅力，足以吸引各少数民族和外国，大抵突厥、吐谷浑、吐蕃等皆以牛马；东北诸族除牛马外，还用皮袭；西域诸胡，特别是昭武九姓胡则多是用宝石、香料和药材等以换取绢帛、瓷器和茶叶等。这种贸易胡商获利很大，故长安、洛阳、扬州等处，少数民族和外国的商人很多。这不仅有助于各民族经济的发展，也加深了各民族人民之间的友谊。

（十）扩大各民族间的文化交流。欢迎各民族文化的传播，实是唐朝的一个特点。唐初原有九部乐，平高昌后，又得高昌乐，共有十部乐了。其中如西凉、龟兹、安国、疏勒、康国和高昌乐都是"胡乐"②，宫廷中的乐工有许多且是汉化了的昭武九姓胡人。歌与舞原是密不可分的，故柘枝、胡旋等胡舞也盛极一时，为官僚，士大夫所酷爱。唐代的绘画亦受西域传入的凹凸画法的影响。特别是百戏、灯彩更是受到朝野的欢迎。汉人的传统艺术又加入了少数民族的音响色泽，故光辉夺目，呈现异彩。此外，生活中如椎髻、帷帽、葡萄酒和胡饼等胡人衣食，打球和冰嬉等少数民族文娱活动也渐为贵族官僚和人民所爱好③。

当然，唐王朝也有意识地传布传统的汉文化。汉代以后，汉文化早已传布于辽东，对西域也早有影响，到唐代更是广泛地传布。试以偏远的吐蕃和南诏为例，文成公主往嫁吐蕃后，带去许多文物，吐蕃还要求派儒者代为起草奏疏，并派子弟到长安入国学④。不久，吐蕃上层人士中有人已具备一定文采，如其大臣仲

---

① 《新唐书》卷二二一下，西域下，康国。
② 《新唐书》卷二一，礼乐志。
③ 向达：《唐代长安与西域文明》。
④ 《旧唐书》卷一九六，吐蕃上。

琼，青年时曾在长安学习汉文化，故于唐高宗时奉使来朝，应对明敏得体①。中宗时来朝的使臣明悉猎，甚至在大明殿上请求参与柏梁体的联句，所咏亦颇典雅②。唐朝除准许各族及外国君长的子弟入国学外③，玄宗时甚至规定"蕃客入朝，并向国子监令观礼教"④，并写赐经史。开元十九年即命抄写《毛诗》、《礼记》、《左传》、《文选》等赐给吐蕃的金城公主，目的是希望吐蕃"渐陶声教，混一车书，文轨大同"。不久，又许可写给渤海《唐礼》、《三国志》、《晋书》等书⑤。高宗时，也曾派养蚕、制酒、磨舂以及造纸墨的工匠去吐蕃。中宗时又赐"杂技诸工"。武后时吐蕃使臣清淮观看了"中国音乐"，拜谢时即说为他生平所未见⑥。以后，吐蕃又有了唐朝去的乐工，故长庆元年（821）吐蕃宴请唐朝派去的西蕃会盟使刘元鼎时，"馔味酒器，略与汉同。乐工奏《秦王破阵乐》、《凉州》、《绿腰》、胡《渭州》、《百戏》等，皆中国人也"⑦。长庆四年（844）吐蕃又派使臣来请求五台山图，"山在代州，多浮图之迹，西域尚此教，故来求之"⑧。吐蕃佛寺建筑，可能也受了唐朝的影响。

再如南诏，开元末授其王皮罗阁云南王后，其孙凤伽异即曾入朝宿卫数年，必然受到唐文化的熏陶，又有许多大臣子弟在成都学习。皮罗阁之子阁罗凤被迫抗唐时，攻下巂州，俘西泸令郑

---

① 《册府元龟》卷九六二，外臣部才智。
② 《唐诗纪事》卷一，中宗景龙四年。
③ 《唐会要》卷三六，附学读书。
④ 《唐大诏令集》卷一二八《令蕃人国子监观礼教启》。
⑤ 《唐会要》卷三六，夷狄请经史。
⑥ 《旧唐书》卷一九六上，吐蕃上。
⑦ 《册府元龟》卷九八一，外臣部盟誓。
⑧ 《册府元龟》卷九九九，外臣部请求。

回，使之教其子弟，后竟任为清平官①，故其政治制度不少是仿效唐制：清平官六人即为宰相，下设六曹长，即相当于六部尚书；大将军十二人，亦似唐十二卫大将军，出则领要害城镇，称节度，有功可授清平官②。南诏农业本很发达，并能养柘蚕、纺织，大和三年（829）攻入成都时，又俘去许多工匠和女工，更学会了织绫罗③，手工业也发展起来了。

吐蕃和南诏是当时最偏远艰阻的地区，汉文化的影响已如此，至于其他民族就可想而知了。当时，"华夷"偏见很深的薛登即说："窃为突厥、吐蕃、契丹等，往因入贡，并叨殊奖，或执戟丹墀，策名武秩；或曳裾黄门，服改毡裘。词兼中夏，明习汉法。目睹朝章，睹衣冠之仪，知经国之要，窥成败于国史，察安危于古今……"④ 他反对唐朝这些政策措施，但却正好说明了各民族的侍子或为宿卫，或入国学，既深受了汉文化的熏陶，也提高了他们的政治才能。这些人都是各民族统治者的子弟，他们回去后即成为君长或大臣，这对于各民族文化的提高和汉文化的传布都是有巨大作用的。

三　怀柔政策贯彻过程中的矛盾

尽管唐代的民族政策如此开明，它的措施又如此有效，但不能认为在贯彻过程中没有阻力和反复，因为阶级社会中既不可能消除民族偏见，更不可能消除民族矛盾。民族政策的制定和贯彻主要取决于唐王朝的皇帝和大臣，同时也取决于其他民族统治者

---

① 《蛮书》卷三，六诏；《新唐书》卷二二二上，南诏传。

② 向达：《蛮书校注》卷九，南蛮条教。

③ 《蛮书》卷七，云南管内物产。

④ 《全唐文》卷二八一《请止四夷入侍疏》。

的态度。伴随着各个民族统治阶级的内部斗争和国势的强弱对比变化，这一政策的贯彻也会遇到内部或外部的阻力，也会出现摇摆、反复或遭到破坏。

大体说，在唐高祖到高宗初期，这种民族政策执行得较好，但在大臣中也不是没有分歧的。如名臣魏征的民族偏见就很深。贞观二年，西域诸国想通过高昌王来朝贡，他即认为"不应以蛮夷而弊中国"，因而追回迎接的使臣。这种理论对于穷兵黩武的君主原是有意义的，但在当时却是放弃统一各民族的大业的保守之见。到东突厥平定后讨论安边之策时，他又说"匈奴人面兽心，非我族类，强必寇仇，弱则卑服，不顾恩义，其天性也"①，更是明显的民族歧视。而且有这种看法的并不是他一人，幸而唐太宗始终坚持了正确的政策，才能完成统一多民族国家的伟业。武则天当权后，唐初的民族政策即开始遭到破坏，各民族的关系也开始动乱，首先对吐蕃与吐谷浑的纠纷，她未能明确表态，及早制止，以致吐谷浑被吞并②，对于突厥酋长骨咄禄的叛乱也未能及时平定③，滋长了他们的扩张野心。其次，边将又轻启边衅，如契丹和奚的羁縻府州，唐初即侨治于营州，武则天时营州都督赵翙对他们遭受到饥荒不仅不加赈济，而且对其酋长视同奴隶，以致契丹孙万荣和奚部李尽忠杀赵翙起兵反抗，武则天又未及时安抚即加以贬辱讨伐④。接着，唐玄宗也是个好大喜功的人，在他稳定了局势转趋强盛后，就穷兵黩武，也导致边将轻

① 《旧唐书》卷七一，魏征传；卷一九四，突厥上。
② 《旧唐书》卷一九四上，突厥上；卷一九八，吐谷浑；《大事纪年（藏文）》（《敦煌本吐蕃历史文书》，第 102—103 页）。
③ 《旧唐书》卷一九四上，突厥上。
④ 《旧唐书》卷一九九下，契丹、奚；《资治通鉴》卷二〇五，万岁通天元年；卷二〇六，神功元年。

启边衅。如开元二十五年（737）即轻信河西节度的傔人孙诲的谎报，以致破坏了凉州与吐蕃间互不设防的约言，进攻吐蕃，自此战乱不断①。天宝九年（750）云南太守张虔陀又激变了南诏王阁罗凤，迫使他降附吐蕃，屡次大败唐兵②。再过一年（751）平卢节度使安禄山又诬告契丹谋叛而进行袭击，遭到契丹的反击以致全军覆灭③。由于唐玄宗忽视了民族怀柔政策，一意加强边兵，以致节度使集兵财军大权于一身，又加以统治阶级各种内部矛盾的激化，终于酿成"安史之乱"，造成了唐王朝由盛到衰的转折。

同样，一些少数民族的君长也往往于强大之后，即产生了分裂扩张的野心。例如突厥酋长默啜，因助武则天而收降了契丹和奚两部，又恃功向唐索取了住在平、胜等六州的突厥降户等，一时大盛。遂借口武则天篡夺李氏政权而进攻北边，又虐待契丹和奚部，以致诸部逃散，实际上也损害了突厥民族自身。幸其子小杀嗣位后，起用老臣暾欲谷才得将局势稳定下来④。回纥也如此，开元时渐强盛，杀了唐凉州都督王君㚟并出兵阻断通西域之路，以致唐玄宗加以讨伐。"安史之乱"时虽出兵助唐，却十分骄纵，在长安、太原诸地大肆焚掠，又利用绢马交易，尽情勒索，因而引起唐代朝野的恶感⑤。吐蕃边将也在武则天执政时大肆扩张，"尽收羊同、党项及诸羌之地，东与凉、松、茂、嶲等州相接，南至婆罗门，西又攻陷龟兹、疏勒等四镇，北抵突厥，

---

① 《旧唐书》卷一九六，吐蕃传上；《资治通鉴》卷二一四，开元二十五年。
② 《旧唐书》卷一九七，南诏蛮传；《资治通鉴》卷二一六，天宝九载末、十载四月；卷二一七，天宝十三载四月；向达：《蛮书校注》，第21—26页。
③ 《旧唐书》卷一九九上，契丹；《资治通鉴》卷216，天宝十载四月、十一载。
④ 《旧唐书》卷一九四上，突厥上。
⑤ 《旧唐书》卷一九五，回纥。

地方万余里。自汉魏以来，西戎之盛，未之有也"。幸中宗以金城公主和亲争得双方的和平，但又遭到玄宗的破坏。特别是在"安史之乱"唐朝尽撤河陇朔方的镇兵平乱时，吐蕃更乘唐之危，尽占凤翔以西、邠州以北数十州，不断向唐进攻，广德元年（763），甚至因叛将之诱导，攻长安占领了十五天始退[①]，其后虽与唐多次订盟又一再破坏，以致战争不断，给汉族人民和吐蕃人民带来了长期的苦难。

不过，唐代的民族怀柔政策先后在一些识大体顾大局的大臣如温彦博、宋璟、张说、李泌、陆贽以及李德裕等人的坚持下，始终得以继续贯彻下去。如册封、和亲、吊问、互市以及优待归附的蕃将等措施，一直能坚持到底。尽管国内因宦官专权和藩镇割据，局势日益衰乱，中央政权终不致如西晋、北宋以及明朝那样，为少数民族所摧毁。另一方面，各少数民族的人民和统治阶级中的一部分人对唐王朝的感情较深，也往往及时阻止了攻掠，甚至有的虽已背离也终于再度归附。试以当时唐人认为是"大患"的回纥、南诏和吐蕃为例：德宗初即位时，回纥可汗移地渐自恃强大，轻信依附于他的昭武九姓胡人的唆使，想大举进攻，却违反了回纥人民的意愿。其宰相顿莫贺达干谏阻说："唐，大国也，且无负于我，前年入太原，获羊马数万计，可谓大捷矣。以道途艰阻，比及国，伤耗殆尽。今若举而不捷，将安归乎？"可汗不听，顿莫贺乃"乘人之心因击杀之，并杀其亲信及九姓胡所诱来者凡二千人"，自立为可汗，遣使受唐册封，并请和亲，这就避免了一次大战祸。此后，唐先后以咸安公主、太

---

① 《旧唐书》卷一九六上，吐蕃；《资治通鉴》卷223，广德元年七月、十月；《（藏文）赞普传记（七）（八）》（王尧、陈践译注：《敦煌本吐蕃历史文书》，第141、144页）。

和公主与之和亲，终得以保持正常的关系①。南诏自从抗唐归附吐蕃后，备受吐蕃的压迫和剥削，贞元九年（793）其王异牟寻暗自写信给西川节度使韦皋说："世为唐臣，曩缘张虔陀志在吞侮，中使者至，不为澄雪，举部惶窘，得生异计，鲜于仲通比年举兵，故自新无由，代祖弃背。……曾祖有宠先帝，后嗣率蒙袭王，人知礼乐，本唐风化。……异牟寻愿竭诚自新，归款天子。"经过多年的秘密交通，南诏终弃吐蕃复归附于唐②。至于吐蕃长期与唐战争不断，双方人民受害很深。唐虽无力讨定，但吐蕃因连年用兵，一些掌握兵权的贵族势力渐大，相互的矛盾终于激化，到唐武宗末年和宣宗初年，吐蕃因后族綝氏窃取了赞普之位，因而发生了大规模的内战，双方都转而争取唐的支持。结果，他们的部众或逃散，或纷纷降唐，河陇之地的汉人乘机独立重新归附于唐③。吐蕃统治阶级终于招致了自身的分崩离析。到后唐天成三年（928）。他们的残部有的仍遣使随同回鹘王来朝④，可见他们中仍有不少人是怀念唐朝的。

尽管民族的偏见和矛盾不易消除，尽管各民族的统治者态度时有不同，民族盛衰和民族关系常有变化，但从总的形势看，唐朝的民族政策始终贯彻了下去，并在历史上起了巨大的作用：

（一）唐朝皇帝的威信提高了，成为各民族的共主，有助于维持和巩固这个幅员辽阔的封建国家。

"（贞观）四年（630）三月，诸蕃君长诣阙，请太宗为天可汗。乃下后玺书赐西域北荒之君长，皆称皇帝天可汗。诸蕃渠帅

---

①　《旧唐书》卷一九五，回纥。
②　《新唐书》卷二二二上，南诏上。
③　《新唐书》卷二一六下，吐蕃下；《资治通鉴》卷二四六，会昌二年十二月条；卷二四七，会昌三年六月条；卷二四九，大中五年五月条。
④　《新五代史》卷七四，四夷附录吐蕃。

有死亡者，必下诏册立其后嗣焉。统制四夷，自此始也。"① 因之，唐天子具有双重政治身份，既是汉人的皇帝，又是各民族共同的最高的可汗。到贞观二十年（646）平定薛延陀后，太宗亲至灵州，"勃勃诸部俟斤遣使相继诣灵州者数千人，咸云：愿得天至尊为奴等天可汗，子子孙孙常为天至尊奴，死无所恨"②。中唐时亦如此，开元二十九年（741）石国王上表仍谓"奴自干（先）代以来，子国忠赤"，并称唐天子为"天可汗"③。天宝四年（745）曹国王上表，亦称玄宗为"天可汗"④。甚至"安史之乱"后，永泰元年（765）仆固怀恩叛而引回纥入侵，回纥当时气势不可一世，但见到郭子仪时，仍称唐代宗为"天可汗"⑤。故唐天子在各民族中的威信仍在。当时各民族推戴唐天子为天可汗，实质上是在政治上承认了唐具有最高主权，自承是以唐天子为核心的各民族国家的组成部分。

这当然是唐对各民族君长实行怀柔政策的结果。如武则天专政时，突厥酋长默啜起兵即说："我世受李氏厚恩，故以女嫁李氏，安用武氏儿！闻李氏惟两儿在，我将兵辅立之。"一到睿宗景云二年（711）武、韦的势力消灭后，默啜立即请求和亲，甚至服冠带称臣⑥。南诏阁罗凤即使被迫抗唐，但他在大历三年（768）所立的《南诏德化碑》中，仍流露出了对唐的忠诚和眷念之情⑦，其孙异牟寻终于再度归附于唐。这类事例很多，不仅唐朝盛时如此，即到唐末，归附于唐的沙陀赤心部落赐姓李氏的

① 《唐会要》卷一〇〇，杂录。
② 《资治通鉴》卷一九八，贞观二十年九月。
③ 《唐会要》卷九九，石国。
④ 《册府元龟》卷九七七，外臣部降附。
⑤ 《旧唐书》卷一九五，回纥。
⑥ 《唐会要》卷九四，北突厥。
⑦ 向达：《蛮书》校注附录《南诏德化碑》。

李克用，虽也是跋扈的藩帅，但在他写给另一藩镇王建的信中，却不同意"各王一方"，他说："仆经事两朝，受恩三代，位叨将相，籍系宗支。"[1] 其子李存勖灭后梁称帝，竟然以李氏继承人自居，国号仍称"唐"，立宗庙时并为唐高祖、唐太宗等立七庙[2]。这一方面表明沙陀族汉化已深，一方面显然也想借助唐在各民族人民中的威信以自重。

（二）争得了各民族的支持，共同维护了统一的多民族国家。

在唐初统一全国的多次战争中，不少少数民族将士立下了功勋。突厥大将阿史那社尔便多次立下战功，平高昌、讨龟兹、破薛延陀，他和执失思力都是重要将领[3]。平吐谷浑，还有铁勒人契苾何力参加[4]。对吐蕃作战的除契苾何力、李谨行外，还有百济人黑齿常之[5]。平西突厥时还有大量回纥人参加。故唐初得以统一各民族地区，实是汉人和各民族将士共同战斗的结果。高宗时，对抗契丹孙万荣的武装中，也有靺鞨人李多祚，开元时对抗铁勒九姓的还有吐蕃人论弓仁[6]。"安史之乱"是少数民族将领发动的，但讨伐安史的也有不少是蕃将，如哥舒翰是突骑施人，李光弼是契丹人，白孝德是西域胡人，仆固怀恩是铁勒人，论惟真是吐蕃人，浑瑊是铁勒人[7]，他们多立了大功。甚至有的远道赶来维护唐王朝，最典型的是于阗国王尉迟胜。安禄山反，他即

---

① 《全唐文》卷一〇三，后唐太祖《报西川王建书》；《旧五代史》卷二六《武皇纪下》。

② 《旧五代史》卷二九，唐庄宗本纪三。

③ 《新唐书》卷一一〇，阿史那社尔、执失思力。

④ 《新唐书》卷一一〇，契苾何力。

⑤ 《新唐书》卷一一〇，黑齿常之。

⑥ 《新唐书》卷一一〇，李多祚、论弓仁传。

⑦ 《旧唐书》卷一〇四，哥舒翰传；卷一〇九，白孝德传；卷一一〇，李光弼、论惟真传；卷一二一，仆固怀恩传；卷一三四，浑瑊传。

率兵来勤王，代宗即位后诏遣回国，而他却请求留下宿卫，并将其国王之位让于其弟①。唐代的民族政策使各民族的酋长与唐的安危休戚相关，故能共同维护其统治。

（三）相对地维持了各民族间的和平安定，保护了各民族的安全。

自唐初重建了统一的多民族国家后，多事的北方和西方确保持了一段和平安定的时期。如突厥颉利可汗和车鼻可汗先后归降，"自永徽已后，殆三十年，北鄙无事"②。回纥自贞观二十年归降后，除唐将王君㚟因贪功生事被回纥所杀，一度发生冲突外，将近一百五十年与唐和平相处。"安史之乱"后，即出兵助唐，其后虽甚跋扈，也始终未成大害。故回纥乱亡之后，唐宣宗大中十年下诏仍谓"回纥有功于国，世为婚姻，称臣奉表，北边无警"，俟其可汗归复牙帐，仍将加以册命③。吐蕃自唐初和亲至武则天专政时，"数十年间，一方清静"④。其他如东北之奚和契丹，除武则天当政一段时期关系恶化外，和靺鞨、室韦等，终唐之世与唐是长期相安的。中唐以后，只与南诏曾有过数次大战，最后，仍得和好相安⑤。吐蕃则长时期和战反复不定，造成对唐的威胁，而以吐蕃的分崩离析告终。唐朝是中国历史上幅员最广的一个王朝，立国二百八十九年，漫远的边疆，众多的民族，发生一些民族战争原是不可免的，却竟然保持这么长时期的相对和平局面，这自然与唐的民族政策有着极大的关系。

唐王朝对归附的少数民族，尽力保护他们的安全，不仅代各

① 《新唐书》卷一一○，尉迟胜传。
② 《旧唐书》卷一九四，突厥上。
③ 《资治通鉴》卷二九四，宣宗大中十年三月条。
④ 《旧唐书》卷一九六上，吐蕃上。
⑤ 《旧唐书》卷一九七，南诏蛮。

民族平定内乱，在他们遭到外患时，唐王朝则先为调解，不得已时还要出兵援救；假如灭亡了，也尽力救济其遗民。早在贞观五年（631）西域的康国请求内附时，唐太宗即说："且康臣我，缓急当共其忧。"① 事实上，唐确实负起了这种责任。如吐谷浑归附后，贞观十五年（641）其丞相作乱，国王诺曷钵逃到鄯州，唐之鄯州都督即出兵助其平定叛乱，太宗并派人慰问。至高宗时，吐谷浑被吐蕃吞并，诺曷钵逃到灵州，唐又特置安乐州安置其部落，并以他为刺史②，由始至终地保护他们。又如贞观十三年（639）唐派突厥李思摩率领颉利旧部还居漠南，李惧薛延陀袭击，太宗即以诏书给薛延陀，望其各自相安，不得侵扰突厥③。后阿拉伯半岛的大食国兴起，积极向东扩张，西域各国受到威胁，唐玄宗时俱罗密、吐火罗、安国、石国、拔汗那以及康国先后受到侵略而不断向唐求救，唐不得不派兵前往，并为此付出了巨大代价④。

（四）通商、通婚以及各种优遇措施促进了汉族与边疆少数民族的交往和杂居，历时既久，不仅有利于唐和各民族文化的发展，且有助于民族的友好相处和民族融和，这也是历史的必然趋势。

因为唐朝的农业、手工业发达，物质生活比较好，对少数民族又多优待，故少数民族的商人，包括契丹、奚、渤海、回纥、昭武九姓胡等，来往的很多。有些即在长安等地居留经营，唐朝的法律允许他们娶汉女唯不准带走，故在当地娶妻生子、买田宅的很多。首都长安这种现象比较普遍⑤。除商人外，少数民族定居

---

① 《新唐书》卷二二一下，康国。
② 《旧唐书》卷一九八，吐谷浑。
③ 《旧唐书》卷一九四上，突厥上。
④ 《册府元龟》卷九九九，外臣部请求；《旧唐书》卷一〇九，李嗣业传；《资治通鉴》卷二一六，天宝十载七月；《西突厥史料》，第265—274页。
⑤ 向达：《唐代长安与西域文明》，第516页。

的更为多，即以河西道的敦煌为例，这里除汉人外，安西四姓的龟兹白姓、疏勒裴姓、焉耆龙姓、于阗尉姓和昭武九姓胡中的康、安、石、曹、何、米、史等姓的人不少，还有来自铁勒的浑姓、贺国的贺姓、吐火罗的罗姓以及回纥、吐蕃、沙陀人等①。不少人是异族通婚，如白树谷母姓张，卑得志妻姓白，曹思礼母姓孙、妻姓张，程思楚母姓白，卑二郎母姓程，安逊璟妻姓张，石秀林妻姓曹，安大忠母姓屈，康敬仙妻姓石，曹典昌妻姓毛，石秀金妻姓史等等②。再如更偏远的西州，在高昌县一部分文书中，也可看到除汉人外，有出自安西四镇的白、龙、尉和昭武九姓胡中的康、安、史、曹、何等姓，还有贺姓、罗姓等③。他们绝大多数是农民，田宅相接，邻里相望，生产在一起，经济联系也较多。如敦煌的文书中，即常有买卖土地、牛，借贷生绢的契约④。西州的左憧熹放高利贷，向他借贷的人就有龟兹人、焉耆人和康国人⑤，彼此关系是很密切的。这些来自少数民族的人迁入或早或迟虽难详考，但他们不仅互相通婚，改姓汉字单姓，文书又多用汉文，足证他们实与汉族融和了。

西陲如此，入居中原的突厥等族的人更是如此，他们的子孙带有胡汉的气质当然不足为怪⑥，这不但使汉族吸取了新的血液和文化，也加强了唐代边境的力量。

① 诸姓居民主要根据池田温编《敦煌与社会》（《敦煌讲座》第3卷）中第五篇梅村坦《敦煌之种族构成》，此外，杂采历史研究所编《敦煌资料》中之唐代文书，兹不一一备举。

② 杂采自《敦煌资料》中唐代文书，不备举。

③ 诸姓主要根据西村元祐《中国经济史研究》第3篇第1章所引用之高昌文书。

④ 《敦煌资料》中契约文书。

⑤ 张荫才：《吐鲁番阿斯塔那左憧熹出土的九件唐代文书》，《文物》1973年第10期。

⑥ 陈鸿：《东城老父传》，见《太平广记》卷四八五，杂传。

纵观古今，唐代的民族政策优于其前代与后代，唐以后的宋、明两朝虽是汉族建立的王朝，但契丹人的辽和女真人的金，先后与宋对峙，故宋人朝野都强调"华夷之辨"；明代先后受到漠南蒙古和辽东满族的威胁，始终呕呕于备兵"九边"，都不可能建立规模宏远的民族政策。至于辽、金虽立国于华北，元、清虽进而统一全国，但他们以少数民族统治人口比他们多、文化比他们高的汉人自属困难，故都心存猜忌，为此都特别优待另一少数民族，作为助手协同来统治汉人①；并采取一些带有明显的民族歧视的政策措施，来防范镇压汉人②，故他们的民族政策也远不及唐代的开明。不过契丹、女真立国于华北之前，清人入关之前，都早已受到汉文化的一定程度的影响，建国后，汉化更快，也接受了唐代民族政策的某些措施。特别是清朝，他们建国不久，即很快地统一了辽东、蒙古和天山南北路。蒙古崛起后更是席卷了中亚。随着他们王朝的稳定和建立汉化的国家制度，使中国的声威远及，更是不断地加深了边境各民族的向心力。这是历史发展的自然趋势。特别是朝代更替后，一些少数民族的版图也随之并入了新的王朝，最后终于建成了巩固的东北至白山黑水，北至大漠南北，西至天山南北路，西南至西藏、云贵，东南至台湾的统一的多民族大国。

---

① 如辽即厚结奚人，元则重用色目人，清则优待蒙古王公，厚待蒙古人。

② 辽采取分而治之的政策，中央机构分设南北面官，南面官管理汉人，北面官管理契丹人等，却掌握全面大权。金则分派猛安谋克驻各地，直接监视汉人。元则将居民分为蒙古、色目人（西域人）、汉人（原金统治的汉人）和南人（原南宋汉人）四等；每一行政机构派一蒙古人为达鲁花赤，即首脑，掌握全权。清虽号称"满汉共治"，实则汉官无实权。

从唐太宗的民族政策试论历史
人物的局限性[*]

——与胡如雷同志商榷

《历史研究》1982年第6期，同时发表了拙稿《唐代民族政策初探》和胡如雷同志的《唐太宗民族政策的局限性》二文。我拜读了胡如雷同志的大作后，有所启发而引起深思，也有些不同的看法，这里写出来，除胡同志外，也许能得到更多同志的指教。

一

历史人物的局限性问题，学术界一直有人讨论，并在不断深入。或因讨论的主题不同而往往流于泛论，或暗换概念，以致意见难以集中。胡同志此文专论唐太宗的民族政策，力图"从理论角度"指出他的局限性，我赞同这个办法。当然，理论总应该建立在可信的事实基础上。故拟先弄清胡文所举的一些历史事实：

（一）突厥在隋时，始毕可汗即以其子什钵苾居东偏，直幽州之北。武德初年，始毕以其弟嗣立，即处罗可汗。处罗旋死，

* 原载《中国史研究》1985年第3期。

亦以其弟嗣立，即颉利可汗。颉利乃以什钵苾为突利可汗，仍居东偏，树牙南直幽州，管奚、霫诸部。突利在武德末即与唐太宗结为兄弟，而与颉利日见矛盾，渐渐成为互相对立的势力①。贞观四年，唐太宗击败颉利后，因突厥降众甚多，即与大臣商讨处置的办法。朝臣发生不同意见的争论。如窦静主张，"分其土地，析其部落，使其权弱势分，易为羁制"。而温彦博则主张"全其部落，得为捍蔽，又不离其土俗，因而抚之，一则实空虚之地，二则示无猜之心"。他的建议虽也含有使他们"各有酋长，不相统属，力散势分，安能为害"的意图，但确信突厥降众"怀我厚恩，终无叛逆"。这与窦静"析其部落"的意见是绝不相同的。唐太宗采纳了温彦博的建议，而摒弃了窦静等人的意见。乃于朔方之地，分突利故所统之地，置顺、祐、化、长四州都督府；又分颉利之地为六州，左置定襄都督府，右置云中都督府，以统其众②。可知划分突厥之地为东西二部羁縻府州，都是按照颉利和突利二人原来统辖的范围划分的，定襄和云中两都督府之地也是相联结的。突厥原有的部落依然保存下来了。胡同志说"这样做，就完全贯彻了'分其土地，析其部落，使其权弱势分，易为羁制'的原则"，显然不合事实。因太宗确未采纳窦静的这个建议③。胡同志要根据这个事例来证明唐太宗"尽量分化一个民族"，恐难令人信服。

其次，唐太宗对突厥"其余酋长至者，皆拜为将军，中郎

---

① 《旧唐书·突厥上》；《新唐书·突厥上》；《资治通鉴》卷一九一，武德七年八月；卷一九二，贞观二年四月条略同。

② 《贞观政要》卷九《安边》；《旧唐书·突厥上》；《新唐书·突厥上》；《新唐书·地理志》定襄、云中都督府等条注；《资治通鉴》卷一九三，贞观四年戊戌条。

③ 《旧唐书·窦静传》对他的主张，即明说"于时务在怀辑，虽未从之，太宗深嘉其志"。

将，布列朝廷，五品以上百余人，殆与朝士相半，因而入居长安者近万家"①。这本是一个十分优厚而带风险的特殊照顾。哪一国哪一朝也未敢把这么多的降众置于首都。如果像胡同志所说唐太宗这样做是为了"便于监视和控制"，何不将他们分散置于驻有重兵的内地州、府，反而冒风险使其集中入居长安呢？胡同志此文称赞唐太宗的政策和措施的"超越前人的高明之处，如比较开明地安置东突厥降众"，不是与此事例所得出的论断自相矛盾吗？

（二）唐太宗当时还听从了温彦博的建议，在突厥降众中"选其酋长，使入宿卫"。这是示以高度的信赖和重用。事实证明确是收到了巨大的效果的，以致许多骁勇的降将忠心耿耿地为唐朝立下了显赫的战功。当然也有例外。如突利可汗之弟结社率，官任中郎将，因无赖而受突利的斥责，竟诬告突利谋反，为唐太宗所轻视，故之不得进秩。贞观十三年太宗至九成宫，他趁随从宿卫之便，居然阴结部落四十余人，夜袭行宫，杀卫士数十人，事败欲奔被追斩②。按照隋唐法律，这属于"十恶"第一条，"罪无首从皆斩"③。胡同志将这种谋反大逆的阴谋案件，说成是"小小的事件"，难以令人信服。

这次事件以后，太宗听从群臣之请，将安置在大河之南的突厥降众北迁于漠南故地，并册颉可汗之族人李思摩为可汗统率他们以捍卫边塞。思摩惧薛延陀进攻，太宗即诏谕薛延陀：汝主漠北，突厥主漠南，各守土境，不许互相进犯。次年，又置宁朔大

---

① 《资治通鉴》卷一九三，贞观四年四月戊戌条。唯新、旧《唐书》均谓入长安者"数千家"。

② 《资治通鉴》卷一九五，贞观十三年四月戊寅条。两《唐书·突厥传》略同。

③ 《唐律疏议》一"十恶"条；十七谋大逆案。

使，以保护这些突厥部族。后又诏许思摩请求，必要时可将家属迁入长城之南。贞观十八年因思摩不善领导，这些降众南下请求退居胜、夏二州，太宗同意了。认为他们不北降薛延陀而愿南归，是对朝廷的信赖。故思摩入朝后，不仅未受处分，仍拜右武卫将军。其后他随同出征辽东而中流矢，太宗且亲为吮血，足见对他们始终是信赖和优待的。本来各民族都有近守边的义务，思摩率突厥颉利部北还故地等于移防，且多方保护他们的安全①，明令薛延陀与突厥不得互相侵犯。其意图实为防止再度发生类似结社率的事件，并加强北边的防御而已。胡同志说太宗"用意无非是加剧两族间的矛盾"，实无确据。至于贞观十五年、十八年薛延陀越大漠而攻突厥，不过是他自恃强大旨在南侵的借口而已。特别是他们在贞观十九年，认为太宗尚在辽东未回，更渡大河，南攻夏州，即其明证②。像这样的移调某一少数民族备边的事，是很多的。难道都是唐太宗"在各少数民族之间"、"挑拨离间，制造矛盾"吗？

（三）《资治通鉴》载薛延陀真珠可汗于贞观十二年"立其二子拔灼、颉利苾主南北部，上（太宗）以其强盛，恐后难制，（八月）癸亥，拜其二子皆为小可汗。……外示优崇，实分其势"。到贞观十九年"真珠卒。……初，真珠请以其庶长子曳莽为突利失可汗，居东方统杂部；嫡子拔灼为肆叶护可汗居西方统薛延陀，诏许之。……真珠卒（曳莽）来会丧……拔灼追袭杀之"③。按《旧唐书·铁勒传》仅载贞观十二年册二小可汗，但未载人名；十九年则无册封事。《新唐书·薛延陀传》则于灭

① 《资治通鉴》卷一九五，贞观十三年七月庚戌条，十四年三月丙辰条。
② 《旧唐书·铁勒传》，《通鉴》卷一九八，贞观十九年之末。
③ 《资治通鉴》卷一九五、卷一九八。

突厥颉利后之七年载册二小可汗之事。夷男（真珠可汗）病死之后，则云"始，薛延陀请以庶子曳莽为突利失可汗，统东方；嫡子拔灼为肆叶护可汗，统西方"。《唐会要》卷九六《薛延陀》先载册其子皆为小可汗，后于真珠死，则载其少子肆叶护可汗杀其兄突利失可汗而自立。年代记载虽含糊，但无两次册封事。今查诏册文，仅贞观十二年有册封真珠可汗之子沙钵弥叶护拔酌、达度奠贺咄设颉利苾皆为可汗之举①。参证诸书，可知仅贞观十二年册封其二子，至于贞观十九年记其事，则多用"初"、"始"等追溯之词。人名间有不同（如拔灼或作拔酌，只系汉文译音之歧异而已，并非贞观十九年又另封了二人）。胡同志却说"唐太宗乘机于贞观十二年遣使册二人为小可汗……后来真珠可汗又请求以其庶长子曳莽为突利可汗……以嫡子拔灼为肆叶护可汗……唐太宗也都慨然应允"。这是把一件事变成两件事，两个人变成了四个人。以此证明唐太宗"制造该部的内部矛盾"，显然不能成立。至于真珠二子后来兄弟相残，本是统治阶级最高层经常发生的争夺继承权的斗争，不当视为外人制造出来的。

（四）贞观十六年薛延陀真珠可汗遣使请婚，唐太宗初拟借和亲以羁縻之，许以新兴公主。十七年，真珠可汗又遣使来纳币，将献马五万匹，牛、骆驼万头，羊十万只。不过，这时契苾何力已从薛延陀释放归朝，分析唐如不与婚，则其必将衰亡的形势，故唐太宗决定绝其婚。太宗征真珠可汗亲迎，并发使受其杂畜。因薛延陀先无库厩，真珠可汗不得不调敛诸部。又因道远，

----

① 《册府元龟》卷九六四《封册二》贞观十二年条。至贞观十九年亦仅记"初，薛延陀请以其庶长子曳莽为突利失可汗。……嫡长拔灼为四叶护可汗……诏许之"。又见《唐大诏令集》卷一二八《薛延陀真珠毗伽可汗诏》；《全唐文》卷六《封薛延陀二子为可汗诏》。

牲畜多耗死。过期而终不足其数，太宗得以借口聘礼未备，下诏绝其婚①。按薛延陀真珠之所以搜刮诸部是因求婚心切之故。当时各少数民族的酋长请婚唐公主是想借此以自重，提高他在本族与外族中的威望②。正如唐太宗所分析，"薛延陀所以匐匐稽颡，唯我所欲，不敢骄慢者，以新为君长，杂姓非其种族，欲假中国之势以威服之耳。彼同罗、仆骨、回纥等十余部，兵各数万，并力攻之，立可破灭。所以不敢发者，畏中国所立故也。今以女妻之，彼自恃大国之婿，杂姓谁敢不服"③，故真珠不惜厚敛诸部。唐太宗本来没有向他索取财物，薛延陀的求婚使者来，太宗且对他"赐赉甚厚"，最后仍绝其婚。胡同志说"这实际上是唐太宗通过真珠可汗间接剥削吐谷浑（按：当是薛延陀的笔误）人民"，显然是不合事实的。

（五）吐蕃赞普弄讚初次向唐太宗请婚未许，其使者谓吐谷浑离间所致。弄讚遂发兵攻吐谷浑，并进而攻唐之松州。虽败都督韩威，但并未攻下松州。太宗命侯君集等四路出兵击之，"（牛）进达先锋，自松州夜袭其营，斩千余级。弄讚大惧，引兵而退。遣使谢罪，因复请婚，太宗许之"④。显然此役未经大战，唐援兵至即一战而捷，弄讚退兵谢罪。唐太宗是从整个战略上考虑再许婚的⑤。胡同志说"李世民是吃了苦头以后才同意通婚的"，"战火烧到了唐太宗自己头上来了，才最后以文成公主

---

① 《旧唐书·铁勒传》，《新唐书·回鹘传下》附《薛延陀传》；唯《资治通鉴》卷一九六，贞观十六年秋九月癸亥条，冬十月条，卷一九七，贞观十七年闰六月丁巳条，较两《唐书》为详。

② 参看熊德基《唐代民族政策初探》。

③ 《资治通鉴》卷一九七，闰六月丁巳条。

④ 《旧唐书·吐蕃传》上；参见《新唐书·吐蕃传》、《通鉴》卷一九五，贞观十二年八月、九月。

⑤ 见后文。

和亲吐蕃"。这是否和史料的原意或历史的实际相符合呢？

（六）胡同志声称他是"在对唐太宗一片赞扬声中"来重点谈"唐太宗民族政策的局限性"的。我以为这是应该称赞的，问题在于是否恰如其分。按唐代的民族政策，首先是由唐高祖在武德二年闰二月即颁布了怀柔政策的诏令，提出了李唐一代民族政策的总方针。当时唐太宗尚以太尉、陕东大行台、尚书令的身份镇守长春宫，以对付刘武周，根本不在长安。况且高祖已开始对东北各族施行了招抚、册封等羁縻政策。胡同志抹煞高祖首创之功而仅说太宗执行的民族政策"高明"、"进步性"，是否对太宗有偏爱赞颂之嫌？

二

澄清了上举的历史事例的真相，我们可以进而讨论历史人物的局限性，并相应地分析胡同志所提出的唐太宗民族政策中的两个"策略和手段"了。

怎样理解历史人物的局限性，胡同志并未交代。我以为这无非是指历史人物某些活动的一种量的规定性。因为历史虽是人们（包括历史人物）所创造的，但他们只能在他生来即已形成的既定的历史条件下创造。这是不以人们意志为转移的客观规律。首先，在阶级社会，人们生来即属于某一阶级（后来立场转变的只是个别的人），各个不同的阶级各有其不同的阶级利益，共同的利益是很少的。这就制约着人们的立场、思想和意图及行动的方向和限度。导致他们在历史的行进中表现为先进、落后或倒退。这就是所谓的"阶级的局限性"。不过这种局限性，并非每个人都平均一样，也不一定平均的表现在一个人的一切方面。故决不能凭着"革命的义愤"把出身剥削阶级的历史人物的任何活动，一律都加上"阶级局限性"。如果这样，那就忽视了出身同一阶级的各个人的特殊性，也将难以说明某些历史人物推动了历史前进的现象。即以唐太宗为例，他虽属于当时的封建世族地主阶级的最高层，他所企求创造的历史，正如他自己对大臣们所说，"朕终日孜孜，非独忧怜百姓，亦欲使卿等长守富贵"①。这是他一切活动的总目标，也是他的民族政策的指导思想。他亲身经历了隋末的大动乱，又深知人民的威力，如果不能使百姓生活得下去，那就保不了富贵，故不得不采取一些发展生产、稳定社会秩序的措施。同时，他也深知各民族的分裂与战乱的祸害，如不解决就不能安境息民。尽管他主观是为了使他那个阶级的统治者"长守富贵"，但这也符合各民族人民的利益，因而他终于推动了历史的前进。

虽然唐太宗不是个好大喜功的黩武主义者，但要完成多民族国家的统一大业，是不可能绝对避免战争的。而战争是阶级社会的产物，也都无不带有掠夺性。"以战养战"即概括地反映了这种现象。无论民族战争或阶级战争都无不如此。例如曹操破河南黄巾，"得贼赀业"以兴屯田，并迫使他们变成农奴性的屯田户，或改编为"青州兵"，以解决战争所需的给养和兵源问题。至于落后的游牧民族的统治者和他们的部落成员，且视战争掠夺为光荣的生产劳动。即使对同盟者也不例外。如回纥出兵助唐讨伐安史时，不但到处大掠，甚至收复唐的东都洛阳后也大掠三日②。唐兵在对吐谷浑的战争中，收夺了成千上万的杂畜，这是事实。但唐太宗发动这次战争的目的却必须从他统一西北各族整个战略中考察。战争是政治通过暴力去继续贯彻的手段。唐太宗为统一各民族，有其整个的战略部署：首先要平定东突厥，西进即遇到吐谷浑，而后是高昌和焉耆，再就是薛延陀和回纥，最后

---

① 《贞观政要》卷六"贪鄙"。
② 《旧唐书·回纥传》。诸书均同。

才解决西突厥，以统一西北诸地。吐谷浑扼其左翼，必须始终掌握它以保证西进大道的通行。要不然，唐击灭吐谷浑王伏允和他的天柱王之后，为什么又不断地去扶持吐谷浑的大宁王顺及其嗣立的幼主诺曷钵呢？太宗进而考虑到吐蕃足以攻扰吐谷浑的后方，故击败吐蕃兵之后却又许以文成公主。所有这些措施，都是为了稳定吐谷浑的局势而确保西进战略的顺利。胡同志认为唐太宗发动吐谷浑的战争是"具有掠夺耕畜的预定目标"，恐怕只是囿于其现象而忽视了它的实质。

　　胡同志又列举了唐太宗离间分化一些民族的事例，其中有一些确是如此。但也必须从战略上全面加以分析：（1）太宗对于强敌，如东突厥，它从唐初以来，连续不断地支持刘武周、范君璋、高开道、梁师都和刘黑闼等攻扰唐的后方（显然也是挑拨、分化），甚至几次大举进逼。为了削弱突厥的力量，太宗首先离间颉利和突利二可汗，继又支持反抗颉利的薛延陀酋长夷男以威胁其后方。故终能一举而击降东突厥，统一漠南；继而薛延陀又骤然强盛起来，扩张至漠北，并威胁回纥诸部。太宗预感到未来的威胁，故趁真珠可汗"请"册封其二子之便，即"诏许之"，以便分化。其后二子果然仇杀以致衰弱，终为唐所击降。太宗趁势招抚了回纥诸部。所有这些措施，减少了统一西北诸部时战争的损失，较为顺利地达到了预定的战略计划。（2）太宗对已归附或尚无威胁的各民族，不仅从未离间、分化他们，相反的，且往往维护他们的安全。当他们统治者之间发生矛盾冲突时，还下诏调解。如西突厥的俟毗可汗与肆叶护互相攻击不已时，俱来请婚，太宗因其内部纷争而均不许婚，"仍讽令各保所部，无相争伐"①。若

————————

①　《旧唐书》卷一九四下《突厥传》（下）；《新唐书》卷二一五下《突厥传》（下）。

有弱小的民族受到他族的攻扰，必要时甚至加以救援，以免战祸扩延，影响唐帝国的局势。总之，太宗对不同情况是采取了不同策略的。并非如胡同志所说是"尽量分化一个民族"，并"在各少数民族之间……制造矛盾"的。再说，在敌对的民族或阶级之间，如果矛盾将发展到战争时，那么离间、分化等手段都是势所必然产生的。即使在农民战争中，官方固然会对农民军施用招抚分化的手段；经历过长期斗争从而取得了一定的政治经验的农民军，如窦建德、黄巢以至李自成等，又何尝不设法对官军招降纳叛？谁也不会希望敌方团结巩固而增强其力量。这是战争本身具有的规律，不能看作唐太宗个人的阶级局限性，而是任何阶级的领导在对敌斗争中都会采用的策略。唐太宗确有其阶级局限性，如他大力提倡法治，甚至一再诏谕法司对"死刑"要"三覆奏"、"五覆奏"。但为了巩固他的统治或维持个人威信，又亲自制造许多冤案，甚至因迷信而有意地诛杀有功的大将①。但未必表现于民族政策方面。

其次，人们（包括历史人物）具有的"历史的局限性"，也制约着他们的思想和行动。因为不同的历史时期会有不同的生产方式，故生产的规模和技术亦大不同。这就影响人们的视野的广狭和能力的大小。例如在资本主义生产方式形成后，资产阶级意识到剥削剩余价值而进行的商品生产，需要雇佣劳动的自由，他们就会提出"自由"、"平等"的口号；为了摆脱支配自己民族的羁绊，争夺、保护市场和原料，也会提出"民族独立"和"民族平等"的口号，并通过共和国、自治领或联邦的政治组织

---

① 《旧唐书·刑法志》，《张亮传》及《薛万彻传》所附的盛彦师、卢祖尚和李君羡等传；《新唐书·刑法志》，《张亮传》及《薛万均传》所附的盛彦师、卢祖尚、李君羡等人传略同。

形式来实现他们的目的。但这一切,在封建社会中是任何阶级伟大的领袖或天才的思想家所不能想象得出的。唐太宗生活于中央集权的封建国家,唐初商品、货币刚刚恢复流通。他们征收的租调和战争的掠夺品也都是自然状态的东西。因而那时仍是处于自然经济状态。虽然不少人已从荫户、部曲和府户中得到了解放,但仍受到封建国家一定程度的人身支配。相应的,唐太宗的民族羁縻政策尽管较为开明,也只能以保持君臣、尊卑的从属关系,绝不可能有"民族平等"的措施甚至观念,故有时他也流露出鄙视或辱骂少数民族的思想和言论。这就是他的历史局限性的具体表现。因为历史条件发展到什么程度,人们的认识也只能达到什么程度;他们做什么或怎样做也取决于他所处的历史环境①。胡同志把太宗进行的战争中曾发生过"掠夺杂畜"和离间分化敌对民族,看作是他的阶级局限性所致,而忽视了他所处的时代的历史条件。在封建社会,有哪一个阶级的领导能例外呢?其实这些都是战争本身造成的。关键在于他所进行的战争在当时是否是合理的。历史实践证明,他借此统一并稳固了这个多民族的国家,这些战争是必要的,也是必然的。其结果不仅保证了他们君臣"长守富贵",客观上减少各民族间的战祸,有助于社会生产和文化的发展,这对各民族也都有利。特别是把一些"闭塞地区的民族带进了生产技术和文化较发达的世界而又尽可能的不去剥削他们,更易促使他们快速的发展(如契丹等东北民族和白蛮等西南民族,最为显著)。至于各民族间的交往、错居、通婚甚至融合,使中华民族具有多样性,也有好处"②。故终于赢得

---

① 参看恩格斯《自然辩证法》(《马克思恩格斯全集》卷 20,第 585 页),马克思:《给裴·多·纽文斯基的信》(《马克思恩格斯全集》第 35 卷,第 154 页)。

② 参看恩格斯《工人阶级同波兰有什么关系》(《马克思恩格斯全集》第 16 卷,第 176 页)。

了各民族人民对唐的好感和怀念，使之成为当时世界上威望最高的文化中心之一。太宗的民族政策是成功的，进步的，是符合历史的要求的。至于在对吐谷浑的战争中出现了"掠夺杂畜"等消极现象，在历史的长河中是微不足道的。在扶持吐谷浑的过程中，唐的耗费还小吗？

胡同志说他谈唐太宗这些局限性，是要在对唐太宗一片赞扬声中，"克服一下片面性，希望起一点平衡作用"。但历史人物的得失、功过，他的远见和局限，都是无法改变的事实，历史本身的实践已作出客观的检验，不是任何人怎么说所可以"平衡"的。这是客观世界的无可置疑的规律，人们只有可能认识并运用这种规律，绝不可能改变或制造规律。

胡同志认为唐太宗那些分化某些民族的策略和手段"在今天看起来，都是不可取的"。其实，他的整个民族政策，从我们"今天"社会主义的标准来说，何止"不可取"，有些显然是过时了，有些甚至是反动的。但怎么能抹煞两个社会形态的差别并压缩一千年的时间而使之变为"今天"呢？讨论任何问题不是应该把它提到一定的历史条件下来进行具体的分析吗？如果"局限性"变成了不加区别、古今通用的套语，那么历史唯物主义不就丧失了它的"历史的"看待问题的绝对要求了吗？二百多年前钱大昕曾责难某些"辄以褒贬自任"的史家，"不卟年代，不揆事势，强人以所难行，责人以所难受，陈义甚高，居心过刻"①。这些话虽有些过分，但以"今天"的标准来要求于7世纪的唐太宗，至少是"苛求于前人"吧？

怎样估计历史人物的局限性呢？应否和评价历史人物联系起来考虑呢？马克思说："要了解一个限定的时期，必须跳出

---

① 钱大昕：《二十二史考异自序》。

它的局限，把它与其他历史时期相比较。要判断历届政府及其
行动，必须以它们所处的时代以及它们同时代的人们的良知为
尺度。任何人看到培根本人把魔鬼学列入科学编目，就不会责
难一个 17 世纪的英国政治家依据迷信行事。"① 列宁还说："判
断历史的功绩，不是根据历史没有提供现代所要求的东西，而
是依据他们比他们的前辈提供了新的东西。"② 这才是历史唯物
主义的正确观点。我们试把唐太宗在民族问题的成就与其他的
时代相比较，他所采取的政策和策略，明显的，不仅他统一并
建立了较前更为稳固的多民族国家，为各民族带来了较为长久
的安定生活和进步，得到各民族多数人的拥护；即使在唐朝灭
亡后，仍受到一些民族对它的怀念③，以及后世对他个人和唐
王朝的赞颂。当然，他没有能像我们实行民族区域自治，做到
民族平等，使各民族更加团结和互助。但他毕竟结束了隋唐以
前所出现过的许多民族长期在中原互相屠戮和混战的局面，使
这许多民族与汉族长期杂居、友好相处并逐渐汉化，过着较高
的经济生活和文化生活；汉族也更壮大、更进步。我们不应以
抽象的局限性，用今天的尺度去"平衡"他对历史所作出的贡
献。

三

　　更值得重视的是，胡同志声称："为什么要特别谈一下唐太
宗民族政策的局限性呢？我的意图在于从理论上纠正一下长期以

　马克思：《十八世纪外交史内幕》(《马克思恩格斯全集》第 44 卷，第 287
页)。

②　列宁：《评经济浪漫主义》(《列宁全集》第 2 卷，第 150 页)。

③　参看熊德基《唐代民族政策初探》。

来有关民族关系史的论著多大谈民族之间的友好交往而有意回避一些民族矛盾的偏向"。我不知指哪些论著有这种偏向。如果为了研究历史，总结民族关系的经验并进而上升到理论的高度以发现它的规律性，则无论是民族友好或民族矛盾，确有必要全部都应如实的反映出来，否则是不可能取得科学的结论的。但胡同志认为"教育各族人民"，"在看到历史上存在民族友好交往的同时，也揭示一些民族关系阴暗面，不但没有害处，反而有利于加强今天的民族团结"。诚然，民族关系史中既有光明面，也有阴暗面。不过，对胡同志这种意见我是有所怀疑而未敢苟同的。我以为科学研究与教育工作是既有联系又有区别的。教育工作对于文化水平不同、政治思想觉悟不同的人，应选择不同的教材内容，才能收到良好的效果。因未看到胡同志对这些阴暗面具体论述（虽然胡同志列举了列宁称十月革命前的俄国为"民族牢狱"，已暗示中国过去民族关系中的民族矛盾和民族压迫的严重性），且不在本题范围之内，我也不想在此赘论。但想提出几个问题向胡同志请教：（1）中国历史上确存在着民族矛盾和民族压迫，但比之民族友好交往，究竟哪方面更多，更深，占得时间更长，规模更大？即哪一方面占主流？它是哪些物质的、思想的条件造成的？（2）中国历代王朝处理民族关系的政策和措施有无不同于别国的独具的特点？这些特点与十月革命前的沙皇的民族政策相比较有何异同？希望胡同志提出有确然可信的史实为例证的理论见教；（3）在教育人民时，揭示民族关系中的阴暗面何以反能有利于民族团结？（我不敢轻率地判定它有利或有害。但历史告诉我：努尔哈赤在兴兵伐明时，曾捏造和渲染所谓"七大恨"，确曾激发了满族战士对明的仇恨而提高了战斗力；辛亥革命前的一些民主革命志士宣传"扬州十日"和"嘉定三屠"，也对推翻清室的统治起了很大的鼓动作用。）这是关系到当前的民族政策的现实问题。一些研究民族关系和从事民族工作有实践经验的同志了解得当更为深切，我也希望能得到他们的教言。

对胡如雷同志《再论唐太宗民族政策》一文的答复[*]

　　我一向欣羡赵翼和谢启昆讨论《西魏书》的高风，确信互相讨论是一种有益的做法。素知胡如雷同志专于隋唐史的研究，但我和他仅在一个会上见过面，素无往来。当我的《唐代民族政策初探》（以下简称《初探》）发表后，因读到胡同志的《唐太宗民族政策的局限性》，正好与我的《初探》有一定的关系，故写了《从唐太宗的民族政策论历史人物的局限性——与胡如雷同志商榷》。虽指出了他文章中的问题，但估计自己的看法也不免错误，希望得到他的指正。因此请求编辑部在刊出之前寄给胡同志过目，以便收到有益的指导。感谢编辑部的同志如此做了。这次编辑部也在确定胡同志文发表时，事先也送给我看，以促进讨论。这是一种好的学风，值得提倡。日本学者西岛定生和曾我部静雄即对《赋》讨论了多年，来回往复的论文均数万言。姑不论其结论如何，但对这个问题肯定不无进展。我们为什么不可以效法呢？

* 原载《中国史研究》1987年第4期。

胡同志的这篇《再论》，我在病中拜读了几遍，不无教益，但总感到有点未尽如人意，故抱病重检旧籍作此简单答复。——局限性谈的人很多，正如我在《商榷》中所说："往往流于泛论，或暗换概念，以致意见难以集中。"我很赞同集中谈唐太宗的民族政策中的局限性，但胡同志这篇《再论》，惜仍未能避免前弊。例如胡同志说"阶级的局限性恰恰是一个实质性问题"。其实，我说"阶级的"局限性，即指明了这点，但"局限性"有没有矛盾、迟疑、落后、倒退或反动的"量"的问题呢？《再论》中多次提到资产阶级社会以及社会主义的问题来反驳我，难道不同社会的"阶级局限性"和"历史局限性"就千古不变吗？它的内容和形式就始终如一吗？对这个问题我在《商榷》中已写了一大段，早有说明。

《再论》中混淆了"质"与"量"的问题，时而一段众所周知的泛论，时而不恰当的结合唐太宗的言行。例如我在《商榷》中说"唐太宗的民族羁縻政策尽管较为开明，也只能以保持君臣、尊卑的从属关系，绝不可能有'民族平等'的措施甚至观念，故有时他也流露出鄙视或辱骂少数民族的思想和言论。这就是他的历史局限性的具体表现"。胡同志孤立地从中摘出太宗"也流露出鄙视或辱骂少数民族的思想和言论，这就是他的历史局限性的具体表现"。同时又摘录我"唐太宗确有阶级局限性，如他大力提倡法治……但为了巩固他的统治或维持个人威信，又亲自制造了许多冤案……但未必表现于民族政策方面"。制造那些冤案等这与民族政策有何关系？胡同志摘其中"未必表现于民族政策方面"，进而说"于是读者不禁坠入五里雾中，弄不清唐太宗对少数民族的态度和实行的政策究竟有没有局限性，局限性究竟有没有表现"。如果读者联系上、下文看问题，又怎么会产生这样的疑问？

还有，他说"判断唐太宗的阶级性，只能站在无产阶级的立场上，如果站在地主阶级的立场上就根本看不出他有什么阶级局限性……"这一段泛论的话之后，又假设说"比如我们谈论资产阶级革命的局限性，大家一致的说法是'用一种新的人剥削人的制度代替了旧的人剥削人的制度'，如果按照熊先生的观点，这样说显然就是'苛求古人'……"胡同志用"比如"来证明我具有某种错误，恐怕很不妥当。这类话很多，恕我不一一作答。

我在《商榷》中提出了许多史实中的问题，胡同志几无一承认而加以辩驳。例如：

（1）唐太宗迁突厥近万家入长安，我说"本是一个十分优厚而带风险的事"。贞观十三年结社率事件，胡同志也说这是"偶然事件"（按：这也足以证明唐太宗对迁入长安的突厥，并无"监视"的事实）。在《商榷》中，我即注引《唐律疏议》卷一，旨在说明其罪行；又引卷十七第一条"谋反大逆"。此条云："诸谋反大逆者皆斩"，《疏议》曰"言皆者，罪无首从"，故文中说"罪无首从皆斩"（我误加括号，是不对的）。这里文意甚明，如留心思考，便不致因注文漏排一"大"字而发生误会。又他说这是"小小的事件"，这恐怕在任何国家的法律都很难讲通。结社率事件后，唐太宗即将迁于大河之南的突厥降众（按：原在大河之北）令李思摩率北迁漠南故地。"其意图实为防止再度发生类似结社率事件，并加强北边的防御而已。"太宗虽有悔意而遣李思摩，但思摩却直到十五年才率兵至漠南。薛延陀夷男初闻之即有疑虑，故太宗事先即以玺书给夷男，说明初以降众"并处河南，任其放牧，今户口羊马日向滋多，元许册立，不可失信"。望各守本土，不得互相抄掠。其后，太宗封泰山，夷男即大举入犯而被击败。这是太宗主动"加强两族间的矛盾"

吗？太宗惧悔迁突厥当然是他缺乏对这种胡同志称为"偶然事件"的预见性，但他从实际出发，从容命思摩出漠南，能说是"挑拨离间，制造矛盾"吗？

（2）《商榷》指出胡同志误以薛延陀真珠可汗二子而变成了四子。胡同志分辩说"拔酌与颉利苾原来是分主南北二部，拔灼和曳莽是分主东西二部，两处记载册封可能是两次。再者，即令拔灼就是拔酌，颉利苾与曳莽亦非一人……至少熊先生还没有举出材料证明二者为一人"，并为支持他的论点，又把"大度设"看成是真珠可汗的又一个儿子。按《册府元龟》卷九六四外臣部封册二，载"（贞观十二年）九月诏曰……拔酌可（汗）四叶护，仍赐狼头纛四鼓四，颉利苾可汗达莫贺咄弃护狼头纛二鼓二"（拔酌可汗漏一"汗"字）。又"十九年九月……初延陀请以其庶长子曳莽为突利失可汗，居东方……嫡子拔灼为四叶护可汗，居西方……"足见夷男庶长子即曳莽，初称为颉利苾，后译为突科失。故唐太宗贞观十二年，均封为"小可汗"。《资治通鉴》卷一九五贞观十二年，真珠立其二子拔酌、颉利苾主南北部，则不但曳莽与颉利苾为一人，他还曾兼过"大度设"（《册府元龟》卷九六四封册二称为"大度莫贺咄设"；《新唐书·回鹘传下》"以大度设、突利失分将之，号南北部"，则误将曳莽兼的大度设与突利失两个封号变成二人）。按《旧唐书·铁勒传》载"十五年太宗幸洛阳，将有事于太山……夷男因命其子大度设勒兵二十万屯白道川……"后败，"大度设跳身而遁"；《新唐书·回鹘传》："始，延陀请以庶子曳莽为突利失可汗统东方，嫡子拔灼为四叶护可汗，统西方，白道之役，曳莽实为之谋，国人多怨，及会葬，曳莽呕还部，拔灼分兵袭杀之。"（按白道川之战曳莽为大度设，战败）唐人译称少数民族之名往往不一，故多歧异。比较诸书，可知曳莽初称颉利苾，白道川之战又为"大度设"主兵，兵败故国人怨之，后封突利失可汗。关于大度设，再补充一点。《旧唐书·突厥传上》："可汗……其子弟谓之特勒，别部领兵者，皆谓之设……"内中即有"欲谷设"、"泥步设"等等。又"思摩者，颉利族人也，始毕、处罗以其貌似胡人，不类突厥……故历处罗、颉利世，常为夹毕特勒，终不得典兵为设"。胡同志力主夷男有四子，现在又怎么看呢？

（3）《商榷》中，唐太宗许以新兴公主与夷男和亲，"本来没有向他索取财物"。胡同志说"不合事实，恰恰是熊先生的论点没有史料根据"，但他仅节取《旧唐书·铁勒传》一段："（夷男）十六年遣其叔父沙钵罗泥熟俟斤来请婚，献马三千匹……太宗谓侍臣曰'……若遂其来请，结为婚姻，缓辔羁縻，亦足三十年安静……'遂许以新兴公主妻之。因征夷男备亲迎之礼，仍发诏将幸灵州与之会。夷男大悦……于是税诸部羊马以为聘财……太宗乃发使受其羊马，然夷男先无府藏……羊马多死……太宗于是停幸灵州……于是下诏绝其婚。"难道"献"马"备亲迎之礼"，发使"受礼"是太宗索取财物吗？太宗贞观十二年封其二子为小可汗，"外示优崇，实欲分其势"（《旧唐书·铁勒传》；《新唐书·回鹘传》略同）。但太宗对拔酌赐旗鼓各四，颉利苾各二（见上引《册府元龟》），还是有所区别的。其后二子争立，拔酌杀曳莽，自是不可避免的内部矛盾的结果，本非唐太宗所能制造的，南北朝此例甚多。唐太宗"玄武门之变"也是别人制造的吗？

这里不能不提的是：太宗对夷男绝婚，胡同志竟引用司马光的议论作为衡量标准。司马光作《资治通鉴》精于排比和考证史料，这是公论的，但他的政治态度却是保守的。如说："宁独汉也！使三代之君，守禹汤文武之法，虽至今存可也……"

（《宋史纪事本末》卷三七《王安石变法》），因此，运用司马光的议论来判断是非，是否应该加以分析，并注意这一点。

（4）唐贞观十二年，吐蕃赞普弄赞因攻吐谷浑，并围攻唐松州。未下，唐援军前锋即夜袭其营，大捷。弄赞大惧，即退兵谢罪，并请婚。这次战争怎么也难夸大。况弄赞旨在求婚，唐太宗既已掌握了吐谷浑，考虑到整个西北民族的经营，而吐谷浑扼其西进道路的左翼，必须保证其安全。故贞观八年吐蕃请婚不许，现在吐谷浑已内附，如果吐蕃再侵扰其后方，将构成威胁，故许以文成公主。胡同志质问我："为什么在战争前后态度发生了转变？除战争以外还发生了哪些新的因素促成了这种转变呢？"我想如将两《唐书》和《通鉴》对照参看，掌握了"全局"，大概就不至再有这种问题了。

（5）《商榷》中，我提出了"唐高祖在武德二年闰二月即颁布了怀柔政策的诏令，提出了李唐一代民族政策的总方针"。胡同志忽视唐高祖的这个事实而专赞美太宗的民族政策，并说我"未免把问题看得过于简单了"。其实，我在《初探》中早已说"即当时所谓的怀柔政策，从现象看，它是唐高祖和太宗相继提出并制定出来的。实际上是接受了汉代以来数百年的经验和教训的结果……另一方面，自汉朝以来实行的和亲、互市、朝聘、册封、招抚和盟誓等有效措施，也是一些宝贵的经验……"高祖初取长安与群雄角逐，又困于突厥的骚扰，但已对一些东北民族加以招抚、册封等。胡同志特别强调和亲与羁縻府州，而实际上，汉代和亲开始后，历代多有之，武德诏书也曾明确提及，说唐高祖诏书为唐代的民族政策奠定了"基础"，这怎么会被说成"把问题看得过于简单"，"纯属无稽之谈"呢？至于羁縻府州，胡同志又说"恰恰是创建于贞观朝，而不是武德朝"。这又有违史实，其实，《汉书·武帝纪》"（元狩二年）秋，匈奴昆邪王杀休屠王，并将其众合四万余人来降，置五属国以处之"。师古注"凡言属国者，存其国号，而属汉朝，故曰属国"；又《百官公卿表上》典属国条：设立"属国都尉"。如《刘歆传》："起家为安定属国都尉"；《西域传》有"鄯善都尉"；《匈奴传》有属国都尉多人。如"张掖属国都尉郭忠"。此外，《百官表》更有"西域都护，加官，宣帝地节二年初置，以骑都尉，谏大夫使护西域三十六国，有付校尉，秩比二千石"；《郑吉传》："遂并护车师以西北道（按本护南道），故曰都护。都护之置，自吉始焉。""属国都尉"不就是羁縻府州的节度使、副使的先例吧？都护不是唐都护的模型吗？（当然，汉是"加官"，且不常置，不同于唐。）因此，胡同志说羁縻府州是贞观朝的"创建"，恐难算恰如其分。当然，这种做法到唐代有所发展，如羁縻府州的酋长均兼中朝官，不干涉他们的内政，官高者可入宿卫以取赐婚公主等等，故我说"确是前代未有的开明措施"，却未敢说它是"创建"。

至于胡同志力主"将各民族友好和一些民族的阴暗面"，"教育各族人民"。我已指出"科学研究"与"教育工作"的联系和区别，并作了客观的暗示，似应深入理解，但他仍简单地引马克思和列宁的话来反驳我，而没有对这些理论与我国特殊的历史及现状的关系作出必要的分析，因此其主张显得脱离实际。我想如果胡同志去新疆、云南、宁夏、蒙古等地向少数民族亲自讲一讲民族友好和"一些阴暗面"，也许在实践中会获得切身体会。

尽管如此，我仍应感谢胡同志代补了我在《初探》中赵文翙的"文"字。另外，我在同一页中把"李宓"误写为"李泌"，特别是《商榷》中把"闭塞地区的民族带进了一个生产技术和文化较发达的世界（按：我未加单个符号）……使中华民族具有多样性，也有好处"。注以"参看恩格斯《工人阶级同波兰有什么关系》（《马克思恩格斯全集》第16—17页）"是错误的。这是该作自我批评的。

总之，我与胡同志围绕唐太宗的民族政策问题彼此发表了一些不同见解，至于是非得失，尚待好学深思之士加以辨别。但如果仍以目前这种方式讨论下去，恐怕难以收到理想的效果，就没有必要了。

中国农民战争与宗教及其相关诸问题[*]

　　近年来中国农民战争史的研究，取得了不少的成绩，同时也陆续出现了一些争论，这表明了研究工作的逐步深入。

　　农民战争与宗教的关系是讨论中的问题之一。主要争论之点，多集中于：（一）有无两类不同的宗教？（二）宗教对农民战争的组织作用如何？（三）有无作为农民革命理论的宗教经典等等。于此，拟提出一些个人的看法。同时，由于双方的论辩中，往往牵涉到白莲教、秘密会社、太平经以及白莲教系诸教派的宝卷的内容和性质，因而也不得不相应地略加考索和分析。

一　阶级社会可能出现两类不同的宗教

　　当前的争论是：一方面坚持宗教就是宗教，是统治阶级从精神上奴役人民的工具，不能说有什么统治阶级的宗教和农民的宗教之别；另一方面却指出中国农民战争往往是由某种"异端"宗教发动的，这种"异端"是农民的宗教，甚至说是农民革命

　　*　原载《历史论丛》第 1 辑，中华书局 1964 年版。

的组织形式，有人且径称之为"革命的异端"。

这两种对立的提法，似多只看现象，因而片面性较大，不免把宗教问题孤立了、僵化了，必然都难于符合历史的实际。在方法论上，列宁曾提示我们要"研究对象的本质自身中的矛盾"，这才是解决问题的辩证方法的第一步。

在原始社会宗教意识只是人们对自然力量和社会力量的幻诞的颠倒的反映。但进入阶级社会后，宗教成了阶级的思想武器，因而基于此种意识和阶级社会的历史条件便形成了经典、仪轨和教会，构成一种自成体系的社会的上层建筑。若进而分析其本质，不难理解，多由于它自身的两种矛盾所规定，（一）客观世界的自然存在与主观上颠倒了并且神化了的错误的反映之间的矛盾；（二）阶级社会中剥削者与被剥削者之间的矛盾。——前者构成宗教的认识基础，后者构成宗教的社会基础。在这两种矛盾中，显然后者具有决定的意义。因为连认识水平也不能不受到社会的制约。

据此，我们研究宗教，特别是研究封建社会的宗教与农民战争的关系，就必须从作为宗教的质的规定性的内部矛盾进行分析，特别是从它的主要矛盾即阶级矛盾进行分析，才不至于孤立和片面，才容易理解某种宗教之所以存在及其作用的社会基础。

在中国封建社会阶段，统治者剥削者必然是依据他们的对自然和社会的认识、阶级利益和感情，来建立其宗教思想和宗教形式，以保证他们的政治上的需要和精神上的寄托；不言而喻，这种宗教既为统治阶级所掌握所利用，当然是居于统治地位的"正教"。但宗教既是一种社会意识形态，下层广大人民（主要的是农民），他们处于被压迫被剥削的地位，在现实生活中，他们对世界的认识，对阶级的压迫和本身的愿望，也不能不反映到宗教领域中来，因而也不免形成符合他们的思想感情、生活样式和文化水平的"异端"宗教（尽管这种宗教不能不受到居于统治地位的宗教的影响）。我们难以想象，社会的经济基础存在着阶级矛盾，而在意识形态中如宗教等领域内，就能没有敌对现象的反映。

中国历史的发展过程中，既有过居于统治地位的道教，也有过处于被压迫地位的黄巾等"妖贼"。既有居于正统地位的释门正法，也有居于"邪教"地位的弥勒敦、明教、白莲教等宗门。如果不承认有着两类不同倾向的宗教的存在，那只是看到宗教的共同性而未看到差别性的抹煞事实的说法。作为社会的上层建筑之一的某种宗教，在阶级社会总是具有某种阶级性的。——在实际政治生活中，统治阶级为了阐扬"正法"，多少大德高侩或铼师羽士受尽了朝野的尊宠，多少君王将相作为他们的护法。而被视为异端左道的农民宗教，从黄巾以来，多少"妖书"受到了禁毁，多少教徒遭到了屠戮、流配或"发披甲人为奴"。如汉末杨赐在黄巾起义前几年即提出"孤弱其党，然后诛其渠帅"① 的建议，北魏肃宗熙平二年，"大乘余贼"讨平之后，命令"州镇城隍，各令严固斋会聚众，纠执妖谊"②。自唐宋以后，弥勒教、明教、白莲教及其支派，以至拜上帝会的遭遇，是人所尽知的。特别是明清两代，对白莲、无为、红阳、白阳等教的摧残，更加残酷③。且自

_____

① 《后汉书》卷八四《杨赐传》。
② 《魏书》卷九《肃宗纪》。
③ 《大明律集解附例》卷十一："凡师巫假降邪种、书符、咒水、扶鸾、祷圣，自称端公、太保、师婆及妄称弥勒佛、白莲社、明尊教、白云宗等会，一应左道乱正之术，或隐藏图象，烧香集众，夜聚晓散，佯修善事，煽惑人民，为首者绞，从者各杖一百，流三千里。"黄育楩《续破邪详辩》说"明末邪教不犯罪不受刑"，显然是不可信的。明代万历以后，常有白莲等教徒的活动，明廷君臣是严加注意的，见于《明实录》者甚多。如万历十三年七月壬子兵部奏折，十四年正月庚子左都御史辛自修奏折，三十一年十一月癸酉康丕扬奏折。此外，如天启二年礼科给事中李精白奏禁白莲、闻香、红莲等教（朱燮元：《督疏草》卷九《擒治妖教疏》）。天启三年正月初七日岳和声题请禁白莲无为弘通等教（《餐微子集》卷一《条列安攘八事疏》）。至于清代对这类邪教的严厉的立法，《破邪详辩》卷首摘录甚备，文长不赘。

北魏以后，历代王朝多以御用的僧徒道士为僧纲道纪，以这种宗教官来检举禁断"邪教"、"妖书"的流传。这一切，都不外乎宗教领域中的阶级斗争的表现。

这类"异端"的形成过程，有四种情况。（一）与统治阶级的宗教同时独立发展而成的，如张角张修等领导的"妖贼"、"米巫"。东汉末年是阶级矛盾发展到顶点导致政治经济陷于完全破坏的时期，精神生活也趋于破产。不少儒家与道家已堕落为宗教的保姆，图谶、巫术、绿命、篆咒、各种迷信流行于朝野。构成了宗教产生的温床，统治阶级的"无为而治"的黄老之学，已凝化为祠祀老子的"黄老道"，心存汉室的术士也创立其维护火德的"太平"之"道"，而张角的"善道"和张修的"米巫"等流民的宗教也就同时产生了①。不过在统治阶级看来，却是"左道"、"米贼"而已。（二）是从统治地位宗教中分化出来的异端。如大乘教、弥勒教、白莲教等。魏晋以后，佛教盛行，由于君主的提倡，很快地成为御用的宗教，寺田寺奴日多。上层的大德高僧成了宗教地主；但下层的僧众却接近人民，他们甚至也同样地被剥削压迫，随着封建化了的教门内部的阶级分化而分化出一些异端宗门。如北魏法庆的大乘教②、隋代沙门向海明等的弥勒教③、北宋比丘清觉的白云菜④、南宋茅子元的白莲菜⑤都是如此。这些正教的"叛徒"，或如法庆"斩害僧尼"，或如白云菜"专斥禅宗"，或如白莲菜"骄慢僧人"。（三）是改造外来的宗教。如唐代由回

---

① 熊德基：《太平经的作者和思想及其与黄巾和天师道的关系》（《历史研究》1962年第4期）。

② 《魏书》卷九《肃宗纪》，卷一九《元遥传》，卷五九《萧宝夤传》；释志磐：《佛祖统纪》卷二八，永安元年条。

③ 《通鉴》卷一八二，大业九年十二月。

④ 《佛祖统纪》卷四九，绍兴三年条。元代这一宗门却成了地主的教派。

⑤ 《佛祖统纪》第54事魔邪教条。

鹘贵臣支持的摩尼教，虽曾一度奉敕建寺作为合法的宗教，但没有与群众结合，影响不大。但经唐代禁断后，在民间秘密流行各地，使用了中国人民习见的宗教语言，创造了自己的经典，将民间"弥勒下生"的信仰结合为"明王出世"的悬记，组织了自己的"白衣会"，便成为流行宋、元、明几朝的明教。又如洪秀全把欧美殖民主义者输入和支持的基督教改造为"拜上帝会"，信徒即迅速地发展，因而为酝酿革命作了组织准备。（四）是由被迫害的异端中派生或改名而来的。如由白莲菜演化为白莲教，元明以来多次与农民战争相结合，因而遭到了严重地打击。但从元末以来，以水平为中心，冀东及长城沿边一直是白莲教的区域。正德年间，密云卫的军士罗清编造了《五部六册》经卷，这是此后一切白莲教支派的主要经卷。因称"无为居士"①，故这个教派便称为"无为教"。教徒多漕运军士。明代后期也曾有过起义②，因而后来通称为"罗教"（或罗祖教、罗道教）。清初罗教传布甚广，由运河沿线散布到江、淮、浙、闽，在福建的又称为"老官斋"。清代屡兴大狱，仍流传不绝③。由无为教派生的一为"弘阳教"（"红阳教"，又称"混元门"）。据说创自万历间的韩太湖④，天启年间也

① 关于罗祖的名字，明清诸书记载不一。《混元弘阳无极飘高临凡宝经》称为"罗清"较可信。他的简传见《巍巍不动太山深根结果宝卷》；《巍巍不动太山深根结果卷会解》称之为"无为居士"。

② 《明实录》万历十三年九月辛巳条记广东无为教徒刘青山作乱；《野获编》卷二九"妖人刘天绪"条记万历三十四年无为教徒刘天绪"谋叛"。

③ 《史料旬刊》第2、12、24期《罗教案》；第27—29期《老官斋案》。

④ 《混元弘阳无极飘高临凡宝经》卷末："临凡下册一卷经，立教祖师降凡中。隆庆四年来下界，五月十六生韩门……"又第二十四品内述罗祖留下五部真经，后才遇到混元门、元沌教、弘阳法。又第一品："门是混元门，教是元沌教，法是弘阳法。"又按《又续破邪详辩》"道光十九年有广平府禀报，查出飘高名韩太湖，系曲周县人，曲周现有坟墓"。

曾"聚众作乱"①。一支为"白阳教",据说创自嘉靖间的李奉真,宣称是"无为分宗",讲的是"无为祖师"度元人那一套②。"圆顿教"则又自红阳教分出③简称"圆教"。"八卦教"则出自"白阳教"④。总之,明代后期自称"续莲宗"的教派很多⑤,一直到清代中叶。大多诵习《五部六册》。此外也有些异端是被迫改名的,如嘉庆时的刘之协即因其师刘松"混元教"犯案而改为"三阳教"⑥。林清的"天理教"实即"八卦教"⑦。上述的事实说明了:阶级社会的存在,异端的形成和发展是必然的结果。

从宗教的诸种特征看,这类的异端宗门,除受到统治阶级的正教的影响而具有许多相同的东西之外,还各有其独特的神、经典、传法的仪轨和独立的教门组织。形成了不同于"正教"的体系。

就其崇奉的神来说,张角等奉的神是"中黄太乙",而汉廷的"黄老道"则是祀老子,御用方士们所创的"太平"之

---

①　《明实录》天启三年三月丙申条:"妖人李英、潘文成者,凤阳府运粮军人也,往来大同边上,大同妖人王普光聚众为龙华会,自称沌元教主。其徒曰王道玄丁泽等服从其教。普光使道玄泽往扬州江阴等处,英文成往凤阳等处,四路散令旗作乱……"

②　白阳教据说是嘉靖间李奉真创立,他本是奉红阳教的。后主张三教合一,因而扯到丘长春身上去。"只因受了丘祖真传,就立此伯(白)阳正会。"(均见"太上伭宗科仪")另一白阳教的宝卷《皇极金丹九莲正信皈真宝卷》也宣称"无为分宗,立教演法,暗约贤良,元人惺悟早还乡"。这一派的宝卷讲的也是无为祖师下凡渡元人那一套。

③　《续破邪详辩》引《东岳天齐仁圣大帝宝卷》:"法号红阳,教称圆顿。"

④　《续破邪详辩》第26页,又详见《皇极金丹九莲正信皈真还乡宝卷》的"三华五气真品第十六"。

⑤　黄育楩:《破邪详辩》卷一,第14页。

⑥　石香农:《戡靖教匪述编》卷十一杂述"刘之协"条。

⑦　兰簃外史:《靖逆记》卷一"平定林逆"。

"道"则奉的"人神""天君""真人"等等①。正统的佛教各宗门都以释迦佛为信仰中心，可是弥勒教、白莲教及其支派却一贯以"弥勒佛"为他们的弥赛亚②。明教中"明王出世"的信仰也显然是和"弥勒下生"信仰的混合物。至于明末清初的各白莲教支派除信奉弥勒佛之外，如无为红阳等等又创造了"真空老祖"、"无生老母"等③代表"普度"福音的神佛。同时，又从明中叶的《封神榜》、《西游记》等小说中，吸取了许多仙佛师祖：如四大天神、二十八宿凶神、六丁六甲、定光佛、哪吒等等，以及唐僧、孙行者、八戒、沙和尚、白龙马等等护法④，都是农民所熟悉或喜爱的神话人物。这类仙佛本身并不具有什么阶级色彩，但确成为"异端"宗门的一种标志，有许多是被那统治者视为"淫祀"的。

经卷方面，黄巾不知用何经卷⑤，张修等的"米巫"除习《老子》外则有《微经》十二卷⑥；南北朝有《弥勒下教》一卷，也许是弥勒教的"伪"经⑦，直到唐开元时，他们还在伪

---

① 《太平经的作者和思想及其与黄巾和天师道的关系》。

② 弥勒教信奉弥勒见《资治通鉴》卷一八二，大业九年十二月条，《宋史》卷二九二《明镐传》；白莲教信奉弥勒见《明史》卷一二二《韩林儿传》，《明实录》洪武十九年五月戊辰条，永乐十六年五月辛亥条等等，不备举；无为等教信奉弥勒佛，简见周安复《净土晨钟》的"了俗第九"中"了邪教之妄"条。老官斋奉弥勒佛见乾隆十三年三月十四日福州将军新柱奏折（《史料旬刊》第27期）。

③ 真空老祖、无生老母见《混元红阳大法祖明经》及《销释印空实际宝卷》等。

④ 仙佛师祖名号最多的如《佛说大乘通玄法华真经》。宝卷中赞扬孙行者、猪八戒、沙和尚、白龙马等护法的非常普遍。

⑤ 《抱朴子·遐览篇》。《中黄经》1卷，今不存。按《云笈七签》卷一三有《中黄真经》，从《释题》看，系后起之物，当与黄巾无关。

⑥ 洪适：《隶续》卷三"米巫祭酒张普题字"。

⑦ 僧祐：《出三藏记集》卷五"新集疑经伪撰杂录第三"。

造"小经"①，如北宋恩冀诸州弥勒教徒则"相习五龙滴泪等经"②；宋代异端的明教除了《二宗三际经》外，流行的倒是"佛佛吐恋师、佛说啼泪大小明王出世经、开元括地变文、齐天论、五来子曲之类"③。北宋宣和年间温州"明教之人所念经文曰讫思经、证明经、太子下生经、父母经、图经、文缘经、七时偈、日光偈、月光偈、平文策、汉赞策、证明赞、广大忏"④等。白莲教，永乐时用的是"应劫、五公诸经"⑤，到成化时，曾榜示禁止的有"番天揭地搜神记经、金龙八宝混天机神经、安天定世绣莹关、九龙战江神图、天空知贤愚神图经……安天定国水晶珠经、金锁红阳大策……三天九关夜海金船经……刘太保泄漏天机……伍公经、夺天册、收门纂经、佛手记……收燕破国经……海底金经……三灾救苦金轮经……镇国定世三阳历……弥勒颂……应劫经……金光妙品，夺日金灯……"⑥ 等各种异端的八十余种"妖书"。正德、万历以后白莲教的支派如无为教、弘阳教等编撰了大量的宝卷，主要的为《五部六册》（《苦功悟道卷》、《叹世无为卷》、《破邪显证钥匙卷》二册、《正信除疑无修证自在卷》、《巍巍不动太山深根结果宝卷》）、《混元红阳无极飘高临凡宝经》、《皇极金丹九莲归真宝卷》、《古佛天真考证龙华宝经》、《普明如来无为了义宝卷》等等。——所有这类经卷，都是不见于释藏道藏的，许多是"变

---

① 《唐大诏令集》卷一一三，开元三年十一月十七日禁断妖讹敕："比有白衣长发，假托弥勒下生，因为妖讹，广集徒侣，称解禅观，妄说灾祥。或别作小经。诈云佛说……"

② 《宋史》卷二九二《明镐传》。

③ 《佛祖统纪》卷三九，延载元年条引良渚语。

④ 《宋会要稿》册165《刑法二》。

⑤ 《明实录》永乐十六年五月辛亥条。

⑥ 《明实录》成化十年十二月甲午条。

文"、"曲"、"宝卷"等说唱文学形式。如万历以后的宝卷，不仅多采用词曲如傍妆台、浪淘沙、画眉序、驻云飞、黄莺儿、一枝花及十字乱弹等牌子，而且具有像《封神榜》风格的描写①。文字大都比较粗犷，但却是人民喜见乐闻的便于说唱的形式。

此外，这类异端，他们的信徒成分、组织形式和传法仪轨等也都截然不同于正统的宗教（均见后文）。否认两类不同倾向的宗教的存在是不妥的。其实这不过是"世俗社会"分裂的反映而已。

当然，我们的论证不能简单地停止于此。还必须看到另一面。一切事物都是对立物的统一。两类不同倾向的宗教还有其共同性，有其内在的联系。亦即同样存在着作为宗教质的规定性的认识上的矛盾：在自然经济条件下，狭隘的生产规模，落后的科学技术水平，限制了人们的认识，以致如马克思所说，颠倒了的国家和社会，形成了颠倒的世界观②。对那不可理解而又无可拒抗的自然和人间的力量幻化为神，美好生活愿望塑造为天堂，社会的规律误解为命运，因而对之膜拜、祈祷和虔修。这是两类宗教所同具的属性（由于这种认识上的属性的存在，阶级社会固然无法禁绝宗教；即使在社会主义社会，剥削关系虽然已不存

---

① 举一个例子："话说白云山清风洞，有一仙人；偶闻信香所过，忽有当值神报：今有皇极教主（按有时称'无为教主'）奉天佛牒文、玉皇敕命、老母丹书、诸仙圣宝，降临凡世。无影山前无为府三心堂内，演说无上正真无为三极大道，暗钓贤良。仙佛星祖九十二亿残灵，无人醒悟。今有皇极老母普散云香，天下名山洞府得道真人同赴三心堂助道，共成三会好事。清风真人闻言，不敢怠散，领定仙童。驾道云光，至无为府。化一贫道，拨开人空，闯入堂前……"（《皇极金丹九莲正信皈真还乡宝卷》之"元人间道品第七"）

② 马克思《黑格尔法哲学批判导言》："国家、社会产生了宗教即颠倒了的世界观。"（《马克思恩格斯全集》第 1 卷，第 452 页）

在，宗教信仰的残余还将延续一段时期。只有消灭了阶级而人们又掌握了唯物的世界观，宗教才会彻底地消灭）。故"异端"宗门的世界观同样也是错误的、荒诞的、消极的。不过于此，仍必须指出两类宗教认识上的共同性却又并不能泯除由于阶级对立所形成的分趋。统治阶级苦于饱暖的精神上的空虚，因而他们要求的长生和极乐，表现为成佛、神仙、丹鼎、房中……当然，他们也要求太平，使他们得以安富尊荣；因而对被剥削者宣传安命、果报和给予可怜的布施；而终生勤劳穷苦的人们，却将自己的怨愤诉之于神，将艰苦的生活归之于命运，将未来的希望托之于天堂或来生。表现为守分、安贫、虔修和忍受①。马克思说的"宗教的苦难既是现实苦难的表现，又是对这种现实苦难的抗议。宗教是被压迫生灵的叹息，是无情世界的感情，正像它是没有精神的状态的精神一样，宗教是人民的鸦片"②。是确然不易的真理。因此，尽管是下层人民的"异端"，但在这种面向神、面向来世或天堂而安命守分的思想感情下，与面向现实的反抗斗争是背道而驰的？故任何宗教本身都没有革命的因素。

正由于两类宗教具有认识上的共同性，故往往互相影响、渗透、甚至在一定的条件下还可能互相转化。因为，不管是正教或"异端"，任何教门都不是具有阶级自觉的群众所建立的阶级组织，而只是以某种宗教信仰为纽带的群众集团。不同阶级的人是有可能加入某一教门的。从而某种教门的政治倾向还不仅仅取决于信徒的成分，特别是在带有宗法残余的中国封建社会中，更应看它由代表哪一阶级思想感情的人所掌握，并引导它朝着什么方向。只有这样才能判断这一教门的性质和动向。中外历史中这种

---

① 参看列宁：《社会主义与宗教》（《列宁全集》第 10 卷，第 62 页）。
② 《黑格尔法哲学批判导言》（《马克思恩格斯全集》第 1 卷，第 453 页）。

事例是习见的。以色列下层人民的基督教，后来由于罗马上层分子的篡夺而变质，已为大家所熟知。在中国，道教也有如此的情况。原先由"巴郡妖巫"张修所领导的五斗米道本是和黄巾一样的农民组成的"妖贼"，可是在张鲁袭杀了张修篡夺了五斗米道的领导权之后，条件就变了。坐据汉中的张鲁，既是"镇民中郎将领汉宁太守"，又自称五斗米道的"师君"。五斗米道也随之成为这个军阀御用的政教合一的统治工具。从此渐成为六朝世族的宗教①。经过南朝葛洪、陆静修、陶弘景和北朝寇谦之等人的加工炮制，传至李唐时，道教几居于国教的地位了。又如金代河北的全真教，教徒多是"耕田凿井，自食其力"的人。因而女真统治者在明昌年间也把它当作"异端"而予以禁止。其实这些教徒多是含垢忍耻和光同尘的遗民。虽不仕金，但也并不革命。这种温顺苟安的教义是统治者可以接受而加以利用的。恰好全真教的大师多是士大夫，他们与统治阶级有着千丝万缕的联系，故至金末，丘长春为雄主成吉思汗所笼络，诸宗师也为严实、李恒等新贵所罗致，他们也像某些忘了"华夷之辨"的理学家一样，成为元廷的精神统治的助手，全真教也就成新朝的显教了②。另一方面，有些宗门原先本不是处于被迫害地位的。如摩尼教，当唐代中叶依附回鹘势力的支持，摩尼师固得周旋于回鹘可汗与商胡之间，唐代皇帝也不得不到处敕建摩尼寺，显然处于政治上有利的地位。但在回鹘势力衰弱而遭到唐武宗的禁止后，教徒活动处于非法的情况下，渐流传于下层人民中。它的"明尊"信仰与民间的弥勒信仰相结合，才成为宋元间广泛传布

---

① 《太平经的作者和思想及其与黄巾和天师道的关系》。
② 陈垣：《南宋初河北新道教考》中《全真篇》。

于民间的"异端"宗教①。——由此可知：某一教派还必须根据在什么样的历史条件下，掌握于什么样的人手里，才能判明它的阶级性质和政治倾向。僵化地把某一教派始终当作农民宗教，甚至看作革命组织，是历史观点与阶级观点不够明晰的看法。

二　异端宗门与革命组织的联系与区别

异端宗门本质上只是一种流行于农民及其他下层人民间的宗教组织，绝不是农民的革命组织；异端宗门是可能而且也确曾多次与农民战争相结合，但不是必然会发动起义的。关于这一点，仍须从历史的事实作进一步的阐述。

如上文所述，各种异端不仅有其独特的神和经卷，在信徒成分上也大异于统治阶级的宗教。如黄巾是"流民"、"百姓"②；北魏大乘教徒多是冀州的饥民③；北宋恩冀一带的弥勒教徒也多是饥民和奴隶④；明教则"愚民皆乐为之"⑤。"白云之徒……躬耕自活"⑥，白莲菜也是"愚夫愚妇……聚落田里"的集团⑦；至于明代后期的白莲教，"其所谓儿孙（徒徒）不许士夫子弟，举监生员，定要有身家做生理人"⑧；无为长生等教也宣称不要"半个僧"⑨。可见他们只要劳动者，并明显地排除地主士大夫和

① 冯承钧译：《摩尼教流行中国考》。
② 《后汉书》卷八四《杨赐传》，卷七八《张让传》。
③ 《魏书》卷九，永平三年条、熙平元年条、熙平二年条。
④ 《宋史》卷二九二《明镐传》。
⑤ 《佛祖统纪》卷三九，延载元年条引良诸语。
⑥ 《佛祖统纪》卷四六，大观二年引宗鉴语。
⑦ 《佛祖统纪》卷四七，绍兴三年条。
⑧ 梁清远：《雕丘杂录》卷六。
⑨ 周克复：《净土晨钟·了俗第九》《了邪教之妄》条。

正统的佛门弟子。拜上帝会的最初的信徒也多是烧炭工人、客民和矿工。——从以上的阶级成分看，才可以理解这类异端的不同的信仰、思想和感情，以及所以形成不同的组织和参加农民革命的可能性。（只是可能性！）

由于信徒的成分是如此，所以这类异端的组织上，也自有其截然不同于"正教"的特征：（一）教徒间的通财互助，如宋代摩尼教徒"凡出入经过，虽不识，党人皆馆谷焉。人物用之无间，谓之一家"①，"一家有事，同党之人皆出力以相赈恤"②；明万历间，白莲教系的各支派如无为教等也是"宁怯于公赋而乐于私会，宁薄于骨肉而厚于伙党"③，清嘉庆间白莲教也差不多，"习教之人入彼党伙，未携赀粮，穿衣吃饭，不分尔我"，"入教之后，教中所获赀物，悉以均分"④。"有患相救，有难相死。不持一钱，可以周行天下。"⑤ 拜上帝会的人据李秀成回忆，早先也是"同家食饭"⑥。所有这类"财产共有的痕迹，这主要还是由于被迫害者的团结"⑦。（二）宗教仪式多是在夜间举行。如南宋明教"夜聚晓散"⑧，元代白莲教也是"夜聚晓散，佯修善事"⑨，到明代仍是"烧香拜灯，夜聚晓散"⑩。这由于教徒多

---

① 庄季裕：《鸡肋篇》卷上。

② 《建炎以来系年要录》卷七八，建炎四年五月癸丑条。

③ 《明实录》万历四十三年六月庚子条。又如瞿九思《万历武功录》卷一《罗道教侯表传》："分为三千余社，每社立社长一人，社举，一人入社，出金一分，封输社长，诸社有缓急不能办，即以社金界之，人人皆以罗道教利赖己……"

④ 严如煜：《三省边防备览》（18卷本）卷一二，又卷一七《平定教匪总论》。

⑤ 周凯：《内自讼斋文钞》卷一《记齐二寡妇之乱》。

⑥ 罗尔纲：《忠王李秀成自传原稿笺证》。

⑦ 恩格斯：《反杜林论》（1956年版）第106页。

⑧ 《宋会要稿》册165《刑法二》。

⑨ 《通制条格》卷二九。

⑩ 《督蜀疏草》卷一《请禁白莲妖教疏》。

是劳动人民，他们白天不能不劳动，不可能像嘉靖君臣那样一来就是多少天的醮祭；同时更由于他们的活动受到禁止，不得不在夜间举行。但是晚上的活动像明末四川白莲教的拜灯仪式①，又加强了它的神秘性和教徒的信仰。——农民异端之无法禁绝，固然由于封建社会中农民的生活未能改变。同时，这些组织上的特点也加强了它的坚韧性。

我们说这类"异端"可能与农民战争相结合，主要基于作为宗教质的规定性之一的矛盾——阶级矛盾。亦即上文所述，他们的教徒都是封建社会中的以农民为主体的被压迫被剥削者，这些人对当时的生产关系是具有反叛性的。而不是由于宗教的神、经卷或什么教义（详后）。历代统治者也深知闹革命的就是组织起来的这类人。像黄巾未起义前数年，杨赐即感到"张角等执左道，称大贤，以诳耀百姓"，恐将成患，主张敕刺史二千石"简别流人，各护归本郡"。北魏孝文帝时卢渊上表，也是怕"关右之民，自比年以来，竞设斋会……以相煽惑。显然于众坐之中，以谤朝廷。无上之心，莫此之甚。愚谓宜速惩绝其渠帅。不尔惧成黄巾赤眉之祸"②。南宋僧良渚也认为明教徒"一旦郡邑有小隙，则凭狠作乱，如方腊吕升辈是也"③。万历二十五年吕坤奏："自古常乱之民有四……三曰邪说之民，白莲结社，徧及四方，教主传头，所在成聚，倘有招呼之首，此其归附之人。"④乾隆三十三年浙江巡抚永德查办罗教时说得更明显："此等邪教最易惑众，况粮船水手甚多，昔是好勇斗狠之徒，声应气从，亦易齐心生事。"⑤道光

---

① 《督蜀疏草》卷一《请禁白莲妖教疏》。
② 《魏书》卷四七《卢渊传》。
③ 《佛祖统纪》卷三九，延载元年引良渚语。
④ 《明史》卷二二六《吕坤传》。
⑤ 《史料旬刊》第 12 期《罗教案》。

时，黄育楩说得更全面："邪经（宝卷）四十余种，并无谋逆之说，而习教必至谋逆者何也？谋逆之原，由于聚众，为教首者，又惑以劫数，诱以逆书，复以符咒迷人，而同教自乐从逆矣。"①这些都是他们的经验之谈。的确，"谋逆"不是由于宗教，而是由于聚众，特别这些"众"又是"愚民"、"流人"、"饥民"、"好勇斗狠之徒"；他们的异端组织又很坚韧，团结得紧，因而有可能转化为农民的武装斗争的组织。

　　但如果径认为这些异端宗门就是革命组织，那是过分了的。因为这些信徒虽然大都是劳苦大众，但他们的开始入教总是为了宗教信仰而不是为了革命斗争。如乾隆时福建普查各县"邪教"组织，如金童、大乘、天主、罗教等"凡此各种邪教斋堂每处在堂吃斋者自二三人至十余人不等，据地方各官详禀，察其平日所为不过诵经礼忏，更有废疾衰老无所依倚之人借以存活者"②。道光时黄育楩说："邪教敛钱上供，谓欲以求福而免祸也。"③"邪教以习教为行好，无知愚民，亦以行好目之，村中无习教者，即谓无行好者。"④ 正因为如此，这类异端原先并没有现实的政治斗争纲领，而沉溺于天上的"龙华会"、"安乐国"或来生的富贵。这种思想意识当然是消极的，有害的。教主传头往往借此敛财，甚至干一些不利人民的事，也是习见的。有的甚至由于为帝王祈福而受到保护，如元代即因此曾一度降敕保护建宁路白莲教的寺院财产⑤。即使在农民战争的高潮时，统治阶级也懂

　　① 《续破邪详辩》，第31页。
　　② 乾隆十三年六月二十六日，闽浙总督喀尔吉善福建巡抚潘思榘奏折（《史料旬刊》第29期）。
　　③ 《破邪详辩》卷三，第3页。
　　④ 同上书，第6页。
　　⑤ 《元典章》卷三三。

得宗教与革命组织的区别。如嘉庆五年八月颙琰的《邪教说》即云"天地之大，何所不有，苟能安静奉法，烧香治病，原有恻隐之仁心，在朝廷之所不禁；渐成叛逆之大案，则王法之所不容……夫官军诛者叛逆也，未习教而拒抗者杀无赦，习教而在家诵持者原无罪也。……白莲教与叛逆不同之理既明，则五年来所弁理者，一叛逆大案也；非欲除邪教也。然聚众敛财，统为不靖，是在各有司专心训导，宣扬正学……"[1] 即说明阶级敌人想从宗教组织与革命组织的区别来分化革命的力量。乾隆嘉庆间，屡次查禁江浙河北各地的大乘、无为、长生、罗教、红阳、龙门等教，仿佛是叛逆不道的事件而见之于档案。但如果细读被害人的口供和经办人的奏折，有许多实是独夫和酷吏们制造的冤狱[2]。因此我们便不能把这些无辜的"人犯"送上革命烈士的祭坛，从而作出异端宗教就是革命组织的错误结论。

宗教与革命相结合并无内在的必然性，即使异端宗门转化为革命组织也是有条件的。首先，必须在革命形势下，那些受苦受难的信徒们迫切需要反抗政治上的压迫和经济上的剥削。正如马克思所说，"要暴动发展起来，必须有世俗的关系牵涉进来。"[3] 其次，要"遇有一二奸匪，窜入其中，即为煽惑聚众之谋"[4]。即必须有革命领袖加入，并从而对这种组织加以改造：第一，在思想意识上，从希冀"未来"而扭转为面对当前。即如黄巾所说

---

①　《剿平三省邪教方略》卷首。

②　如乾隆十八年浙江罗教案（《史料旬刊》第24期），三十三年浙江罗教案（同上书第12期）。三十四年浙江长生教案（同上书第15期）。四十三年江苏大乘无为二案（同上）。嘉庆二十年河北束鹿马杨氏传习红阳教案；同年，吴永满案；二十一年藁城刘龚氏龙门教案（以上均见那彦成《那文毅公奏议》卷41）。

③　马克思：《德意志意识形态》（《马克思恩格斯全集》第3卷，第441页）。

④　乾隆十三年六月二十六日，喀尔吉善与潘思榘会衔奏折（《史料旬刊》第29期）。

"苍天已死，黄天当立"，或如北魏大乘教法庆所说"新佛出世，除去旧魔"①，或如金代大名僧智仪利用《法华经》中的"五浊恶世，佛生魏地"②，从而明确肯定于此时此地发动斗争。或如白莲教各宗派提出的"应劫"③起兵。即从面向天上转而面向人间。洪秀全对《马太福音书》第五章的眉批："天国总是天上地下而言，天上有天国，地下有天国，天上地下同是神父天国，勿误认单指天上天国。故太兄预诏云'天国迩来'。盖天国来在凡间，今天父天兄下凡则开天国也，钦此！"④便是革命领袖转移群众努力方向的最好的范例。脱离现实，脱离世俗利益的说教是无法教人拿起武器来的。第二，内容变了形式也相应地要改变，即把教门组织改造为战斗的组织。为了要进行斗争，张角由"大贤良师"转而称"天公将军"，弟子也编为"三十六方，方犹将军号也，大方万余人，小方六七千人，各立渠帅"。参加北魏大乘教徒法庆起义的李归伯，除号"十住菩萨"外，更兼了"平魔军司定汉王"⑤。万历时镇江白莲教僧省悟，准备起义，结盟昆弟十人，分为南北军，北檄以仁义礼智信为号，南檄以金木水火土为号⑥。嘉庆时川楚白莲教起义军，定青黄蓝白等号，又设掌柜元帅、先锋、总兵等号⑦。只有这样的组织才能适应革命的需要。如果依旧是祖师弟子师兄师弟的教门组织是不能担当斗争任务的（毋庸讳言，即使在这种情况下，他们还保留有神的崇拜、宗教仪式和以宗教语言所作的有助于斗争的说教，这当然仅是"穿上宗教的外衣"

① 《魏书》卷一九《元遥传》。
② 《金史》卷八八《石琚传》。
③ 《那文毅公奏议》卷四二，嘉庆二十年十二月十四日折。
④ 转引自《旧新遗诏书跋》，第1—2页（《太平天国丛书》第1册）。
⑤ 《魏书》卷一九《元遥传》。
⑥ 《万历武功录》卷二《叛僧省悟列传》。
⑦ 石香农：《戡靖教匪述编》卷二《蜀述》。

而已）。只有改造成思想与组织方面都实质上是服务于斗争的异端，才能成为革命组织，不能说任何时候任何农民宗教都是革命的组织。正如货币不是任何时候都是资本，只有在转入生产过程从而增值利润时才成为资本。同样，我们一看见异端宗门与农民战争相结合，便不应误认农民宗教是革命组织。研究历史必须善于区别现象与实质。"如果现象形态和事物的实质是直接合而为一的，一切科学就都成为多余的了。"①

这类异端可能改造为农民革命组织，也不等于说只有农民宗教组织可以为革命所利用。有人说，在封建社会的历史条件下农村中不可能组成任何政治团体，这是完全正确的。但如果群众要革命总是有办法的。"人民的，特别是无产阶级的，还有农民的组织上的创造性，在革命旋风时期要比在所谓平安宁静的（牛车似的）历史进步时期强烈、丰富、有效千百万倍。"② 革命群众可以利用各种的社会集体来创造起义的必要的组织条件。如果过分强调农民利用宗教是革命斗争中的一种创造，也是不符实际的。人们不能随心所欲的创造，而是要根据已经具备的现成的条件的。有什么可利用的组织形式他们就会利用它。

（一）宗族——这是氏族残余的组织；在农村中一贯为农民所熟悉的。尽管它经常掌握在地主手中，但在革命形势急转直下时，往往可能成为农民武装斗争的工具。像汉末荆州的"宗贼"③，晋代起义的流民，以及大乘教李归伯的主力，都是以宗族乡里为基本组织。这种情况在宋以后也是习见的。直到拜上帝会起义时，

---

① 《资本论》（1957 年版）第 3 卷，第 1069 页。

② 列宁：《立宪民主党人的胜利和工人政党的任务》（《列宁全集》第 10 卷，第 230 页）。

③ 《三国志·魏志》卷六《刘表传》及裴注；惠栋：《后汉书补注》卷一七《宗贼》条。

也往往有许多同族的人参加。像"韦正独自带其族人约有一千"①。即其明证。

（二）军队——这原是统治阶级的工具，但常有下级军校或士兵采取哗变形式，领导他们与农民的斗争相结合。最有名的事例如陈涉吴广率领的戍卒、晚唐庞勋领导的桂林戍卒、北宋王均赵延顺所发动的起义②，以及后来的某些"军贼"、"叛兵"。直到清代嘉庆十一年宁陕镇的新兵陈顺达等的哗变③，无不如此。正如列宁所说："大多数士兵出身于农民，每一个农民都知道地主是怎样压迫人民的。"④ 大规模的姑且不说，即像陈顺达等"初贼之起，不过百数十人，辗转裹掠及远处匪徒附众，遂至数万"。时间还不到两个月，"时贼起事头目百四十人，各招党羽，每人或招百余，或数百，旬月万计"。而且"叛兵皆百战之余，骁悍地利。而官兵……且与叛兵多同功一体之人，以兵攻兵，终无斗志"⑤。这说明军队也是可能利用的农民革命力量。

（三）山林队伍——这是农民武装起来最习见的形式。在革命风暴中经常成为农民革命的组织准备形式。如西汉末年王匡王凤的"绿林"，东汉末年黑山白波等"山贼"，隋末长白山、瓦岗、豆子𦚢等山东"群盗"，以及历朝的大起义中，无不有"群盗"的创导或参加。

（四）私贩武装集团——自唐中叶，封建政府加强了盐茶酒等重要生活资料的专卖。灶户与茶民既受到极度地剥削，而广大

---

① 韩山文：《太平天国起义记》（中国近代史资料丛刊《太平天国》第6册，第871页）。

② 《宋史》卷二七八《雷有终传》；《宋会要稿》册176兵10之10。

③ 《陕西通志稿》卷一六八。

④ 列宁：《士兵与土地》（《列宁全集》第24卷，第113页）。

⑤ 《陕西通志稿》卷一六八。

人民也增重了生活的负担，因此出现了武装的私贩集团。他们往往成为农民起义的领导集团或核心力量。私贩集团中如黄巢王仙芝发动的大起义①，是人所共知的。南宋以后，盐徒灶户的武装活动不断出现于江南广东一带②。私茶贩集团如南宋的"茶寇"赖文政转战两湖江西广东千里③。因为他们得到人民的支持④，故严刑峻法都无法对付。

（五）矿徒——明代有大量无法生活的农民私自开矿。在深山僻野结成了巨大的力量。往往因遭到政府的迫害而发生暴动⑤。这些人虽然流徙各地却与农村保持密不可分的联系。故往往成为农民起义的主要队伍。如明代浙江的叶宗留、广东的古三仔唐大鬘领导的两次起义，便是最好的证明。

（六）秘密会社——资本主义萌芽后，大量从农村游离出来的无地的农民、手工业者和散兵流勇，流浪在江湖之上。没有了农村人身依附和匠籍的束缚，大都成为城市不固定的手工业者、帮工、木排工人、搬运工人、盐枭和水手，以及形形色色的三教九流的流氓。为了生活上的互济互助和对抗官宪的压迫，结为秘密团体，如啯噜、天地会等。早期流行于长江以南，以后渐次沿运河以及于北方。这些人多习武艺⑥，且最富于战斗性。在资本主义尚未发达时仍与农村有着千丝万缕的因缘，而且也向未堕落到成为依附帝国主义和警察的"流氓集团"，这时极容易与农民

---

① 《通鉴》卷二五六，乾符六年条；《唐书》卷二二五下《黄巢传》；《新唐书》卷二〇〇下《黄巢传》。

② 《宋会要稿》册178兵13之48。

③ 《建炎以来朝野杂记》甲集卷一四《江茶》条。

④ 《周必大奏议》卷五《论平茶贼利害》。

⑤ 《续通考》卷二三《坑冶》，正统三年、九年、弘治十七年、嘉靖四十三年三月、万历二十五年诸条。

⑥ 《三省边防备览》卷一七《平定教匪总论》。

战争相结合。如乾隆时台湾林爽文以天地会起义①，嘉庆时四川的啯噜协助白莲教起义军作战②，咸丰时东南各地天地会响应太平军的起义③，都显示了这种组织的作用。

这里必须指出，过去往往有人将异端宗教与秘密会社混同为一，甚至把白莲教等也当作秘密会社④。其实两者既有联系又有区别。秘密会社确是从异端宗门分化出来并且接受了异端的通财互助的传统和秘密活动的方法。但二者尽管都是被压迫的下层人民的组织，其性质却是绝不相同的：第一，群众成分不同，异端从五斗米道一直到义和门，基本上是流传于农民中；而秘密会社的成员则以流浪江湖的"无赖""亡命"为主体。第二，异端是以神的信仰为纽带的结合，而秘密会社则是以江湖上"结义"的传统形式组织起来的。宗教性淡薄，往往带有"军法"性的例规。第三，思想倾向和活动方式也不同，异端终是有其"出世"的倾向，以"修行""行好"相号召的，开始总是争取公开合法传教的。而秘密会社则完全是"世俗"的，一开始就明确是"犯法"的，因而自始就是进行地下活动的。——这三点，是两者鲜明的界限。当然，两者是互有照顾或合作的。如嘉庆时四川的情况："啯匪……散布通省，肆行劫掠，及查办严急，白莲教多深堂大宅，复轻财好施，此辈借教匪家以藏身；而教匪因以起事。"⑤尽管如此，显然仍是有区别的。如天地会与拜上帝会的界线鲜明，也是众所周知的。

---

① 魏源：《圣武纪》卷八《乾隆三定台湾记》。
② 《戡靖教匪述编》卷一《蜀述》。
③ 罗尔纲：《太平天国与天地会关系考实》（《太平天国史事考》）。
④ 平山周：《中国秘密会社史》第1章《白莲会》；《清代通史》卷中第1篇第6章第34节《白莲教之滋蔓》。
⑤ 《戡靖教匪述编》卷一《蜀述》。

除此以外，甚至还有法定的农村基层政权组织如保甲、里甲、团练等，个别的也曾为农民革命领袖所掌握而利用来发动起义的。明代"正统间……福建多矿盗，命御史柳华捕之。华令村众皆为望楼，编民为甲，择其豪为长，得自置兵仗，督民巡徼。沙河佃人邓茂七……既为甲长，益以气役属乡民"①，终于藉此组织了一次轰轰烈烈的农民战争。——当然，还有结合民族斗争而发动的起义，也是习见的事。

像宗族、军队、绿林、私贩集团以至保甲等等，都不是革命组织。正如宗教一样，只是因为它的基本群众是具有革命性的农民。故有可能改造为革命组织。改造过程是一个质变的过程。它的内容与形式都变了。至于转化过程时间的长短取决于组织本身的性质，革命形势的缓急，领袖的威信和能力而定。通常兵变多是飞跃的转变，宗教的改造则须一个渐变的缓慢的过程。没有经过质变的改造，不能说有革命的宗族或革命的官军，同样，也不能说有革命的教门组织。

再进一步说：农民战争是封建社会的阶级斗争的最高形式。每一次大起义，都不是任何一种革命组织所能担当的，任何封建社会的集团都是规模狭小或分散的，必须依靠那通过各地多种多样的拥有革命群众的组织汇合而成的阶级力量。像汉末的大起义，除张角的八州信徒外。更有汉中张修的米巫，河北的黑山和河西的白波等"群贼"，以及自称黄巾的"益州贼"马相的队伍。隋末起义，有遍布河北山东的"群盗"、三吴的逃兵以及向海明领导的弥勒教徒等等。唐末起义，除以黄巢"群从兄弟"为中心的私盐集团外，主要的是山东的"群盗"、江淮的"群盗"、蔡州的叛军，以及徐州的逃兵等等。元末起义，除韩山童和彭和尚领导的

①　《明史》卷一六五《丁瑄传》。

异端教徒外，更有益都的盐徒、山东的"群盗"、沿江的"群盗"、归附农民军的"义兵"（如"黄军"）等等。明末起义有陕西的"土贼"，结聚陕西的边军，河南各地的变兵，麻城等地的家奴等等。嘉庆"白莲教贼总教首刘之协……谋逆湖北襄阳……未几当阳枝江相继作乱，由是勾连裹胁，日聚月滋，而无赖不法之徒，如四川之啯噜子，南山的老户，襄郧之棚民，沿江私盐之枭，各省私铸之犯，乘间阑入。鼓煽劫掠，纷纷而起"①，太平天国也是除了几千拜上帝会的老兄弟外，有两广的"土贼"、湘赣等地的天地会、闽粤沿海的小刀会、运河的盐枭、河淮的捻子等等。在自然经济条件下，这些各地分散的不同性质的集团领导的群众，一旦把他们集合为革命洪流的，显然不是什么宗教，而是现实的阶级利益和革命要求。过分强调农民战争中异端宗教的作用，是违反事实而且也是不恰当的。

三　宗教经卷和教义有无革命思想

在讨论农民战争与宗教的关系时，相应而来的是有人提出了某些经卷具有革命思想或作为农民革命理论的设想。如黄巾既被认为"太平道"，因而设想《太平经》是农民革命的理论。同样的，白莲教也曾多次与农民战争相结合，因而设想白莲教的"宝卷"具有披着宗教外衣的朴素的平等思想，甚至说是宣传革命的说唱脚本。这类设想不仅牵涉到宗教经卷的思想的评价问题，其实更存在着这些论据的可靠性问题，于此也有必要作一番检验。

经卷是宗教思想的集中表现，内容反映了它的世界观、道德观和最后的目的。但要对它着手进行科学的分析，首先必须遵照

---

① 《戡靖教匪述编》卷一《蜀述》。

恩格斯指示的原则："研究科学问题的人，最要紧是对于他所要利用的著作，学会照作者写这个著作时本来的样子去研读，并且最要紧是不把著作中没有的东西包括进去。"① 因为只有这样，才不至将自己的思想强加于这些经卷中（尽管是出于善良的愿望），从而可望作出正确的判断。

中国农民的经卷，萧梁以前的《微经》、《弥勒下教》"伪"经，以及上文所述的弥勒教的各种经卷，都久已无存，也没留下什么人的述评，已无从论证了。余下的，尚有考索的余地。

首先为人所乐道的是《太平经》，曾被认为是黄巾的经典，是农民革命的理论。事实上，是汉末方士于吉等和术士式的儒生襄楷等伪托"天师""神人""真人"的论道的作品。根本不是农民异端的经卷②，可以不论，他如明教的经卷，如上文所举的那些都已无存。不过，据陆游说："亦见明教经甚多，刻版摹印……然尝得所谓明教经观之，诞谩无可取，直俚俗习妖妄者所为耳。"③ 他也不过指斥这些只是"妖妄经文"而已④，绝未说有何"悖逆"字句。足见也没什么革命思想。

成化十年，左都御史李宾等奏，锦衣卫镇抚司累次追获的各种妖书图本，也只说"举昔妄诞不经之言"⑤。这八十多种中有许多就是弥勒教、明教等的经卷图帧。

至于明清间白莲教及其支派无为、红阳、白阳等宗门流通的宝卷，至今还遗留下来不少。要考察这类宝卷的思想，首先应研究流传了三百年的主要经卷——《五部六册》。这是白莲教、无

① 恩格斯：《资本论第三卷编者序》，第 26 页。
② 《太平经的作者和思想及其与黄巾和天师道的关系》。
③ 陆游：《老学庵笔记》卷十。
④ 陆游：《渭南文集》卷五《条对状》。
⑤ 《明实录》，成化十年十二月甲午条。

为教、罗教……共同讽诵的①。

　　《五部六册》据说是罗祖所传②，大约出现在正德年间③。就形式言，它们不同于万历以后的一般宝卷，经卷本文中间既未插入黄莺儿、一枝花等词曲，也没有什么神话故事；就内容言，尽管白莲教等均以弥勒净土为中心信仰，而这五部经却近于禅宗。经文中且往往引《坛经》和《销释金刚科仪》④作证。——五部中又以《苦功悟道卷》最为重要，因它是罗祖自己一步一步参悟的思想过程（其他几种都是围绕着它的发挥补充而已）。这部经不分"品"，而分"参"。它的"第一参"，即悟到诸行无常，一切事物都有生灭。人生百年光景也不过刹那之间（《无为卷》也是叹人生不久，劝各种人"作急参道"）。以后，再参一步，担心生死轮回。"岂争我，这灵魂，无有家乡！"过了八年，猛进一步，忽然参悟了"真空"，即宇宙万物只是幻化。但是自己仍不知如何安身。后来又参一步，"参到这里，认

　　①　《五部六册》为各白莲教各支派所共同诵习。如天启时"礼科给事中李精白奏禁白莲教闻香红莲等教罗祖《五部六册》经书缘由，该本部复奉圣旨，这类教著行与两京巡城官晓谕解散，经版尽行焚毁"（朱燮元《督蜀疏草》卷九《擒治妖教疏》）。"白莲教妖言惑众，万历时最胜。……有经七大本，名《五部六册》，又《心经》一张。"（梁清远《雕丘杂录》卷六）乾隆时浙江罗教"经名苦工、破邪、金刚、正信等项名目"（《史料旬刊》第12期"罗教案"载乾隆三十三年浙江巡抚永清折）。苏州"无名大乘二教经堂十一处，……其经卷系奉禁罗教所传名苦工、悟道、破邪、开心、还原、报恩等项"（《史料旬刊》第15期"江苏大乘无为二教案"载乾隆三十三年江苏巡抚彰宝折）。
　　②　《巍巍不动太山深根结果宝卷》："我为出家在家四众菩萨，打七炼魔，苦行无处投奔，发大好心，开五部经卷，救你出离生死苦海，永超凡世不回来。苦功悟道卷，叹世无为卷，破邪显正钥匙卷，正信除疑自在卷，巍巍不动太山深根结果宝卷。"
　　③　《太山卷》有正德四年刊本。它是《五部六册》中最后出的一部。《正信卷》，只提了四部，还没有《太山卷》的名字。
　　④　按《销释金刚科仪》上下卷，共三十二"分"，就其形式看，不像宝卷。无时曲亦无故事，长行多作骈体，甚典雅。七言偈亦多有诗意，内容皆禅宗语，疑是明以前之物，黄育楩把它当作"邪经"，加以斥辩，真是不识货。

得我是真空法性"。才开始找到着落。最后,"忽然间心花发朗,心地开通,洞明本地风光,才得自在纵横"。即顿悟一切色相皆空,天地、男女、四时、五谷……全是真空幻有,连"三千诸佛(……八洞神仙……天堂地狱……)何处去?都是真空能变化"(《太山卷》中称"真空法性"为"自性",为"本来面目",先有本来面目,后有天地、诸佛、三教……"这些万物名号,都是自家发见,自家灵光。为大,为尊……为母,为道。万物为虚,自性为实")。即谓一切事物都是由主观心理产生的幻象。也即所谓"心生法生","真空"是无增无减,不生不灭的。对人生亦作如是观,则连自己也是"真空法性",这才是"真身"(亦作"金身"。也即是《太山卷》所谓的"本来面目"、"是个现成的"。因而就无所谓生死了。《无为卷》更说:"生灭相,亦灭了,显出金身")。也就不怕什么六道轮回(《破邪卷》所谓"无为法,无生死,永断轮回"。《太山卷》也说:"本来无有一物,能扫万法皆空;本是自己,巍巍不动法中王")。这样就解脱了(《破邪卷》也说末后一着是"青山低处见天阔,红藕开时闻水香"。也如《太山卷》引《科仪》所说:"弹指一超生死海!")。——这种参悟,即是禅宗所谓"直指本心,见性成佛"之意。《正信卷》说:"大道不离方寸地,迷人自向西方求,你去西方生死路,佛在灵山莫远求。西方净土人人有,本身西方净土天。"《破邪卷》也说:"心是佛,佛是心,本来无二。"故他们反对"执着文字经义"。《太山卷》说:"谈字根,说因果,跟人讨饭。……达摩祖,不立字,成了证觉;释迦祖,一字无,亦得成尊。"也是禅宗不立文字的老话头。不仅反对执著文字,据《太山卷》说,"但有执著、牵连不自在"。如修行、禅定、坐静、生死、成佛、念佛、念经、出家、在家……都不得解脱。《破邪卷》更说:"为僧为俗,坐禅受戒、诵经食斋、拜五台游方、修寺建塔、塑佛像、拜佛、戳火炼魔，这便是弄傀儡，断了气，一时休，寻不着出世之路。"有些地方，更具有晚唐狂禅的呵佛骂祖之遗风。故《正信卷》中，就连白莲教也被大骂了一通。——不过，有的地方，如《无为卷》仍是劝人吃斋不食酒肉，休谤正法。这原是佛教一般的戒律①。

像这类经卷，把客观世界释为真空，现实生活视为幻有，如此的从主观唯心主义的世界观去求涅槃，显然是毫无对现实斗争的要求的。

至于白莲教等，在思想上与禅宗原不大相干。他们之接受《五部六册》，恐怕是其中有"说与我，弥陀佛，无生父母。这点光，是婴儿，佛嫡儿孙"。"老真空"，"家乡"，"到家乡，极乐国，长生不老"。以及"未曾初分天地，先有真空"等字句而已。并且一般的宝卷中所宣扬的"真空家乡、无生父母"，都把这些概念神话化了。它们多是说未有天地之前（或混沌之初）先有"真空古佛"（或"真空老祖"等），"无生老母"（或"无生父母"），因而化出了宇宙万物和亿万的儿女，这些儿孙落在红尘世界，执迷不悟，不得还"家"（"真空家乡"，即天上），难逃"末劫"。因此，纷纷派遣仙佛祖师（如飘高祖等）临凡，普度这些儿女——"源人"（或称"元人"，或称"残灵"），免得他们下地狱，永受轮回之苦。这就叫做"收源"。到弥勒佛掌世，这些儿女都得到救"还乡"——上天宫（真空家乡），在"龙华会"上，与"无生父母"相逢，长生不老②。

像这些宝卷中的修持方法也不是参悟，而是另有一套功

---

① 参见《苦功》、《无为》、《破邪》、《正信》、《太山》等经卷。

② 参见《五部六册》及黄育楩四种《破邪详辩》。直到最近的"一贯道"这个反动道门，仍袭用了这类的词句。

夫——即吃斋、念佛、行好、入会、上供、升表、挂号……最后的目的是将来"对号"上天①。

宝卷的内容大体就是如此，不见有世俗的压迫和饥寒，只有地狱的威胁和净土的诱惑；引导芸芸众生厌弃尘世，求登彼岸。从迷信、幻想和自欺中取得精神上的抚慰，显然无助于斗争。要说这类宝卷中有什么革命意识或朴素的平等思想，无论从思想实质上甚至字句上，都是缺乏确据的。

要判明它们的政治倾向，——第一，最好看他主张什么，反对什么。在这类宝卷中，它们提倡的是"保当今"、"报答父母"、讲"孝弟"、宣传"人之富贵贫贱，今昔一定，不可强求"等等。他们反对的是"酒色财气"、"争名夺利"、"明欺暗骗"、"欠债不还"、"路途之中，邀截他人"等等②。《无为卷》更"苦口劝，英雄汉，不要偷盗。……绳又缠，锁又绑，铁棒临身"。由这些教条看来，显然只有利于维护封建王朝的社会秩序，并不能反映被剥削者的感情和愿望。第二，他们依靠的是谁？——晚明的太监。无为教自称罗祖依仗"护国公公，文武大臣护法，以此我得安稳参道"③。红阳教主也是"二十六岁上京城……先投奶子府，转送石府宅中，定府护法大兴隆，天下春雷蠢动，御马监程公公，内经厂石公公，盔甲厂张公公"三位护法④。因当时"中官最信因

---

① 参见四种《破邪详辩》。
② 同上。
③ 《苦功卷》。
④ 《混元弘阳无极飘高临凡宝经》。基按《又续破邪详辩》云："至天启元年封魏忠贤为定国公……至御马监程公即太监陈矩，将陈字讹为程字；内经厂石公即太监石亨，又有石清石栋石彦明兄弟叔侄同为太监，盔甲厂张公即太监张忠。"也是完全胡诌。魏忠贤未封定国公，陈矩亦未任御马监，石亨乃正天顺时人，亦非内经厂太监。万历时有典兵张忠、承奉张忠（见刘若愚《酌中志》卷九），也说不上是盔甲厂张公。又此书指斥宝卷而诬攀到李自成张献忠，更无确据。

果，好佛者众"①。我们很难想象，在这些护法下的经卷，会是宣传革命的说唱脚本。

清朝对这类"邪教"一直是严刑峻法对待的。那些经办这些案件的当事人，对这类"邪经"也都经过检查。据乾隆三十三年查办杭州罗教的浙江巡抚永清奏："经名苦工、破邪、金刚、正信等项名目，并无不法邪语……清凉庵系大乘教，经名还源、开心、明证、报恩等项……臣复检阅现起经卷，亦大率轮回地狱劝人修行之鄙俚辞语，别无悖逆不法邪术。"② 查办苏州大乘无为教的江苏巡抚彰宝奏："其经卷系奉禁罗教所传名为苦工、悟道、破邪、开心、还源、报恩等项，悉系鄙俚语句，其抄本图张上系开敛支派，并无狂悖逆词。"③ 嘉庆初川楚陕三省农民战争正炽时，嘉庆五年八月十五日的上谕也说："至于白连教名目由来已久，即据刘之协所诵经典，大意不过劝人为善，并无悖逆字样。"④ 嘉庆二十三年那彦成经办祁州红阳教案，也说"臣将邪土魁家起出经卷逐细翻阅，多系僧道诵念及红阳教教经，均无违悖不法字样"⑤。特别是道光中沧州知州黄育楩，他到处查毁白莲等教的经卷，所著《续破邪详辩》曾概括为这样的结论："邪经四十余种，并无谋逆之说。"这些统治者众口一词，都证明白莲等教的经卷是绝无革命思想的。

理由很简单，因为经卷是要在教徒中诵习的。尽管是被禁的"邪教"，他要想传教，就必须公开（至少是争取公开）他们的经卷。我们从所见到的明清宝卷看，各经"说法图"之后都有

---

① 刘若愚：《酌中志》卷二二《见闻琐事杂记》。
② 《史料旬刊》第 12 期《罗教案》。
③ 《史料旬刊》第 15 期《江苏大乘无为二教案》。
④ 《剿平三省邪教方略》卷一九八。
⑤ 《那文毅公奏议》卷四一，嘉庆二十年六月初一日折。

"万岁牌"、"御制功德"，以及"一报天地覆载恩，二报皇王宽大恩……"之类的"回向"。明显的是想做到合法和公开。所以这类经卷是不可能保留革命思想的。

因此，历史的事实证明：中国没有任何宗教的经卷具有革命思想，更说不上是农民革命的宣传品。

论者更谓农民战争之所以能与宗教相结合，是因某些宗教的原始教义中有"平等"、"光明"的教义。——其实，同志们也都知道恩格斯曾说过"基督教认为一切人只有在一点上是平等的——同是生于原始罪恶中的那种平等"[1]。同样，佛教最初在反对奴隶主的工具婆罗门教时也有一些平等观念。但这种平等观念留在哪些方面呢？——四苦的平等、轮回的平等和修证涅槃的平等。如此而已！这类的平等哪一点是有积极的意义呢？这与"农民的朴素的平等思想"有何类似之处呢？有的人又因基督教中说"上帝的儿女"是平等的，因而引用宝卷中"无生父母之儿女"来证明白莲教的平等思想。今试以万历以后到清初之间的白莲教的情况为例："其教主，男子称为佛爷，女子称为佛娘，其党共以十八人为子，每一子会约三人，三子会约九孙，九孙会约二十七孙，二十七孙会约八十一孙，总成五代，共一百二十一人为一枝，十八子号为十八枝。……其来投拜，必先见本枝头，将拜见银送验过……枝头进告教主，许为第几子，第几代，第几孙，先拜枝头为父为祖，登名在簿，始许执香立门外一日或二日，力引参拜，教主坐佛堂上高台帐内……"[2] 按这种组织是符合《皇极金丹九莲正信皈真还乡宝卷》中所说的精神的[3]。明

---

① 《反杜林论》，1957年版，第106页。

② 《雕丘杂录》卷六。

③ 《皇极金丹九莲正信皈真返乡宝卷》，即谓无为祖师在三心洞，"度下许多大众，暗暗选立五行四相极头，九杆十八枝护法。……"

明是封建家长式的组织。究竟"佛嫡儿孙"在这种的组织中是否是平等的呢?

有的人说到"明教",常含糊地提到摩尼教中的"光明战胜黑暗",仿佛很有革命的意味,足以鼓舞农民革命的信心与勇气。其实,摩尼教的光明与黑暗的观念原是承袭祆教善恶二元论而来(也是一切宗教所共有的观念)。试就他传入中国后较早的经卷看,明明也是主张内心的修持。即以为人本身如同一个小世界,具有光明与黑暗的两面,在思想意识(相、心、念、思、意)中,有怨憎、嗔恚、媱欲、忿怒和愚痴等五类暗魔,深入于人的骨筋脉肉;要依仗怜愍、具足、忍辱、智慧和诚信等"光明大力"来反复斗争,将其囚禁,防止惑乱"光明本性"。免脱诸苦,至安乐处。它的原始教义只是如此。不过像一般宗教一样,也将这些教义形象化神话化,装点了一些创造世界、创造人类,"明尊"和诸"明使"与诸"贪魔"(暗魔)斗法以及明使摧倒"邪城""魔宫"创建清净光明世界等的神话而已[1]。故摩尼教中怜愍、忍辱等等原始教义本中没有什么对现实世界斗争的意味。何况后来成为中国农民异端的"明教",所诵的经典已是另外一套,明尊明使也变成和"弥陀下生"相混同的"明王出世"。从宋朝以来只有人说他们"吃菜事魔"、"白衣乌帽"、"正午一食、裸尸以葬"之类,从没有人提到过他们保留了什么"光明战胜黑暗"的原始教义。设想摩尼教这种教义是农民革命的指导思想,显然是证据不足的。

此外,有一些宗教的传统观念,如弥勒下生,龙华会、明王出世等等,倒是在历史上发生过作用的。

---

[1] 敦煌本《波斯教残经》(按实为《摩尼教残经》)(《大正藏》卷五四,第1281—1285页)。

如弥勒信仰，提供了一个美好世界的图景——弥勒将来出现了，国土就丰乐，那儿有一个大城，白天晴朗而晚上却有龙王洒香雨，人们入睡了罗刹鬼便来打扫清洁，"阎浮地"非常平整，粮食丰贱，人民繁盛，村落间鸡犬相闻，果树芬芳，四季气候和适，人也没有什么病患和贪欲，"人心平均皆一意"，愉快的相处，"无若干之差别"。想大小便时地面自然会张开，事讫即合。粳米自然生长，既无皮壳，且极香美；金银珍宝散在满地没人睬，树上自然长出衣服，穿起来非常柔软。去大城不远，有龙华菩提树，弥勒即在此树下得正觉。为普度大众，弥勒曾在华林园举行了三番法会，每次都有九十多亿人成了阿罗汉①。

同样，早期的汉文的摩尼教经卷中也有一个这样幻想的"明界"——那儿也无边的广阔，光明灿烂，明尊和明使都住在这里，人民都欢乐亲爱，没有烦恼和疾苦，逍遥自由，既无枷锁与牢狱，也没有战争，穿的是鲜洁不坏的衣服，采的是美妙的名花，住的是妙宝装饰的楼阁，吃的是甘露制的美肴，从来没有饥荒和水灾，到处充满了珍宝。宝树成行，美果常生，香气芬芳，妙风飘荡，人们没有疲劳，也不会老死，到处洋溢着赞颂的歌声，"斯乃名为安乐国……众圣普会得如是……"②

这类观念对农民宗教的影响是很大的。隋唐以来的弥勒教，一直到清代的白莲教支派，无不希望"弥勒下生"，白莲教各支派的宝卷中大都有"龙华会"的誓愿，——明教也如此：唐代开元中汉文的摩尼教经卷中的传说，摩尼光佛也变成了苏怜国的太子，也是要"接化苍生"③，大众如信修就可能去"安乐国"。

---

① 法护译：《弥勒下生经》，参阅罗什译《弥勒下生成佛经》（《大正藏》卷一四，第421—425页）。

② 《摩尼教下部赞》中的《叹明界文》（《大正藏》卷五四，第1276—1278页）。

③ 《摩尼光佛教法仪略》（《大正藏》卷五四，第1279—1280页）。

所以后来异端的明教也便有了《大小明王出世经》、《太子下生经》了。

但如稍加分析，便可明了：这类的幻想世界，原是各个宗教都有的。它的作用和影响，要看具体的条件而定。

第一，那种令人憧憬的丰裕的世界图景，对于饥寒交迫哀哀无告的农民，显然是令人向往的，但要想领受这样美好的生活，却只有靠念佛、烧香、行好、上供，以至于忍辱、苦行、直到"功德具足"，才能上天。因此，它只是令人沉醉的芬芳，是苦难者的安慰，是动乱社会的镇静剂。而不是革命的动力。

第二，这类的传统观念，是没有阶级内容的。各个阶级可以按照本阶级的需要来作不同的对待。因而统治阶级也可以利用它。像南齐宰相萧子良即于邸园大集僧徒，作"龙华会"；武则天篡唐即颁发《大云经》暗示她是弥勒下生作阎浮提主；朱元璋因部下多明教徒而把国号定为"大明"来还账。历代统治者利用这类信仰作为宣陈符命，欺骗群众的工具是史学界所熟知的。

第三，也应当承认："弥勒下生"、"明王出世"等观念，在社会危机严重时，如果由利用"异端"的革命家赋予现实的意义和斗争的解释，是可能引导群众走向斗争的。最有趣的，像乾隆时建安瓯宁的老官斋女领袖普少："捏称坐功上天，师父吩咐今应弥勒下降治世，哄诱会众。葛竟仔魏现、黄朝庄遂起意聚众入城……并乘势抢劫富户，私造伪劄兵簿旗帜，令参谋李潘书写，伪立元帅总帅总兵副将游击守备千总各名目，就各会众内搜得旧存鸟枪枪刀器械火药，并制绸布包头……正月十二日，普少即严氏假托降神谶语，称弥勒要入城，魏现……分路纠约，定于十四日齐集各堂，十五日各执器械抬迎菩萨进城。……至贼众所执大小旗，蓝白不一，或书'无为大道'，或书'代天行事'，或书'无极圣祖'，或书'劝富济贫'，或书'令'字，或书'招军'……"这样就掀起一场武装斗争①。嘉庆时，那彦成彻查滦州王氏白莲教，他的经验总结是："借未来佛掌盘之邪说，煽惑人心，酿成异谋。毒流数省，害延屡代，竟为各项邪说之宗。如林清谋逆滋事，竟有'此时应劫，将来另有起事之人'之供。"②像这样利用这些观念而起事的情况历代是很多的。但必须指明：不是这些传统观念本身具有革命思想，而是革命者改变了观念的基本精神，恩格斯说："宗教一经发生后，总是保存有一些由前代遗留下来的观念。……这些传统观念中所发生的变化，是由造成此种变化的那些人们的阶级关系，即经济关系来决定的。"③

当然，如果说利用农民异端而发动的革命运动，没有革命思想作动力，那也是违背历史事实的。但这些革命思想常表现于他们的口号中，而且都反映了一定的历史条件下的具体革命要求。如钟相的"等贵贱、均贫富"是反对宋朝的阶级关系和剥削制度，红巾要求改变"富夸塞北，穷极江南"的局面，嘉庆川楚陕白莲教起义军所提的"官逼民反"④，是指斥革命的对象；特别是方腊对父老所说的，"今赋役繁重，官吏侵渔，农桑不足以供应；吾侪赖以为命者漆楮竹木耳，又悉科取，无留铢遗。……且声色、狗马、土木、祷祠、甲兵、花石靡费之外，岁赂西北二虏银绢以百万计，皆吾东南赤子之膏血也。……吾侪终岁勤劳，

---

① 《史料旬刊》第 27 期。《老官斋案》载乾隆十三年三月十四日福州将军新柱折。

② 《那文毅公奏议》卷四二，嘉庆二十年十二月十四日折。

③ 恩格斯：《费尔巴哈与德国古典哲学的终结》（《马克思恩格斯文选》两卷集，第 2 卷，第 399 页）。

④ 《剿平三省邪教方略》卷八八，嘉庆四年一月二十日上谕、同年四月二十八日勒保奏折。

妻子冻馁，求一日饱食不可得。"更是一篇激动人心的革命形势
的报告；至于太平军的《杨萧告谕》、洪仁玕《诛妖檄文》等，
更是反清反封建的战斗的号召。这些显然都毫无宗教气味，而是
出于现实的革命目标和斗争任务。也只有这种切身的革命要求才
可能动员广泛的群众去进行生死的斗争。——当然，利用农民宗
教的革命家，也可能利用宗教的语言来进行宣传鼓动。有的创造
预言式的童谣，如红巾所创的"挑动黄河天下反"等；嘉庆时，
天理教林清起义前也有"八月中秋，中秋八月，黄花满地发"①。
有的也特地写作了文字宣传品。杨宽同志对此曾提出过有益的发
现："白莲教抄本经卷的内容，就和刊本不大相同，其中就有许
多革命的话。"②（基按：其意是指那没有刻本的秘密抄本，而不
是通常的写经。）他并举出那彦成奏议中如下的两个例子，一为
藁城龙门教徒刘龚氏家搜出的"抄本经卷六页，名《九品收元
卷》。内有'卯金刀，牛八江山不坚牢'。及'刘赶猪，十八家
头目把人杀'。又云'……三甲之年龙蛇行，幽燕有灾刑'之
语。细绎语意，似像明季左道惑众之言"③。一为在邯郸王克勤
家搜出的"抄写《三教应劫总观通书》一本"④，"书内逆词，
不一而足，如'清朝以尽，四正文佛落在王门；胡人尽，何日
登基，日月复来属大明，牛八原来是土星'等语"⑤（基按：这
个牛八就是嘉庆初年白莲教领袖刘子协找来的假"明裔"⑥。显
然这本《三教应劫总观通书》是有的放矢的）。此外我们还可举

---

① 兰簏外史：《靖逆记》卷一《平定林逆》条。
② 杨宽：《白莲教经卷》（《文汇报》1961年3月10日）。
③ 《那文毅公奏议》卷四一，嘉庆二十年三月初三日折。
④ 《那文毅公奏折》卷四二，嘉庆二十年十二月二十一日折。
⑤ 《那文毅公奏议》卷四二，嘉庆二十年十二月十六日折。
⑥ 《戡靖教匪述编》卷一一《杂述》刘之协条："（刘之协）恐不能给众，妄指一人名牛八，伪称明裔。谓刘松之子四儿，为弥勒佛转世，保辅牛八。"

出嘉庆二十年安徽圆教（基按即"圆顿教"之简称）。方荣升等
也写过六百多张宣传品，缄封了散播于楚北江西皖豫各地，其中
有"群星聚会在金陵，隐藏江南石观音"；"赵王山前好招兵"
等语①。洪秀全在准备革命时，也写了《原道救世歌》、《原道救
世训》及《原道觉世训》等书宣传他政治方面民族方面平等的
革命理论，但直到1852年即武装起义后才公开刊印。无疑的，
这些口号、童谣和抄写的密本"逆书"，都在斗争中起了一定的
作用。但应指出：这都不是任何经卷任何教义中原有的东西，而
是革命斗争展开时的特制品。宗教语言只是它们的形式，而内容
却是与宗教信仰不同的革命思想。

　　此外，还有像白莲教等"邪教谓问成活罪，能免地狱，不
能上天；问成绞罪，即穿大红袍上天。今观邪经四十余种，并无
此语。今邪教复捏出此言以恣煽惑，其成心愈毒，其为害愈
深"②。利用这种迷信心理的例子很多。因而有人认为宗教可加
强农民军的战斗力，战争的持久性。这种看法也很成问题，首
先，农民战斗力取决于他们的阶级仇恨和觉悟，革命与反革命政
治与军事力量的对比，农民军领袖的领导能力以及其他因素。
"上天"的迷信绝不是重要的条件。如明末农民战争起于天启七
年（1627），终于康熙三年（1664），经历了三十七年，可是他
们绝不借助于任何宗教色彩。第二，利用这种迷信，是领导者政
治上不开展的表现。或者是他落后于前人（以前多次农民战争
中所提过的政治经济各方面的斗争口号和纲领），或者是他落后
于革命形势的发展（如洪秀全在天京被围的最后所说"朕天生

　　① 吴之英：《圆教始末及其经卷》（《人文月刊》第8卷第5期）。
　　② 《续破邪详辩》，第31页。

真命主，不用兵而定太平一统"等等，"不问军情，一味靠天"①）。而这些正是他们陷于宗教迷信的弱点，不值得渲染夸张。

反观上列的史实，只能作出这样的结论：既没有足以称为农民革命理论的经卷，也没有具有革命思想的宗教教义。只有在利用"异端"宗门起义的情况下，可能而且曾经有过利用宗教语言来宣传革命思想的斗争方法。

四　余意

宗教领域内"正教"与"异教"的对立，以及中国封建社会有一些农民战争带有宗教的色彩，这原是历史中的外表上的运动。"要把可见的仅仅外表上的运动，还原为内部的现实的运动，也是科学的一种工作。"② 这方面，我们的新史学家也作了一些有益的研究。但有人尽管知道恩格斯称这种与农民战争有关的"异教"为"宗教外衣"，他们不是去揭露外衣隐蔽下的阶级斗争的本质，相反的，无意中倒夸大了宗教对农民战争的作用。

封建社会的农民诚然不是无神论者，但在中国思想界，宗教并不居于支配的地位。农民需要革命时，他们为了"聚众"，可以利用某种"异教"，也可以利用别的社会组织；为了"惑众"，可以利用异教的某种信仰和术语，也可以利用别的传统观念，甚或就明确提出现实的斗争口号。即使利用宗教作为组织与宣传工具的，也不过是宗教的"外衣"而已。何况要不要利用这种工具，还取决于当时的实际情况。任何宗教与革命之间绝无必然的

———————————

① 《忠王李秀成自传原稿笺证》。

② 《资本论》第 3 卷，第 384 页。

联系。

把宗教与农民战争中所利用的披着"宗教外衣"的工具混为一谈，就难免在研究工作中带来一些这样的结果：或者把某些带有宗教色彩的叛乱曲解为农民起义，或者把"异教"的经卷加工成革命的理论，甚至把与宗教无关的起义也抹上宗教的色泽（如王仙芝称"天补平均大将军"中这个"天"字，也有人作为宗教信仰的例证①）。

如果注意一下外国资产阶级"汉学"家的著作，类似的情况就显得特别严重。他们解释中国的进步和革命，总是从"儒教"或别的什么"教团"出发。众所周知的如太平天国革命，尽管当时的外国教士和教会不承认和攻击"拜上帝会"，可是他们现在出版的中国史著作却多是把他描绘成白人恩赐的"宗教运动"。最奇特的是尽管毫无宗教色彩的明末起义，可是在英国和日本的某些"学者"的"考证"下，竟然把李自成装点成回教徒的宗教运动了。他们有的把马守应误认为李自成，有的"高明"一些，则说李自成幼年牧马于回回婆家，从而引申"牛金星日讲经一章，史一通"，所说的"经"即"可兰经"，《明史稿》中"自成独白鬣大纛银浮屠"，这"银浮屠"有的说是"阿拉"，有的说是回教的光塔；又说李自成称"奉天倡义文武大元帅，号罗汝才代天抚民威德大将军"，以及"改延安府曰天保府，米脂曰天保县，清涧曰天波府"，封牛金星为"天祐殿殿大学士"等等名词中的"天"，是因为唐宋以来回教徒称"阿拉"为"天"②。附会曲解到这样缺乏常识的程度，究其故，不

---

① 《老子》"天之道损有余以补不足，人之道损不足以补有余"。这个"天"显然没有宗教的意味，"替天行道"，也是系由此而来。

② 田坂兴道：《李自成是回教徒吗?》（《东方学报》第12册之1，1941）。

外是说中国的一切离不了宗教而已。

　　我们的史学工作者当然与他们根本不同。我们研究农民战争，目的是在于透过诸种现象以探索阶级斗争在历史发展中的规律与作用。在宗教问题看法上可能各有出入，而与这种倾向是有其鲜明的界限的。

略谈"史"与"论"的关系*

对于"史"和"论"的关系,确是史学界长期未能解决的问题。60年代初有人提出过"论从史出"和"以论带史"两种意见,争论了很久。后来又有人提出"史论结合"的论点,似也未得出令人满意的结论,所以目前又重新提出来讨论。我初步想到一些意见,愿向史学界请教。

(一)"论从史出"是说历史的论断是根据史料所反映的事实而得出来的,当时就有人认为这是"史料即史学"的翻版。的确,如果二者没有明显的区别,倒是不行的。因为过去的史料,无论是哪类文字记载,都是出于封建的或资产阶级的文人之手,不可避免地会带有剥削阶级的偏见。例如对起义农民,都一律称之为盗、匪、寇、贼,根据这种记载而作出的论断必然有利于压迫者剥削者,绝不可能符合历史的真实面貌。但如果不依据文字史料又凭什么作出论断来呢?(如果是无文字的实物史料,如武器、水车、银锭等等,虽然没有阶级的烙印,但这类实物毕竟是静态的东西,只能判断它的使用的时期和数量等等,不足以

---

* 原载《光明日报》1981年6月8日。

说明复杂的社会现象的动态。故研究历史不能不多依靠文字记载。)

（二）"以论带史"，首先即出现这样的问题：即这个"带史"的"论"又从何来？凭什么检验这些"论"的正确性？有人说，这个"论"是指马、恩、列、斯和毛泽东同志关于历史的一些论点，用这个"论"来带就能保证对历史作出正确的论断。那么，这又将引起一系列的问题：（1）马、恩、列、斯和毛泽东同志的论点又是怎样来的？（2）他们不可能对任何历史问题都发表过意见，如果遇到他们从未提到过的问题又怎么办？（3）如果他们之间有不同的看法（如马、恩、列、斯都认为农民不反对皇帝，甚至寄期望于这个最高的主宰，而毛泽东同志却以为农民也反对皇帝）又怎么办？（4）首先依据他们的某些言论，与他们的说法完全相符合，这种搞法会不会是"先验论"、"本本主义"？先画一个框框，会不会走上"以史注经"的老路？（5）尽管这些经典作家对于历史作出过许多经久不灭的正确论断，但是否"句句是真理"？……再说，如果这个"论"指的不是经典作家的言论又是什么"论"呢？的确，在史学发展过程中，曾有过"神意（天意）史观"、"英雄史观"等等，特别是近一百多年以来，资产阶级史学家，分别从生物、心理、地理、经济等某一因素出发，创造了形形色色的各种"人文史观"，甚至有人说有骑兵才有大帝国，或谁据有海洋谁即将称霸世界，或盐足以决定一个王朝的兴灭，无奇不有，又将根据哪种"论"来研究历史呢？

（三）"史论结合"的提出，显然是不满意上述两种意见，希望提法能更全面些、妥帖些。但这种提法也不免产生：（1）二者的主从关系如何？应由谁去结合谁？（2）二者又如何结合？……

这三种意见之所以提出，显然都是针对着当时史学界存在的某种倾向的。虽然都有其积极的意义，但每种提法本身又都存在着一些问题，以致始终未能得到令人满意的解决。故最近又重新提出来讨论。如果我们从三种意见中所存在的问题看，"史"与"论"的关系，不仅涉及方法论，实际上关系到世界观的问题。因此，要想从根本上解决它，那就只有依靠马克思主义的哲学。

从世界观来说，"史"与"论"的关系，其实质即哲学上的存在与思维的关系。这二者是既有区别又有联系的对立的统一，决不能把二者绝对的对立起来。根据马克思主义的辩证唯物论，历史是人类社会的实践活动，不管人们是否了解它或对它有何看法，历史终归是既成事实而又不可改变的客观的存在。是第一性的、带根本的东西。文字记载的史料只是第二性的、派生的东西，也即是人们对这个客观存在的反映。不过由于人们的阶级立场和认识水平的不同，这种反映也必然会有或多或少的差异。但它毕竟是从这具体的历史事实而来的，只要经过科学的鉴定批判，就可以通过它去认识、分析历史，这样才有可能去作出正确或接近正确的结论，因为它的产生是符合唯物论的反映论的。——反之，唯心论者研究历史都不是首先重视史料，力图通过史料去求得结论。而是首先注重所谓的见解、学说。对于一个历史问题，首先抱有某种看法或见解。这样作出的结论，根本就颠倒了存在与思维的关系，脱离了历史的实际，其结论必然是武断的、错误的，甚至是荒谬的。这种做法是地地道道的"先验论"，而不是唯物论的反映论。它完全违反了恩格斯所说的："原则不是研究的出发点，而是它的终了的结果。"

还必须指出：即使掌握了马克思主义的哲学，摆正了"史"与"论"的关系，也仅仅是解决了哲学上的问题，哲学毕竟不能代替史学。史学是一门独立的专门科学，自有其本身的研究对象，有其自身的特征和规律。马克思主义的历史唯物论虽然已对人类社会的发展揭示了许多带有普遍性的规律，但并没有也不可能对任何历史问题都作出答案。而这些恰恰是史学工作者的任务。例如马克思讲过土地所有制问题，但中国封建社会究竟是土地国有制，还是土地私有制？争论就很多，至今未得到公认的解答。又如，中国封建社会自东汉以来常出现宦官专政的现象，在其他国家则很少有这种情况，马克思自然也没有专门论述过，当然不可能有现成的结论。研究任何一个历史问题，为了掌握它的全面情况，首先必须广泛的搜集各方面的史料，并对这些史料进行认真的批判和分析鉴定它的真伪，或文字有无讹误等等，然后才能利用这些史料去分析历史事物的性质、内容、形式以及各种的相互关系和它的发展变化。例如，关于张献忠，地主阶级留下的史料无不说他残暴，甚至说他在四川杀了几百万人。但在四川被张献忠俘获的两个天主教士，和张相处三年，后来写了《中国著名盗贼张献忠暴政记》却说，张"公平正直，慷慨大方，雄才大略"。两种记载并不一样。只有对这些材料经过排比、推理和概括等一系列的工作，才能作出切合实际、符合逻辑的结论。在整个研究过程中，每一步工作虽都离不开马克思主义的基本理论（特别是历史唯物论）的指导，但如缺乏史学的修养，不能在史学基本功上下功夫，那仍然只能在历史唯物论的原有阵地上兜圈子，不可能在史学领域中有所突破，有所前进。

当然，这样得出的历史的结论，也是第二性的东西，仍是历史本身的派生物，但已不是史料的复制品，而是依靠马克思主义的理论的指导和史学的加工所提炼出来的对历史的反映。不过它毕竟是一种社会意识形态，仍可能带着阶级立场的偏见。因此，史学工作者决不能把立场建立在阶级出身的本能或革命的激情上，而必须建立在对阶级关系的科学分析的基础上，以防止主观的因素影响科学结论的正确性。

至于对历史研究的结论究竟是否正确或接近正确，则不取决于主观上自以为如何服膺马克思主义，如何忠实于历史，考证又如何繁征博引，还必须经得起历史本身的检验。任何历史事件发生后，在其本身此后的发展过程中的成败得失，即是对这个结论的最客观最严格的鉴定。例如王莽变法，确是针对着西汉末年的奴隶买卖和土地兼并的弊病，他采取了恢复井田和禁止买卖奴隶等措施。因此不少人从表面看，认为他是很进步的，但事实上却激起了广大人民的反抗，促使他的王朝很快覆灭，因为他的那一套措施是复古倒退的，违反了私有制不可逆转的历史的趋势，反而增加了人民的痛苦。这就是历史本身对"王莽变法进步论"的检验的判决。只有经得起历史（也即是人类的社会实践）的检验的科学研究成果，才能丰富人类的知识，增加人类的智慧，提高人类认识的水平，从而有助于人类的前进。

如上所述，如果从哲学上的存在与思维的关系以及唯物论的反映论去处理"史"与"论"的关系，这个问题是可以得到解决的。那么，那些简单的命题尽管提法不同，但内容上也就消除了根本性的矛盾，倒反而可以互相补充、结合。"论从史出"再不致变成"史料即史学"的翻版，"以论带史"也不致陷于教条主义，"史论结合"也不致发生谁结合谁的问题。至于如何结合，那只是个表达的方式问题而已。马克思在《资本论》第二卷的跋中即认为叙述的方法与研究的方法不同，因此，如果是历史的专题研究，在马克思主义的基本理论指导下，针对具体的历史事实，作了精密的分析研究，是可能实事求是地概括出一些切合历史实际的结论、甚至新的规律来的。如果是叙述性的著作，仍以按照夹叙夹议的"寓论于史"的方

式为好。马克思的《路易·波拿巴的雾月十八日》即是一本
"寓论于史"的光辉典范，它不仅保持了历史的进程与逻辑的
进程的一致，而且随处可以看到精辟的论断，有的且是天才预
见，令人读来获得不少的启发。

洪昇生平及其作品*

17世纪中叶是中国的阶级斗争最剧烈的时期,由伟大的农民战争转化为反满清异族统治的斗争,延续了近四十年。这一个斗争深入地影响了各个阶级的生活、思想和感情。因此,尽管在满清的森严的镇压下,文学上也以各种各样的形式得到了不同的反映。例如在戏曲上,洪昇的《长生殿》和孔尚任的《桃花扇》,便是采取了爱情故事来反映这种现实与感受的两部杰作。但《桃花扇》仅仅斥责了南明统治层的荒淫混乱,并惋惜故国山河的沦陷,尚未敢吐露对异族统治者的仇恨。而《长生殿》则深刻地描绘了封建政权下诸种矛盾的对立,并充分反映了对异族统治的痛恨和对汉奸的愤懑。

但像洪昇这样一个杰出的作家以及他的作品,过去并未能得到正确的评价。因此,他的生平比我们知道的莎士比亚的事迹更少。他的作品除《长生殿》外也从不为人注意。只有在人民掌握了政权,学会了马克思列宁主义研究历史和文学的正确方法,才能理解他处境的历史面貌,才能体会他对那时代人民生活的感受,所以近

* 原载《福建师范学院学报》1956年第1期。

年来引起许多人的重视和研究①。但还存在着一些问题。本文拟根据获得材料，对影响他的思想感情有关的家世出身、交游人物、社会生活以及政治迫害等作一些必要的考证；并对《长生殿》以及他的诗从思想情况和艺术手段上作进一步的分析。为保持行文的流畅，有关考证都置于附注中，以免支离烦琐。希望对洪昇和他的作品能有更全面的认识。

一

洪昇，字昉思，号稗畦，钱塘（杭州）人。

论他的家世，真是"累叶清华"——上溯他的先世原是宋朝使金被拘不屈的民族英雄洪皓的后裔，洪皓本是江西乐平人，归国后有赐第在杭州，子孙便从此移居浙江了。自此一直到明朝的洪钟、洪瞻祖。瞻祖的长子吉晖，便是洪昇的祖父②。洪昇的

---

① 洪昇在《清史稿》、《浙江通志》中均无传。故见清人记载中的轶事也都寥寥数话。只有 1928 年日本天保久随《支那戏曲研究》中"洪昉思之长生殿"一篇，颇为翔实。但史料与论点都很不够。到 1954 年我国文化界为纪念洪昇，遂先后有陈友琴《略谈长生殿作者洪昇的生平》（6 月 21 日《光明日报副刊文学遗产》第 9 期）及《读长生殿传奇》（9 月 22 日《光明日报副刊文学遗产》第 21 期）；宋云彬《洪昇和他的作品长生殿》（7 月 4 日《解放日报》）、钱束甫《关于洪昇和他的戏曲长生殿》（《文艺日报》1954 年 8 月号）、袁世硕《试论洪昇剧作长生殿的主题思想》（《文史哲》1954 年第 9 期）以及陈光汉《洪昇生年证实的材料及其他》（1955 年 5 月 1 日《光明日报副刊文学遗产》第 52 期）等文刊出，各有新得。但未解决的问题尚多，均有待我们继续研究。

② 关于洪昇先世，毛奇龄《西河合集》中"事状"卷四《洪瞻君事状》一文备载宋洪皓以至洪超诸子等世系，迁徙，仕历，并明言洪超生父为吉晖，母为黄机之姊。据陆繁弨《善卷堂四六》卷四《洪卫武双寿序》、卷五《同生曲序》、卷六《洪贞孙哀辞》等篇及吴注，可互相补充。《同生曲序》言洪昇妻为黄机女孙，又云"两家情谊，旧本；二姓联姻，复称婚媾。婚即贤甥，仍称舅号；侄为新妇，并是姑称"。足证洪昇为洪吉晖与黄氏之孙。故洪昇对黄机俗称舅公，即《后汉书》《张禹传》载光武称张况为"大舅"，亦即《晋书》《应詹传》及《南史》、《沈文阿传》之"祖舅"。黄机称洪昇为"甥孙"（韩愈《唐故江西观察使韦公墓志》）。洪昇妻称昇祖母黄氏为"王姑"（"尔雅""释亲"）。吴自高注此段文字，似误认行辈。

父亲可能是洪起鲛（字卫武）。父辈尚有洪超（玉宋）、景融（润孙）、景高（贞孙）等。① 洪昇尚有两个弟弟，两个妹妹②。当时还是一个大族。

```
                                                                      ┌ 昇
                                                      ┌ 吉晖—起鲛 ┤ 昌
      ┌ 适                                             │            └ ×
洪皓 ┤ 遵 ——…×(浙江安抚史)…有恒…钟—澄—春—瞻祖 ┤ 吉修—超
      └ 迈       (元朝)        (明初)               │            ┌ 景融
                                                      └ 吉符    ┤
                                                                   └ 景高
```

　　洪昇生于顺治二年七月初一日（1645 年 8 月 21 日）正是杭州刚刚沦陷的时候③。当他少年时期，东南半壁陆续陷落，明福王唐王相继败死，鲁王也流离海上④。太湖及大江南北士大夫的各个孤立的抗战运动先后失败⑤；其后，只剩了以农民起义军李自成张献忠旧部为主力的桂王在西南一带顽强支撑。东南士大夫激剧的分化，旧族名门除降敌者外则备受摧残⑥。在外而兵燹的

---

　　① 关于洪昇父亲，据陈光汉先生 1954 年 11 月来函见告：《善卷堂四六》卷四《洪卫武双寿序》称"岁丙午，仆友洪子卫武四十初度。"又云"贤配钱孺人……吾子世本忠宣……"复据丁丙"武林坊巷志"稿本引姚礼《郭西小志》中所云"稗畦表兄钱杏山"，疑此钱孺人即杏山之姑母，亦即洪昇的母亲。"寿序"题下原注"名起鲛，字卫武，仁和人"。基按此说应可信。

　　基按："洪贞孙哀辞"吴注洪吉符为洪瞻祖之子，吉符生景融（润孙）、景高（贞孙）、毛西河"洪赠君事状"不符吉符，仅言洪超有叔载之德安推官，疑载之即吉符文字。

　　② 洪昇弟妹，见《稗畦续集》中"己卯冬日代嗣子之益营葬仲弟昌弟妇孙事竣述哀四首"，又《稗畦集》传抄本五律中有"寄殷仲弟"，"别中令弟"、"寄殷仲弟兼中令弟"，七律中有"寄中令弟"。知洪昇仲弟名昌，字仲；季弟字中令，唯不知何名。

　　③ 见陈友琴《略谈长生殿作者洪昇的生平》、陈光汉《洪昇生年确证的材料及其他》。

　　④ 黄鸿寿：《清史纪事本末》卷八《明南渡三帝及监国鲁王》篇最简明。

　　⑤ 黄鸿寿：《清史纪事本末》卷十《明起义军之失败》。

　　⑥ 太湖与大江南北士大夫起义失败后，满清屠杀甚众，株连甚广。如庄廷龙明史案、奏销案、通海案，均甚惨酷。

荼毒，内而豪强仇家的威胁下，洪昇家族由于公私的侵扰而趋于破产。还亏他叔祖母周氏应付维持①。虽然他出自"名门"。但不仅经济上家道中落，政治上也不似先世的煊赫。他祖父尚是明朝的进士②，可是父亲洪卫武，叔父玉宋却只是监生③，润孙虽然博雅也只是个仁和县文学④。这种政治上的没落是与他们所托命的祖国的沦亡有着不可分离的联系。——这样的政治形势就不能不深刻影响洪昇的生活与感情。而另一方面，门第观念是封建社会长期遗留的士大夫的阶级标志，要保持它的一定的社会地位和声望，洪昇也就难免想向上爬。所以他也弄了个"监生"资格。他这样的阶级出身，遭遇到这样的政治现实，便造成了他终生思想上与生活上的基本矛盾。

　　他祖母的弟弟黄机，顺治初年即在满清新政权下由翰院而侍读，而侍郎，爬到了显宦。他与洪家的关系很好，很照顾洪超⑤。洪昇又与后母相处不好⑥，大约就借了这门亲戚，于二十岁左右使去北京，并和黄机的孙女黄兰次结了婚⑦。

---

　　①　《善卷堂四六》卷十《洪母周太夫人七十寿序》，虽语意含糊，未敢明言。但据孟森《心史丛刊》卷一《奏销案》考证浙江也有类似情况。洪家破产可能与此有关。

　　②　《西河合集》中"洪赠君事状"。

　　③　《善卷堂四六》卷四《洪卫武双寿序》及"西河合集"中"洪赠君事状"。

　　④　王晫：《今世说》卷八"溺惑"门"洪润孙"条，《善卷堂四六》卷六"与洪润孙书"原注。

　　⑤　《清史稿》列传三十七《黄机传》，《浙江通志》卷一二五《黄机传》，《西河合集》中"洪赠君事状"。

　　⑥　阮元：《两浙辎轩录》卷四王著《挽洪昉思》小序。

　　⑦　陈光汉：《洪昇生年确证材料及其他》据《郭西小志》康熙甲辰为洪昇二十初度，友人为赋同生曲。——基按《同生曲序》有"春大夫之女孙……于是流圆佳客，共吮霜毫；邺下文人，争传彤管"之句。可知洪昇是在北京结婚。复查《清史稿》中"部院大臣年表二上"康熙三年（甲辰）黄机任礼部侍郎，与春大夫之句亦合。

　　虽然他是黄机的孙女婿，岳父黄彦博也是庶吉士①，但因他自己只是个监生，在冠盖满朝的京华是毫无政治地位的。因此生活极苦，他二十五岁生日诗"破帽敝裘困尘土"，画出了狼狈的光景。据他好友吴天章安慰他的诗也说他"有时烟火寒朝昏"；一方面穷愁落魄，一方面又思念父母。这种思亲的情绪写了许多诗，都集在《幽忧草》中②。还写了一本戏曲《天涯泪》③。在京一直住到康熙十一年（1672）春才回家省亲一次④。到康熙十六年冬，又穷得想取道开封回家。王渔洋送行诗说："呫嗶喔咿世所爱，肮脏讵免受人诃。亦知贫贱世看丑，耻以劲柏随蓬科。"可知他受尽了饥寒与轻蔑。事实上这次只到开封转了一趟⑤。他自己"将游大梁"一诗说"迢迢二千里，来哭信陵君"，充满了失望与愤懑的情绪。

　　康熙十八年（1679），他遭受到了第一次政治迫害——他父亲被诬而判遣戍。他只得匆匆南下，奉侍老父北上。可怜这年的除夕也是在杭州北郊遣戍北上的舟中度过的⑥。这时期正是三藩

---

　　① 《稗畦集》传抄本"丙寅暮春归里女婿戴天如邀同陈扬言泛湖"其二，自注"二子与余皆庶常黄公婿"。又《清史稿》《黄机传》。

　　② 阮元《两浙辅轩录》卷四王著《挽洪昉思》小序。

　　③ 《西河合集》卷二十四《长生殿院本序》。

　　④ 《稗畦集》中"戊午除夕"有"六载异乡人"句，《稗畦续集》中"己未元日"有"七年身泛梗"之句，上推为康熙十一年。又"西河合集"中"五言律诗"卷六"送洪昇归里观省"其一云："十载留京国，三春返故扉。"上距洪昇北上之年亦相近。

　　⑤ 王士禛：《渔洋续集》卷十"丁巳稿"中有"送洪昇由大梁之武康"。但从洪昇"戊午除夕""己未元日"二诗，可知他此次并未返里。

　　⑥ 《稗畦集》中"南归"："七年悲屺岵，万死负庭闱。祸酷疑天远，心剸觉命徵。迢迢四千里，一步一沾衣。"证以"戊午除夕""六载异乡人"及"已未元日""七年身泛梗"之句，知此事发生于康熙十八年已未。"除夕泊舟北郭"自注"时大人被诬遣戍，昇奔归奉侍北行"及"鸡鸣催解缆，从此别杭州"句，知此年除夕在杭。

借口反清的割据战争时期。福建的耿精忠独立割据不久又降清，台湾的郑经却也乘此时机连年进攻福建沿海。那时洪昇的季弟中令正在福建①，虽然洪昇对福建耿氏的行动并无好感②，他父亲也许是因此而被牵连。最后幸得大学士冯溥的挽救得免③。此案可能情势严重，致洪昇感到极大的威胁。故他在借"乌"为题的一诗中，会担忧着："不知风雨后，能免覆巢无？"④

此后他仍旅居北京。除他夫妇外，还有姬人邓氏，子之震，邓氏所生次子之益，女之则，及另一幼女等，是个八口之家⑤。故乡尚有父母。生活重负使他不得不南北奔波。"夜泊"一诗说："……堂上二人年六十，旅中八口路三千。谋艰桂玉羞逢世，心怯风波且任天。扰扰半生南又北，未知归计是何年？"⑥也因此，他不得不与一些权贵达官来往。如冯孔伯、徐健庵、梁

---

① 《稗畦集》中"寄殷仲弟兼忆中令弟"："昨日传予季，羁孤瘴海边"；"得中令弟消息"；"有客传吾弟，驱驰到七闽……存亡浑未卜，南望鼻酸辛"。

② 《稗畦集》中"衢州杂感"之四，首句即云："八闽当日叛强藩。"之五首联云："嶙峋岭势蟠仙霞，阻遏妖氛建虎牙。"显是指斥耿氏。或以为"妖氛"指满清，谅是揣测之词。

③ 《稗畦集》中"途中奉怀益都冯相公"："谢政归来已数春，悠然泉石在天真……慈父赖全蒙难日，贤师惭负受恩身。"核以《清史稿》《冯溥传》："康熙十年拜文华殿大学士……十七年福建平，溥以年届七十复申前请，上仍慰留。二十一年秋诏许别致仕。"亦可知此事发生于冯溥任大学士期间。或以为系庄廷鑨明案牵扯连。查明史案发生于顺治十八年，大逮捕于康熙元年，处决于二年（详见黄人《大狱记》，或周庆云《南浔志》卷四十四大事记三"史案三"）其时洪昇不过十七八岁。而此案发生于洪昇离家七年之后，岂洪昇十一岁即北上耶？据"长生殿例言"，洪昇离家之前已作"沉香亭"传奇，十一岁童子焉能办此？显系失考。

④ 《稗畦集》中五律"乌"。

⑤ 《稗畦续集》中"姬人邓生子之益数岁作诗嘲之"，《两浙輶轩录》卷十五"洪之震"条，昭代丛书本"钱塘吴人三妇评牡丹杂记"末"洪之则书后"，《稗畦集》中《遥哭亡女四首》。——又《稗畦集》中《感怀》，《省觐南归留别长安故人》，《夜宿山居》，以及《续集》中《己未元日》等诗，每言及八口妻孥。

⑥ 《稗畦集》。

玉立、李湘北、吴留村等相国尚书以及许多内外官僚之间都有过周旋①。虽然如他自云："平生自负羞低首，独冀山公万一怜。"② 结果仍是"莫问侯门珠履事，残怀冷炙是怜才"③。这和杜甫"朝叩富儿门，暮随肥马尘"是同样的遭际。由于他的思想作风与当时朝贵不是一条路，故即使列名王渔洋门下，但关系也不好。他的好友赵秋谷说："虽及阮翁之门，而意见多不合。朝贵亦轻之，鲜与往还。"④ 而和他有深交的师友陆拒石、毛稚黄、恽南田、柴虎臣、韦六象、周青士等，都是些不肯仕清的遗民⑤。这样在政治基本倾向上的异趣，故他与那些朝贵难以同污合流。造成在北京的孤独感。"长生殿"中他借郭子仪的口中叹出："待觅个同心伴侣，怅钓鱼人去，射虎人遥，屠狗人无。"内心的政治倾向不调和，社会地位的悬殊，自难在北京官僚中得到友情。更难望政治上的提携。"寄友"一诗说："羊左高风不可寻，钟期死后几知音？五陵明月酣歌夜，却忆穷交一片心！"⑥充分吐露了在北京人海中沉痛的孤独。

　　这些年中，不仅南北奔波，寓居也不定。他在北京城西住过，也在北京东面昌平的沙河店住过⑦。明陵，明初的巩华城都

---

　　① 《稗畦集》中《途中奉怀益冯相公》、《上徐健庵先生》、《上合肥李尚书》、《上真定梁相公》、《过无锡有感寄吴留村尚书》等，以及集中其他一些没有感情的酬赠之作。

　　② 《稗畦集·奉寄少宰李公》。

　　③ 《稗畦集·与盛靖侯朱近庵登君山》。

　　④ 赵执信：《谈龙录》。

　　⑤ 《善卷堂四六》中陆宗培撰《陆繁弨传》，北大影印朝鲜人撰《皇明遗民传》中《毛先舒、柴绍炳传》，李元度《国朝先正事略》卷四十五《恽格传》、卷四十《周青士传》，卓尔堪《明末四百家遗民诗》卷二《韦人凤传》。恽格《瓯香馆集》卷二有《送洪昉思北游》等二诗，《稗畦集》亦有《逢恽南田感赠》。

　　⑥ 《稗畦集》。

　　⑦ 《稗畦集》有《夏日姚素心见访》，《稗畦续集》有《春日沙河寓居感怀》。

是在沙河店附近。眼见了故宫陵庙的残破，增加了怀念故国的热情。同时因住在乡村中也认识了农民的苦难和愿望，激发了对人民的同情。再，也亲自看到了满洲驻兵的野蛮淫逸的生活，更加强了对异族统治者的愤恨。现实不仅丰富了作者的感情，也提供了作者的题材。因此，他不仅写了《巩华城》、《寇恂故里》、《京东杂感十首》以及《书所见》等许多悲愤地沉雄的好诗[①]，而且《书所见》也正是《长生殿》传奇"合围"折中番姬送酒挟刀割肉场面的现实的底稿。半生的岁月中，他最大的成就还是戏曲和诗的写作。他是个精于音乐的人。从他遗留的，指痕隐隐的拍曲儿[②]，也可看出他对乐曲的爱好和工力之深。妻子黄兰次和姬人邓氏也都能弹善唱[③]，女儿之则也精于音律，好友吴舒凫也常在他家中谈曲[④]。这样一个充满音乐气氛的家庭，兼以二十余年的努力，写出了伟大的"长生殿"传奇。康熙二十七年（1688）最后定稿[⑤]。此剧一出，"一时朱门绮席，酒社歌楼非此曲不奏"[⑥]，以致"儿童妇女，无不知有洪先生"[⑦]。

当时，他的生活思想是错综矛盾的：一方面是热爱戏曲和诗，一方面又不得不奔波；一方面功名之念既未能实现，一方面想摆脱现实退居故山又办不到。这种心情，他曾在《枫江渔父图题词》中借题发挥。故"耍孩儿"一段云："俺不能含香簪笔金门步，只落得穷途痛哭。山中尚少三间屋；待归休，转又踌躇。不能做白鸥江上新渔父，只混着丹凤城中旧酒徒。几回把新

---

① 均见《稗畦续集》。
② 梁绍壬：《两般秋雨盦随笔》卷三"拍曲儿"条。
③ 《两浙辅轩录》卷七"洪昇"条引蒋京少诗。
④ "钱塘吴人三妇评牡丹亭杂记"之末"洪之则书后"。
⑤ 文林堂刻巾箱本《长生殿》徐麟序："岁戊辰，先生重取而更定之。"
⑥ 查为仁：《莲坡诗话》。
⑦ 《两浙辅轩录》卷七"洪昇"条引朱彭语。

图觑：生疏了半篙野水，冷落了十里平芜。"①

一个新的政治迫害，结束了他这重矛盾——康熙二十八年（1689），当时北京著名戏班"内聚班"，因经常演出"长生殿"获利不小，感激洪昇特为他演剧宴客。由他好友赵秋谷具柬。邀了许多文人名士——由于赵秋谷平时自高自大，得罪过给事中黄六鸿，黄便借口"国丧"期间演剧"大不敬"弹劾赵秋谷。清帝玄烨看了"长生殿"剧本"以为有心讽刺，大怒"立命刑部拿人。幸得相国梁清标的挽救，才只将赵秋谷免去赞善之职，洪昇的监生也革去了。还牵连了五十余人被免职②。

"长生殿"被玄烨认为讽刺，原不足怪。——但此案到底起于官僚间卑鄙的倾轧。除赵秋谷外，洪昇也是直爽的人，"每白眼踞坐，指古摘今"③。他赠吴天章的诗也说："感君常苦口，劝我莫多言。"④ 结果竟遭到了暗害。吴天章一再写诗安慰他："年来真见忘机好"，"欲杀何尝非李白，闻歌谁更识秦青！"⑤ 可见对洪昇的打击也不是偶然的。

洪昇被逐南归后，还想筑孤屿草堂读书⑥，可是这个想住武康山中的打算似未实现，而是住在杭州东里庆春门⑦。此后的岁月，他只是流连山水，吟诗作曲。生活表面上似很闲适，摆脱了功名妄想，达到了退隐的愿望。"四婵娟"杂剧大约是这时期写

---

① 转录自卢前：《续曲杂》。

② 阮葵生：《茶余客话》卷一，《两般秋雨盦随笔》卷四《长生殿》条；王应奎：《柳南随笔》卷六；查为仁：《莲坡诗话》；戴璐：《藤阴杂记》卷二等。梁清标救免，见董潮：《东皋杂钞》卷三（叶德均《演长生殿之祸》一文未见）。

③ 查为仁：《莲坡诗话》。

④ 稗畦集：《赠别吴天章归永乐隐居》。

⑤ 吴雯：《莲洋集》卷二《贻洪昉思》、《再示昉思》。

⑥ 《钱塘吴人三妇评牡丹亭杂记》末"洪之则书后"。

⑦ 厉鹗：《东城杂记》卷下。

的。其中第四折写赵子昂夫妇泛舟雪溪的情景，极可能是抒写自己的怀抱。另一方面，似乎显得更消沉。赵秋谷游岭南，往返经过杭州都和他见了面。据赵说"情好如故"。但从赵赠他的诗中"早知才薄犹为患，正使秋深总不悲"①。这说明两人都有很多的牢骚。

康熙三十八年（1699）冬，他安葬了客死异乡的仲弟夫妇。并将之益过继洪昌为后。写了四首诗。第二首："哭弟悲无已，重经两妹亡。羸躯归烈焰，暴骨在他乡。降罚天皆醉，招魂地渺茫。为兄年老大，稠叠遇悲伤。"② 可知他晚年的遭遇是很悲惨的。

晚年情绪不好，也正如其他士大夫一样，对现实已无能为力。找不到出路，便显得颓废——朱竹垞在康熙四十年（1701）、四十一年（1702）两次到杭州都曾和他见面。第二次曾为他的传奇题了一诗，把他比作宋大词人柳屯田③。而他自己也感伤地正以柳屯田自拟。在题"唐六如墓"的两绝句中，有一首即是哀伤自己："颇学吴趋年少狂，幽禅垂老悔词场，不知他日西陵路，谁吊春风柳七郎。"④ 据他的朋友金壑门回忆说："往予杭州寄亭，去昉思居咫尺。每风动春朝，月明秋夜；未尝不彼此相遇，偕步于东园。游息水曲，欲去还留；啼鸟花间，将行且伫。昉思辄向予诵'明朝未必春风在，更为梨花立少时'之句。且曰吾侪可弗及时行乐耶？"⑤

---

① 赵执信：《饴山诗集》卷十八《怀人诗小传》，卷七《晤洪昉思聊答赠》（按此诗作于南游过杭时），卷八尚有《答洪昉思吴舒凫》（按此诗作自岭南北归过杭时）。
② 《稗畦续集》中"己卯冬日代嗣子之益营葬仲弟弟妇孙事竣述哀四首"。
③ 朱彝尊：《曝书亭集》卷二十《酬洪》、《题洪上舍传奇》。
④ 《莲坡诗话》。
⑤ 金埴：《巾箱说》（古学丛刊本）。

当他六十之年——康熙四十三年春游松江，受到提督张云翼的招待，并为他上演《长生殿》。当时管江宁织造的曹子清也把他请到南京去。曹氏也是个能诗好曲的人，便广邀大江南北名士来招待他。演《长生殿》三昼夜，极尽豪华。临行，并送他一点钱①。就在这次归途中，六月初一日（1704年7月4日）泊舟吴兴的乌镇。洪昇因老仆坠水，自己提灯去救，结果也坠苕溪溺死②。

二

正如莎士比亚一样，一个杰出的剧作家，往往是表现了各方面才华的人物。洪昇对诗、词、杂剧、传奇、散套无不擅长③。即字也写得极娟秀④。平生创作有《稗畦集》、《稗畦续集》⑤，《昉思词》二卷⑥，杂剧《四婵娟》一种⑦，传奇有《回文锦》、《回龙院》、《锦绣图》、《闹高唐》、《孝节坊》、《沉香亭》、《舞

① 金埴：《巾箱说》（古学丛刊本）。

② 《两浙輶轩录》卷四王蓍“挽洪昉思”小序，王渔洋《香祖笔记》卷九，袁枚《随园诗话》卷一。

③ 《西河合集》卷二十四《长生殿院本序》。

④ 洪昇手书“陈其年填词图”散套的拓片（福建师范学院藏）。

⑤ 光绪《杭州府志》卷九二“艺文七”，载洪昇作稗畦集七卷，续集二卷，补遗一卷。——按福建师范学院藏有《稗畦集》传抄本，共有五绝五律七绝七律等三百数十首。未注明卷别。《稗畦续集》康熙刊本，全是五律。南京图书馆藏乃八千卷楼旧物。“补遗”未见。洪昇七古五古均未见（如《金环曲》、《怀戴悔卢游云间》、《燕京客舍生日作》等等），其他逸诗尚多。疑此传抄本稗畦集不全。刊本《稗畦续集》亦未分卷。疑《杭州府志》并未见原书，所载失实。

⑥ 《杭州府志》卷九五“艺文十”。王昶：《国朝词综》卷二同。唯蒋重光《昭代词选》卷九洪昇条作《啸月词》未知孰是。周庆云：《历代两浙词人小传》卷六洪昇条，所载《昉思词》二卷外，另有《四婵娟室填词》一卷，显是《四婵娟》杂剧之误。《昉思词》未见传本，仅散见数首。

⑦ 王国维：《曲录》卷三《杂剧部下》，现有郑振铎影印《清人杂剧选》本。

霓裳》、《长生殿》、《天涯泪》、《青衫湿》、《长虹桥》[1] 等。但一方面由于他身非显宦，子孙亦清贫，著作因之多未能刊印[2]；另一方面，思想上与满清统治者对立，有的著作如《稗畦续集》即被焚毁[3]。故至今仅遗留《长生殿》和《四婵娟》二种戏曲，《稗畦集》传抄本及《稗畦续集》外，只散见于各书的诗词散曲等零篇。可说是中国伟大的古典作家中最不幸的了。

"陈其年填词图" 洪昇题词拓片（福建师范学院藏）

---

① 《曲录》卷五《传奇部下》，《两般秋雨盦随笔》卷三 "拍曲儿" 条；唯姚燮《今乐考证》著录九洪昉思条，又载有《长虹桥》一种。今除《长生殿》外，余未见。

② 《两浙輶轩录》卷二六 "洪鹤书" 条，引《碧谿诗话》。

③ 《禁书总目》（国粹丛书本）中《外省移咨应毁各种书目》及《奏销咨禁书目》中的本省宁局第八批奏缴新书二十二种内，均有《稗畦续集》。

　　他的贡献主要是戏曲，特别是《长生殿》。这是他长期经营的成果，前后三易稿。从三次易稿的过程中，不仅说明了他生活思想发展的道路，也可看出他创作发展的道路。——当他二十岁以前尚未到北京时，曾感慨诗人李白的遭遇，写成《沉香亭》；这可能是少年才华的寄慨。到北京后，去掉李白，主题改为李泌辅肃宗中兴，更名《舞霓裳》，也许这反映他功名愿望。但在北京经历了更多的现实：异族的统治、权贵的骄奢、小民的痛苦，以及个人在北京人海感到的势利的士习世风，都有更深的体会；才能改写成《长生殿》①。现实生活不仅提供作者的素材，也影响作者的倾向。虽然三个戏都以杨贵妃的故事为线索。但主题不同，思想各异。《长生殿》不是单纯的男女之爱，而是成熟的通过这故事穿插了多样的生活画面，表达了对政治对社会的强烈的爱憎："看臣忠子孝总由情至……借太真外传谱新词，情如己！"② 才是作者真正的创作意图。毛西河序《长生殿》说是应庄亲王世子之请而作，恐是不可靠的远道的传闻③。

　　这本戏虽以杨贵妃与唐明皇的生死恋为题材，但绝不同于当时讨好朝贵的李笠翁的色情歌曲。只是通过故事的历史发展在一定的场合下铺演人物，来表现封建王朝全部的矛盾。创造了一系列的形象，错综复杂的构成五十折的巨制。——要分析作品的思想，首先要理解洪昇所处的清初半个世纪的历史。那时阶级矛盾

---

　　①　《长生殿》"例言"。

　　②　《长生殿》"传概"折。

　　③　《西河合集》中《长生殿院本序》谓应庄亲王世子作。此序各版本《长生殿》均不载。查《清史稿》中《诸王列传》，封庄亲王者二人，一为舒尔哈齐，乃顺治十年死后追谥"庄"。子未袭封庄亲王，自无所谓庄亲王世子（《诸王传一》）。一为硕塞之子博果铎，袭亲王改号"庄"。雍正元年死时无子，清世宗以圣祖第十六子允禄为之后袭爵（《诸王传五》）。则在康熙年间并无与洪昇同时的庄亲王世子。遍读清初文集笔记，亦未见有洪昇与所谓庄亲王世子来往的记载。

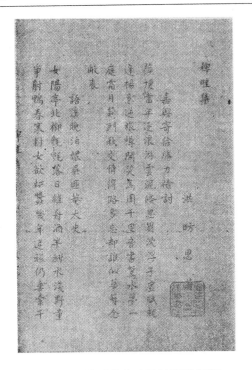

洪昇《稗畦集》传钞本（福建师范学院藏）

的主要形式已转化为民族斗争。从洪昇出生到顺治十八年（1661）这一阶段，是由东南半壁抗战以至依靠农民起义的桂王在西南的最后失败为结束。从康熙元年（1662）至二十二年这一阶段，是台湾郑氏抗清以及三藩割据战争的时期。地主本质的士大夫激剧分化后还有不少心存故国的遗民在思想上与清廷对立，而遭到了残酷的虐杀。奏销、通海、文字狱等案更是有计划的屠戮与思想迫害。这正是查初白所谓"乱余宾客搜亡命，敕后英雄耻故乡"的恐怖时期。康熙二十二年后，武装斗争结束，遗民先后老死，清廷统治已巩固，才改用利诱收买的政策。洪昇一生经历了从火热的抗清运动到异族统治巩固的整个过程。在这巨大的变乱中，他父亲的遭成和自己的遭遇都是这斗争的直接结果。

因此，占他思想主要地位的是爱国主义。在《长生殿》和抒情诗中，到处都流露了对异族征服者不可遏止的憎恨。《长生殿》的"收京"折中通过郭子仪的口中说出：

> 九庙灰飞，诸陵尘暗，腥羶满目狼藉。久阙宫悬，伤心血泪时滴！

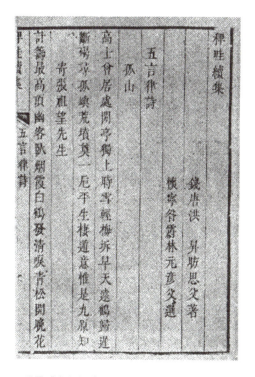

洪昇《稗畦续集》康熙刊本（福建师范学院藏）

在"剿寇"折中通过番将的口中说出：

> 到处里，染腥风，杀人如芥。

在"弹词"折中又由李龟年道出作者对异族盘踞故国的沉痛：

> 自銮舆西巡蜀道，长安内兵戈肆扰；千官无复紫宸朝。把繁华顿消，顿消！六宫中朱户挂蟏蛸，御帐旁白日狐狸啸。叫鸱鸮，也么哥！长蓬蒿，也么哥！野鹿儿乱跑，花柳宫苑一半儿凋，有谁人去扫？去扫？玳瑁空梁燕泥儿抛，只留得缺月黄昏照。叹萧条，也么哥！染腥臊，也么哥！梁腥臊，玉砌空堆马粪高。

全剧中对安禄山的攻进长安，到处用"腥羶"、"腥臊"的词句。"收京"折中又说喜消尽"妖氛"；完全是利用安禄山的"羯胡"种族来渲染异族入侵的色彩。"疑谶"折中："见了这野心杂种牧羊的奴，料蜂目豺声是狡徒。怎把个野狼引来屋里居！"更是明显地斥责汉奸们的引狼入室了。

爱国主义者对当时士大夫的分化，便必不可免地表现出他的爱憎的界线。洪昇一方面在"长生殿"的"骂贼"折中借了雷海青的话痛斥汉奸的无耻："那满朝文武，平日里高官厚禄，荫子封妻；享荣华，受富贵。哪一件不是朝廷恩典？如今却一个个贪生怕死，背义忘恩，争去投降不迭。只图安乐一时，哪顾骂名千古。唉！岂不可羞！岂不可恨！"继又唱道：

> 平日家，张着口将忠孝谈；到临危，翻着脸把富贵贪！

早一齐儿摇尾受新衔。把一个君亲仇敌当作恩人感。咎只问
你蒙面可羞惭！

另一方面，在"私祭"折中李龟年唱的"那雷老呵！他忠魂
昭白日！羞煞人，遗老泣斜阳！"以及在抒情诗《女阳亭》"毛殿
云斋中读朱若始先生表忠录感赋"① 等篇中流露着对忠臣的礼赞。
敬礼遗民，歌颂不肯事敌的退隐——他"寄韦先生六象"诗：歌
颂他"始知有真隐，不望鹤书来"。而他自己虽不能不旅食京华，
但内心却是很矛盾的。故有"平生栖遁意，惟有九原知"（孤山）
的诗句。当历代政权变革的前后，士大夫与统治者对立的退隐，
基本上是一种不投降不妥协的斗争形式，这与坐食农氓优游林下
的地主性的隐居是有区别的。吴梅村诗："但若盘桓便见收，诏书
切责敢淹留？"便可知当时要想不事敌而退居也是不容易的。

其次，在满清皇室入主中原之初，虽表面上取消了明末的一
些加派税饷。因而被汉奸和御用文人大肆粉饰。特别是歌颂
"康熙之治"。其实，封建经济的本质未变，则封建的剥削以及
封建王朝宫廷的淫逸和官吏的贪污等现象是必不可免的。《长生
殿》虽写唐代的故事，但不能误解为唐代历史的真实；而反映
清初现实却达到了高度的"艺术的真实"。《长生殿》里渲染杨
贵妃姊妹的宠遇，兄弟的显贵，都与康熙宫廷情况相近似。例如
玄烨的孝诚后与平妃都是噶布喇的女儿，孝懿后与悫惠妃都是佟
国维的女儿；孝昭后与温僖贵妃都是遏必隆的女儿，此外还有宜
妃郭络罗氏姊妹② 。遏必隆与佟国维两家也煊赫无比③ 。因嘉庆

---

① 诸诗见《稗畦续集》。
② 《清史稿》列传一《后妃传》。
③ 《清史稿》列传三十六《遏必隆传》，七十四《佟国维传》。

以前凡皇后贵妃的亲姊妹都是要备选秀女的①。再以贡荔枝一事而论，清道光以前也仍旧有这个惯例②；至于官吏的贪污，清初也是一样。康熙时"督抚以司道为外庖；司道以府厅为外庖，府厅以州县为外庖，而州县等官又总为督抚司道府厅之外庖。……及语其究竟总百姓受之……"③《长生殿》中的"贿权"、"权閧"两折中所写权贵的纳贿，"进果""神诉"两折中所写外吏的贪污都具有现实的基础。洪昇又在《闹高唐》传奇的自序中说："文官如柴进则不爱钱，武官如李逵则不惜死，故独为二人写照。"④也显然是对贪官污吏的鞭笞。

一方面斥责封建王朝宫廷的骄奢淫逸和官吏的朘削诛求，另一方面对于农民的疾苦，予以极大地关怀。《长生殿》的"进果"折中老田夫唱：

> 田家耕种多辛苦，愁旱又愁雨。一年靠这几茎苗，收来半要价官赋。可怜能得几粒到肚？每日盼成熟，求天拜神助。

倾吐了农民哀哀无告的痛苦。"疑谶"折中所说的"朱甍碧瓦，总是血膏涂！"更是作者愤怒的诅咒了。

这些都是作者接触了广大人民的生活，体会了人民的感情，而表现出来的人道主义的精神。这种人道主义正是我们封建社会中许多古典的伟大作家优良品质。

再，在洪昇的戏曲中还有一点比较突出的思想，即对妇女

---

① 钟琦：《皇朝琐屑录》卷七。
② 陈康祺：《郎潜纪闻》卷四"顾制军奏罢福建贡荔"。
③ 钟琦：《皇朝琐屑录》卷七。
④ 将瑞藻：《小说考证》卷六"闹高唐"条引《见山楼丛录》。

所处地位的同情，和对他们才能的肯定。——就杨太真而论，从《长恨歌》以后一切的诗文小说，以至戏曲如吴世美的"惊魂记"，绝少对她有好评。无不写成倾国倾城的祸水尤物，这种遭遇当然不止她一人，历史上留下的极少的知名女性，除当作羔羊献祭而殉节的以外，无不受到非议。不仅武曌如此，即连李清照、朱淑真等女诗人亦不免受到诬蔑。这情况是不难理解的：自从妇女在主要生产劳动中失却地位之后，在阶级社会里便丧失了独立的人格。无论出身如何，在其本阶级中终是处于"悲欢任人"的地位。《长生殿》中写的杨贵妃虽然承恩受宠时处于极端豪华的生活层。但一旦失宠，便只有自叹"秋风团扇原吾分"的命运。作者深刻地体会到这一点。所以在"弹词"一折中点明了不能埋怨贵妃娘娘。"私祭"折更说："那里是西子送吴亡，错冤做宗周为褒丧。"同情地揭示出她们"荣辱由人悲欢听命"的地位，进一步为千百年来妇女解除诬蔑她们的政治责任。

　　封建社会的妇女失却了独立地位，也就剥夺了文化生活与社会活动的权利，甚至从思想上扼杀妇女发展才能的愿望。在长期中累世累代的削弱妇女的能力后，进而又酿成妇女低能败事的世俗谬见。——洪昇却相反的一贯肯定妇女的才能。不仅《长生殿》中描写杨贵妃出色的聪明，在他所写许多戏曲中的女性，无不赞扬其才能。如《迴文锦》传奇中写苏蕙织迴女锦，巧思无比；赵阳台文武双全①。《四婵娟》戏剧中，四折分别描写谢道韫的诗才，卫茂漪的书法，李清照的博学，管仲姬的绘画。显然是有意宣扬她们的才情。同时更指出妇女纵有才能也往往不免悲惨的命运，进而也讽刺封建婚姻的荒唐（如《四婵娟》第三

---

　　① 蒋瑞藻：《小说考证》卷六"迴文锦"条引《见山楼丛录》。

折中"药圣王"曲的填词）。这实是宋明以来士大夫漫游了"理学"的思想界中先进的叛逆的见解。

像洪昇这样憎恶异族统治怀念故国，讽刺宫廷的淫逸，指责官吏贪残，同情妇女的命运。都代表了普通人民一般的感情和愿望。这些也是贯穿他全部作品的主导思想。作家的写作在一定的意义上本身也是一种斗争。这当然不能不引起统治者的注意。——当时的皇帝玄烨自以异族入主中原，对汉人十分猜忌。思想迫害非常厉害。当时连"夷""狄"之类的个别字句都不能触犯。其至连含义为"太平"的"清彝"二字与"清夷"同音，朝贵们也都忌讳①。玄烨这种猜防的家法还因当时尚需采取"镇压"与"怀柔"的双重政策而未能充分施行。到他子孙雍正乾隆两朝统治更加巩固之后，文字狱便更加惨剧了。成为摧残汉人爱国思想的主要方式。——由此，不难理解"仁庙（玄烨）取长生殿阅之，以为有心讽刺"而使洪昇等遭到斥革，也不难理解洪昇的《稗畦续集》后来之所以被禁了。即在当时，洪昇已感到迫害的抑郁。曹子清赠他的诗说："垂老文章恐惧成"②，是了解洪昇真实思想情况的。

《长生殿》艺术方面的成就，也是戏曲史上光辉的代表。即以情节而论，除依据《长恨歌》外，更费力地搜集了前代许多小说故事传说。诸如《长生歌传》、《太真外传》、《梅妃传》，以及散见于《龙城录》、《唐逸史》、《明皇杂录》、《开天传信

———————————

① 施念曾：《施愚山先生年谱》卷四，康熙十八年条引《示子札》。

② 康熙写刻本《拣亭诗钞》卷四《读洪昉思稗畦行卷感赠一首兼寄赵秋谷赞善》："惆怅江关白发新，断鸿零雁各凄清；称心岁月荒唐过，垂老文章恐惧成。礼法谁尝轻阮籍，穷愁天亦厚虞卿；纵横捭阖人间世，只此能消万古情。"沈德潜：《国朝诗别裁》卷二十引此诗，将"恐惧成"改为"忧患成"，将"谁尝轻"改为"世难拘"，将"天亦"改为"天欲"。原意转晦，当时原刻为是。

录》等等。再加作者的虚构而精心安排。例如杨贵妃改葬以及
升入蓬莱太真院，即根据钱振之《哀恨集》。人物如李暮、念
奴，也出自《连昌宫辞》的自注①。作者虽据如许材料，而想象
的加工是极为技巧的。如李龟年流落江南路遇李谟，以及女真观
中与念奴等两宫女的会见，构成"弹词"、"私祭"两折。不仅
予人"白头宫女在，闲坐说玄宗"那种眷怀故国的感情，且极
富于生动的戏剧性。

从全剧的结构看：第一折"传概"只是传奇为说明主题的
照例的序幕。像《桃花扇》的"先声"一样。自第二折"定
情"至十二折"制谱"，可说是戏剧的开展部分。写贵妃的入
宫，宫廷的生活。加以唐明皇为中心的朝廷的纠葛与朝野的矛
盾。也即在这里安排了主要人物及其社会地位与相互关系，并显
示人物的思想生活形态。自第十三折"权閧"到二十五折"埋
玉"，可说是戏剧的发展部分；由此展开了杨国忠与安禄山的倾
轧，贵妃与梅妃的竞宠，以及唐廷与安禄山的斗争，也即是在这
段落中使一切矛盾逐步开展。而"埋玉"为一切矛盾焦点的结
果。故尔也是全剧的顶点。自第二十六折"献饭"到五十折
"重园"可说是戏剧的结局部分。写唐明皇在战士及人民面前忏
悔，安禄山的覆灭，明皇与贵妃的爱情至死不渝等，也即矛盾的
逐一清除。——整个戏以唐明皇与杨贵妃的生死恋为线索，交织
着中朝（唐廷）与异族（安禄山）的矛盾，统治层内部的矛盾，
人民与统治阶级的矛盾，忠烈与汉奸的矛盾；将许多矛盾错综穿
插加强了这戏的结构与场面的紧张性。而且在各个场合，甚至对
一些在情节演进中不重要的场合，也巧妙地安排了一定的"对
比"或"冲突"。如"禊游"中妃嫔的豪华与村妇的艳羡；"疑

---

① 天保久随：《支那戏曲研究》，第359—360页。

讌"中杨家的骄奢与郭子仪的愤慨；"进果"中贡荔的紧急与小民的可哀。"夜怨"、"絮合"等折中的纠葛，"骂贼"、"献饭"等折中的对比。诸如此类，更丰富了戏剧中特具的紧张性和尖锐性。也即是说：更有"戏"味！

人物的塑造上也是成功的。写得最出色的是杨贵妃。聪明、美丽、能歌善舞，嫉妒而又骄纵。最切贵族妇女的神态。当她得意时，深宫生活十分娇慵。日迟未起还埋怨"流莺窗外啼声巧，睡起来把人惊觉"（"春睡"），一旦失宠，"但惜芳容，怜薄命，忆君恩"。遥望宸阙，追怀旧欢。懊悔，忧虑，既怨恨而又怀冀望（"献发"），由于虢国夫人促成她的悲剧，爱情与姊妹之情的冲突难以处理，"但有千言万语，只在心上忖"。而对于梅妃则处于不可调和的敌对。她个性倔强，好胜（如"制谱"中，一心想制成一曲胜过梅妃的惊鸿舞），使骄（如"幸恩""絮阁"），既热恋却又永远担心着爱情的变化，时常设法在纠葛中借了钗盒信物来争取巩固明皇的爱宠。——歌舞剧中不能如小说那样由作者从第一或第三人称来描摹人物的个性和思想，洪昇却巧妙地从杨贵妃的唱词，从明皇、高力士、宫女以至虢国夫人的口中来刻画杨贵妃的个性（如"幸恩"中唱的，说贵妃"使惯娇憨，惯使娇憨，寻瘢索绽，一谜儿逞心胸"；"献发"中高力士说她"生性娇痴多习惯"等等），从各个不同的场合来表现她的生活和情绪。如"春睡"中表现她的娇慵自得，"夜怨"中表现她的苦闷，"密誓"中表现她的顾虑等等。如"夜怨"中杨贵妃所唱的：

烧残香串，深宫欲暮灭。把文窗频启，翠箔高卷，眼儿几望穿。但时常此际，定早驾到西宫，执手齐肩。映房枕，春生颜面，百种耽欢恋。嗏！今夕问何缘——芳草黄昏，不见承回辇？

充分表现了少妇期待、孤独、焦虑的情怀。这种透过人物间的生活联系或情节发展的方法，运用歌词来描写人物，塑造个性，使她活灵活现，真显出了作者不平凡的才华。

除杨贵妃外，如唐明皇，写他宴安自满。暮年溺于淫逸的丑态，从"春睡"中他唱"欣可！后宫新得娇娥，一日几摩挲。"充分暴露出来。"絮合"折写他防止贵妃嫉妒生气而隐忍的狡猾，"埋玉"折写他在马嵬坡紧急关头的犹豫懦怯："贵妃，好教我难禁驾！""罢，罢！妃子既执意如此，朕也做不得主了。高力士！但凭娘娘了罢！"推诿自保，何等的卑怯。"惊梦"折进而更写出他透过迁怒。虽然剧本还写了他的懊悔与眷怀，末了并使他"重圆"。但在作者的意态上是未原谅他的。如"神诉"中织女说："虽如此说，只是以天下之主，不能庇一妇人！长生殿中之誓言安在！李三郎正好薄情也！"他所塑造的却是这样一个好色而自私的角色。

其次，如杨国忠的狡诈（如"贿权"中写他既推诿不敢擅专，却又自诩"微有权"等等）；虢国夫人的得意矜持，心虚而又嫉妒（如"禊游""幸恩"等折）；都十分传神。至于那些非主要的角色如李慕、李龟年等也都很生动。即如酒家姬那个无儿无女的老妇人，靠拾得杨贵妃的锦袜，供过客参观赚钱。生意好，很得意。居奇，深虑，活画出一个中世纪的无依无靠的小市民妇人的小心眼（如"看袜"、"改葬"）。这证明洪昇在创造人物方面是善于掌握身份，刻画个性的。

歌剧的语言不同于小说或诗歌。他的特征是有说的"宾白"和唱的"歌词"。而歌词既须优美而又合于音乐的声调和旋律。《长生殿》的歌词是很成功的。洪昇写作此剧时，曾得到赵秋谷、吴舒凫的帮助，特别是徐灵昭[①]为他协律。如《长生殿》中"闻铃"折后段的"武陵花"一曲，写雨声铃声中怀人的哀怨；"见月"折中"摊破金字令"一曲，写黄昏庭院的幽思，"雨梦"折中"下山虎"一曲，写空山雨后的凄清……不仅描摹景物如画，深情感人；即文字的精炼，韵律与感情的谐协，也都是极美的抒情歌曲。特别是"弹词"中"转调货郎儿"的"六转"、"八转"等段，更是精绝。词意的紧张或幽怨处，与曲调旋律的重沓紧慢十分契合。故演奏时的音乐感染力极高。吴翟庵说："长生殿则集古今耐唱耐做之曲于一传中，不独生旦诸曲，出出可听。即净曲过脉各小曲，亦丝丝入扣，恰如分际。'舞盘'折'八仙会蓬海'一套，'重圆'折'羽在第二叠'一支，皆自集新腔，不墨守九宫旧格。而'侦报'之'夜行船'，'弹词'之'货郎儿'，'觅魂'之'混江龙'，试问云亭（孔尚任）有此魅力否？"[②] 关于乐律的谨严即不听演奏或读曲谱。仅看《长生殿》刊本徐批也可以看出：他每个字的阴阳上去一点也不含糊。所以才能写出这样能看能唱的戏。

但是《长生殿》在今日看来，仍存在着消极的一面：主要由于如洪昇的阶级出身于士大夫，在社会大变革期不可能参加人民的队伍。便纵然不满现实，也是软弱无力的。桂王流离黔滇时士大夫多跑了，剩下的农民军李定国等尚经年转战；而清初大江

---

① 赵秋谷的协助见赵的《饴山诗集》卷十八《怀人诗》小传，焦循《剧说》卷四；吴舒凫论文，徐灵昭协律见"长生殿例言"。关于徐灵昭、王季烈《螾庐曲谈》卷四谓为徐灵胎。周贻白《中国戏剧史》更强谓"昭"乃"胎"之误。按吴德旋《初月栖续闻见录》卷四有徐灵胎传甚详。乃吴江人。《清史稿》艺术传载灵胎乃徐龟发之孙。龟发与洪昇同时。张惟骧《疑年录汇编》明载灵胎生于康熙三十二年（1693）其时洪昇已经革斥。足证长洲徐灵胎别是一人。《稗畦集》有《赠徐灵昭》"秋夜静德寺同徐灵昭"七律二首。

② 吴梅：《中国戏曲概论》卷下。

南北士大夫纷起抗清但未能与人民力量相结合（如祁彪佳当清军逼境时，尚镇压"奴变"），便瞬起瞬灭，这就是阶级决定的历史的必然。洪昇正如许多遗民一样，形势既已不可挽救，不满而又无力。他的诗也自嘲："空怀拊髀恨，终愧弱男儿。"（己未之日）"多难复无成，伤哉百感并。静嫌名士气，哀悔少年情。"（幽居书怀）① 这种矛盾反映在世界观上必然发展到"情缘总归虚幻"（《长生殿》"自序"），故《长生殿》的后半，如吴瞿庵所说"托神仙以便绾合，便觉幻诞"。这绝不是因为《长恨歌》有道士到仙山寻访太真而终于"天上人间会相见"故如此写法。实际上作者为了充分反映他的创作意图，《长生殿》后半穿插了"献饭"、"骂贼"、"收京"、"弹词"、"私祭"许多《长恨歌》所没有的场面——恰恰由于《长生殿》中的重重矛盾是洪昇所不能解决的悲剧，思想上的出路只有托神仙来使他"重圆"。这种结束的理解，正如"重圆"中织女所点出："聪空花幻影当前，总空花幻影当前！"这和洪昇抒情诗中"不学空门法，吾真负此生"（山中夜坐）。"一灯伴弥勒，从此学无生。"（幽居书怀）以及其他诗中访僧游寺是一样的消极倾向②。也正是因为这种倾向，在"神诉"、"尸解"、"仙踪"、"怂合"等折中，既没有了戏剧"冲突"，更缺乏作为艺术基础的生活感受。除令人感到"神仙""幻诞"外，反而损害了《长生殿》本质上作为一个悲剧的气氛。

其次，在写作上也有些缺点：例如歌剧中的宾白，是需要生活中的活的语言。要简练，生动而且铿锵。《长生殿》的宾白是不生动的。这方面它不及《桃花扇》的作者，所以在演奏时，

① 均见《稗畦续集》。
② 诸诗均见《稗畦续集》。

曲师便不得不自由修改为口语①。再如所穿插的"打诨"，有时往往流于秽亵而与场合的气氛不调和。特别是常拿可怜的人们如丑陋的村妇宫女们开玩笑。如"禊游"、"窥浴"、"驿备"等折。这些都是没有摆脱传统的恶习。特别是"驿备"一折，即从整个的剧情发展看也是完全可删的。

虽然《长生殿》有这些缺点，但它以沉潜的爱国深情，借动人的爱情故事，终成为南曲中一个能看能唱的光辉的杰作。正如吴舒凫序："爱文者喜其词，知音者赏其律。"上演也一直为人们所喜爱。据梁廷枏说："长生殿至今百余年来，歌场舞榭，流播如新。每当酒阑灯炧之时，观者如至玉帝所听钧天法曲……"②

三

在文学传统上，中国古典作家，都是首先致力于诗歌的写作的。洪昇在当时也是"以诗名长安"③的。从他残留的五百多首诗看，正如《长生殿》一样，也部分地反映了那个悲剧时代的面貌，和他自己对现实的感受、爱憎与苦难。这种遭遇和感情有许多是与一般人民相通的。加以他对诗的高度的艺术造诣，因之也就成为不容忽视的文学遗产。

首先，在诗中，他通过前代的历史遗迹表现了对故国的热爱。例如《京东杂感》十首中的：

胜国巡游地，孤城有废宫，周垣春草外，圆殿夕阳中；狐猭沙翻雪，鸱蹲树啸风，惟余旧村落，鸡犬似新丰。（其二）

---

① 见曲师殷溎深《长生殿》曲谱中"疑识""弹词"等折。
② 梁廷枏：《藤花亭曲话》卷三。
③ 查为仁：《莲坡诗话》。

　　雾隐前山烧，林开小市灯。软沙平受月，春水细流冰，远望穷高下，孤怀感废兴。白头遗老在，指点十三陵。（其三）

　　盘龙山下路，尚有果园存。岁月蟠根老，风霜结实繁。落残供野鼠，垂在饲饥猿。童竖休樵采，枝枝总旧恩。（其四）

他如"废寺基"等，都潜藏着隐忍难宣的对故国眷怀的深情。"云台何处是？漫说汉中兴！"① 抗清运动已失败，只遗下不胜惋念的悲痛。

　　然而在他半生中仍是"家室仍多故，江山未罢兵"② 的苦难日子。吴三桂、耿精忠等三藩的割据战争更造成社会极度的残破。例如衢州即是耿精忠与清军前锋长期争夺的据点③，人民所受的祸害最大。洪昇在诗中也表现了他悲悯的情怀："……居人乱后惟荒垒，巢燕归来止数家。一片夕阳横白骨，江枫红作战场花。"④ ——为了对抗三藩的进攻，当时清廷采取了以汉人攻汉人的恶毒政策，大举征募绿营兵打前锋⑤。洪昇《征兵》："万里妖云起，千家夜哭声。朝来羽书下，主将又征兵。"又《征妇怨》："秦楚兵戈乱似麻，红颜深夜忆天涯。月明一片砧声起，泪满长安十万家。"⑥ 充分反映了人民对于征兵的痛苦。

　　战争之外，水旱天灾，封建租税，更造成人民重重的苦难。洪昇接近了人民，深入地体会人民的生活，不仅丰富了他的感

----

　　① 《稗畦集》中《后江行杂诗》之三。
　　② 《稗畦续集》中《过京口作》。
　　③ 《清史稿》列传三十八《李之芳传》。
　　④ 《稗畦集》中《衢州杂感之五》。
　　⑤ 《清史稿》兵志二"绿营"："绿营战功自康熙征三藩时用旗绿兵至四十万。云贵多山地，绿营步兵居前，旗兵继之，所向辄捷。"征募情况。此处不细论。
　　⑥ 均见《稗畦集》。

情，而且培养了他精神上与人民同患难的品质。例如《衢州杂感》之二："荒村野老暮相逢，为说今年浲水冲。一夜波涛如溃海，万山风雨出飞龙。支崖不见孤撑石，卧壑曾留倒据松。听罢跼蹡坠双泪，可能人告免租庸？"又《京东杂感》之一："昨岁京东郡，灾伤剧可嗟！草枯连赤地，城坏折黄沙。巢燕全无树，流民只数家。十年生聚后，可得盛桑麻。"都不仅画出了灾区的凄惨景象，并且予以极大的关怀。至于"田家野望"中"催科当岁歉，更忍迫穷黎！"更是提出抗议了。

其次，我们可以看出：洪昇和许多古典诗人一样对大自然有深厚的爱好。在他的诗中，祖国土地上的一丘一壑，一草一木，无不有亲切的感情。他多年消磨在南北奔波的征途上，善于深入的观察自然，故在纪游，写景的诗中，纵然是平凡的原野或荒村，野鸟山花，都写得十分细致，逼真，生动可爱。

> 终日轮蹄古道间，一方平野一重山；村皆依树烟逾碧，水不成溪石自斑。乳子羸羊眠麦陇，吠人小犬出柴间。乡园亦有田家乐，底事驰驱不肯闲？（垛庄）

> 一簇松篁攒湿翠，行人遥指杜家山。蹇驴独去有底急，野鹭自飞何太闲。断续疏钟烟坞外，纵横乱水麦畦间。白门欲问藏乌处，柳叶初开未可攀。（遥经杜家山）①

> 茅舍栖迟久，春来气渐温。疏花开冻蕊，暗木长新痕。野鸟竞辞谷，山云闲入门。二三樵牧外，谁复到荒村。（荒村）②

这些诗真正撷取了山野的声光形色。美存在于现实中。问题在作者如何观察现实，反映现实的。——也正由于他熟悉风物山水的

---

① 二诗均见《稗畦集》。
② 见《稗畦续集》。

变幻，花木鸟鱼的习性，故诗句往往能写出景物的动态。如"石汗知将雨，山烟欲变云"（山中俞璈伯见过），"近山松鼠窜，当午竹鸡啼"（访陕兴公题赠之一），"日暄莺语滑，烟润草痕新"（长淮）①，"麦芽争出土，花气欲排春"（喜雨），"明月前后入，溪花冬夏开"（寄韦六象先生）②，像这些，真显得自然界生命无处不在。

再，洪昇的诗大多是抒情诗。这种诗表面上看多是抒写个人的遭遇、爱憎与怀抱。但个人的悲欢爱憎原是社会的产物。诗中反映的内心的状态也往往可透露形成这种内心状态的客观现实。如洪昇诗《一夜》："海内半青毡，梦中双白头；江城超哀角，风雨宿危楼。新鬼哭逾痛，老乌啼不休。国殇与家难，一夜百端忧。"③ 鲜明地反映了他个人的痛苦与时代的悲剧是如何的相应。——在他半生中：士大夫的阶级本能驱使他向往"功名"，现实的生活重负迫使他奔波，而内心的对异族统治的不满和对人民的同情的倾向，以及不甘同污的感情又使他痛苦。从长期的生活历练中才使他认识到此路不通。《北发有感》："非商非宦两无成，底事飘蓬又北征。妻冻儿饥相促迫，猿惊鹤怨负平生。羞从幕下裾还曳，浪说门前倒屣迎。聚铁九州难铸错，白头终夜泪纵横。"④ 倾吐了他这种错综矛盾的心情。这也足以说明封建期的伟大作家的发展是如何的艰难曲折。而且仍止于不可突破的历史的局限。

其他的抒情诗中，如写夫妇感情的《七夕时新昏后》，写儿女之情的《遥哭亡女四首》，写朋友之情的《逢恽南田感赠》，

① 均见《稗畦集》。
② 均见《稗畦续集》。
③ 《稗畦集》。
④ 同上。

以及思亲忆弟，死别生离之作，都深入人之常情。例如《内人书至》："阑闺分手四年余，千里殷勤慰索居。若比九原泉路别，只多含泪一缄书"① 令人十分感动。诗中所写这种人类共有的千古常新的感情，永远能引起人们的共鸣。

当然，他也有许多缺乏感情的世俗酬赠之作。另外，许多抒情诗中也流露着悲观的虚无的意味。

就写诗的艺术手法看：洪昇的诗极少堆砌典故。而对于语言的锻炼却十分注意。不仅用字精练（特别是对于动词、副词、形容词使用得十分妥帖生动）。并且善于发挥汉语单音字的声韵调的特具的美。因此，往往在短短的小诗中能概括复杂的形象，音律也非常柔和幽美。如：

空江烟雨晚模糊，越峤吴峰定有无？宿鹭连拳鱼泼剌，败芦深处一灯孤。（晚泊）

画舫歌相逐，朱荷摘未稀。低头花傍鬓，碍手刺牵衣；月上新潮满，江空一棹归。闲情对深夜，只羡野鸳飞。（采莲曲）②

通篇素描，显得清新流丽。厉樊榭说他的诗近乎"大历"③，是比拟不当的。论风格，七言颇与韦苏州、刘长卿相近，五言与王摩诘、孟浩然相近。每一个诗人对前代的诗人总是依据自己的性情与爱好而受到一定的技术上的影响的。

对于声律，洪昇并不十分重视。如《稗畦集》中五律《溪泊有待》重出"落"字，《稗畦续集》五律"漫兴"重出"清"字，《送陈之谦之安邑》重出"水"字。这在传统的观念看，律

---

① 以上诸诗均见《稗畦集》。
② 《夜泊》见《稗畦集》，"采莲曲"见《稗畦续集》。
③ 《东城杂记》卷下。

诗是不许可如此的。——他这种写诗的态度：少用典故，不拘格律，自由抒写，保持语言素朴清新的美。与清初诗坛钱牧斋、龚芝麓、吴梅村、朱竹坨、王渔洋、查初白、宋荔裳等人力求典雅工丽的道路是迥然不同的。赵秋谷说他的诗"不尚时趋"①，倒正说明了他所走的独特的路。过去沈归愚、袁子才②、厉樊榭虽都推崇他，但并未能阐明他的诗的特征。因为他们不了解他的生平和思想感情。诗，特别是抒情诗，是和诗人的世界观、政治倾向、生活感受以及诗人的品质才情分不开的。

1954 年 11 月初稿

1956 年 5 月 1 日重改

---

① 《饴山诗集》卷十八《怀人诗》小传。

② 《国朝诗别裁》卷十六；《随园诗话》卷一。

陈忱与《水浒后传》*

一

恩格斯论文艺复兴时代产生的多才多艺学识渊博的巨人，都是积极的用笔或剑，或两者并用，参加实际斗争的人，也正因此使他们成为完整的人物①。明末清初也是一个掀天动地的变革期，出现诸多这样的巨人，如顾亭林、黄梨洲、王船山，以及钱饮光、陈忱等，不仅都是多才多艺的学者，也都是参加了实际政治斗争的，在斗争中才锻炼了他们完满的坚强的性格。不过，这许多人对于农民起义大都采取反对的态度，只有陈忱是同情农民武装的人。这一点，反映在他的诗中，特别是反映在他的长篇小说《水浒后传》中。

我们说的明末清初也是一个变革期，还不仅是指明清政权的交替，更重要的是在社会经济生活中，江南地区已显露了资本主

---

* 原载《文学遗产》（增刊）第 7 辑，中华书局 1959 年版。

① 恩格斯：《自然辩证法导言》（《马克思恩格斯文选》两卷集，莫斯科中文版，第 2 卷，第 62—63 页）。

义因素的萌芽。这在《水游后传》中，也依稀地可以看到它的影子：货币经济相当的发展，市场上大小买卖，都是用银子用钱，因而刺激了工商业的发达。国内市场已初步形成，有了像小说中蒋敬那样从四川贩盐到湖广贩米的行商。有成股的走湖州贩纱罗的客商，还有资力雄厚的地方商人如洞庭帮；连香料海货这时也成了习见的商品，因之有不少的人做"飘洋生意"，搞"通海私货"，甚至成为到"外洋寻岛安身"的冒险家。在农业中也出现了商品性的专门经营，如太湖西山便是花果业的经营区域。商业资本的发展，必然造成城市的繁荣。小说中写的建康是"四面舟车，往来热闹"；临安是"十里红楼，一窝风月"；连常州这样的县分也很繁华。在这种情况下，农村的生产关系也在变化中，可以看到佃户的跑走，雇农的出现；地主如李应也不甘坐以消费他的封建地租，而热衷于商业活动，也发钱去海边生发利息并顺道贩货。这都表明新的东西在生长。但另一方面，像丁乡宦等大地主却依然利用特权封占湖山，剥削佃户的地租和渔民的鱼税；寺院的僧侣地主也十分豪侈；贪官污吏与豪绅恶霸勾结，任意敲诈勒索。甚至像毛豸那样仗势掠夺扈成的海货。小民连生命安全有时都不保。而这种封建势力当时仍占着统治的地位。结果是爆发了农民战争。异族又得乘虚而入，不仅烧杀掳掠，使社会生产遭到严重的破坏，因而造成一时社会经济的逆转。当这方生未死之间，死的拖住活的，便是这变革期最大的悲剧。陈忱就在这个悲剧里煎熬，《水浒后传》也就是这个悲剧的产物。

关于陈忱的身世，我们知道得极少。较早的范来庚的《南浔镇志》只是如此说：

> 陈忱，字退心，号雁宕山樵。其先自长兴迁浔，数传至忱。读书晦藏，以卖卜自给。博闻强识，稗官野乘与史融合贯穿……缙绅俱推重其诗文。惜贫病孤老。著述如《痴世

界乐府》、《廿一史弹词》及诗文杂著，俱佚；唯《后水浒》一书，托宋遗民刊行①。

根据他自己的《九歌》和《仲春二十四日为四十九岁初度》等诗，确知他是生于万历四十一年（1613）一月二十四日②。

他只是吴兴县南浔这个经济发达的市镇的贫苦的市民，不仅在清朝是个埋名隐姓的亡命，即在明朝也没有什么科第功名或仕历③。所以他对武装农民的态度，和那些出身官宦或广有田园的士大夫有着不同的感情。是类似"平民革命派"的人物。

当清兵南下时，大江南北的农民和爱国的士大夫都纷起义军对抗。陈忱的许多朋友都参加了武装斗争，如魏雪窦、吴东篱等都加入了太湖以吴日生为首的抗清军④；顾亭林、归元恭也参加过昆山的武装抗清⑤。他有的朋友如魏雪窦、吴振远等就先后牺牲了。还有许多朋友，如顾茂伦、俞山人、韩石耕、赵天来、崔

---

① 范来庚《南浔镇志》卷七文学类（南林丛刊本）其后，汪曰桢《南浔镇志》卷二十、三十；范锴《浔溪纪事诗》卷上引范颖通《研志居琐录》（南林丛刊本），以及周庆云《南浔志》卷十八，所载略同。至于朱彝尊《静志居诗话》卷二，陈田《明诗纪事》辛签卷十四，所记则更简略。

② 陈氏的诗，周庆云《浔溪诗征》卷五，所收独多，共一百零六首。其《九歌》有"呜呼我生万历时"（其一）"我今潦倒垂半百"（其七）之句，题下原注"壬寅初夏作"。查壬寅为康熙元年，上溯半百应为万历四十年壬子。又陈氏《壬辰初度叹镜中白发》一诗云："十年伏草莽，山川鉴灵素。"壬辰为顺治九年。按中国人年龄以始生为一岁的计算惯例推知，陈氏应生于万历四十一年（1613），至顺治九年壬辰（1652），恰为他四十初度；至康熙元年壬寅（1662），他正好年垂半百，胡适《水浒续传两种序》说陈氏生于1590年，是毫无根据的"假定"；徐扶明先生《水浒后传的作者陈忱的爱国思想》（《文学遗产》第11期）说是生于1608年，亦失深考。

③ 同治十三年《湖州府志》卷五至卷八《职官志》，卷十至十五《选举志》；周庆云《南浔志》卷二十《选举志》等，均未见陈忱的名字。

④ 《明史》卷二七七《吴易传》，顾公燮《消夏闲记摘钞》卷中《平定姑苏始末》及《吴易小传》。

⑤ 《小腆纪传》卷五三《顾炎武传》，卷五八《归庄传》。

湘畹、香谷上人、吴敬夫、陈天倪、周天顽、华天民、沈雪樵、徐松之、北山上人等多是不屈的遗民，或出家为方外。对于那些卖身投靠的文人，陈忱是十分憎恶的，他的《阎罗隐诗》："余杭山水役精魂，末世才人眼界昏！憔悴感恩依尚父，可怜尚父事朱温。"便是最尖锐的讽刺。

陈忱和这些志士遗民，在异族统治下，还组织了一个"惊隐诗社"，参加的人有顾亭林、归元恭、吴束篱、吴赤溟、潘力田、顾茂伦、沈雪樵等数十人。他们每年五月五日祭屈原，九月九日祭陶渊明，除夕祭林君复、郑所南。从这些活动看，他们倦倦不忘故国，表面上是"诗社"，实际上是爱国遗民们一种团结组织。后来清廷通过文字狱来惨酷地镇压爱国的士大夫。吴赤溟、潘力田被"明史案"诬杀，吴敬夫因选诗而下狱。诗社直到康熙三年（1664）才解散。前后坚持了十四年之久①。此外，他诗中写的，"昔年轻结客，今日始留君"（《答长文春尽见访雨宿之作二首》，其二），"长贫敢谓多奇计，名节难辞作党人"（《答李云门》），"十年伏草莽、山川鉴灵素……颓影落江湖，悔身作孤注……"（《壬辰初度叹镜中白发》）"十年沦落卧江皋，灯下偷看日本刀；欲拟报恩何处去，西风吼地雪花高。"《倭刀》）这些情况，不难看出：在大风暴中，他是个参加过有组织的斗争的战士。

他的思想感情和斗争经验，反映在他的小说中。应该点明：在他生活的太湖地区，当时正是封建官僚地主与人民的矛盾十分尖锐的所在。例如苏州的豪绅沈继贤等鱼肉乡里，人人侧目②。而陈忱的家乡，也就是温体仁等首相冢宰的故里。这班人的亲党

① 见《秋室集》卷三《南山草堂遗集后》，卷五《吴氏四子纪略》。
② 《消夏闲记摘钞》卷上《大獭天报》。

都是尚书、禁省、巡抚、御史；不仅广占田园，而子弟奴才也横行一时。所以在清军南下，明政权动摇时，太湖周围的广大人民都纷纷起来复仇①。这些暴动的武装，号称"白头兵"②。太湖的赤脚张三、扒平大王等人，一意地打击豪绅富户。沈继贤也就是赤脚张三处决的。"惟村农贫民仍公平交易，献新者或邀重赏。"赤脚张三等在清兵南下后，即响应了吴日生的抗清号召。此外，有些明朝的溃兵将士也参加了太湖的抗清队伍。这些群众武装，纵横三州，屡次击退了围剿的清兵，一直坚持了十七年之久③。附近的这些阶级斗争和抗清运动，就不仅加强了陈忱的阶级意识和爱国感情，并且也提供了《水浒后传》的现实生活基础和农民英雄的生动形象，使他完成了《水浒后传》这部著作。

这样一个埋名的战士，不得不"卖卜自给"，生活自然极端的穷困。他在《水浒后传序》中，说古宋遗民"垂老奇穷，颠连痼疾；孤茕绝后，而短褐不完，藜藿不继……"显然是他暮年的自我写照。

康熙二年（1663）庄廷钺的"明史案"最后处决、被杀及遣戍的人极多。陈忱还写了《禽言》诗四首，描写了这次文字狱的惨状。可见他当时还健在。至于他是何时死的，已无法确知。由于他在那严酷的处境下深自韬晦，连同他住在同城的遗老韩纯玉都不知道他的情况，直到他死后才看到他的遗稿④。

至今，他的作品只留下了一百零六首诗，和一部《水

---

①　（光绪）《乌程县志》卷三四引张履祥《杨园集》。

②　同上书，引王逋《蚓庵琐语》。

③　《消夏闲记摘钞》卷上《苏州群盗》，卷中《平定姑苏始末》；汪曰桢《南浔镇志》卷三六志余引《研志居琐录》；（光绪）《湖州府志》卷九五《杂缀》三引《闻见厄言》。

④　《明诗记事》辛签卷十四陈忱条引《韩纯玉诗兼》。

浒后传》。

三百年来，在反动的封建统治下，一部反动的俞万春的《荡寇志》能风行一时，而《水浒后传》虽然早有绍裕堂的刻本和申报馆的排印本，却始终未引起注意。直到解放后才有了更多的读者。每一个阶级都维护服务于它的文化，这真是一个颠扑不破的真理。因此，仍有必要对这一件文学遗产予以正确的评价，阐明它的艺术成就和对人民的积极的教育意义。

二

《水浒后传》在我国古典文学中，和《水浒》一样，是以描写农民武装起义为主题的。由于这一次的斗争后期转化为反抗外族统治的形式，因而也就带有鲜明的爱国主义的色彩。可以想见，作者之所以借《水浒》的故事为素材，一方面可能由于北宋末年的社会阶级斗争的面貌与这个时代有其形似之处，另一方面也因《水浒》是唯一的歌颂农民武装并创造了农民英雄典型形象的名著。在劳动人民的心目中久已传布了叛逆精神，对明末起义的农民英雄有极深的影响[1]。而陈忱又熟悉活跃于太湖的这类英雄人物的形象。这样，在写作上更容易开展并完美地达成作品主题的要求。

作者在本书的《论略》中，明白地宣示："《水浒后传》乃泄愤之书：愤宋江之忠义而见鸩于奸党，故复聚诸人而救驾立功，开基创业；愤六贼之误国而加以流窜诛戮；愤贵幸之全身远害，而特表草野孤忠重围冒险；愤官宦之嚼民饱壑，而故使其倾倒宦囊，倍偿民利；愤释道之淫奢诳诞，而有万庆寺之烧，还道

---

① 查继佐：《罪惟录》传卷三十一《王嘉胤高迎祥诸部贼》的《传论》。

村之斩也。"① 他写权奸贵幸的误国，写豪绅地主的聚敛，暴动的农民起来处决他们，清算他们的不义之财，这正是农民革命的主要对象和斗争方式。同时，现实生活中，寺院地主一如世俗地主那样的占有大量的财富②，上层的僧侣淫奢放荡③，甚至拥有与人民为敌的僧兵④，如 1525 年的德国农民战争一样，进攻僧侣，焚毁寺院，自然也是农民斗争的内容之一⑤；一旦革命形势变化，农民武装转向抵抗外来的侵略，这也是必然的发展。凡此，都清楚地表明了小说的主题。

从小说的情节看：一开始写削职为民的阮小七，在农村里又被贪官逼得和邹润、顾大娘夫妇等重上登云山；接着是裴宣、杨林等再聚饮马川；李俊和童威、童猛等被贪官豪绅逼得在太湖起义。这些人原都想安分守己地做个老百姓，但先后都被贪官张干办、王宣慰、吕太守、地主毛豸、豪绅巴山蛇、恶霸姚镶，以及泼皮大户胥吏流氓等，逼得走投无路，不得不重新武装起来斗争。这其间，书中描绘了暴动武装的惩贪官，诛恶霸，倒贪囊，济佃户等一系列的活动。后来，由于蔡京等奸党误国，招致了金兵的入侵；权奸达官们或逃或降，恶霸和寺院也趁势殃民。国家和人民受到内外敌人的蹂躏，因而这些农民英雄便成为保卫人民抗击外敌的武装。一些忠心爱国的将军如王进等无路可走，也加入农民军的队伍。这里，作者描绘了金兵的烧杀，掳掠人民，和

---

① 绍裕堂刻本《水浒后传》卷首。
② 明代寺院占土地甚广，如明人黎靖说："天下僧田之多，福建为最；举福建，又以泉州为最，多者数千亩，少者不下数百。"（重纂《福建通志》卷五六《风俗门》）
③ 张履祥：《杨园集》卷三一《言行见闻录》记杭僧金台摇极详。
④ 顾炎武：《日知录》卷二九《少林僧兵》及赵氏注。
⑤ 恩格斯：《德国农民战争》，钱亦石译，新中国书店本，第 10—11、102—112 页。

农民军的抗敌战争。本来他们还想投奔爱国将领宗泽，但因小朝廷被奸党把持，只得远走海外的暹罗，另外开辟新天地。故事这样错综曲折地安排了阶级斗争和民族斗争的全貌，便充分地贯彻了创作的意图。

试简述一下明末的政治形势，也许有助于小说内容的理解：在那时，代表封建势力的乡宦豪绅主宰着地方的民兵，而周延儒、陈演等一群权奸把持着中央政权。江南进步的士大夫和市民酝酿的多次的反专制压迫、封建剥削的政治运动都遭到了打击，最后是爆发了李自成、张献忠等领导的农民大起义，到处都处决这些人民痛恨的官僚和富豪。明代政权崩溃了，有一些权奸和官僚们都被农民军倒赃或处死。正当阶级斗争进入你死我活的阶段，清兵乘隙入关了。人民遭到了大量的屠杀，俘虏为奴或勒赎①。斗争形势急转直下，转化为民族战争。江南的小朝廷又在马士英等奸党的垄断下失败了，结果，只有农民军的余部在西南继续了数十年的斗争，和一部分在海外的孤岛上坚持，这一段火与血的历史，姑不问陈忱是否有意如此写，但《水浒后传》却较全面地反映了这一波澜壮阔的农民战争。

当然，评价一部文学作品的政治倾向，不单是看他写什么，意图如何，更重要的是他对所写的人物和斗争抱持着什么态度和感情。这在《水浒后传》中，作者是透露了他的鲜明的爱憎的。这表现在以下三个方面：

（一）它肯定了农民起义的必然性和正义性。作品中的农民英雄们都是善良的人民，是迫不得已才起来反抗的。像阮小七自

---

① 王先谦：《东华录》崇德八年五月癸卯条；《明清史料甲编》第238页，马国柱塘报；全祖望：《续甬上耆旧诗集》卷二二万泰《续江南曲》，卷八五《范光文小传》；《清史稿》列传三七《宋德宜传》；龙顾山人：《十朝诗乘》第2卷，第34页《姚象勋》条。

己所说:"我阮小七一生忠义,前日削职归来,原想打鱼供养老娘,何曾再生别念!不料奸臣又撞到我刀头上,又干这事。岂是要做的!"(第 28 页)① 从而对他们也采取了同情的赞美。透过扈成的嘴说出来:"先前只道梁山泊那是亡命反寇,岂知一个个是顶天立地好男子,疏财仗义,路见不平,无一点苟且之心。为着朋友生死不顾的。……你何不也替天行道!……"(第 26—27 页)并描绘了他们清算巴山蛇,替老百姓解决秋粮的困难,勒令他将剥削来的米谷退还佃户,以及其他这一类反地主恶霸的正义行为。作者进而歌颂:"绿林反肯持公道,愧杀临刑金谷人!"

或许有人怀疑,闻焕章、吉孚、吕小姐、惮哥、唐牛儿等人为什么也跟着他们走呢?这恰恰是正确地反映了那时代的历史特征,农民反封建的斗争,也代表了市民和进步的士大夫的愿望;在抗敌卫国的斗争中,更符合广大人民和爱国士大夫的要求。

这种同情和赞美农民起义的倾向,除李卓吾外,是很少见的。这明明是发扬了《水浒》的传统。同时必须指出,虽然清代也有些小说如《粉妆楼》之类,其中也有些"上山落草"的篇章,所描写的某些活动也反映了人民的愿望,但那些多是"落难公子"的暂局,或"孟尝君"式的大户的豪举,在精神实质上与这两部《水浒》是显然有别的。

(二)它表现了对封建剥削阶级的憎恨。通过一系列的故事,表现了对贪官污吏、豪绅恶霸的刻骨的仇视,痛斥他们为"腌臜畜生","害民的脏贼","奸臣鹰犬","害百姓的贼",并且进而揭开了剥削者秘密的戒条:

什么罪过!自古道:为富不仁!……(第 18 页)

因此,在阶级感情上表明了无可宽恕的愤恨:

---

① 下文所引《水浒后传》页数,均据上海古典文学出版社本。

萧让道："兄长往日景阳冈打虎，血溅鸳鸯楼，英勇本
事都丢下去么？"

武松道："算不得英雄，不过一时粗莽。若在今日，猛
虎避了他，张都监这干人还放他不过！"（第 344 页）

正由于具有这样的界线，故他写的斗争吕太守、丁乡宦，以及诛
戮蔡京等，令人感到的不单是个人的恩怨，而且充满了对无告小
民和"锦绣江山"负责的感情。这与一般庸俗的武侠小说所写
的"仇杀"是不能并论的。

（三）它阐明了"草野布衣"的爱国精神。全书不仅出色地
描写了许多可歌可泣的爱国活动，像燕青重围冒险探望被俘的皇
帝，黄河渡口击溃金兵，以及牡蛎滩救驾却敌等场面；更主要地
点明了这些人只是"身为大宋子民"的"草泽布衣"。从而得出
结论："满朝文武官僚，世受国恩，拖金曳紫；一朝变起，尽皆
保惜性命，眷恋妻子。……可见天下贤才杰士，原不在近臣勋戚
中。"（第 2—4 页）"多少巨族世家，受朝廷几多深思厚泽，一
遇变故，便改辕易辙，颂德称臣，依然气昂昂为佐命之臣。"他
不仅在小说中如此写，在他的诗中也坚定地说："草泽自有真英
雄！"（《九歌》之七）可以看出作者对于阶级本质的认识，和他
对武装农民的抗敌卫国的信赖。这也不像许多小说把救国的希望
寄托于良将名臣的倾向。有人曾对燕青入金探望道君皇帝一段描
写，认为是"歌颂奴才道德，宣传忠君思想的文字"，这是违反
历史唯物主义的提法。马克思曾指出在封建社会农民的心目中，
他们的主宰，高高站在他们之上的权威，是保护他们不受侵犯并
从上面赐给雨水与阳光的代表[①]。恩格斯更明白地说过：农民起

---

① 马克思：《路易·波拿巴政变记》（《马克思恩格斯文选》两卷集，莫斯科中
文版，第 1 卷，第 311 页）。

义从来是没有反对过沙皇的①。列宁也指出过，当没有无产阶级领导他们革命时，他们还是寄望于皇帝的②。历史上，当徽钦二帝被金营拘留后，开封的人民确曾多日冒雪冲寒去迎候和援救。甚至想留下王子作为独立国家的旗帜③。何况《水浒后传》中写燕青对道君皇帝的看法也符合当时农民军领袖李自成对崇祯帝的评论④。《水浒后传》也批评"那道君皇帝闻着蔡京的屁也是香的"等等，一个作家的认识是植根于现实生活的，他不能不具有历史的局限性。

其次，对一部作品更应看它是如何的通过形象来反映他的倾向和感情，以及形象的艺术效果。如何通过他所创造的人物以及人物的活动，来实现写作的意图。

明显的，这部小说的人物大都从《水浒》而来；因之，一如作者在《论略》中所说："后传有难于前传处：前传镂空绘影，增减自如；后传按谱填词，高下不得；前传写第一流人物，分外出色；后传为中才以下，苦心表微。"但《水浒后传》却并未因此而减色，许多人物仍保持着《水浒》原有人物的性格与面貌。例如阮小七仍是那么爽利，急躁；李俊仍是那副豪迈宽宏的脾气；燕青更突出地表现了他的多才多艺和机智。像这些主要人物固不必说，作者更把一些《水浒》中表现不多的人物也进

---

① 恩格斯：《论俄国的社会关系》（《马克思恩格斯文选》两卷集，第 2 卷，第 58 页）。

② 列宁：《革命的教训》（《列宁文选》两卷集，莫斯科中文版，第 1 卷，第 709—710 页）。

③ 徐梦莘：《三朝北盟会编》，靖康元年十二月一日、二日；二年正月十三日引《宣和录》；二月七日引《遗史》，二月十一日引《遗史》。

④ 计六奇：《明季北略》卷二三《李自成伪诏》："君非甚黯，孤立而炀蔽恒多；臣尽行私，比党而公忠绝少。贿通官府，朝端之威福日移；私擅宗绅，闾左之脂膏殆尽。……"

一步的加工了。像杜兴、乐和、穆春等也刻画得相当生色。人物的个性本不是孤立的静止的东西，作者是安排在复杂而具体的生活中，特别是斗争的过程中，使他得以形成和发展。例如杜兴原是打算"将就图些安稳罢"的人，但刺配到彰德府后遇见了忠厚的老管营被害，忍不住终于拔刀而起了，活画出一个诚朴安分却又富于血性的汉子。又如乐和，遇事见机；在王驸马府中闻风先走，到建康又乘机救了花逢春母子，到太湖又救了李俊，并使贪官豪绅受到应得的惩罚。从一系列的活动中，显出他的机警多智。再如穆春柳塘湾杀陆祥，信手成功，何等利落！揭阳岭除姚镶，何等决烈！双峰庙喋血更是猛勇、泼辣！诸如此类，作者都是通过斗争来完成人物的塑造的。有时，作者还插入一些细节，使得人物的特征分外鲜明。譬如穆春在登州途中遇见焦面鬼这个流氓，便不声不响地顺手杀了，消灭了祸根，更显得穆春的精明、干练。

甚至对更小的一些生活细节，在恰当的情况下也使得人物的形象更坚实、饱满。如端午节阮小七等准备去剿除毛孜：

> 四个人同下山，到十里牌，顾大娘接着。水亭上坐地，摆出许多鸡鸭嘎饭。孙新在供桌上取过那瓶菖蒲，又折了一枝榴花插上，放在中间，说道："应些时景，不要被人家笑我们梁山泊上好汉，一味是大碗酒大块肉。"（第 17 页）

显得这些活生生的人并不粗野，而是懂得生活，爱好生活，富于人情味的豪迈的英雄。

在斗争中不仅显示了人物个性的特征，也创造了这些人物共同的品质：像阮小七遇见顾大娘谈起毛孜，她立即主张斩草除根；再遇见邹润，他也干脆回答："这个毛贼，那里与他好讲，竟剿除了他罢！"又如李俊等在太湖一听见巴山蛇强占太湖夺了渔民的饭碗，便都挺身而出；再如金兵渡河后，李应、燕青提议去投宗留守抗敌，全体都一致的赞成。这表明农民英雄嫉恶如仇，痛恨侵略者和见义勇为的性格。也因为具有这种的品质，便与侵略者和剥削者自然而然地划出了阶级的界限。正如童威所说："不知我们怎么，撞出来便与奸党作对！"（第77页）

再，创造人物形象，以至于叙述整个的故事来反映生活，都有赖于作者对语言文字的素养。《水浒后传》也像其他古典小说名著一样，具有一个特点：即少有冗长的细致的心理描写（当然，也有些"想道"、"暗想"、"自忖"等），因之不仅人物的性格外貌，即一切的内心世界的状态主要都是靠人物的语言动作以及环境的气氛来表达。作者善于汲取民间日常口语中的词汇和成语，来描绘人物的外形和心理。像扈成说杜兴："杜总管，你长得胖了，不见龇牙露嘴哩！"又如写冯舍人年少俊俏："是捏得出水的美少年。"

又如阮小七骂张干办："你这个腌臜畜生！我老爷也曾为朝廷出力，征战多年，蒙授盖天军都统制，那里钻出来这害民的赃贼无事来撩拨老爷！"活画出他火辣暴躁的脾气。又如钱歪嘴老婆巫氏故意骂朱仝母亲给戴宗碰钉子："我家没什么朱统制，这老厌物有许多兜搭，回他去便了！"便画出泼辣妇人的嘴脸。

像这样通过话语表现人物外貌、性格、情绪的例子是很多的。至于描写景物，如：

> 两个走进水亭里看时，一边靠着大树，绿荫摇凉。四扇桥子亮窗对着条涧，流水潺潺。小桌上供着一瓶剑菖蒲，几朵蜀葵花，十分清幽。（第12—14页）

> 望见一座村坊，官道边有一所庄房，门前两三株古木，屋背后枕着山岗。左边一条小石桥，满涧的冰澌。有一老梅横过涧来，尚未开花。一群寒雀儿啄着蕊儿，见人来一哄飞去。（第2—5页）

都充满了诗情画意。虽然寥寥数笔，由于造句和用字的精练，却展开了鲜明的构图与色泽。至于一些更复杂的情景，则描摹得更加细致，像写穆春的寻找武器、写格斗、写杀竺大立，锥影刀光，场面十分紧张，壮烈。又如写沧州狱中，首先是吉孚婉曲地暗示柴进今夜死期已到，接着写柴进委曲而绝望地哭；等到三更临刑，又祭青面使者；到四更再动手扎扁起来；一步逼一步，形势十分危急，充满了冤抑阴森的气氛。

总的说，《水浒后传》的艺术手法相当高，这和语言文字的锤炼也是分不开的，他一方面吸取了民间的口语，故显得灵活生动；一方面又提炼了文言文中的某些词汇，故显得精炼、准确。两者恰当的结合运用，形成一种生动活泼而又流畅自然的文体。这是长久以来人民喜见乐闻的一种风格。

当然，《水浒后传》也不是没有缺点的。首先，他写李俊等到海外去的创作指导思想，是："金朝势大……我们这里地窄兵稀，如何支持得定！""眼见容不得正人君子，朝廷无路可走了。"（第2—7页）"强如在中国东奔西走，受尽腌臜的气。"（第272页）这显然是由士大夫的看法出发，对农民武装斗争的顽强性认识不足。真正的农民革命英雄是不会逃避现实斗争的（不同阶级出身的投机分子在军事失败后则例外）。不仅历史上的农民军领袖多如此，即当时张献忠余部的李定国转战到康熙元年，撤退到了缅甸，明桂王已死了，他临终还嘱咐儿子不要投降。李自成的侄孙李来亨等在川东山寨中坚持到康熙三年流尽最后一滴血①。只有阶级本质软弱的士大夫，在亡国后，如果不是因起兵失败而就义的话，不投降，便只有走做黄冠沙门或避地隐居的道路了。作者写李俊等去暹罗，正如鲁迅先生所说："亦见

① 徐鼒：《小腆纪年》卷二十，康熙元年六月条；二年十二月条。

避地之意。"①

　　其次，农民由于不能创造新的生产方式，因而绝无可能建立自己的统治。农民战争除非像朱元璋那样将革命变质建立封建王朝，一般的组织都必然是带着军事性的，口号应适合他们的平均主义的愿望，生活形态适合他们的艰苦作风与朴素感情。《水浒后传》写李俊等在海外开基创业，一方面反映了海外贸易发展后东南海上保有许多抗清据点的客观实际，一方面也反映了广大人民不屈服于异族的愿望。但写李俊等人到暹罗后，结婚要选"名门望族"，听戏要花千金在杭州买梨园子弟，上元节日宴会要作诗而且不会作的要"罚依金谷酒数"；这样冠盖雍容的一套，显得与人物的精神面貌不相符，与全书的气氛也不调和。令人反感！马克思论小资产阶级代表人物的思想，不能越出小资产阶级生活的界限，他们的办法，也就是小资产者物质生活与社会地位所引导出来的办法②。这对分析陈忱也是同样的恰当，从而也就容易理解他如何的处理李俊等的去海外，以及在暹罗的生活了。

　　再，在题材的选择上也有些是无意义的，因而写得缺乏真实感。如日本兴兵挑衅和在暹罗征服三岛等，便落了一般演义小说"斩关杀将"的窠臼，兴味索然。又如写宋高宗登金鳌峰，谈到牡蛎滩头壁上的诗，这虽然有宋元史籍的根据③，但究竟牵涉神奇，作者相信它，显然有"定命论"的倾向。还有一些篇章，如樊瑞与郭京斗法、萨头陀召鬼兵、公孙胜祈雪、徐神翁演仙术

---

①　鲁迅：《中国小说史略》（《鲁迅全集》本，第156页）。
②　马克思：《路易·波拿巴政变记》（《马克思恩格斯文选》两卷集，莫斯科中文版，第1卷，第252页）。
③　徐梦莘：《三朝北盟会编》，建炎四年正月七日至二十日；陶宗仪：《辍耕录》卷七《金鳌山》条。

等，都是封建文化中的迷信因素，而且冲淡了小说中阶级斗争的严肃气氛。

但归根结底：《水浒后传》终是一部具有较高艺术成就并富于阶级意识的长篇小说，在古典文学中是不应低估的。

《天雨花》作者为明末奇女子刘淑英考[*]

　　《天雨花》是清初一部著名的弹词，但迄今不知其作者是谁。本文试图证明其作者为明末奇女子刘淑英。为此目的，又必须首先介绍这位文武全才起兵抗清奇女的生平、思想和作品，以资参证。

一　《天雨花》的文学价值与版本

　　明末是中国专制主义封建国家的腐朽期，先后被窃取了皇帝权力的外戚宦官，结合了中央朝廷的权臣、巧宦和地方上的乡绅恶霸，利用锦衣卫和东厂等特务机构，进行着极端黑暗的统治。但当时江南的一些富庶之区，由于商品经济的缓慢发展，在一些手工业部门中已有资本主义因素的萌芽，思想界也较活跃，显露了一丝新的生机。但在这方生未死之间，整个社会充满了错综复杂的矛盾和危机：在剥削者和被剥削者的两大营垒中，表现为广大的佃农、奴仆与地主、官僚的斗争；而在剥削

---

　　* 原载《中华文史论丛》1979 年第 4 辑。

者的内部，则表现为代表专制主义的贪残腐朽的权臣、宦官集团，和以东林党为代表的江南一部分有正义感的开明地主之间的角斗。在各种矛盾的激荡中，最后终于酿成了明末的农民大起义。明廷的腐朽势力为了挣扎而勾引满洲贵族入关。真是死的拖住了活的，他们联合起来摧毁了农民军的大顺政权，重建加强了的专制王朝——清朝。在这火与血的年代里，不仅人民遭受了清兵铁骑的蹂躏，社会经济也一度出现了倒退。这是历史的悲剧。

《天雨花》即产生于这个苦难的时期，它借大众喜爱的弹词形式，有意识地展开了明末社会的画面。全书一开始即隐约地显示了明末北部边境的危机，继而又描绘了贫苦佃农遭受豪绅残酷剥削和压迫的悲惨景象。同时以襄阳左氏为中心也刻画了大官僚家族的富贵显赫的生活。而故事则以明末的朝政为线索，通过梃击、红丸和移宫三案之争，以及魏忠贤的特务统治，描写以主人公左维明为代表的正直的官僚先后与权臣方从哲、外戚郑国泰以及宦官魏忠贤之间的明争暗斗。因此，这部弹词与其他的弹词迥然不同，即它是一部富于政治色彩的文学作品。

当然，文学作品毕竟不是历史，如方从哲只是当权恋栈的巧宦，郑国泰虽想在内廷篡权但并未能篡位。只有魏忠贤勾结客氏，口衔天宪，擅作威福，建立生祠，进而大兴冤狱，屠杀东林党人和镇压苏州人民等等，是实有其事。① 至于书中的主要人物如左维明、左仪贞等等，全都是作者所塑造的正面人物。由于作者刘淑英是被迫害的东林党人的女儿；从小目击了魏忠

---

① 《明史》卷二一八《方从哲传》，卷三〇〇《郑国泰传》，卷三一五《魏忠贤传》；计六奇：《明季北略》卷一《附前梃击青宫一案》，卷二《魏忠贤浊乱朝政》、《建生祠》、《周顺昌被捕》。

贤的黑暗统治和惨无人道的酷刑，饱受了被害者家属的痛苦，继而又遭逢了亡国的惨祸和流离避难的生活，故在全书中除描写了大量的左府的闺房生活外，精心构造了许多曲折的情节和生动的画面，对那些权臣、外戚、阉党进行了辛辣的讽刺和无情的鞭挞，尽情地抒泄了东林党人的愤慨。生活毕竟是艺术的源泉，这部传奇虽然不是作者的自传，但作者在选择题材，安排情节，刻画人物时，总不免依赖自己的经历和感受，并流露出个人的思想和癖好。最明显的是书中的女主角左仪贞，就隐然是作者本人的影子。

从艺术水平而言，嘉庆时杨芳灿虽以"南花北梦"并提，并说"天雨花弹词，共三十余卷，而一韵到底，洵乎杰作也"。① 但说唱用的弹词和阅读用的章回小说，表现形式毕竟不同。若论思想的高度、画幅的广阔、人物的众多、描写的精微等方面，还不能和《红楼梦》相比。若就弹词而论，它通常多与《再生缘》并举。实则，《再生缘》的唱词常常近似长庆体的七言诗。工整绚丽，确为《天雨花》所不及。但弹词是说唱形式的艺术，要求听众（大多是妇女）爱听易懂。而《天雨花》的唱词朴素流畅，其艺术效果必然更强。其中有许多章节，写左维明夫妇间的闺房的笑谑，左仪贞在父亲面前的精致的淘气，左致德之妻周氏对中氏母女的欺孤凌寡，袁氏等市井女流氓赌徒的撒泼无赖以及阉党的阴险无耻，等等，特别是写左维明在斗争中的灵巧的机智，左淑贞在生死搏斗中的果决和勇敢，无不刻画入微，生动活泼。当然，为了丰富它的内容，作者也采用一些明代流传的故事。② 至于书中某些地方也带有

① 蒋瑞藻：《小说考证续编》卷一《再生缘》条引《闺媛丛谈》。
② 蒋瑞藻：《小说考证》卷九《天雨花》条引吴绍箕《笔梦清谈》。

迷信色彩，这自然是作者思想上的弱点。但有些对"流寇"的恶毒的谴责，显然是后来修改者的责任，它并不符合原作者的思想和意图，又自当别论。由此而言，《天雨花》确是弹词中不容忽视的一部杰作。

这样一部文学名著，却一直不知出自何人之手。嘉庆五年（1800）孔广林只说是出自"浙中闺秀某"①。后来大都只认为是女子所作，却又怀疑《天雨花自叙》的作者陶贞怀是"子虚乌有"。甚至还有人说是浙江徐致和太守所作②，这当然更难令人置信。故三百年来《天雨花》的作者是谁，竟成了文学史中一个难解的"谜"。我本无意去解答这个"谜底"，而现在认为它是明末奇女子刘淑英所作，其间实有一段难忘的往事。

1933年春日军进占古北口时，我到我的小学老师张蕴青（劼）先生家里闲谈。张先生是江西第一师范附属小学的老教师，通英日文，终身不娶，节衣缩食，工资全部用以购书。平生谢绝一切交游，除上课之外，唯以读书著书自娱。他不仅是江西著名的藏书家，还是个爱国主义者。③那天我们由东北的沦陷，北京的危局，谈到爱国诗人陆放翁。张先生说："我们江西明末还有个爱国主义的女诗人。"并将所藏的刘淑英的《个山遗集》

---

① 孔广林：《女专诸》杂剧的小序（郑振铎编《清人杂剧二集》本）。

② 《小说考证续编》卷一《再生缘》条引《闺媛丛谈》，郑振铎《中国俗文学史》第十二章《弹词》。阿英《读天雨花旧抄二十六回本札记》（载于《中华文史论丛》第七辑），均据此立论。

③ 1939年南昌沦陷后，张蕴青先生转到吉安泰和，因痛于山河的沦丧和反动派的卖国，以致精神失常，天天去茶楼酒馆宣传抗战，反动派目之为"疯子"，不幸于1945年病逝于黎川，年仅五十五岁。他所著的《江西艺文志稿》，我亲见他每作一小传，都遍检群书，对诸书的卷数，均根据所藏或目验，以改正方志中的错误。此稿尚存江西省图书馆，或有残缺。希望江西关心文物的同志，至少把它油印出来，以免遗失。这不仅是他多年的心血，也是一部有用的书。

借给我。当时我读后曾激动得几夜不眠。她的"销磨铁胆甘吞剑，抉却双瞳欲挂门"之句，四十多年来始终未忘。1976年天安门群众革命运动后，在"四人帮"的恐怖统治下，史学已被糟蹋得不成样子，固然无法写什么；别的什么事也不能干。在百无聊赖中，我又想起这部诗集，因函南昌王咨臣同志借得此书自遣。再细读一遍之后，突然想到刘淑英的才能和癖好很像《天雨花》中的左仪贞。最近读了阿英同志的《读天雨花旧抄二十六回本札记》，颇有启发，又遍读抄本和诸刻本，使我确信这部弹词是出于刘淑英之手。

《天雨花》自顺治初年脱稿后，即有几个传抄本。后来有《自叙》的刻本是经人修改过的，流传就更广泛了。嘉庆五年（1800）孔广林作《女专诸》杂剧所看到的大约还是没有《自叙》的传抄本，故还不知陶贞怀这个名字。它最早的刻本可能即是嘉庆甲子九年（1804）有遗音斋刻本。全书三十回，前有梁溪陶贞怀《自叙》，插有左维明、桓清闺、左永孝、桓楚卿、左仪贞、左德贞的画像和赞词。页八行，行二十字。这个本子较好，错字比较少些。后又有道光辛丑二十一年（1841）重印本。

其后，刻本较多，大都是页十行，行二十八字。如嘉庆庚辰二十五年（1820）修缱山房本。道光辛丑二十一年（1841）又有宏道堂本，版本最恶。《自叙》已由行书改为宋字，图像虽仿有遗音斋本，而赞词行书亦恶，错字极多。如《自叙》中"辋川"误作"钢川"；将"裸"字下的"之"字，误认为"裸"字的重文，刻成"悼陨裸裸殇"，"丛残旧稿"误作"丛残籍稿"；"顽石点头"误作"顽耍点琐"。回目中第二十回"闭绣阁"错成"闭绣"，二十一回"戏探四宫娥"错成"戏深四宫娥"等等，均不成文。至于本文中，伪误之处更不知有多少。

　　此外，还有同治丁卯六年（1867）纬文堂本，光绪十二年（1886）本。直到光绪丙申二十二年（1896）又有了上海书局的石印本。这些本子与嘉庆杨芳灿所见三十余卷本，已改成六十四本，则面目全非：如通行的民国二十三年大达图书供印社，又翻印此类本子。作序者朱太忙，满嘴胡说，并沿袭徐政和太史作，就不足道了。

　　阿英同志提到的高阳齐氏所藏二十六回的旧抄本，我曾从北京图书馆借阅，内容确大大不同。此本是素纸旧抄，中缝未记明卷数页数。钤有长方形阳文篆刻藏书印"齐林玉世子孙永宝用"，无作者姓名，亦无任何序言。每段说白之右上侧注一"白"字。当系弹唱者所用之本，各种刻本均无此例。可知较刻本为早。正如阿英同志所说，因缺了四回，只剩了二十六回。值得特别注意的是它的内容有很大的不同，不仅文字作了很大的修改，情节也大有增损。如抄本第三回"报冤仇书斋酬宿怨，忠君国水府庆团圆"，按情节应是最后的一回（即刻本的第三十回）。前半回写了左永孝对家塾教师陈瑶的两个女儿素芳、素英，始乱终弃，以致嫁不出去（这个故事的下文，抄本又被错窜在抄本的二十六回中去了），终于抱恨病死。冥王对她们讲了一段因果：即左永孝前生是左秀贞，二女前身是周帝臣和婢女红云，她们前生坑害得左秀贞冤死，致左秀贞此生转生为左永孝，对她们报了前生的宿怨等等。这个故事是各刻本都没有的。刻本只有第二十一回左秀贞投生为左永孝，以及第三十回中左永孝买回了红云所盗去的金袭宝钗等情节。又如抄本末尾，仅写左氏等五家闻国破君亡，遂全家自沉于湘江。而刻本自沉后，被添加了左维明等因玉帝宣旨，命他们在东岳对魏忠贤等奸贼和李自成、张献忠等"流贼"进行判决的一段废话。由此，即可考察原稿及修改本之不同。

此抄本的抄工恶劣，不仅书法正草不一，错字也特别多。如第五回目中"私访妙莲庵"，"访"字错成"放"字；第六回目中"浩吟堂"错成"诰吟堂"；第十三回目中"阉宦"错成"腌宦"，简直不成话。此外，错简情况极严重。如抄本第二十一回，页次错乱得难以清理。而最厉害的是各回之间又有相互窜乱之处。例如抄本第三回中写到张献忠进攻襄阳，在夹城内，中伏兵败。唱词中"流血成河欲没城，也有数千逃出去"，其下本应接"护城河作万人坑……"可是这部分却错窜入抄本第二十六回中去了。而这里所接的一页，"带绳索以备不时之需……"一段，本应接着抄本第二十六回"魏忠贤计害琼林客"中，即左维明带了家将化装到花园里去救五位公子，"自己亦穿武士巾服，各跨腰刀，暗"字之下。

阿英同志认为此抄本，因缺失了四回，故将第三十回改成了抄本的第三回，第二十七回改成第十三回，第二十八回改成第十四回，第二十九回改成第二十六回，是由书贾做过欺骗的手脚所致。我认为这种改动，主要因为是错简造成的情况。在有刻本之前，此书已有许多抄本。我估计此抄本所根据的底本原就缺失了四回，也是由于每页亦未记明卷数页数，以致装订时卷页窜乱，不得已只好迁就事实，从而乱改回目的次序。此本即是从这个被窜乱了的底本传抄来，所以它的面目本身并没有挖补涂改的痕迹。

诚如阿英同志所说，这个抄本确非康熙旧抄，但也不在嘉庆、道光之后。但我以为它所据的底本必抄自作者的初稿或其较早的传抄本，即尚未被后人修改过，且是顺治八年前的没有《自叙》的本子。因可从下列几点看出来：第一，抄本的全书最后两句唱词是"要知执笔何人手，前人留下欢（劝）今人"。表明作者的初稿原无意署名，故没写《自叙》。是到顺治八年

作者再加上《陶贞怀自叙》的；第二，左永孝对陈氏二女始乱
终弃的情节，刻本已被删掉；第三，抄本也没有左维明死后判
决奸贼"流贼"这段续貂的狗尾。正由于抄本内容具有这些特
征，可以看出初稿的原型，更便于我们探索谁是此书的作
者。

二　刘淑英的生平、思想和作品

　　刘淑英生活在明末清初的苦难时期，但苦难也能锤炼英雄的
人格。这一时期出现了不少不惜断头流血的爱国志士，百折不回
的英雄豪杰。刘淑英也是其中之一。当然，她的思想性格也直接
受到她父亲刘铎的陶铸。

　　刘铎（1573—1626）是江西安福县人，字我以，号洞初，
万历丙辰年（1616）进士，授刑部主事，郎中。有个宦官陈正
己打死了商人李朝，刘铎毫无顾忌地将宦官法办。[①] 天启六年
（1626）迁扬州知府。正是这时，魏忠贤大兴冤狱，杨涟、左
光斗等也逐一地被捕下狱。刘铎不满阉党的这种黑暗统治，在
一把画扇上题诗，其中有"阴霾国事非"之句。却被扬州一个
坏蛋倪文灿发现了，便向阉党告密，特务机关锦衣卫的掌堂田
尔耕，这个魏忠贤的走狗便把他逮捕了。[②] 扬州几百民众为他
请愿也无效。押到北京后，刑部侍郎沈演大力援救，说本朝从
不因人们的语言文字判罪的，何况"以将毋同之字迹，成莫须
有之罪案"。结果，得旨复官。可是阉党又一再诬陷他下狱，

---

　　① 民国三十年《吉安县志》卷三四《人物志·刘铎传》。
　　② 汪有典：《前明忠义列传》卷六《刘铎传》；《明季北略》卷二《周顺昌》
条。

最后是由阉党的走狗方体干诬他延请道士诅咒魏忠贤，又送刑部审讯。而刑部尚书薛贞又是魏忠贤的死党，审讯时说："刘铎，你简直是有眼无珠，有胸无心，皇上正信任魏公，你怎么敢攻挈他？"刘铎说："对了！我确实没有你那样的眼珠，没有你那样的心，说不出你这样的话，罪实难逃。"薛贞咆哮说："你想依仗谁，谁愿牺牲自己的富贵来救你的命？"刘铎说："一时之富贵有限，千秋之清议难逃。"薛贞气得只好用酷刑拷打，定了他的死罪。① 正如刘铎《狱中告族人书》所说，"铎一片血肠，秉正嫉邪，致忤中贵。初以诗句逮，继以居间逮，最后以咒咀逮，罗织文致，不致杀身不止。然三诣诏狱，数被惨刑，毅然承当，神色未尝少变"。② 他挺然不拔，视死如归。被斩前的诗云："无棺任凭鱼腹葬，有骨徒教野狗衔。……龙逢比干归泉下，此去相逢面不惭。"终于在天启丙寅（1626）八月二十日牺牲在阉党及其走狗的毒手下。③ 这个铁铮铮的烈士，甚至感动了两个赴京求官本不相识的士大夫方景阳和彭文炳。他们为了照顾刘铎狱中生活，连同彭的仆人刘福也都被阉党害死了。④ 扬州的人民为了哀悼他也罢市了七天。⑤ 其实，他在扬州任上不过三个月⑥，这说明阉党的专制淫威无论如何强大，也不能扑灭人民心中的正义和愤慨。果然，不到一年（1627），明熹宗死了，思宗由检即位，阉党覆灭了。许多冤狱

---

　① 《前明忠义列传》卷六《刘铎传》。

　② （乾隆）《安福县志》卷二〇《艺文志》。

　③ 刘铎：《来复斋稿》（北京图书馆藏刘淑刻本）附绿瞿式耜《刘公墓志铭》。

　④ （光绪）《吉安县志》卷三四《人物志·刘铎传》；刘铎：《来复斋集》附录瞿式耜《刘公墓志铭》。

　⑤ 陈鼎：《东林列传》卷四《刘铎传》。

　⑥ 刘淑英：《个山遗集》（排印本）附录刘天衢《祭祖太仆公文》。

终于平反了，刘铎也得到了昭雪。

刘淑英就是刘铎的爱女，她名淑，字淑英，复又自号个山、木屏。生于明光宗泰昌元年（1620）。① 当刘铎被捕押往北京时，她刚七岁，母亲萧氏带着她赶到北京营救，她亲眼看见父亲受刑后的惨状。② 母女都痛不欲生，但刘铎不许她们殉死。③ 在他被害之前，还亲教爱女读唐诗。④ 逾年（1628），冤狱平反，追赠刘铎为太仆少卿，淑英母女才扶柩回故乡。后来她曾有诗回忆这段情景："竟将生杀付权奸，八岁女儿自北还。常伴子规啼夜月，携将遗骨度关山。"⑤ 八岁当指实岁。

其后，淑英即由她母亲教读，她既聪明，而又矢志苦学，故博通经史，旁及司马兵法和剑术。⑥ 诗文也很好，在她家乡一带，"一时文士，无出其右"⑦。

刘铎在生前曾将她许配给安福同乡好友王振奇的次子王蔼（或作霭）。王振奇，字非异，号石鲸，万历己未年（1819）

---

① 王咨臣同志函告：《安福城南王氏宗谱》载刘淑英"万历己未（1619）十月初三日时生。卒年三十五"。按中国传统习惯，生年即算一岁。至天启六年，刘铎被害时，则淑英应已七岁。然《前明忠义列传》卷三一，李瑶《南疆绎史摭遗》卷一五，徐鼒《小腆纪传》卷六〇，《个山遗集》所附《安福县志》等书刘淑英传，均谓刘铎被捕解京，淑英时七岁。《个山遗集》卷七《订镌父太仆刘公来复斋集后序》自谓"忆不肖藐藐七龄，从母氏与难京师"云云，《启葬父太仆刘公祭文》亦谓"维时从母京师，虽仅七龄"。则刘淑英当生于泰昌元年（1620），故《王氏宗谱》之说不足信。

② 《个山遗集》卷七《启葬父太仆刘公祭文》。

③ 《个山遗集》卷七《订镌父太仆刘公来复斋集后序》及附录《安福县志·刘淑英传》。

④ 《个山遗集》卷四《重九忆父训》。

⑤ 《个山遗集》卷三《归家觅得忠烈公题画扇道墨，赠彭嫂八首》之一。

⑥ 《南疆绎史摭遗》卷一五《刘淑英传》，《小腆纪传》卷六〇《刘淑英传》，《前明忠义列传》卷三一《刘淑英传》（《国朝贤媛类编》卷一《刘淑英传》即录此传）。

⑦ 章于今：《江人事》卷四《女贞传略》。

进士。任工部主事。当万燝被魏忠贤矫旨廷杖打死时，他奋不顾身的上疏为万燝辩冤，措辞甚烈，直指阉党，几乎也遭到不测之祸。其后，官至右都御史巡抚宁夏。① 他和万燝、刘铎也都在天启五年被魏忠贤等奸党列入"东林党人物榜"中，颁布天下。② 故政治上也是个不畏强暴的战士。他的次子王蔼，名夔，字次谐，生于泰昌庚申年（1620）。③ 和刘淑英同岁。

淑英的哥哥兆炽④，早逝，留下嫂彭氏和一子天衢。⑤

淑英十五岁和王蔼结婚。⑥ 在她凄苦艰危的一生中，只有短短的婚后几年，是比较安定愉快的日子，夫妇间感情极好，有唱和之乐，如《子夜四时歌》之一、之三：

　　昼长花意懒，闲翻十率词；含笑问毂率，投侬一卷诗。

　　不解采莲曲，因知宛转歌，侬织苏娘锦，郎宠右军鹅。⑦

特别是夫妇同"谒注生祠"，她记下了这段美好的生活：

　　戊寅（一六三八）之季，游螺水，谒注生祠。合飞望鹭院，翠波如翼，朱栏欲浮。焚香诸眷属，皆有求嗣文帖，声音杂沓。外子率余，凭栏倚眺。连翩登合者，红衬桃唇，绿嫋柳腰。燕燕莺莺，娇声弱态；眸问扇引，笑语娟娟；真解舞花枝也。复有村姑老妪，抱孙携子而来，钗串珊珊，

---

① （同治）《安福县志》卷一七《人物志·王振奇传》。

② 《东林列传》卷首。

③ 《安福城南王氏宗谱》（王咨臣同志抄示）。

④ 同上。

⑤ 《个山遗集》卷三《归家觅得忠烈公题画扇遗墨，赠彭嫂八首》、《再赠彭嫂四首》及附录刘天衢《祭祖太仆公文》。

⑥ 《南疆绎史摭遗》、《小腆纪传》均谓"及笄，归同邑王蔼。"按《个山遗集》卷四《归宁哭柩，次先大夫临终韵》中有"抱恨于归五有三"之句，自属可信。刘寅先教授《刘木屏传》附录《三舍刘氏六续族谱》中《刘淑英传》谓"年十七，归王蔼"，不足信。

⑦ 《个山遗集》卷一。

……半袄，忽曰何处郎君娘子，恰如一双玉树，皆相率投果盈车，分花满袖。且曰兆君归家，必产麟儿，次年果生子。

因忆前游，吟八首

期到清溪月里游，一林春弄木兰舟，水天相印人如玉，归把萱花压满头。（其一）

花枝解语尽嫣然，打棹双双泛碧川，自在水云闲欲定，忘机鸥鸟静如禅。（其四）

这是她生平最幸福的一幕，但也是最后的一幕。次年（1639），她果然生了一个男孩——王文度（永铨）。① 可是王蔼即由于清兵大举入关由京南下并向山东进逼②，就匆匆离别她赶去北方了。她诗中累称"渔阳"，或称"幽州"，惜不知确指京东何地。她不断地写《寄远》之类的小诗，如《秋风》："捐除团扇且深藏，突洒秋风褪靓妆，借与空闺吹妾梦，征衣亲送到渔阳。"《有感杂诗五十首》之四："怅望天涯独倚楼，海风吹恨入幽州，凭君一语终身溢（记），安得回风半字酬。"之十五："一片砧心铁似坚，等闲不学月光圆，渔阳到否寒衣寄，今岁寒风胜昔年。"而其十八，写她接到回信时的喜悦心情："喜兆灯花久费猜，一番潮信报君来，讳愁怕折鸳鸯字，及至潮平信未开。"此外，如《闲歌十一首》之八、《七夕六首》、《秋思》、《秋怨》、《秋鞋》、《秋灯》以及《效织锦行》等等③，都是这种思念王蔼的哀婉动人的诗篇。

———————

① 《安福城南王氏宗谱》载其子王文度，又名永铨，邑庠生。《个山遗集》附有王永铨《祭外祖太仆公文》。

② 夏燮：《明通鉴》卷八六。

③ 诸诗分见《个山遗集》。唯《有感杂诗五十首》、《闻歌十一首》均非一时之作，编集者偶因题目相同或相近，杂凑在一起，大误。

也就在这一年（1639），清兵由京东竟南渡运河，攻破了济南，王蔼则于某地殉国了，年仅二十岁。他们的孩子还未满周岁。[①] 她得到消息后，为之《痛哭》："未说心先脆，闻风胆自寒。……魂续劳臣节，血凝志士鞍，王门幸不屈，哭罢反成欢。"她一转念，想到王蔼是不屈殉国的，又感到安慰，真是个坚强的奇女子！但后又有《自叹》，其十八云："忆昔长虹射斗杓，丹心自拟霍骠姚，鹤鸣昆圃仙姿远，龙吼渔阳剑气标，为主戕身殉宇宙，仰天无术佐神尧，从今惭恨依林石，花在闲阶月在霄。"看来，王蔼也是个有志之士。[②]

刘淑英二十岁丧夫后，就在王家抚育孤儿王文度，而明帝国也在急剧的土崩瓦解中。不到五年，李自成的农民军即进入北京，而一些腐朽无耻之徒却立即勾引清兵入关。

当清军的铁骑蹂躏大江以北的时候，江南的一些有民族气节的士大夫也纷纷起兵，先后拥立了明福王、鲁王、唐王等。但这些末世的皇子王孙都不成材，特别是福王，更是个不知死活的花花公子，而一些阉党余孽和投机官僚也混入了这些小朝廷，所以清兵很快南渡长江，东南半壁迅速地被占领。至顺治二年（乙酉，1645）清兵即利用无耻的降将金声桓等分兵直入江西，南昌很快就沦陷了。江西一些爱国的士大夫如杨廷麟、刘同升等，

---

　　① 《安福城南王氏宗谱》谓"王蔼泰昌庚申（1620）十月十三日未时生，卒年二十"。当卒于崇祯十二年己卯（1639）。唯诸书均不载其死因。细味刘淑英寄夫诸诗，可知其死于京东某地。又《痛哭兰诗》，知其为不屈殉国。大约她在清代，有所忌讳，未敢明言。此年淑英亦应为二十岁。而《南疆绎史摭遗》、《小腆纪传》、《前明忠义列传》及倪在田《续明史纪事本末》卷十五《诸方义师》条，均谓淑英"十八而寡"。实误。又（乾隆）《安福县志》及（光绪）《吉安府志》中《王蔼妻刘氏传》则谓淑英"年二十一，蔼殁，遗孤文度尚未晬"。亦误。

　　② 诸诗分见《个山遗集》。

以及江西南部山区的农民张安等也纷纷起兵抗敌。① 正当清兵向吉安进逼的紧急关头，二十六岁的刘淑英怀着国难家仇的激情，卖掉钗环首饰，尽散家财，招募士卒，组织了一支上千人的部队，准备抗战，② 正如她自己所咏："屡世吾家受主恩，结营细柳已成军，毁尽钗环纾国难，九原聊欲慰忠魂。"（《个山遗集》卷二《军事未毕，家人劝我以归十二首》之一）又在《寄叔人玉》一诗中说，她知道这是一个艰难的任务，"泰华崎岖路不平，乾坤只手孰能擎？关山来往观成败，人世安危任死生，断砚空磨肝作墨，残寒空负火为睛，何时尽扫炎冰路，万仞竿头取次行"（集三）。但她已下了决心，"援戈劈贼方男子，不绍先人死不休"（集二《口占寄又坡叔八首》之八）。③

当时，湖南的督帅何腾蛟与李自成的余部刘体仁、郝摇旗、李锦等数十万人合兵，有进攻湖北、江西的打算，便将这支庞大的部队分作十三镇，准备大举会师岳阳，结果，在顺治三年正月（丙戌，1846），只有李锦的部队进击，而总兵张先璧的部队却

---

① 杨陆荣：《三藩纪事本末》卷七《金王收江西》；《明通鉴》附编卷二、卷三。

② 关于刘淑英起兵年代，诸书记载不一。《江人事》卷四《女贞传略》，只含糊地说"甲（申）乙（酉）之际"；《南疆绎史摭遗》、《小腆纪年》则说"甲申闻闯贼陷京师……"《前明忠义列传》亦说"李自成陷京都……散家财募士卒"；《续明史纪事本末》亦云"北都陷，即矢报国"。仿佛是起兵抗击农民军，这显然是有所忌讳而加以歪曲。其实，如她于甲申年起兵反对李自成，又何至等到丙戌年（1646）才去抗清？又，按《明通鉴》附编卷二下及卷三上所载，吉安第一次为清兵攻陷，在顺治二年（乙酉，1645）七月，九月间杨廷麟、刘同升又收复吉安；到顺治三年（丙戌，1646）三月再度为清兵所攻下。又（同治）《安福县志》卷六"武事"门载："顺治三年，大兵下吉安，安福属焉。"故刘淑英起兵必在吉安安福沦陷之前，始有可能。《个山遗集》附录《安福县志》所载传略谓"丙戌兵起，女脱簪珥，饷义师"，这只是指她犒劳张先璧军。不可能在吉安安福沦陷后再散家资起兵。《刘木屏传》谓乙酉夏，江西杨廷麟等起义师，继之叙述刘淑英散家财募士卒，较为合理。

③ 诸诗分见《个山遗集》。

逗留后方不动，以致失败。① 刘淑英闻之作了《羞闻楚败》一诗，她考虑到自己的兵力单薄，打算西向湖南靠拢，故带领部队进军到永新，驻扎在禾川。而张先壁也正驻兵永新，他听说有这样一位女英雄，表示想和她见面。淑英也很高兴，希望能争取他的协力，故大开营门和他会面，慷慨激昂宣传抗战大义。来的人当时都很感动，表示赞同。第二天，刘淑英即去回访，并视察了张先壁部的兵营，同时拿出大笔的钱和牛酒来犒劳他的部队。哪知道张先壁这个左良玉的旧部悍将，抗敌无勇而害民有方，在酒席上，竟然表示要娶刘淑英。她一听大怒，立即拔剑而起，吓得张先壁绕着柱子躲避，他的部下也纷纷急忙披甲，刘淑英痛骂他们：“你们这么胆怯，怎么能打仗？对付我一个女人，还要披甲！”但她终于被张先壁关起来了。气愤之下，她在壁上题了一首七律：②“凭空呵气补乾坤，砺志徒怀报国恩。麟阁许登功未建，玉楼待诏梦先惊。销磨铁胆甘吞剑，抉却双瞳欲挂门。为弃此身全节义，何妨碎剐裂芳魂！”（集四《禾川题壁》）凛然不惧。当时又有人向她威胁利诱，她又题一绝于壁：“莫向西风泣数奇，也知凤昔有分离，来朝便把头来断，不听群鹅聒耳啼。”（集二《禾川题壁》）她手不离剑。“自誓一死”，始终不屈服。张先壁只好向她道歉，释放了她。③ 不过张先壁却已把她的部队分散调开，而终于把它吞并了。④ 这个意外的打击，正如她《感怀》中所叹息的“非关剑不利，自惭匪男儿”，因而把她气病

---

① 《三藩纪事本末》卷一四《何腾蛟殉楚》。
② 《前明忠义列传》、《南疆绎史摭遗》及《小腆纪传》诸书中刘淑英传。
③ 《个山遗集》卷七《启葬父太仆刘公祭文》及附录《安福县志》传略、《南疆绎史摭遗》等书谓张先壁当日释放刘淑英，恐不确。淑英确曾被羁留而后得释。《刘木屏传》自注，也曾注意到这一点。
④ 《江人事》卷四《女贞传略》；《续明史纪事本末》卷一五《诸方义师》。

了。在卧病中母亲很挂念她，家里人又劝她回家，病中她也怀念老母，回想起儿时光景，曾有诗云："怀抱空教慈母忧，垂髫犹记挪衣兜，无情造物妒豪杰，担尽乾坤万斛愁。"(《余病沉移楼隔渚二十余日，家慈殷殷垂念，因归以慰所思》之四) 思想上经过了激烈的斗争，"撇却纷华脱战场，踌蹰此际费商量；挥戈难止天边日，回首依稀望故乡。"(《军事未毕家人劝我以归十二首》之二) 只好回家，从此，她恨透了张先壁，诗中屡次骂他是"奸佞"、"奸仇"，恨不能砍下他的脑袋。

虽然罢兵回到了故乡，亲人在她的寓所布置花草，名之为"安乐窝"。希望她能安心住下，但她哪里安得下心呢？当时她写的诗即说："花草栽培荆棘删，溪山部落有余闲，莫惊飞鸟原无定，恰共青云出岫还。""冰壶明月一天寒，世事浮沉总不干，握管怕题安乐字，于今国步尚艰难。"(《还乡后或赐以安乐窝四首》之二、之四)

像她这样一个爱国热情似火的人，是无法长住"安乐窝"的，丙戌这年（1646）冬天可能因家乡不能安居，她又曾西行。① 《丙戌岁暮志感》一诗中叙述了她当时的心情："浪迹经年业，南庄又岁徂。风尘机已泄，江海气犹孤，去国羞难掩，还家不丈夫；床头三尺剑。三跃起吞胡。"此次似去湖南，可惜目的和结果，都无法了解了。大约是由于湖南军事形势恶化，她在顺治四年（丁亥，1647）三月之前即回了家，② 移居于"问心处"。伯叔弟侄们作诗贺她回乡，她却答诗云："我许君王死，无何居

---

　① 《个山遗集》卷一《丙戌岁暮志感》、卷二《丙戌岁余二首》、《乙酉自南庄度西岭，丙戌又度，感怀二首》等诗，可证她在丙戌这年冬天曾再度西行，而且除夕日尚在旅途中。但诗中未见她带有部队的迹象，当是罢兵回家后的再度西行。

　② 按顺治丁亥四年（1647）三月清兵下长沙、湘阴等地，军事形势继续恶化。故刘淑英可能因此而在三月之前回家了。

士禅。偷生愧鼎石，顾影望云天。泪滴丹凝日，心痴苦似莲，残魂羁楚道，岁月已频迁。"（集一《移居问心处伯叔弟侄作诗以贺次韵六首》之二）流露了她所志未遂，万不得已的痛苦心情。

次年（顺治五年、永历二年、戊子，1648）投降清朝攻占江西的叛将金声桓和王得仁都因在敌人手下不得意，突然反正，归顺了明桂王。江西各地一时又成了明朝的天下。刘淑英即趁此时安葬了父亲。她的祭文说过去虽然随母运枢还乡，偏偏哥哥和丈夫都先后逝世，自己在王家抚养孤儿，拖延了多年，"前者宗社弗戒，九服尘染，或言急葬父枢以避不虞，然大江以南，几无一片净地，儿于斯时，又欲葬父而不忍也"。以后又因起兵流离，"以至今日，幸际新天子重光，儿之葬父，此其时矣"。她对父亲的感情是十分深厚的①，常有怀念父亲的诗。这时把父亲葬在明朝的国土上，并由父亲的同年好友瞿式耜作了篇墓志铭②，才算了却一件多年的心事。

但叛将金声桓等只是一些无耻无能的野心家，成不了大事，次年（1649）就失败了。清兵的铁蹄重新蹂躏江西各地，刘淑英既是当地世家才女，又曾一度起兵抗清，当然是很出名的。为了避免遭到迫害，不能不外出走避。幸而他父亲以前游湘潭时，曾和当地人谢所举结为好友，这时刘淑英便化了装并同一个老妪到湘潭谢家暂避。当时湘潭也在敌人占领下，故谢夫人把她藏在穷山深谷里。③ 撇下老母孤儿，这是她一生中最痛苦的日子，故

---

① 《个山遗集》卷六《启葬父太仆刘公祭文》。

② 瞿式耜：《刘公墓志铭》，见刘铎《来复斋集》附录。

③ 光绪十四年《湘潭县志》的《列女传·刘木屏传》所记此事确凿可信，但却又说成是因寇乱，有势家欲娶之，故尔走避。且以为事在明亡之前，实大误。又谓刘淑英无子，终老于湘潭，尤误。刘寅先《刘木屏传》竟亦从之，谓"遂老于潭"。均因未细读《个山遗集》。刘淑英所终老的"莲舫庵"在安福县，解放后王咨臣同志曾访其地，唯不知今尚存否？

写的诗很多，如《偶成八首》之二："梦里勤王醒后思，依然战马共争驰，征鞍乱洒将军血，真幻谁从辨一时。"之三云："云间雪际一身轻，窜遍荒崖隐姓名。"她的《歌于黄田之野》十一首之八，感叹："嗟嗟兮白鹤羽折骨摧，有巢莫归兮水云隈，狡兔同穴兮鸣悲，哀望松海而不见兮无以为家，伏处不敢升兮避彼之罗。"又《幽居穷壑次杜公悲歌七首》一方面愤恨"胡骑不退不能归"（之一），一方面感愤"眼前富贵固多人，若个将军恢匡早！"这些诗写出了她辛酸与愤慨交织的感情。

当时（1649）湖南形势亦极险恶，清兵自秋天起连下湘南各地，而她父亲的旧交瞿式耜正开府桂林，力图支撑危局，她可能于秋冬到过广西。①似曾想为瞿式耜出力。她的《自叹十五首》之一云："铁胆吞刀玩世狂，于今铁脊已成钢，纷纭蜂虿苦藏毒，决烈孤生岂断肠。自是奎星明八极，何妨皎日沃秋霜，触天独任劳臣节，愿借东风助战场。"又《喟然》有感于"欲取明珠赤水澜，烟霞无主怅征鞍。偶驰杨柳堤边马，误却芙蓉镜下冠。幕府坚城无侠女，未央佩剑少奇男，藏香隐玉乾坤内，袖里青霓贯斗寒"。大约感到难有所作为。《感遇七首》之三云："笑把怀书对月烧，阴山谁果是骠姚？空谈幕府擒枭胆，值得流萤一点消。"其五有句，借月亮表达自己"缺圆无定去留难"的心情。后来，她《赠姻嫂邹夫人魏氏四首》之四，大致是追忆此行的："十载无家计，懒歌归去来……干戈何日定，愁绝岭南梅。"可能在顺治七年（永历四年、庚寅，1650）的上半年，江西的社会秩序较为安定就回家了。不久，桂林即被清兵攻克，瞿

────────

　　①　王咨臣同志函告，谓《安福城南王氏宗谱》中有沈云英传，云刘淑英曾访沈云英于广西。按沈云英和刘淑英二人思想倾向完全不同，二人恐无何关系。但在《个山遗集》的一些诗中，刘淑英曾到过桂林瞿式耜幕府。

式耜殉国了，故她有些诗似是回顾此行并悼念瞿式耜的。如《自叹十五首》之七："雨霁三秋暮月斜，凉风飒飒扫悲筇，非关节帅声援绝，为惜吾人气运差，邦国东来山下枕，行藏聊寄佛头髭。补天应有重光日，暂向穷崖哭落花。"

刘淑英大约在顺治七年回故乡后，才筑"莲舫庵"以居。从此抚孤养母，订刻父亲的遗稿为《来复斋集》，①并常与亲友唱和。次年（顺治八年，永历五年、辛卯，1651）清兵又全占两广，南明形势岌岌可危，淑英自己健康状况也不好，故将多年写成的《天雨花》旧稿，又加了一篇《自叙》，其中，充分流露了她的沉痛的遗民心情。②

此后，她有时也写些小品，以极隐晦的文字，纪念某些好友和表达一些难言的感情。如顺治九年（壬辰，1652）秋，她以艳情传奇的体裁，写了一篇《才鬼记》，假托好友邹苍舒夫人魏氏之魂，于玄黓执徐（壬辰）之秋，访琢月生，自称"姜婿邹氏子璐郎与君通家之好"，用谈挥的形式，讽刺一些无耻的官僚士大夫变节求荣，说"释褐侣则改迎门妓"，"泮簧策名辈"也"七零八落"。继而表明自己"惟有和尚家风似旧，故得此啸歌乐地也"。同时也暗示邹苍舒已战死③。这样一篇深刻的沉痛的文章，而编刻《个山遗集》的王仁照却胡说什么"才鬼之作，恐涉楚襄神女，陈思感甄之嫌"，因而力为辩解。如果刘淑英地下有知，恐难免有"千古解人难"之叹了！

她另一好友康雪庵，诗词都极佳，她在《秋词四首答康夫人

---

① 《前明忠义列传》、《南疆绎史摭遗》、《小腆纪传》及（乾隆）《安福县志》等书中刘淑英传。

② 关于刘淑英作《天雨花》情况，详下节。

③ 《个山遗集》卷七《才鬼记》，又卷一有《寄邹苍舒兄嫂》、《赠姻嫂邹夫人魏氏》，卷二有《五日赠慧印邹夫人》，卷四有《赠邹夫人魏氏》。

赠》的小序中，谓"夫人康雪庵，予素仰丰神，若明月云汉，可望而不可亲也。今秋偶偕诸媛遇访，倾若观慧，不减昭仙雅集，独以奇句出示，使余一唱三叹。其琬琰璀璨，真所谓眉飞色舞，旭日升而晚霞坠矣。聊致敷韵，以代击节"。其中《秋咏》（鹧鸪天）下半阕云："珠作韵，玉为腔，玲珑婉转度潇湘。可能吹入关山月，占断班家翰墨牀。"可见她倾倒之至。顺治十年（癸巳，1653）康雪庵死了，刘淑英又作了一篇小品《断香铭——记梦》云"癸巳（1653）灯夕"，梦见康雪庵来访，托她为自己作诔，暗示康雪庵已死。同时两人又哀悼刘牧雨李夫人的殉国，淑英因而有"不伤同病，实伤同时"之痛，并借康的话来表明她自己的抱负以及此时的心境："君慧心人也。……笔锋墨垒，研貂茧甲，虽英雄本色，然利纯有时，或能扫除遗氛，一匡天下，成万代功；否则寒凝风雨，憔悴山川，贻万古愤。惟有高逸云山，自容天地，俯仰图书之间，隐心于无聊之乡，与世无尤，超然而放。"此外，为了纪念这位好友，她又作了《康雪庵夫人诗序》，发挥了她对诗歌的独特见解，认为："人之性情，莫挚于怨。怨也者，性情之贞也，贞则激，激则鸣，故诗丽焉。……然而贞性所激，茹苦写怀，即妇人女子孰不可怨哉！"意即只要有真挚的感情，妇女也同样可以写出好诗。①

---

①　《个山遗集》卷七《断香铭》、《康雪庵夫人诗序》。按瞿式耜《刘公墓志铭》以为康雪庵为其兄刘兆炽之妻。细读上文，她二人感情虽好，但称康为"夫人"，语气亦很客气，何尝像是亲嫂嫂。《个山遗集》中另有《寄嫂》等诗，语气即大不同。如《归家觅得忠烈公题画遗墨赠彭嫂八首》之八云："便面留题亦偶然，嘱君珍重琼瑶篇。当年风月可人意，声咳如今赖此传"又《再赠彭嫂四首》之二，有句云"菽水承欢赖尔宜"。则完全是自家人的语气。又《为兄嫂彭淑人寿并感时》，则彭氏明明是她亲嫂嫂。且刘兆炽不过是邑庠生，死时很年轻，也不可能有两个知书能文的妻子。此事只能存疑。

　　自从她筑莲舫庵后，她真是"奉佛以终"吗？① 不错，庵中也有佛，她也曾参见过名僧仰山。但她对出家诵佛，实无何兴趣，连听戒也不去。② 她早就说过："半生惭落魄，一计解逃禅。为侠竟存首，怜贫不怨天……"（集一《移居问心处叔伯弟侄作诗以贺依韵次六首》之三）当她避难穷岩古寺时也说过"夺到神丹久勿饥，携筹采药又奚为？但留一点忠贞性，为佛为仙我不知"（集三《寺中题壁二十二首》之三）。直到晚年，还说"寄世头颅羞付佛，横腰匕首愧诛仇"（集四《新春》）。实际上她是反对出家的。在《天雨花》抄本第五回中的唱词也说"奉劝世界男和女，切勿孟浪入空门"，故莲舫庵也只是她"避世"之地而已。

　　从清兵南下以来，直到她生命的最后，即使她已隐居莲舫庵，她的诗文始终充满了强烈的爱国主义的激情。念念不忘复国，长期寄望于南明。如"抱佛不忘恩，怀刀犹恋主"（集一《雪十四首》之八）。"冰心久凝待，君王未渡河。"（集一《秋水》）沦陷后的河山，她深感"风景殊"（集二）。即她自身隐居也是"心违词客悲秋赋，身寄羯胡鼎镬间"（集《长啸》）。总盼望"汪洋四海潮，湍湍银河布，一荡山川平，再洗威仪复"（集一《凝古》）。因之，始终坚贞不屈，自拟为"山上桂花篱下菊，傲他万卉尽飘零"（集二《秋游八首》之三）。不承认清朝的皇帝为君主，认为那只是"虏能杀伐亦称王"（集四《王耐庵表兄以二表侄同儿读书因原韵奉答四首》之三）。她还有一首《秋龙》也似退隐后作："掣爪牙兮敛鳞甲，蛰伏沧溟兮海鲸慝，抱骊珠兮默而息，会风云兮待其日。"（集五）她哪是参禅诵佛

① 《前明忠义列传》、《南疆绎史摭遗》及《小腆纪传》诸书中刘淑英传。
② 《个山遗集》卷一《谒仰山》、《听戒未赴》，卷七《才鬼记》。

的如来弟子，分明是枕戈待旦的女中豪杰！

宗谱和方志都说她死时三十五岁①，绝不可信。今《个山遗集》卷四中有一首《二十九年不能一疏以报先父忠节，每自生愧，感而吟》。按刘铎卒于天启六年（1626），淑英时七岁，经二十九年应为顺治十二年（1655），则淑英已三十六岁了。又有《从母南归，母方三十，今母六旬，舅氏三为母祝，家慈命笔致谢》一诗。按她从母南归在崇祯元年（1628），当时她九岁，经过三十年，此年当是顺治十五年（1658），则淑英已三十九岁了。又卷五有《感白发作》一诗，但却未见有老迈衰暮之迹。估计她至少活到四十岁以上。

在《个山遗集》中她留下了九百一十五首各体的诗，四十首词，十四篇杂文。在《自叙》中明说她的作品是"愧补斋坛之风雪，聊寄漆室之悲操耳"，暗隐《列女传》中鲁国漆室邑之女的话："鲁国有患，君臣父子被其辱，妇女独安避乎？"意即亡国了，人民都蒙受耻辱，妇女安能独免？充分表露了她感伤故国沦亡的遗民的悲痛。从她的作品看，除了她婚后的少数诗还有些"闺阁气"之外，其他的大都悲壮沉雄，不下于陆剑南、元遗山。有时虽不免奇崛，甚至带有粗犷之气，这也适足以见这位奇女子的遭遇和心胸。可惜这个集子编得极乱，既未系年，且将题目相同而非一时之作也硬并在一起，弄得后人不易分析（如《雪十四首》、《有感杂诗五十首》、《寺中题壁二十二首》、《自叙十五首》等等）。有些七言，也富于想象，近似李长吉。又因有所避忌，以致更难理解其具体内容。如《莲花歌为表姐广英作》、《秋泛为访童夫人答赠》，显然是确有所指的。《怅家园花

---

① 《安福城南王氏宗谱》载刘淑英"卒年三十五"，（乾隆）《安福县志》卷一六《人物志》本传，亦同。均误。

木十二首》也似是写她所认识的一些妇女而非咏物。至于她的词，成就却逊于诗，在《天雨花》中左仪贞刺杀郑国泰时所歌的两首《满江红》，倒也和她的诗风相近。这样悲壮沉雄的诗风却是在中国妇女文学史上绝无仅有的！

在清代，她的诗文一直无人敢于刻印，直到 1914 年才由安福人王仁照集资刊行。1934 年湘潭王伯秋又再排印，错字极多，但总算保留了沉埋于专制统治下三百多年的富于生命力的文学奇葩。

她的诗文的命运如此，所作的《天雨花》弹词，三百年来虽广泛流传，却又被人歪曲原意加以篡改。并且因为身处清朝的专制统治之下，为了避祸，又不敢署真姓名，以致没有人知道是谁所作。下文试证此书也是她的心血。

三 《天雨花》为刘淑英作试证

仅凭流行的《天雨花》刻本，确实无法考索作者是谁的问题。但如果将刘淑英的诗文、传记材料以及抄本《天雨花》和刻本《天雨花》的《自叙》互相参证，就具有可能性了。本来，此书的《自叙》是很重要的材料，但从嘉庆时起，直到现在，却被人怀疑而否定了。其实，这篇《自叙》，绝不同于明清一般小说、弹词的那种泛泛劝忠说孝的序文，而是充满作者凄凉身世和亡国遗恨的心情，十分重要，故仍应从《自叙》谈起：

（一）"梁溪陶贞怀"正是刘淑英在《自叙》中的巧妙化名。刘淑英是江西安福人，为什么要用这个化名呢？这当然由于她处于清初严酷的专制统治之下，不能不有所顾虑。按"梁溪"，本是无锡城外一条著名的小河，故无锡又别名梁溪。当时东林书院即在无锡。由于刘淑英的父亲刘铎和她丈夫的父亲王振奇都属"东林党"人，籍贯署为梁溪，即暗示她是东林党的后裔。又，她本名"淑"，"贞"与"淑"字义相近；故常缀为连绵词。如"贞淑"、"淑贞"。① 隐寓"淑"字于"贞"字。又古人命"名"与"字"往往需相关联，采取某一文句中的有关的字。如邓艾初名范，字士则，即采自《陈寔碑》中"文为世范，言为士则"之句。② 刘淑英也可能是取义于陆云《寒蝉赋》中"体贞粹之淑质"之句。③ 陶即陶冶，刘淑英夫死守节而又忠贞不屈于清。因此，她署为"梁溪陶贞怀"，即含有继承东林党人的精神、陶冶自己坚贞不贰的美德之意。

又"陶"字也隐喻陶潜，"贞"与"真"同音，也表明她像陶潜那样真正隐居的胸怀。故她用这个化名，是十分巧妙的。

《天雨花》中的女主角又取名左仪贞，按"仪"字含有效法、向往之意，也暗示"仪贞"即取法于陶贞怀。

（二）"余生长乱离，遭时患难。……寄秦嘉之札，远道参军；悼陨褯之殇，危楼思子。"《自叙》中这段话，完全符合刘淑英的生平遭遇。她幼年正处于明末衰乱之际，父亲被害惨死。后来又起兵抗清，避难穷山深谷，可说一生在患难中。也许有人会说：这种遭遇，是明末许多遗民所共有的。但请注意"寄秦嘉之札，远道参军"这句话。按《玉台新咏》所载《秦嘉赠妇诗序》，秦嘉为陇西人，在郡为上掾，其妻徐淑与嘉互有书札往来。刘淑英的丈夫王蔼远去北方，淑英也和他互寄书信、诗歌。

---

① "贞淑"，如《汉书》卷八一《匡衡传》："诗云：窈窕淑女，君子好逑；言能致其贞淑，不贰其操，然后可以配至尊而为宗庙主。""淑贞"，如《艺文类聚》卷八四引王粲《车辋赋》："挺英才于山岳，含阴阳之淑贞。"

② 《三国志·魏志》卷二八《邓艾传》。

③ 《艺文类聚》卷九七引陆士龙《寒蝉赋》。按《周书·谥法》："清白守节曰贞。"《荀子·赋篇》："湣湣淑淑。"杨注："淑淑，美也。美亦善也。"

故"刘淑"以"徐淑"自凝。她用这个典故不是十分恰切吗？过去有人怀疑陶贞怀是男人的化名，未免太疏忽了。

这里还有一个疑问："悼硕褋之殇，危楼思子"，很可能被误解为作者曾有幼子夭折，而刘淑英仅有一子王文度，后却长大成人，从而怀疑写《自叙》的陶贞怀不是刘淑英。按这个句子，从对仗而言，以"损褋"对"秦嘉"，即很不妥帖。且文中既有了"损褋"，又用"殇"字，文义也重复。故句中必有误字，疑本作"悼陨节之殇"。按："殇"此处应指"国殇"。"损节"一词出于颜延之《阳给事诔》"贲父殒节，鲁人是志"（《文选》卷五十七）。根据《礼记·檀弓上》："鲁庄及宋人战于乘丘，县贲父御……马惊败绩，公队。……县贲父曰他日不败，而今败绩，是无勇也。遂死之。"故此句即悼念忠烈战死的国殇。王蔼殉国时，其母尚在，[①] 故下句云"危楼思子"。这一联是对偶句，合起来即概括了她与王蔼的生离死别之情。

《自叙》又说她"行将化石以去"，即利用了望夫石的故事。《太平御览》卷五十二引《世说》曰："武昌阳新县北山有望夫石，石状若人立。传云昔有贞妇，其夫从役，远赴国难，携弱子饯送此山，立望而化为石。"这不是十分真切地暗隐了她送别王蔼参军的往事吗？

（三）《自叙》"昔余缠之（按指其父）许之论心。谓余有木兰之才能，曹娥之志行"。按刘淑英父刘铎被逮押京，"忆不肖藐藐七龄，从母氏与难京师，分期一死，相随地下。竟以遗命不果"（《订镌父太仆刘公来复集后序》）。故当时刘铎说她有

---

① 王蔼死时，其母尚在。《个山遗集》卷一《哭姑胡安人二首》，卷五《幽居穷壑次杜公悲秋七首》之四，及《寄姑》诸诗可证。唯"悼殒褋之殇"一句，仍有待考虑。

"曹娥之志行"，并指着她对她母亲说过"是异日当为媛中英"。① 可知《自叙》中这两句话，确是刘淑英幼年时的实际生活经历。抄本《天雨花》第十六回，写左仪贞随父从殿廷回家之后，桓应征听说她刺杀了郑国泰，对她十分欣赏，觉得自己儿子"楚卿果是欠三分，柔弱书生无胆智，如何匹配女中英"。刻本第十四回（抄本缺此回），写郑国泰受到左仪贞斥骂时，也认为"此女果是女中英雄，议论活象老左"。又刘淑英自己的诗，也有"此次从军愧木兰"之句（《军事未毕，家人劝我以归十二首》之十二）。可见《自叙》中"有木兰之才能"，确是刘淑英的纪实。同时也可看出：她描写左仪贞的形象时曾赋予了自己的才能和抱负，故《天雨花》中"女中英雄"的话也一再出现。

　　（四）《自叙》"爰取丛残旧稿，补缀成书"，即说明了《天雨花》不是一次写成的。从这书的内容看，明显地可分为两部分，是两次（也许是三次）先后写成的。第二十九回（抄本误为第十五回）黄静英探母之前（即写到崇祯六年之前），从左维明的少年时代起，写了一连串的故事，一直写到左婉贞出嫁后。不但布局精巧，而且每一个故事都写得情节很曲折，文笔也生动、活泼、细腻。整个气氛是开朗、愉快的。写左维明父女对权奸的斗争，也充满了灵巧的机智和辛辣的讽刺。这是本书的第一部分。

　　但一写到黄静英探母前，即突然跳到熹宗死，信王即位，诛魏忠贤、客氏等等，诏召左维明入朝不赴。这里又插入一段左致德请陈瑶当家塾教师教她儿子左永孝。到此，又一跳，"时光又过三四载"，即转到李自成、张献忠农民军势盛，左府等五家公子见天下大乱，不愿为官，告养回家，左维明即要他们弃文习

_____

　　① 《个山遗集》附录《安福县志》传略。

武。按：在本书中，左维明本是个智勇双全的大臣，魏忠贤等消灭后，不去朝廷作官，反而认为"大明气数已尽"，消极地在家准备保卫地方秩序，不但面目全非，文字也平铺直叙，枯燥无味。接着写黄静英因探视母病，在途中被张献忠部下掳去，左维明带家将救她出来。其间，虽也有假装威胁黄静英考验她的贞烈个性的一段小插曲，但无论从布局、描写等任何方面都比前面差得很远，毫无艺术性可言。这是第二部分中的第一个段落。

接着，第三十回（抄本误作第三回）又一下跳到崇祯十年，写左维明在襄阳家中训练家人习武，张献忠攻打襄阳被他擒获，又插入了左永孝对家塾教师陈瑶的两个女儿始乱终弃的故事。之后，立即又跳到甲申三月李自成进入北京，左维明等五家便约会沉江殉国，结束全书。这是第二部分的最后一个小段落。不但像记事文那样，毫无文采，也无情节可言，气氛却极凄惨。

可以看出《天雨花》的这两个部分，是在两个不同的时期写成的，第一部分（由开始到黄静英探母之前）故事构思精巧，描写也细腻，字里行间饱和着轻快的喜悦。大约是在婚后闺中借此自遣而着笔的，其中有些故事都有精彩动人的场面。当写到崇祯初期，如诛除阉党、平反冤狱等许多大事，本来像左维明这样的文武双全、劳苦功高的重臣正可再度登场，大可写出许多可歌可泣的场面，为什么突然停笔了呢？估计可能是由于崇祯十一年清兵大举入塞，王蔼离家北上，刘淑英心情不佳，只好搁笔了。

第二部分如果是分两次断断续续地写成，则黄静英探母到张献忠在襄阳被擒，根据当时政治形势，估计可能是在崇祯十四年张献忠攻下襄阳既而被左良玉击败之后，到李自成入京之前写的。如果第二部分是一次完成的，即从黄静英探母到五家沉江自杀，可能是在顺治七年刘淑英从广西回家，瞿式耜殉国之后写的。她眼见桂王已无再振作的可能，故带着绝望的心情，将"丛残旧稿"草草"补缀成书"的。故这一部分，一落笔，气氛即大不相同，文字枯燥草率，气氛也很低沉。当时她本来不想署名，但到顺治八年，可能如她《自叙》所说，由于"五载药炉，一宵蕉雨，行将化石以去"怕不幸死去，故又补写了这篇《自叙》以表达自己的生平遭遇和写书的心情，却再也无心去润色全稿了。

（五）以下再从《天雨花》本身加以考察：左致德任江都知县，即刘淑英暗示她的先世曾任职于扬州，刘铎曾任扬州知府。她既不便写左维明任官江都（因左仪贞很明显的有她的影子在，如再写左维明任官江都，即等于明显地写她家的历史了），故在抄本《天雨花》第五回，写左致德中了二甲进士之后，"五月中即选得江都县知县，遂带了家小领凭赴任"（刻本亦同）。左致德是左仪贞的叔父，刘淑英写他任江都知县，即暗示她的先世曾在扬州做过官。

（六）左仪贞随身佩剑，即等于刘淑英为自己写照。《天雨花》抄本第五回写左仪贞初次看到左维明的宝剑，即向父亲索取。左维明因她是闺中幼女，故未给她；抄本第九回写左仪贞代父起草书札，又索剑为赏赐；抄本第十一回，左仪贞又说求以宝剑为她的润笔之资，左维明才给了她。到抄本第十六回，明熹宗在听了左仪贞刺杀郑国泰的情况后，"天子道：原来刺贼，早有成见，非起仓卒。但卿闺中之女，利器何来？又可暗佩在身？仪贞道……乃臣父所与。系臣心爱之物，故常佩带在身。天子回顾左公道：先生何故以利器授予闺女？左公道：此女生性好武，见臣有此剑，再三索取，故付与之"（刻本亦同）。作者对书中的左仪贞总是带着爱抚的感情，刻意精心的描绘；又三番五次地写她对宝剑的热爱。而刘淑英童年即"学书又学剑"，故懂得剑术和"孙吴兵法"，① 在她所写的诗中竟有数十处都提到"剑"。这在前人的诗集中，也是极少见的现象。若把她的诗来和《天雨花》对照，却很合拍。如《感怀二首》之一："阿母牀头剑，铿铿漱素霓。先人昔所赐，珍重勿轻离。"（集一）则剑亦先人所赐。又"生平不把剑离身，鬼国仙窝任屈伸"（集二《余病沉移楼隔渚二十余日，家慈殷殷垂念，因归以慰所思八首》之六）。她也是剑不离身，随身佩带着的。即使是她隐居故乡后，也一直如此。如"遁志只磨剑"（集一《忍怒》），"一剑龙鸣聊作枕"，"玩世空留一剑弹"（集二《秋感三首》之一、之三）。甚至做梦也不忘剑："大呼忙拔剑。"（集一《忆昔梦见》）她真是以剑为伴。"懒抚壁上琴，惯惹床头剑。待予三十年，恻恻虚相念。"（集一《雪十四首》之九）书中的左仪贞简直是刘淑英的化身。

（七）左维明父女工绘画及左家诸妇女能诗，也可能是刘淑英亲属情况的反映。《天雨花》抄本十五回（应是第二十九回）写襄王世子求左维明为他画西湖十景，后由左仪贞代笔，这可能也是刘淑英在书中为自己父女写照的艺术加工。因刘铎"工诗画、草书"，② 刘淑英也"工书画"。③ 又《天雨花》中许多妇女都知书能诗，如桓清闺以及左仪贞等姐妹，大都如此。如果我们从《个山遗集》中考察刘淑英的家族，也极相似。她幼年即由她母亲萧氏亲自教读。妹丽珠、表姐萧举姑、兄嫂彭氏、表姐广英、表嫂宠微等等，以及姻亲中的邹夫人魏氏、康雪庵，无不是知书能诗的妇女。我们当然不能说《天雨花》是她的自传，但

---

① （乾隆）《安福县志》、《前明忠义列传》、《南疆绎史》及《小腆纪传》诸书中刘淑英传。

② （同治）《安福县志》第 10 卷《刘铎传》的按语。

③ 汤漱玉：《玉台画史》第 3 卷，引《安福县志》中《王蔼妻刘氏传》。

作者的生活实际也很容易成为作品中的某些素材。

（八）襄阳左府等五家自沉湘江，则完全是刘淑英有意识的纪念湘江殉国的故人。《天雨花》中写左维明等五家本是襄阳人，如抄本第一回（刻本同）开始："话说道事出于湖北襄阳府有一名家，其人姓左名彝。字守伦。祖上累世簪缨，原系将门之后，家资巨万。为湖广第一名家。"直写到最后，左维明不仕，在襄阳教家人习武，操练民兵，保护家乡。可是一写到李自成入北京崇祯自杀之后，抄本第二十六回（按应在三十回之末尾）便突然改变了："且说左公等闻此消息，俱望阙痛哭。因与桓、王、赵、杜等道：我等世受国恩，岂可不随圣驾？凡系曾出仕者俱殉国难。约定四月十五日各换江船，同至湘江尽节。"以下的唱词也说："五家俱下江船内，湘江之内把舟停。"在痛饮之后，即凿船自沉。以前书中屡次都提到是家在襄阳，而在这末尾却两处都明明写的是"湘江"。难道住在襄阳的人，还要跑到湘江去自杀？这绝不是作者的笔误，也不可能都是抄手的一再误抄，显然是作者有意的安排（刻本即感到矛盾，已将"湘江"改为"襄江"）。

南明在与清兵的对抗过程中，每失一地，都有一些官僚士大夫自杀，甚至全家自杀。江西、湖南各地也如此，原不足怪；但刘淑英家却有一些亲友在湖南。特别是和她友好的刘牧雨二位夫人自沉湘江，使她特别悲痛。她在《断香铭》中也隐约地提到这事，并有《吊刘牧雨司马夫人十四首》。其三云："三载湘江血泪枯，苦风凄月掩吾庐。香沉欲断犹含笑，闺襄英雄亦丈夫。"其四云："精卫空悲东海填，金钗一掷遂沉渊。从容庭内双完烈，留得贞珉万古传。"又有《吊刘牧雨李夫人五首》，其三云："一觞遥奠泣湘江，幕卷西风悄碧窗，回首生前相契阔，如闻环佩振漓江。"（均见集二）漓江当指桂林，也许她们之间曾在桂林同聚过。又七言中还有《莲花歌为表妹广英作》，诗句很隐晦，内容也似悼念投水自沉的女人。可惜不知广英是否即刘牧雨夫人？由此，可以想见她在续完《天雨花》时，是有意识的纪念这些已死的故人的。

（九）刻本《天雨花》的修改者的思想是落后的、反动的，绝不符合刘淑英的写作意图。如将刻本与抄本对校，从刻本中不难看出全书是经过一番修改的。阿英同志已指出，在艺术性方面，修改者是有所加强和提高。他这个意见是对的。我们从形式方面看，最明显的是回目的标题：如第九回，抄本作"审明疑案左御史计赚张差，谋害忠良方中书急诛名妓"，刻本已改为"左御史巧智审张差，方中书事急诛贾妓"；抄本第十一回原作"魏桂香一片刁心几至死，郑皇亲三番设计总成空"，刻本已改为"魏桂香一片枉痴心，郑皇亲三番巧施计"；抄本第十七回原作"周夫人恶口伤人终谢罪，杜公子苦词立誓再求婚"，刻本已改为"周夫人伤心重患病，杜公子悔誓再求婚"，等等，都改得更简明工整。此外，全书文字都经过细致的加工，不仅闺阁琐事改得更细腻，即以佃户陶安哭诉孙国英势大难抗的一段话，描写乡官恃财仗势以及小民的哀哀无告之苦，更是入木三分。由此，也可知刘淑英虽然富于文采，但她草草"补缀成书"之后，对于原稿已无心修改润色了。大约此书以后传抄渐广，刻印者为便于流传，同时也避免"文字狱"的迫害，才予以加工的。不过，这个修改者不但不是陶贞淑，而且是一个思想落后而又反动的文人。

从思想方面比较，至少可以看出有三点与原作者的意图大不相符。第一，刘淑英虽也有意"扶伦立纪"，但并不忌讳写某些人的某种缺点。如写左永孝对家塾教师老陈的两个女儿始乱终弃，而修改者却把这一段情节删掉了，似乎要把左府的人都写得完美无缺。这种文艺思想显然是很庸俗的。第二，在全书的最后部分（抄本在第十五回中）写李自成被左维明擒获，在押解北京途中却被他的部下劫走。只是客观地感叹："大明国运该绝，非人力能挽，虽然拿了，仍属空谈，可发一叹！"而刻本第二十九回中，却落实了："且说左公常观天象，久知大明气敷已尽，非人力可挽，又且楚地受害不小。"刻本又说左维明擒张献忠后"即欲斩枭，就中遂有神明示梦，止住维明……维明暗思天意难回，十分叹恨"。修改者把原是文武双全机智勇敢的左维明，歪曲成预知天意迷信做梦的妖道了，甚至把左永孝也描写成迷信因果悟道参玄的道士了。如"永孝心中别无事，闲时只是慰慈亲。已从因果知前事，也见刀兵悟后因。每把仙经参秘箓，坐关运气想通灵。少年偏走玄门路，有心不赴礼闱行"。通观刘淑英的生平，她的诗文，以及《天雨花》的前面二十八回，她从来也不是宿命论者，从来也没有这类乱七八糟的思想。第三，更重要的是对待农民军的态度问题。在《天雨花》第二回中，写左维明深切同情佃户陶安的被剥削被压迫的苦境，并巧妙地惩治乡宦孙国英。书中虽然也写了她攻打卧狮山的绿林强盗和闻香教的王好贤，也只是讥笑讽刺的笔调。在她的全部的诗文中，只有《闻闺秀秦氏兴后》（集一）和《徽女助饷秦氏兴兵》两诗，可能是指秦良玉出兵攻打张献忠，但诗意中也并无痛恨怒骂之句。本来像刘淑英这样一个出身官绅人家的人，对农民军无好感，原不足为奇。不过在她的心目中，在清兵入关之前，她认为最大的敌人是权奸和阉党；在清兵南下之后，最大的敌人则是清廷，从未将农民军看作死敌。直到她在顺治八年作《自叙》，仍是说"每叹汉室亡于宦官，唐家乱于宠婴（嬖）；天启兼此，宜长厉阶。而屠戮忠良，烈于前古。卒移龟鼎，自取丧亡"。始终未把亡国归罪于农民军。而清代官僚士大夫总是一则归罪于宦官，一则归罪于"流寇"。而修改者在末尾却加上了这么一段:"(左)维明笑指天象道:妮子(左仪贞)!你不见真主已出东方,伫见为明朝报仇灭贼。"这完全是降清汉奸的口吻。当时汉奸们说什么"杀吾君者吾仇,杀吾仇者吾君"。用这种无耻的诡辩来掩盖他们投降的嘴脸。而刘淑英明明讽刺过"虏能杀伐亦称王",怎么会承认清朝的皇帝为"真主"呢?抄本最后写五家自沉湘江殉国即结束了全书,而修改者却画蛇添足地加上了一大段,叙述上天对左维明等的阴魂宣读玉旨,命左维明等去勘断"奸贼"、"流贼"两大狱,首先判决了魏忠贤、客氏和郑国泰等十三人,而对"流贼"则判决了李自成、张献忠等二十六人之外,还加上了"从贼"牛金星、宋献策、刘宗敏等十人,"罪大恶极,颠覆社稷,荼毒生灵……万劫不赦"。事毕,又派左永孝肉身还乡,将上天的判决告诉乡人。这说明修改者十分反动,也十分庸俗,与《天雨花》的原作者的思想意图毫无共同之处,他损害了这部杰作的光辉。

根据以上九点论证,似可以作出结论了:《天雨花》是安福刘淑英作,梁溪陶贞怀是她的化名。但通行的刻本是经过他人修改的,它歪曲了作者的思想和创作意图。

人们不禁要问:一个这样文武双全的奇女子,起兵抗清的女英雄,才气纵横的女诗人,为什么她的生平竟没有一篇较为完整可信的传记(甚至"宗谱"也弄不清她的生卒年代)?为什么她的激昂慷慨的诗篇,三百年中竟没人刊印?甚至汗牛充栋的诗话、词话以至于文学史和妇女生活史之类都没有她的名字?她作的《天雨花》为什么竟不敢署名,必须修改者给它抹上灰暗的落后的反动的色彩才有人印行?可不可以这样作答:这是在专制国家的封建意识和文字狱的制约下,扼杀文化、淹没人才、鄙视妇女的结果。而她就是一个受害者和见证人。我们生活在社会主义的今天，就不能不表扬她，让淹没在历史中的有过贡献却被压抑的人，千古流芳。

1976年，重读《个山遗集》之后，仿佛一个郁郁不平的佩剑戎装、英气逼人的女战士就在我的眼前，当时曾写了两首小诗：

> 散尽钗环起义师，禾山结垒誓匡时。从来兴废关全局，大厦焉能一木支。

> 国难家仇刻骨深，英雄岂愿隐禅林。抚孤养母莲庵夜，谁解深宵看剑心！

这次既经证实《天雨花》也是她所作，又感到她的遭遇不是偶然的、孤立的，从而又得一绝。录此，作为本文的结束语吧。

> 《天雨花》成万户传，忠奸褒贬托冰弦。独伤禁网藏名姓，侠气消沉数百年！

1978年12月18日

漫谈诗钟[*]

一

诗钟是中国古典文学中特殊形式的诗，自19世纪起，流行了一百多年。目前在福州仍有不少的人爱好。不过从来都认为是"小道"，不载于任何诗文集，诗话及笔记也只有极少数的提到它。因而知道它的人已很少了。

从形式上看，诗钟极像律诗中间的一联，故又叫"两句诗"，因多是七言，故也叫"十四字诗"，福州也有称为"改诗"的（这是小儿初学诗时，先命将两句旧诗，改动数字，但限定嵌入两字）。其所以叫做"诗钟"，即因限定极短的时间交卷。通常是文人们在一起雅集时，将一个铜钱用线系于竹香上，下承以铜盘，香焚线断，钱落盘中铿然作声，有如钟鸣，立即将做成的卷子纳于诗筒，故称"诗钟"（近数十年有人即用闹钟定时）。亦即师法古人"刻烛赋诗"、"击钵催诗"之意。南齐时竟陵王萧子良有一晚召集学士们作诗，在烛上刻一划，限定在一寸烛的

* 原载《学林漫录》第9集，中华书局1984年版。

时间内交卷。当时萧文瑛即说："顿烧一寸烛，做成四韵诗，这有何难！"即与丘令楷、江洪等人立韵，共击铜钵，到声响一消失而诗已成。① 古代诗人每爱炫示才思敏捷，如曹植七步成诗，温庭筠八叉手而成八韵，均为后世所艳称。作诗钟的人也是为了"斗捷"。诗钟的体裁很多，通常分为两大类：一类叫"分咏格"，即任拈两件绝不相干的事物为题，每题作一句，两句文字须对仗，组成一联。"嵌字格"则任拈两个平仄不同的字，都限定嵌在两句中的第几字，也要对成一联。二者都如作律诗一样，必须对仗工整，平仄协调。无论哪一类，又都有多种形式，兹杂采诸书，略举例说明如下：

（一）分咏格——又名"雕玉双联"（道咸时有人称为"分曹偶句"）。如分咏"诸葛亮"和"猫儿"云："胸中早定三分策，眼底能知十二时。"分咏"魁星"和"顶篷"云："曾将彩笔穿牛斗，未许雕梁落燕泥。"分咏"莫愁"与"醉蟹"云："洛邑女儿卢氏妇，青州从事内黄侯。"分咏"张志和"与"鹦鹉"云："流水落花青笠客，画阑香稻绿衣娘。"均状物切肖，对仗工丽。

也有对分咏格再规定嵌字的，就较难作。如分咏"管仲"及"后羿妻"一联，分嵌"长不"第三字："射钩不死仇偏相，窃药长生盗亦仙。"分咏"守冻"与"白云"并分嵌"凝早"第二字："冰凝河面狐听溜，雪早梅梢鹤守花。"后已罕见。

分咏还有限集唐诗者。或以《传简》、《惊梦》两出戏为题公开征集作者，有人集五言一联云："忽逢青鸟使（孟浩然《清明日宴梅道士家》），打起黄莺儿（金昌绪《春怨》）。"既切题意而对偶又工，可称绝妙。这种形式的极少见。

---

① 见《南史·王僧孺传》。

另有类似"诗谜"的单咏格，即仅命一题。如咏"傀儡"云："一线机关何太巧，两般面目总非真。"但单咏亦有嵌字者，如"思妇"嵌"斜锁"第二字云："横斜钗影松云鬟，牢镇春心紧指环。"均刻画入微。

还有两人合作分咏成联者：即先由某甲拈得一题作成上句，某乙则另拈一题，再作下句，且必须与某甲上句相对偶。例如有人先咏"报马"云"铃声急雨三更驿"，另一人题为"粪桶"，即对云"担影斜阳十亩田"。这仅清代苏州某人行酒斗令时曾一为之，别未再见他例。

分咏格较难，故作者不多。唯光绪十一年（1885）苏州秦云及其族兄肤雨合作一百六十余题，三百余联，辑为《百衲琴》，数量虽多，但少佳句。作者大约是不得意的寒士，出语多带讽刺。如分咏"号板"与"吊水桶"云："几辈飞腾都倚汝，一时汲引总须人"。分咏"手炉"与"蝇"云："怀袖有时防炙熟，出窗无路枉钻谋。"颇具巧思。分咏格因一句仅七个字，叙事状物均难切肖，故近五六十年作者已很少了。

（二）嵌字格——又叫"嵌珠"、"折枝"（大约最初认为是从律诗中摘出两句，如折花枝。也有人说国画中的花卉不着根者称为"折枝"，取义于此）。即拈出两个毫不相关而平仄又不同的字，限定嵌在两句中的第几字。本来诗中嵌字早已有之。刘宋时鲍照的《建除诗》，即将建除满危等十二字，分嵌在五言中每两句的前句第一字。萧梁的范云及陈代的沈炯均有此体。沈炯还有《六甲诗》嵌甲乙等十干。《十二属诗》嵌鼠牛等十二属。这种诗中嵌字的传统，后代也偶有。故易顺鼎在成都与其弟、妹等所作的嵌字格诗钟，编辑一帙时，其妹婿黄玉宾即题为《仿建除体诗》。

诗钟大都为七言，然亦有五言者，如"山色和云淡，秋声向晚多"。所嵌的字，称"诗眼"。"眼"字限定嵌在第几字的位置不能变移，仅可将两字任意嵌于上下句。如嵌"钱采"二字于七言第一字："采石夜浇名士酒，钱塘春吊美人坟。"早期即标明"钱采七一"后多标作"第一唱"。或标"嵌第几字"（或作"押第几字"）。又因嵌第一字者为"凤顶格"，故也可标"凤顶格嵌钱采二字"。嵌字格的形式多至一二十种，兹择其要者说明之：

（1）凤顶格——也叫"鹤顶"、"虎头"、"冠顶"。即将"眼"字嵌于第一字。即如"任公"七一云："公孙有后名为氏，任子多才世可官。"凤顶格嵌"别郎"二字云："郎当道路闻车铎，别业生涯在钓船。""松衣"第一唱："松间六月风良可，衣上江南雨欲无。"

（2）燕颔格——也叫"凫颈"。即将"眼"字嵌于第二字。如嵌"童秀"二字："山童解唱全天籁，闺秀能诗亦国风。""叶皇"二唱云："桃叶渡迎桃叶到，凤皇台上凤皇游。""草凉"二字："潦草文章狂醉后，炎凉世态独醒时。"（以下仅举"眼"字，不再注标明方式。）

（3）鸢肩格——也叫"鸳肩"，即将诗眼嵌于第三字。如嵌"多战"二字："废垒战余衰草白，暮山多处夕阳红。""身石"嵌第三字："不坏身曾经万劫，有情石可证三生。"嵌"清渔"云："绿阴清簟无人院，白雨渔灯独夜江。"

（4）蜂腰格——即将诗眼嵌于第四字。如"句尘"二字："难得轻尘红袖拂，幸留好句碧纱笼。"又如嵌"尘满"二字："诸弟风尘悲海内，一声河满落君前。"又如嵌"师铁"二字："匣中顽铁称良友，闺里严师拜细君。"

（5）鹤膝格——即将诗眼嵌于第五字。如嵌"神铁"二字："风尘面目神仙骨，冰雪聪明铁石心。"嵌"微土"二字："几多白璧微时恨，要使黄金土价同。"嵌"中十"二字："月明赤壁中流棹，风暖扬州十里帘。"

（6）凫胫格——即将诗眼嵌于第六字。如嵌"母田"二字："机杼寒灯闻母教，桑麻夜雨话田家。"嵌"古风"二字："有情花月皆风雅，无恙湖山自古今。"嵌"重小"二字："疏花白帽过重九，寒雨乌篷宿小姑。"

（7）鱼尾格——也叫"雁足"、"坐脚"，即将诗眼嵌于第七字。如嵌"居答"二字："叩户竹鸡如代答，隔阴花掩想移居。"嵌"定头"二字："诗吟杜曲花惊定，画出沧州顾虎头。"

这七种形式算是嵌字格的"正格"。此外，还有所谓"别格""杂体"等多种。如：

（8）集句格——即限定嵌某两字并集唐诗成一联。如嵌"秋绿"于第一字："秋水才添四五尺（杜甫《南邻》），绿阴相间两三家（林逢子《镜香亭》）。"嵌"女花"于第二字："青女素娥俱耐冷（杜牧《霜月》），名花倾国两相欢（李白《清平调》）。"又："商女不知亡国恨（杜牧《泊秦淮》），落花犹似坠楼人（杜牧《金谷园》）。"又："神女生涯原是梦（李义山《无题》），落花时节又逢君（杜甫《江南逢李龟年》）。"浑然天成，可称神妙。这种体裁太难，故甚少见。

（9）魁斗格——即一字嵌上句之首，一字嵌下字之末。如嵌"儿光"二字："儿家门巷落花满，客子床前明月光。"又如嵌"前方"二字："前川月色明遥浦，深夜钟声出上方。"又嵌"江边"二字："江南路出莺声里，秋夕楼横雁影边。"

（10）蝉联格——即将一字嵌上句之末，一字嵌下句之首。如嵌"母曲"二字："画屏银烛围云母，曲几瓷盆种水仙。"又如嵌"管瓦"二字："陆沉去日嗟微管，瓦解何人论过秦。"

（11）鼎峙格——即将三个字的成语或名词，分别嵌于两句中。如嵌"射灯虎"："虎观文章天对策，鳌江灯火夜张射。"又如嵌"酒一壶"三个字："浊酒三升班氏史，灵台一角汉宫壶。"

（12）鸿爪格——即将三个字名词，一字嵌下句之第四字，二字嵌上句之首尾。如嵌"大司马"三字："大宛职贡来天马，少昊官司有烛龙。"嵌"湘影楼"三字："湘帘斐几春人影，玉宇琼楼月子家。"

（13）双钩格——即将四个字的成语或名词分别嵌于两句之首尾。如嵌"京桂醉仙"四字："京口百花人觅醉，桂江一叶客游仙。"嵌"太常仙蝶"："太液联翩池上蝶，常仪缥缈月中仙。"

（14）五杂俎格——即将五个字的短句，任意分嵌于两句中。如嵌"山冷微有雪"："快雪看山晴打约，微波荡月冷有声。"又如嵌"王小玉生日"："小谢生姿临玉树，二王当日坛银钩。"

（15）四五卷帘格——即将两字，一嵌上句第五字，一嵌下句第四字。如嵌"袍到"二字："偶携游屐到琴峡，待脱征袍隐鉴湖"。又如："草色侵来袍袖底，花香飞到酒杯中。"

（16）三四辘轳格——即将两字，一嵌上句之第三字，一嵌下句之第四字。如嵌"端菜"二字："诏下端门恭巳日，礼成释菜祭丁时。"又："蛩吟菜圃寻秋去，鹊噪檐端送喜来。"

（17）碎锦格——又叫"碎联"。七言者称"七碎"，五言者称"五碎"，即任将三、四、五、六甚至八个字，任意分嵌于两句中。嵌四字者，如嵌"何草不黄"："黄花何日堪留醉，碧草如烟不解愁。"嵌六字者，如"鸡、鱼、肉、锣、鼓、板"："鸡市鼓声分社肉，板桥锣响卖溪鱼。"嵌八字者，如嵌"一、二、三、四、天、地、人、和"："四围人影三弓地，一阵和风二月天。"另有一种"流水碎锦格"，则嵌字的上下两句不必对偶，但须上下句意思连贯。如嵌"豆数风"三字："风雨豆花篱一角，草虫无数作秋声。"嵌"何在闻歌"四字者："灞桥秋在人何处？不忍重闻折柳歌。"如嵌"牛郎会织女"五字者：

"郎自饭牛妾自织，羞他郎女会桑间。"

（18）押尾格——即将三个字的名词或成语，嵌于下句之末。两句不必对偶，但要诗意连贯。如嵌"一枝花"三字："万紫千红推领袖，岭梅先放一枝花。"又如嵌"曲江春"三字："好景一年君记取，杏花燕子曲江春。"

总之，所谓别格、杂体，旨在多设难关以验作者的才思，故形式多种多样。但近五六十年来已不多见了。1927年安徽还有人作《诗钟创格》，花样繁多，更是标新立异，而举例诸联却少佳句。即如所谓"一二红豆格"，以题之七字分嵌上下句中，如以"深林红树斗深秋"七个字，任意嵌入一联："深夜星霜添素白，早秋林树斗青红。"实与"碎锦格"相类似。故此册虽曾石印分赠，亦未见诗坛有何反应。

二

诗钟创于何时，未有确证。近福州人郑伯森等以为，道光时福州人曾元澄等在北京组织的"荔香吟社"，他们的作品曾于道光十一年（1831）刻成《击钵吟》，其中即有分咏及嵌字的偶句，足证此时已有诗钟了。在此之前，陈海沄却认为《雪鸿初集》所选诸联中即收有林则徐"窗夜"嵌第一字联云："窗虚权借月为榻，夜静每闻风打门。"或为林氏入仕前之作。林氏为嘉庆间进士，故认为嘉庆时即有此体。余按此书且收有陈寿祺"足迟"嵌第七字一联："亭馆春深花睡足，池塘烟重柳眠迟。"陈寿祺卒于道光十四年（1834），六十四岁。由此推之，诗钟可能始于嘉庆时，至迟在嘉道之间。

中国古典诗词体裁本很多，无论对仗、音律、博雅等方面都足发挥诗人的才情，即斗巧思也还有"回文诗"、"回文词"等等。为什么又会形成诗钟这种体裁呢？据《停云阁诗话》载道光时在北京的福州人曾元澄等结诗社，限一小时作一首诗（多多益善），这即是比赛才思敏捷。在私塾中也有仿之者，但不限作全首。或限香一寸，出两个不同的题目，作成七言或八言一联（按：七言即同于分咏格，八言即骈体分咏）。易顺鼎说，闽人有"五碎"、"七碎"之名，小儿未学作诗，先学作对。作对之后，又学作"碎"。"对"者对他人五字七字之句。"碎"者自作一五言七言之联，其题则命两字，使分嵌于两句中第几字。由此推之：大约最初是私塾为训练儿童初学作对作诗的一种方法。其中也可能出现佳句，故文人即采用这个办法作为"斗捷"之用。以后相习成风，诗钟的形式也就变化多端了。

以诗钟为"斗捷"的聚会（即叫"钟聚"，也叫"联吟"）。也仿照科举制度形成了一套很严密的办法。光绪时唐景崧他们订了九条诗钟"凡例"，即具有代表性。不过初期、后期以及各地也有所不同。通常先推举两人为词宗（阅卷人）。再任取一书由他们各自某页某行拈出第几字作为"诗眼"（故作诗钟也叫"阄诗"），限定嵌于第几字。诗眼二字必须平仄不同（如是两个平声字，则仅能嵌于第一或第三字，但未见有用两个仄声字的）。这是作嵌字体的办法，如决定作分咏体，则由阅卷人分别各举一题目，二者须是绝不相干的事物（更有人主张一雅一俗）。在限定的短时间内作成一联（或更多），交卷后须由两个不作诗钟的人重抄两份，均不注明作者，避免从笔迹上猜出是谁所作，然后送评卷人选录。先录元（状元）、殿（殿军)[1]、眼（榜眼）、花

---

[1] 设"殿"的原因，老辈说法也不一致，或谓科举制中有会试、殿试两榜，故会试有"会元"，与元、眼、花、胪合称"五魁"。诗钟仅一榜，无"会元"，故加一"殿军"，置于状元之下，福州宣唱时，惯例是先唱"殿"然后唱"斗"，依次而上，最后唱"元"（不过有些诗社，如北京的寒山社即无"殿"）。

（探花）和胪（传胪）各一人，再根据参加的人数多寡另取录
（誊录）、监（诗监）、斗（门斗）等各若干人①，以免落选的人
过多。有的诗社不设评卷人，抄录后传阅，即由各人选定，然后
凭得票多少取录，甚至不用元、殿、眼、花等名目，排个次序而
已。一般是在录取后即当众宣唱，唱到谁的作品即自己报名，故
作诗钟也称"唱诗"。

　　由于福州人最早创造了这种诗体，会作的人特多。他们宦游
之处或外省人官此地者，即很快传布到南北各地。北京是当时政
治文化中心，自道光以后，即流行于朝野，甚至名公巨卿好风雅
者也每为之，故诗钟社较多（往往也作别种诗体）。丙戌三月会
试，四方之士云集，如樊增祥、陈三立、文廷式、杨锐等等均
在。文酒之会极盛。某日同人拈得"来"、"本"鹤膝为题，佳
卷甚多，而杨锐一联尤佳，其句云："抽刃我思来叔壮，横刀人
诧本初雄。"在座诸人争赏其属对之工，谁知十二年后竟成"戊
戌（1898）政变"的谶语耶？庚子年（1900）初为庆祝灯节，
琉璃厂有的书店也在门外命题公开征诗，盛极一时。大抵东南各
省均有诗社。如济南地近京津，有毓菁（号贡南）者，以名举
人初创"历下诗社"。所作诗钟，传闻有印本，惜未见。据闻集
中名句甚多，如"天"、"字"第四唱，有"楼阁半天双燕下，
阑干万字百花扶"。又如"边"、"顶"第四唱，有"海到无边
天作岸，山登绝顶我为峰"。雄健可喜。辛亥革命后，民国二年
（1913）梁启超在三贝子花园（今北京动物园）大宴宾客，到者
不下二百人，酒后作诗和诗钟。自此，关赓麟即组织"梯园诗
社"，他和早时的广东人形成了所谓"粤派"，唯他至老不倦，
直到解放后他还曾用油印函件向外地朋友征诗，友人怕他惹是非

---

　　①　均是参加作诗钟的人，不是真的衙门的吏役。

而加以劝阻。大约民国初年，陈宝琛又建"寒山社"，经常有二三十人，多为阔人，如郭曾圻、则沄父子等，此外，还有梁启超、易顺鼎、冒广生等。社员所作，均互相誊抄，然后投入"诗筒"。民国十八年黄君坦亦陪末座，所作适为陈老所誉。"望"、"田"第二唱，其句云："入望昭陵余老眼，买田阳羡岂初心。"众皆以为陈老之作。盖其时，君坦不过二十余岁，何得作此语。大抵民初，在京人士多嗜此。甚至名伶汪孝农亦精此道。汪本文卜，清末愤事而为优伶，因改名笑侬。樊增祥酷爱其唱工，闻其能诗，尝邀之至寓，尝问其能作诗钟否，汪答以好之，但不工耳。樊即以"八股文"、"东三省"分咏格，命试为之。汪略沉吟，即疾书曰："能使英雄皆入彀，可怜帝子已无家。"樊激赏之，曰：佳作！佳作！其后，迁都，作的人渐少了，抗战胜利后几已绝响。邻近的天津当时此风亦流行。甚至英国人办的汉文版《京津时报》，直到30年代初也每月都命题征诗，录取者或赠报纸一月，或信封一束。遇端午、中秋，则赠粽子或月饼，即思借此以扩大发行量。尽管后来作的人渐少了，但在1968—1972年张牧石和两个朋友却借此遣闷，张伯驹见之也和作了若干首。他们1982年油印的《七二钟声》，分咏嵌字各体皆储，亦有佳句。特别是他们所作的各种"诗谜格"，限每句成一诗谜。如限词牌名有"一骑红尘妃子笑（荔枝香近），半厢凉月旅人愁（秋思）"，限书名的有"登蟾攀桂都成梦（花月痕），跨鹤缠腰等是空（扬州梦）"，均具匠心。[①]

　　诗钟到同光年间，久已成为文人雅事，如湖北人张之洞、樊

　　[①]　民国以后北京、天津情况，均承黄君坦先生见教，唯天津《京津时报》则系刘蕙荪先生函告。其余多见《庸言》中易顺鼎《诗钟说零》、陈藻青《新语林》等书。

增祥；广东人蔡乃煌、梁鼎芬；广西人唐景崧；湖南人易顺鼎，
特别是福州人沈葆桢、陈宝琛、林纾等人成了"诗钟迷"。江苏
人洪钧、缪荃孙等；江西人文廷式、陈三立等时亦参加。上海、
苏州等地文人会作的人也不少，唯福州文人无不在这方面一露身
手。故形成了"闽派"。他们先后组织了很多"诗社"（或称
"吟社"）。在这些人中，如唐景崧在北京，甚至抚台湾时也如
此。从他所编的《诗畸》看，在台北时多达五十余人（其中半
数以上是福州人）。并派属吏为誊录，故曾以《钞诗吏》为题限
庚支韵写过七律。他自作的一首云："铿然一响报钟鸣，堂上官
惊吏亦惊。每到匆忙呼代草，不分优劣与膳清。退衙唤作风骚
事，阁笔私窥月旦评。更拟诗房添一座，六科而外署新名。"可
见当时实况。张之洞督两湖时，常召集幕僚借此消遣，他自己却
不执笔，仅口念由他人代录。故他的门生故吏中，如樊增祥等，
形成了所谓"湘派"。沈葆桢在马尾办船厂时，常与僚属作诗，
有时也作诗钟，后刻有《船司空雅集录》。有一次以"白南"二
字雁足为题，竟夜苦思，终无好句。至晨鸡报晓，忽得一联云：
"一声天为晨鸡白，万里秋随朔雁南。"又如易顺鼎随父任住成
都时，即常与弟、妹、妹婿和成都文士结社，作诗钟为乐。文廷
式在苏州时亦参加钟聚，因他天才敏捷，记诵赡博，每聚吟时，
所作诗多于他人。蔡乃煌任苏州道，甚至将他和幕宾所作诗钟以
电报传给在南京的樊增祥代为评定甲乙。蔡在上海时也同陈三
立、王仁东等友好以此为娱，所作辑为《絮园诗钟》一册。樊
增祥是清末民初著名文士，民国二年曾邀梁鼎芬、陈三立等人连
日斗捷，辑为《樊园五日战诗记》一卷，方隔两月又再开诗社，
也编了《樊园战诗续记》。其中即有洪钧的分咏"水车、篮舆"
一联。不但文人爱好，甚至妇女也有参加的。如易顺鼎之妹香畹
所作"朝梦"第一唱云："朝潮夕汐吴江水，罗雨灵风圣女祠。"

典雅可喜。由此也可见当时流行的广泛。

福州自道光咸丰以后，文人中作诗钟既多，技巧亦较精。甚至童子中亦间有高手。如林纾尝以"两"、"空"二字，限第六唱，时有友人某之子，年方十一岁，遽云"愿试为之"。未几，即书"不住猿声啼两岸，但闻人语响空山"，满座惊叹。故自清末到抗战前，印行的诗钟亦较任何处为多，特别是林纾不仕和陈宝琛退居之后，更是成为此道的中心。除了他们结社钟聚外，也常有公开征诗之举。先命题，印卖特制的诗卷，定期交卷宣唱。规模小的为"日集"，即上午命题，下午宣唱。春节前后，人们较闲，则有"月集"。规模更大的则叫"大唱"，参加的人更多。有时宣唱自早晨到晚上也唱不完，次日再唱。除北京在灯节偶有公开征诗的情况，他处则少见。福州独盛。如清末，林纾自号"冷红生"，曾发起"冷香"吟社，灯节公开征诗。宣唱之日，门外自撰一联："劫外看春光，吾辈能无忧国泪"；"闲中结吟社，诸君应有感时诗。"又一次，自题横额曰"诗世界"。灯联云："落落十四字，直追汉魏齐梁以上；觥觥八九子，都在王杨卢骆之间。"可知这位以翻译域外小说而著名的文人，对诗钟也兴趣不浅。民国以后一直到抗战胜利，诗钟仍一直盛行。且由福州发展到各县。如福清、长乐、连江、罗源以及厦门、漳州等县，多组织了诗社（其中不少是福州人）。一般人聚吟多在人家庭园中举行。"志社"的社员募捐在福州的大庙山建起了一座诗楼，并由林纾题额，陈衍等撰碑记。不久被焚又再重建。这是全国唯一专为斗诗的建筑，故列入了《新福建通志》的名胜志。福建各地的诗钟也多刻版或石印行世。1927年安徽人为《诗钟创格》作序谓："今也世乱方急，文士流离颠沛殆尽，此道将终乎？"从福建来说，恰恰相反。尽管民国以后福建受军阀土匪之扰严重。但时代越是动乱，生民越是痛苦，而一些文人越是需要这种玩意儿排遣。甚至中小学也有过公开征诗之举：如1930年福州青年会中学为纪念校庆以"青高"第一唱征诗，所印的《青高诗刊》即收五千余联。1936年南市小学也以"家道"第六唱征诗，辑入诗刊的达七千余联。可见诗钟已具有群众性。即抗战时期在永安、南平也建立过诗社。厦门大学迁到长汀时，中文系主任余謇先生也组织过教师作诗钟。1944年，他的"流下"第二唱一联云："清流竟惹东林祸，塞下争传西域功。"即针对反动派逮捕民主人士和进兵新疆。1946年迁回厦门，他又重整旗鼓。历史系的教师多半参加，我虽因发牢骚偶写几首读史诗，本不擅辞章，但也滥竽其间。惜当时都未存稿，今仅记得一次限"疑水"第二唱，韩国磐同志一联云："疑传二八哉生魄，水激三千甫化鹏。"熔经子为一炉，获首选。当时他不过二十多岁。另一次以"客罗"嵌第二字。外文系郑朝宗同志一联："雀罗幸已张门外，羽客何因到梦中。"我的"宾客难逢刎颈士，绮罗不供养蚕人"一联。只是充数而已。后因反动派发动的内战愈演愈烈，大家都心情不佳，不到半年即停止了。

福州人作诗钟的风气，始终不衰。直到1948年萨镇冰九十岁生日，各界为他祝寿，以"高远"第六唱征诗。作者达数百人，共得万余联。宣唱延续了两日一夜，足见其盛。解放初期沉寂了几年，到50年代后期，省、市政协，文史馆甚至鼓楼和仓山文化馆等处以及永泰、连江、福清等县又有了诗会，其中也不乏佳句。如"高长"第一唱："高行不忧于己损，长才要看为谁忙。""大前"第五唱："敢信今甜前日苦。岂容我暖大家寒。"足见作者的思想感情与解放前已迥然不同。1958年此道中的老手陈海沄以七十六岁的高龄竟以嵌字格为主，作了《希微室折枝诗话》，讲诗钟格律最精，曾石印赠人。1964年，又有萨伯森、郑丽生合著的《诗钟史话》更为详备，惜仅有传抄本。不过两书都是以福州人为主，几无外省人的例句。在"十年内乱"的浩劫中，文人畏祸，各地油印或抄录之诗钟全被焚毁，诗钟确已绝迹。不过打倒"四人帮"后又复苏了。特别是中共十一届三中全会后大量平反各种冤案，党的知识分子政策和"双百"方针都得以贯彻，群情激奋。故1979年元旦，福州仓山文化馆即以"新春"第一唱公开征诗。据说工人、农民、解放军、机关干部、青年、教师参加的人很多，连永泰、合清和长乐等县也有人邮寄买诗卷。宣唱之日远近都赶来听唱，盛况空前。油印的《新春折枝诗集》，即选录了八百余联。前有题词，老诗人萨伯森的七绝云："旖旎春光照眼明，今朝真个百家鸣。吾闽本是诗钟国，要听诗钟不断声。"从所收作品看，除少数老手外，新人辈出，亦不无佳句。如"新猷能造中兴局，春抱常悬后继人"；"新旭放晴山亦笑，春风解冻水能言"；"新法可行宜取变，春农不劝亦知勤"；"新燕不依前度幕，春蚕化作万家衣"。即充分反映了群众的喜悦心情。他如"新月笼烟分夜色，春潮带雨送江声"，"新涨接扉湖畔店，春岚坠几树丛楼"。写景如画。

　　一百五六十年来，时代在不断前进，诗钟的风格也不断变化。大体说来，前期多重典实，取其博雅；清末多趋白描，取其才性。以地域而言，粤派（包括湘派）多尚学养，闽派偏重神味。以体裁而言，清代多是分咏嵌字并作。如秦云等的《百衲琴》以及丰润赵国华辑《鹊华行馆诗钟》全属分咏格外，未见他书。因分咏实难工切。《百衲琴》中借题发挥意存讽刺者，尚有佳句。《鹊华行馆诗钟》好的实在很少。像赵国华分咏"土娼""屏风"一联云："齐臣罪孽间招女，唐相风流壁筑人。"就牵强不通。故近五六十年，即使有人作，也少佳句。至于作别格、杂体者更少了。嵌字格却一直经久不衰。尽管近三十多年来，老一辈的文人多已凋落，而新的一代都忙于社会主义的建设，无暇在古典文学上多下功夫，作者技巧上有逊于前，但它仍为人们所喜爱。原因在它不仅保留了七律的对仗、音律等特点，而且更精巧、灵活。短短十四个字，在妙手笔下，无论抒情、论事、咏物、写景，都无不驰骋自如。既能反映时代的色彩和感情，也足以显示作者的品格与才思。除上文所引外，兹再分别各举数例如下：

抒情之作，如唐景崧的"君石"第五唱："孤臣万里君门泪，太史千秋石室心。"写他在台北时的忠荩之忧。陈三立在光绪十二年（1886）"来本"第五唱一联云："如我更多来日感，劝君莫做本朝文。"不仅表达了他的远虑，且成了预言。蔡乃煌的"等君"第二唱："公等岂能毛遂比，使君不让老瞒雄。"足见其自负不浅。陈宝琛虽是遗老。"九一八"以后曾去东北看望溥仪，但他不赞成建立伪"满洲国"。当时一些汉奸文人用聚吟来取悦于他，以"日中"一唱为题，他写一联云："日暮何堪途更远，中干未必外难强。"引起日军不满，有加害意，陈立即赶回北平。暮年的"碧鸡"第三唱："残碧殿秋犹有恋，老鸡知曙奈无声。"写老人心境，更是刻画入微。

论事之作，如蔡乃煌的"外多"第三唱："权归外戚威难振，政出多门事可知。"论史殊有见地。其指陈时事者，如林范屋的"钱见"第四唱："左右爱钱官可想，朝昏求见客何为。"轻描淡写，攻击贪官污吏及朝夕钻营之流。如张拂潮的"微寒"第一唱："征虫沟洫犹争长，寒鸟江湖不乱群。"陈大弥的"正堂"第四唱："兵间里正闻宣索，休日山堂问起居。"写福建的军阀混战，官吏搜索，民不聊生之情，隐然可见。但这类作品却容易招忌。抗战时福建省会迁永安（别名燕溪），当时有以"燕溪"第一唱征诗者。财政厅马感沤一联云："燕雀吞声残泪下，溪山弄影劫灰中。"刻画当时危城朝不保夕及下僚卑职的艰苦之情，至为沉痛。省主席陈仪以为有意讽刺，故几乎遭祸。

　　咏物者，多采分咏格，如《湘烟阁诗钟》所载分咏"夕阳"
与"蜻蜓"一联云："杨柳楼西红一抹，藕花风外立多时。"刻
画有神。大约咏物者多寓讽刺，如施鸿保《闽杂记》中所引的
分咏"海狗肾"与"木偶"一联云："纵使生儿亦豚犬，是谁作
俑到公卿。"李岳瑞《春冰室野乘》所引的分咏"顶篷"与
"魁星手不执笔而持元宝者"一联云："文章自古须钱买，台阁
如今半纸糊。"嬉笑怒骂，可谓淋漓尽致。据说民初有以"天
子"与"兽""官"与"狗""司法"与"傀儡"、"选举"与
"彩票"为题者。可以想见其尖刻。

　　写景物，佳句尤多，如《停云阁诗话》所引"飞数"第四
唱："去棹如飞移岸走，青山无数渡江来。"风物如画，清新可
喜。又如王仁东的"横剑"第四唱："一水自横涵露白，万峰如
剑插天青。"林纾的"天马"第六唱："黄河冰快兼天下，白岳
云绵夹马飞。"不仅写景工绝，更见雄健。陈宝琛的"寒大"第
六唱："梅花虽瘦无寒相，松子初生便大材。"尤见气度。

　　诗钟亦有其先天的缺点，特别是分咏格，不仅难工，即工切
者，也因两句分咏不同事物，致上下句不相连贯，多像是一联巧
对或灯谜，而不像一首诗。嵌字格如遇到两个生僻的字，嵌入句
中，也多勉强，以至索然寡味。诗钟如缺乏了诗的韵味，就失了
光彩。

　　从本质上说，诗钟确属一种"文字游戏"，但古人雅集酬唱
的五七言近体又何尝没有游戏之作（如《戏作》、《戏题》、《戏
和》之类）？其中却不乏好诗。今日，我们固然不必提倡诗钟，
但从解放以来，仍有不少人爱好旧诗，有些老干部甚至也爱试
作。由此推知，诗钟也必不废绝。对古典文学爱好者或退休老
人，也无妨像"灯谜"一样，作为一种文娱。在百花齐放的文

苑中有一点这种闲花野草，谅也不致煞风景。

　　走笔至此，适今年（1982）国庆与中秋同日，一时兴起，即以"国庆中秋"四字，试作"碎锦"一联："国势中兴民有望，秋怀更庆蟹初肥。"狗尾续貂，借以结束此文。

1982 年国庆日

作者简历和著述年表

1913 年

出生于江西省南昌市。

1921 年

入私塾学习。

1925 年

考入第一师范附属小学读高小。

1927 年

考入南昌第一中学。

1930 年

被保送进南昌第一中学师范科。

1934 年

师范毕业后曾任教于南昌一市立小学，并兼教务主任。

1935 年

辞去教职后赴北平（今北京）继续求学，考入中国大学文史系。开始较多地接触到马克思主义理论。

1936 年

因参加学生抗日救亡运动而被捕，由校方保释出狱后，与邹文轩、刘春等集资创办宣传进步思想的文艺月刊《忘川》。

1937 年

经一位江西同乡介绍加入中国共产党。七七事变后撤离北平，几经周折，才回到江西，与党组织也失去联系。

1938 年

在南昌筹办《大众日报》，担任编辑主任，宣传抗日救国，但数月后被迫辞职。夏天，于南昌新四军办事处再次宣誓入党。

1939 年

南昌失陷后撤退到昆明，进入西南联大师范学院史地系，插班在三年级，师从陈寅恪、向达、汤用彤等著名史学家。在学期间，于刻苦学习的同时，坚持革命工作，历任联大师范学院支部书记、联大总支书记、昆明环湖十县教职员部门委员会书记等职。

1942 年

在向达先生指导下，撰写《南诏之种族与宗教》，作为毕业论文。毕业后，因被列入黑名单，不能在联大留校，改到设于湖南蓝田的国立师范学院任史地系讲师。因当地党组织在皖南事变后遭到破坏，遂与组织失去联系。在讲课之余，开始系统阅读二十四史，至 50 年代初读完。

1946 年

受聘于厦门大学，担任历史系副教授。

1947 年

重新接上组织关系，任厦门大学党支部书记。

1949 年

任厦门市临时工委书记。解放前夕，为躲避大搜捕，转移到香港，待解放后即乘船偷渡金门海峡返回厦门。

1950 年

任厦门大学副教务长、厦大党组书记，并兼任历史系教授。

1951 年

全国院系调整，奉调筹建福建师范学院，仍任副教务长，并兼历史系教授。

1956 年

发表《洪昇生平及其作品》，《福建师范学院学报》1956 年第 1 期。

1957 年

调任中国科学院历史研究所第二所副所长、研究员。不久，一、二所合并后，仍任副所长，除"文化大革命"期间靠边之外，一直任职到 1982 年离休。

1958 年

到河北昌黎蹲点，主持编写《昌黎县志》，这一工作到"文化大革命"后始完成，已由河北人民出版社出版。

1959 年

《陈忱与水浒后传》，刊于《文学遗产》（增刊）第 7 辑（中华书局 1959 年版）。

1962 年

《太平经的作者和思想及其与黄巾和天师道的关系》，《历史研究》1962 年第 4 期，《新华月报》1962 年第 10 期全文转载。

1964 年

《中国农民战争与宗教及其相关诸问题》，《历史论丛》第 1 辑（中华书局 1964 年版）。日本小林隆夫教授全译后连载于《史苑》第三四卷第 1、2 期和第三五卷第 1 期。

1970 年

被下放到河南息县"五七干校"，两年中通读了《马克思恩格斯全集》及列宁部分论著。

1972 年

开始撰写《魏晋南北朝时期各阶级的分析》的初稿。

1978 年

兼任中国社会科学院研究生院历史系主任。

《武则天的真面目》，《社会科学战线》1978 年创刊号。

1979 年

《论武则天》，吉林人民出版社 1979 年版。

《关于武则天问题答客难》，《历史教学》1979 年第 1 期。

《〈天雨花〉的作者为明末奇女子刘淑英考》，《中华文史论丛》1979 年第 4 辑。

1980 年

《魏晋南北朝时期阶级结构研究中的几个问题》，《魏晋隋唐史论集》第 1 辑（中国社会科学出版社 1980 年版）。

1981 年

应日本太平洋学会等单位的邀请，赴日参加在神户举行的"遣唐使时代的日本与中国学术讲演会"，作题为《唐王朝的形成与特征》的专题报告。

《从中国古代史论文答辩谈到有关专业的素养问题》，《江西社会科学》1981 年第 2 期。

1982 年

《唐代民族政策初探》，《历史研究》1982 年第 6 期。

1984 年

被聘为魏晋南北朝史学会顾问。

《漫谈诗钟》，《学林漫录》第 9 集（中华书局 1984 年版）。

撰写《曹操政权之阶级性质及其入魏后的变质与灭亡》（后收入《郑天挺纪念论文集》，中华书局 1990 年版）。

1985 年

《从唐太宗的民族政策试论历史人物的局限性》，《中国史研究》1985 年第 3 期。

撰写《鲜卑汉化与北朝三姓的

兴亡》。

1987年

《对胡如雷同志〈再论唐太宗
的民族政策〉一文的答复》,《中
国史研究》1987年第4期。

11月26日病逝于北京。